本书由上海大学重点教材建设专项经费资助出版

普通高等教育"十二五"规划教材

CAIWU GUANLI JINGPIN XILIE

财务管理精品系列

财务风险与内部控制

陈可喜 主编

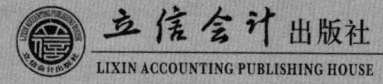

图书在版编目(CIP)数据

财务风险与内部控制 / 陈可喜主编. —上海：立信会计出版社,2012.3(2024.1重印)

普通高等教育"十二五"规划教材. 财务管理精品系列

ISBN 978-7-5429-3314-0

Ⅰ.①财… Ⅱ.①陈… Ⅲ.①财务管理:风险管理-高等学校-教材 Ⅳ.①F275

中国版本图书馆 CIP 数据核字(2012)第 030267 号

责任编辑　方士华

财务风险与内部控制
CAIWU FENGXIAN YU NEIBU KONGZHI

出版发行	立信会计出版社			
地　　址	上海市中山西路 2230 号	邮政编码	200235	
电　　话	(021)64411389	传　　真	(021)64411325	
网　　址	www.lixinaph.com	电子邮箱	lixinaph2019@126.com	
网上书店	http://lixin.jd.com		http://lxkjcbs.tmall.com	
经　　销	各地新华书店			
印　　刷	浙江临安曙光印务有限公司			
开　　本	710 毫米×960 毫米	1/16		
印　　张	27.75	插　　页	1	
字　　数	505 千字			
版　　次	2012 年 3 月第 1 版			
印　　次	2024 年 1 月第 5 次			
书　　号	ISBN 978-7-5429-3314-0/F			
定　　价	46.00 元			

如有印订差错,请与本社联系调换

前　言

　　1997年的东南亚金融危机与2008年的全球金融危机,相继给企业理财活动敲响了警钟。财务风险管理是风险管理的一个分支,是在总结风险管理经验和近现代科技成就的基础之上发展起来的一门新的管理科学。

　　2010年财政部颁布了《企业内部控制配套指引》,其包括18项《企业内部控制应用指引》、《企业内部控制评价指引》和《企业内部控制审计指引》。这是继2008年6月28日发布《企业内部控制基本规范》之后,我国逐步建立的一整套以基本规范为统领,以应用指引、评价指引和审计指引等配套办法为补充的内控标准体系。

　　目前,中国企业在财务风险管理与内控体系建设方面虽然有了积极的发展,但仍存在专业人才储备不足、缺少内部控制相关的信息系统等问题。显然多数企业管理者已深知财务风险管理与内部控制对于确保企业财务报表的可靠性、有效控制企业内部各类风险等方面的重要性,但很多企业对如何建立完善的风险管理与内部控制体系仍然感到无所适从。

　　编写本书的目的,就是要重视风险管理与内部控制的先进理论体系,关注国内外学术研究成果,融合中国企业的财务风险管理与内部控制的管理经验。本书在编写过程中致力于:

　　第一,体现"开源"与"节流"双重管理的特点。既包含阐述财务风险管理与内部控制的方法、手段的"节流"管理内容,还包含挖掘企业价值创造、提升可持续增长率等"开源"管理内容。

　　第二,体现"自律"与"他律"双重管理的特点。既包含阐述企业应严格遵循与执行《内部控制——整合框架》(COSO)内部控制要素内容及中国现行内部控制规范的"他律"管理内容,还包含如何健全财务人员的自我约束机制的"自律"管理内容。

第三，体现"事前"、"事中"与"事后"过程管理的特点。既包含阐述企业融资活动、投资活动、营运活动的"反馈"管理内容，以及阐述财务报表分析、内部控制法规制度的执行效率评估的"后馈"管理内容，还包含阐述预算管理、内控规范设计等"前馈"管理内容。

第四，体现"战略"管理与"战术"管理多层面管理的特点。既包含阐述企业日常财务风险管理的"战术"管理内容，还包含阐述如何规划企业长期全范围、全过程的财务战略的"战略"管理内容。

本书以时代背景、理论研究、学术成果和实际需求为契合点，努力做到：全面、突出重点、强化差异、深入浅出。本书每章都配有练习测试题，既适合作为高等学校会计学、财务管理专业及相关专业本科生和研究生的学习教材，也可以作为财务人员在实际工作中的参考书籍。

本书由陈可喜担任主编，负责全书的设计、修改、总纂和定稿。具体章节编写分工为：第一、第三、第十章由陈可喜编写；第二章由朱华锦、陈可喜编写；第四章由许乾乾、陈可喜编写；第五章由许乾乾、陈可喜编写；第六章由陈慧、朱华锦编写；第七章由周欢、陈可喜编写；第八章由周欢、朱华锦编写；第九章由陈慧、陈可喜编写。朱华锦、许乾乾参与了本书部分章节的审阅、校对工作。

本书的出版得到了上海大学的大力支持。在交稿之际，要感谢上海大学的徐文丽教授，她为本书的编写曾提出宝贵建议。还特别需要感谢立信会计出版社及方士华副编审，他们的辛勤工作使得本书增色不少，在此表示深深的敬意。

书中如有疏漏和不足之处，恳请同行与读者批评指正。

编　者

2012年3月

目　　录

第一章　财务风险管理概述 ··· 1
　第一节　财务风险特征、类型与成因 ··· 1
　第二节　财务风险与内部控制的相关理论 ·· 6
　第三节　财务风险管理的步骤与方法 ·· 13
　　练习测试题 ··· 19

第二章　货币的时间价值 ·· 22
　第一节　货币时间价值的计算方法 ··· 22
　第二节　货币时间价值的应用 ·· 29
　　练习测试题 ··· 34

第三章　风险与报酬 ·· 38
　第一节　风险与报酬的均衡 ··· 38
　第二节　单项资产的风险报酬 ·· 41
　第三节　投资组合的风险报酬 ·· 47
　　练习测试题 ··· 61

第四章　财务报表分析 ··· 65
　第一节　财务分析概述 ·· 65
　第二节　财务报表的内容分析 ·· 70
　第三节　财务报表的比率分析 ·· 78
　第四节　管理用财务报表分析 ··· 110
　　练习测试题 ·· 122

第五章　企业价值评估 ·· 135
　第一节　企业价值评估概述 ··· 135
　第二节　企业价值评估的方法 ··· 141

第三节　并购中对目标企业的价值评估……………………… 161
　　第四节　可持续增长率…………………………………………… 167
　　练习测试题…………………………………………………………… 172

第六章　内部控制 ………………………………………………………… 180
　　第一节　内部控制概述…………………………………………… 180
　　第二节　COSO 内部控制体系内容……………………………… 182
　　第三节　中国内部控制规范……………………………………… 194
　　第四节　内部控制与公司治理…………………………………… 214
　　练习测试题…………………………………………………………… 223

第七章　企业融资风险控制 …………………………………………… 230
　　第一节　企业融资风险控制概述………………………………… 230
　　第二节　资本结构与财务杠杆…………………………………… 233
　　第三节　销售增长率与融资需求………………………………… 269
　　练习测试题…………………………………………………………… 274

第八章　企业投资风险管理 …………………………………………… 281
　　第一节　企业投资风险管理概述………………………………… 281
　　第二节　项目现金流量分析……………………………………… 282
　　第三节　项目投资风险管理……………………………………… 288
　　第四节　证券投资风险管理……………………………………… 315
　　练习测试题…………………………………………………………… 323

第九章　企业营运风险管理 …………………………………………… 331
　　第一节　营运资本管理概述……………………………………… 331
　　第二节　营运风险管理策略……………………………………… 333
　　第三节　企业营运资产的风险控制……………………………… 345
　　第四节　企业财务预算…………………………………………… 365
　　练习测试题…………………………………………………………… 371

第十章　财务诊断与财务战略管理 …………………………………… 377
　　第一节　财务诊断管理…………………………………………… 377
　　第二节　财务战略管理…………………………………………… 382

练习测试题 …………………………………………………… 389

附表一　复利终值系数表 ……………………………………… 392
附表二　复利现值系数表 ……………………………………… 395
附表三　普通年金终值系数表 ………………………………… 398
附表四　普通年金现值系数表 ………………………………… 401

练习测试题参考答案 …………………………………………… 404

参考文献 ………………………………………………………… 433

第一章 财务风险管理概述

本章学习要点

了解财务风险的概念、特征、类型与形成原因等问题;掌握财务风险与内部控制的相关理论;熟练掌握风险识别、风险评估、确定风险评级、风险监测等四个财务风险管理的实施步骤以及财务风险管理的常用方法。

第一节 财务风险特征、类型与成因

一、财务风险概念与特征

(一)财务风险的概念

风险的定义,有广义和狭义之分。风险的狭义定义是指某项活动带来损失的不确定性。日本学者龟井利明认为,风险不仅是指损失的不确定性,而且还包括盈利的不确定性。所以,广义风险的概念认为,风险就是不确定性,且具有双重效应。具体而言,风险既可以给经济活动的主体带来威胁,即风险危机观;相反地,风险也可能带来相对应的机会,即风险机会观。

财务风险是指企业在筹资、投资、资金回收及收益分配等各项财务活动过程中,由于各种无法预料、不可控因素的作用,使企业的实际财务收益与预期财务收益发生偏差,因而使企业蒙受经济损失的可能性。具体而言,财务风险是由于融资方式不当、财务结构不合理、资本资产管理不善及投资方式不科学等诸多因素,从而使公司可能丧失偿债能力,进而导致投资者预期收益下降的风险。

企业财务风险是客观存在的,要想完全消除财务风险是不太可能的,也是不现实的。对于财务风险,企业只能采取积极、有效的针对性措施,将其影响降低到最低程度。显而易见,财务风险管理是经营主体对其理财过程中存在的各种风险进行识别、度量和分析评价,并适时采取及时有效的管理方法进行防范和控制,以经济合理可行的方法进行处理,保障理财活动安全正常开展,保证其经济利益免受损失的管理过程。

科学、合理的理财之道,其宗旨是把风险管理内涵与融资、投资、营运三大理财活动内容进行有机的融合,即提倡讲究"三财之道",具体为:聚财之道——聚财有度,聚之合理;用财之道——用财有方,用之得当;生财之道——生财有道,生之不息。

(二) 财务风险的特征

1. 客观性

财务风险是企业生产营运过程的产物,其并不以人们意志为转移,是客观存在的,可以说财务风险的多样性也奠定了财务风险的客观性。如外部宏观环境的变化、市场调整、企业经营战略的转换、竞争对手战略转换或新替代品出现等因素都可能会引发企业财务风险的出现,因此企业无法完全规避财务风险,只能通过一定的措施来减弱其影响,降低其发生的概率,但不可能完全避免。

2. 损益性

企业的投资收益与其风险成正比关系,对企业投资者而言,收益大则风险大,风险小则收益也少。企业要想获得一定的利润就必须承担与利润成正比的风险。尽管如此,企业也不能盲目去冒险,要使其风险的承受程度和自身的抵御能力相匹配。

3. 突发性

企业财务风险的发生并不是有章可循的,风险的产生有突然的特点。这是因为企业所处的外部环境瞬息万变,在不断变化的环境中,有的风险可能发生,有的可能不发生。风险对企业的影响也具有偶然性,影响可能很大,也可能很小。尽管财务风险具有突发性,企业也要采取措施提前预防风险的发生,以达到效益最大化的经营目标。

4. 复杂性

财务风险的复杂性,有直接因素也有间接因素;有的因素可以提前预测,而有的无法预测;有些是外部因素,有些是企业内部因素。财务风险对企业造成的影响也是不确定的,它表现在影响范围上不确定,在影响时间上不确定,在影响深度上也不确定。所以财务风险是极其复杂的。

5. 激励性

财务风险是客观存在的,企业为了经济效益最大化,必须制定相应的措施来规避或减弱财务风险对企业的影响。企业只有完善内部管理尤其是内控制度,才能把财务风险控制在一定范围以内,这样就促使企业完善内部管理,对企业状态进行实时监督,改进企业内控管理系统中存在的问题,使内控制度更加合理化、规范化和科学化,使企业能更快更好地适应时代竞争的需要。

二、财务风险的类型与成因

(一) 财务风险的基本类型

1. 筹资风险

筹资风险是指由于资金供需市场、宏观经济环境的变化,企业筹集资金给财务成果带来的不确定性。筹资风险主要包括利率风险、再融资风险、财务杠杆效应、汇率风险、购买力风险等。利率风险是指由于金融市场金融资产的波动而导致筹资成本的变动;再融资风险是指由于金融市场上金融工具品种、融资方式的变动,导致企业再次融资产生不确定性,或企业本身筹资结构的不合理,导致再融资产生困难;财务杠杆效应是指由于企业使用杠杆融资给利益相关者的利益带来不确定性;汇率风险是指由于汇率变动引起的企业外汇业务成果的不确定性;购买力风险是指由于币值的变动给筹资带来的影响。

2. 投资风险

投资风险是指企业投入一定资金后,因市场需求变化而影响最终收益与预期收益偏离的风险。企业对外投资主要有直接投资和证券投资两种形式。在我国,根据《公司法》的规定,股东拥有企业股权的 25% 以上应该视为直接投资。证券投资主要有股票投资和债券投资两种形式。股票投资是风险共担、利益共享的投资形式;债券投资与被投资企业的财务活动没有直接关系,只是定期收取固定的利息,所面临的是被投资者无力偿还债务的风险。投资风险主要包括利率风险、再投资风险、汇率风险、通货膨胀风险、金融衍生工具风险、道德风险、违约风险等。

3. 经营风险

经营风险又称为营业风险,是指在企业的生产经营过程中,供、产、销各个环节不确定性因素的影响所导致企业资金运动的迟滞,产生企业价值的变动。经营风险主要包括采购风险、生产风险、存货变现风险、应收账款变现风险等。采购风险是指由于原材料市场供应商的变动而产生的供应不足的可能,以及由于信用条件与付款方式的变动而导致实际付款期限与平均付款期的偏离;生产风险是指由于信息、能源、技术及人员的变动而导致生产工艺流程的变化,以及由于库存不足所导致的停工待料或销售迟滞的可能;存货变现风险是指由于产品市场变动而导致产品销售受阻的可能;应收账款变现风险是指由于赊销业务过多导致应收账款管理成本增大的可能性,以及由于赊销政策的改变导致实际回收期与预期回收的偏离等。

4. 存货管理风险

企业保持一定量的存货对于其进行正常生产来说是至关重要的,但如何确定最优库存量是一个比较棘手的问题,存货太多会导致产品积压,占用企业资金,风险较高;存货太少又可能导致原料供应不及时,影响企业的正常生产,严重时可能造成对客户的违约,影响企业的信誉。

5. 流动性风险

流动性风险是指企业资产不能正常和确定性地转移现金或企业债务和付现责任不能正常履行的可能性。从这个意义上来说,可以把企业的流动性风险从企业的变现力和偿付能力两方面分析与评价。由于企业支付能力和偿债能力发生的问题,称为现金不足及现金不能清偿风险。由于企业资产不能确定性地转移为现金而发生的问题,则称为变现力风险。

(二)财务风险的表现形式

1. 无力偿还债务风险

由于负债经营以定期付息、到期还本为前提,如果公司用负债进行的投资不能按期收回并取得预期收益,公司必将面临无力偿还债务的风险,其结果不仅导致公司资金紧张,也会影响公司信誉程度,甚至还可能因不能支付而遭受灭顶之灾。

2. 利率变动风险

公司在负债期间,由于通货膨胀等的影响,贷款利率发生增长变化,利率的增长必然增加公司的资金成本,从而抵减了预期收益。

3. 再筹资风险

由于负债经营使公司负债比率加大,相应地对债权人的债权保证程度降低,这在很大程度上限制了公司从其他渠道增加负债筹资的能力。

(三)财务风险的形成原因

企业财务风险产生的原因很多,既有企业外部的原因,也有企业自身的内部原因,而且不同的财务风险形成的原因也不尽相同。具体可分为以下几点。

1. 外部原因

(1)企业财务管理宏观环境的复杂性是企业产生财务风险的首要外部原因。企业财务管理的宏观环境复杂多变,使一些企业的管理系统不能与之相适应,因而无法根据国家宏观环境的变化而对自身的财务管理进行适当的改革。财务管理的宏观环境包括经济环境、法律环境、市场环境、社会文化环境、资源环境等因素,这些因素存在于企业的外部,但对企业财务管理会产生重大的影响,并且其中的任何一个环境因素的突变都有可能造成巨大的财务风险,比如说一些法律文件的变更以及相关财务政策的制定等。

(2)商品市场供求状况变化和单位经济行为的时间差异。众所周知,市场的供求变化是无法确定的,企业决策在调整力度以及时间上都和它有着比较大的差异，它是按照市场整体变化的实际情况或者自己判断的发展趋势来确定自己的下一步行动方向，因此，由于时间上的差异性以及变化的无规律性等都将导致一些财务风险的出现。

(3) 资本结构的不合理。一些企业在筹资的过程中，为了更多地减少资本成本，大多数都倾向于采取债务融资的方式，因此造成债务资本在总资本中占据着很高的比例，一旦其资金链断裂，企业无法按时偿还到期的债务，那么将会面临着巨大的财务风险。从我国现有企业的资本结构来看，都或多或少地存在着较高的资产负债率问题，因为企业在进行生产规模的扩张以及发生流动资金不足的情况下时，首先想到的就是向银行贷款，所以很容易导致其资产负债率居高不下。

(4) 利率水平以及外汇汇率水平的影响。首先，当企业通过负债的方式来筹措资金时，如果合同的利率固定，一旦市场利率下降，那么企业就必须按照合同的水平来支付较高的利息；而如果合同的利率是浮动的，则利率的上升会加大付息压力。总而言之，负债融通资金在一定程度上都会加大财务风险。其次，如果企业用外币融资来代替负债筹资，那么财务风险也会随着浮动利率的变化而加剧。再次，汇率的变动还将对进出口企业的收益情况造成很大的影响。

2. 内部原因

(1) 企业自身的管理体制不健全，特别是缺乏一整套科学合理的财务管理内部控制制度。督促各项资金的合理使用，使其产生最大的经济效益是一个企业建立内部控制制度的最终目的。然而，目前我国部分企业的内部控制制度和财务管理制度融合在一起，以致不能够有效地监督财务资金的投资以及收回情况。内部控制制度也没有达到预期的效果，从而加剧了财务风险的发生。

(2) 财务决策缺乏科学性导致决策失误。目前，我国许多企业在进行财务决策时，经验决策以及主观决策的现象依然非常普遍。特别是进行固定资产投资时，在分析投资项目的可行性过程中，对于投资的内外部环境和未来现金流量产生的影响无法作出科学合理的判断，导致投资失误屡屡发生，项目的预期收益也不能够如期地完成，由此产生了无法估量的财务风险。

(3) 企业内部财务关系不明。这是企业产生财务风险的又一重要原因，企业与内部各部门之间及企业与上级企业之间，在资金管理及使用、利益分配等方面存在权责不明、管理不力的现象，造成资金使用效率低下，资金流失严重，资金的安全性、完整性无法得到保证。例如，在一些上市公司的财务关系中，很多集团公司母公司与子公司的财务关系十分混乱，资金使用缺乏有效的监督与控制。

(4) 资产流动性不强以及现金流量状况不佳的现象非常普遍。现金流量多少以及资产流动性的强弱对其偿债能力有着最直接的影响，而且企业有多少债务以及有多少可以变现偿债的流动资产决定着其是否能够顺利地偿还债务。一方面,如果偿债的流动资产越多,债务越少,那么偿债能力也就越强,反之则越弱;另一方面,如果用流动资产偿还负债后企业剩下的是营运资金,那么营运资金越少,表明企业的风险就越大,就算整体的盈利状况比较好,一旦现金流量不足,资产变现能力差,企业也同样会深陷困境。

(5) 企业财务管理人员的素质水平不高,缺乏对财务风险的客观性认识。实际上,只要有财务活动,就必然存在着一定的财务风险。我国现行很多企业的财务风险产生的重要原因之一,就是由于其管理人员自身素养不高,风险意识淡薄,无法在第一时间准确判断在财务活动中隐藏着的财务风险。

第二节 财务风险与内部控制的相关理论

一、委托代理理论

(一)委托代理理论概念

20世纪30年代,美国经济学家伯利和米恩斯因为洞悉企业所有者兼具经营者的做法存在着极大的弊端,于是提出了委托代理理论(Principal-agent Theory),倡导所有权和经营权分离,企业所有者保留剩余索取权,而将经营权利让渡。委托代理理论早已成为现代公司治理的逻辑起点。

由于委托代理行为的存在,所有者需要对经营者进行监管,则因此发生代理成本。詹森和麦克林是代理成本学说的创始人,他们认为,当经理人不作为内部股东而作为代理人时,其努力的成本由自己负担而努力的收益却归于他人。这时,他可能偷懒和采取有利于自身效用的满足而损害委托人利益的行动。该理论认为,企业资本结构会影响经理者的工作努力水平和其他行为选择,从而影响企业未来现金收入和企业市场价值。债权融资有很强的激励作用,可以将债务视为一种担保机制。能够促使经理多努力工作,少个人享受,并且作出更好的投资决策,从而降低由于两权分离而产生的代理成本。但是,负债可能导致另一种代理成本,即企业接受债权人监督而产生的成本。这种债权的代理成本也得由经营者来承担,从而举债比例上升导致举债成本上升。均衡的企业所有权结构是由股权代理成本和债权代理成本之间的平衡关系来决定的。

债务在产生代理成本的同时,也会伴生相应的代理收益。债务的代理收益将有利于减少企业的价值损失或增加企业价值,具体表现为债权人保护条款引入、对经理提升企业业绩的激励措施以及对经理随意支配现金流浪费企业资源的约束等。一方面,债务的存在使得企业承担了未来支付利息的责任和义务,从而减少了企业剩余的现金流量,进而减少了管理者的浪费性投资;另一方面,企业的债务水平较高时,债权人自己也会密切监督经营者的行为,从而为抑制经营者的疏忽失职提供了额外的防护。

(二) 委托代理理论运用

尽管委托代理模型在解释一般企业中的委托代理关系时是具有说服力的,然而将其运用于实际过程中却存在一定的问题。这些问题主要发生在代理人即经营者的层面上,即所谓的"代理人扭曲"现象。

1. 随机处置权膨胀

企业经理人员受托行使权力的任务是组织和协调由众多要素参与的企业经营活动。这种活动的外部性和递延性决定其具有很强的不确定性,具体表现在诸如缺乏战略管理、无核心竞争能力、人力资源开发缺乏手段、激励机制欠缺等。为降低风险,减少不确定性,必须赋予经理人员相当程度的随机处置权即剩余控制权。相应的,经营者不仅控制日常经营,而且通过对随机处置权的日常运用而对战略经营、进而对企业长期价值的增长无一例外地产生深远影响。剩余控制权的凸现和膨胀对企业经营者成为剩余索取权拥有者提出了内在要求。

2. 监控缺失

委托人对代理人的随机处置权膨胀不可能无动于衷。由于存在代理人的随机处置权膨胀,投资者对企业的管理监控不同于简单的对经营者努力水平的特征、大小、涨落进行"观测",而意味着全方位参与企业的经营管理事务,"选择具有企业家精神的管理层去发展企业,并保护其投资权益"。由于监控的同时还要付出成本,所以对于监督成本高的雇员——人力资本所有者即层级较高的管理人员和知识密集度较高的专业人员,让渡部分剩余索取权是可以考虑的选择,这就必然引起地位的转变。

3. 地位转化效应

法律规定,在传统的股份制企业股东是最终经营成果的占有者,从而根本上否定了经营者成为企业经营成果以及这种成果扣除了各类要素后的净剩余的占有者的可能,尽管可以通过奖金、收入提成、"劳动得分"等多种途径在某种程度上将经营者的报酬与企业经营成果(利润、纯收入或企业总价值增长)取得极其有限的联系。多数经理人员也只能获得固定薪水,这就将经营者排除在净剩余的占有和支配之外。事实证明,这种做法增强了代理人随机处置权膨胀问题,大幅度提高了代理监控成本,违背了投资发展的规律,也不符合企业发展的要求。西方国家从20世纪70年代开始鼓励的员工持股计划(ESOP)已表现出对上述资本逻辑的部分否定,包括经理人员在内的员工通过已付出甚至尚未付出的劳动来"抵押"并分享企业未来利润的预支,取得企业财产在未来经营成果的分割权。在此基础上对经营者的努力水平以及由此产生的企业绩效发生巨大影响。

4. 长短期平衡

企业短期产出与长期价值增长之间存在辩证统一的关系。基于经营目标的不同,企业行为可以分为短期和长期,前者侧重于现有生产能力的充分利用,后者则偏重于生产潜力的挖掘与扩张。两者互为条件、互相支撑,然而也存在一定的矛盾和抵触。企业家在决策时,必然面临着选择。这种选择不仅直接决定着企业短期与长期效益,并且由于代理人对剩余索取权的至少是部分地占有,从而通过效益—个人支付函数对经营者的个人收益产生影响。委托人可以选择对经营者的有效约束从而在短期产出与长期价值增长之间求得平衡点。与所有者签订合同并非对管理者自主权的唯一约束。尚有其他受到重视的约束方式如接管、对管理者实施监控和管理者市场(Fama, 1980)等。基于长期发展和风险分散原则所进行的分阶段投资,事实上也是一种隐含的契约形式。

5. 动机优化

一般而言,企业经理人员参与经营活动的动机有两大类:通过经济报酬的获取实现物质生活的改善,以及通过个人能力的显示和提高追求事业的成功与社会价值的实现。对于传统企业来说,报酬的主要部分由于与企业规模挂钩而表现出相当的刚性,从而在很大程度上扭曲和抑制了经营者的努力倾向和创新意识。然而对新型企业经营者的薪酬结构而言,就需要有所改变。首先,新型企业仅经营者的经济报酬就可分成两部分:短期报酬与长期分红,这就突破了传统企业中经营者的收入仅限于短期范畴、从而在某种意义上助长了经营者短期行为的利益边界,收入的刚性被抹平,表现出极大的浮动性。其次,长期股利分红的方式已经实现了经营者经营活动的动机从物质利益兑现向社会价值体现的过渡和转化。再次,不同于一般的完善并完全的经理人市场,新型企业的经营者具有很强的不可替代性和很差的流动性。这样,经营者就有足够的动力在长期和短期之间寻找合理的组合,更多的追求在某个特定企业的长期行为和增长,而不是用近期的快速膨胀来透支长远的持续发展。动机优化与长短期平衡之间存在显著的互动关系。动机优化使经营者更积极、更有效的追求企业发展的长短期平衡,而后者带来的效应(个人报酬增加,业绩显著,声誉上涨)反过来也强化了前者。

6. 代理人冲动

出于个人事业成功和权力扩张冲动的追求而产生的企业规模"超正常扩张",是以牺牲外部投资机会和合理的投资利润为代价的。这样的行为主体仍然可以称之为"理性人",然而在这里个体理性的有限性表现得如此突出,以至于对企业的效益产生不确定性甚至破坏性影响。我们称之为"代理人冲动"。在企业中,由于个人行为动机优化而达到的短期和长期之间的合理平衡,经营者表现出更强、更有说服力的理性特征,对风险的厌恶促使代理人理性的增强,发生了"风险理性置换"。

二、系统论、控制论和信息论

(一)系统论、控制论和信息论概念

系统论、控制论和信息论(System Theory, Control Theory and Information Theory,简称 SCI 三论)是现代科学前沿的三门"软"科学,它们各有不同的出发点和内容,但它们是在同一历史背景下,从不同侧面研究同一个问题而产生的,其手段也有很多共同之处。SCI 三论从横向综合的角度,研究物质运动的规律,从而揭示世界各种互不相同的事物在某些方面的内在联系和本质特性,三者各成体系,但都应用系统、控制、信息的基本概念、基本思想,互相交叉、互相借鉴,协同发展。

1. 系统论

系统论是贝塔朗菲创立的,系统论的基本出发点,是把研究对象作为一个有机整体来加以考察,以寻求解决整体与部分之间相互关系的模式,原则和方法。其基本观点有三个:一是系统观点,认为系统整体功能大于部分功能之和。从一个系统中分解出来的部分,同在整体中发挥功能的部分是不同的。二是动态观点,认为事物不是一成不变的,系统是动态变化的。三是层次观点,系统论认为各种有机体都按严格的等级组织起来,具有层次结构。处于不同层次的系统,具有不同的功能。系统的特性:一是整体性。系统整体不等于系统内各部分的简单相加。二是相关性。内部相关性,是指系统内各要素之间是相互联系、相互制约、相互依赖的;外部相关性,是指系统内部与外部环境是相互联系、制约和影响的。三是结构性。这是指系统联系是以结构形式表现的,系统的整体功能是由结构决定的,不同的结构有不同的功能。

2. 控制论

控制论是第二次世界大战以来才发展起来的一门新兴横断科学。从美国科学家维纳 1948 年发表了《控制论》以来这门科学发展迅速,渗透到人类活动的所有领域。控制是指按给定的条件和预定目标,对一个过程或一系列事件施加影响的作用。

控制的手段和方法:

(1)反馈控制。这是控制的主要手段,其要点是用反馈的方法,使被控量的值与目标值进行比较,然后根据比较的结果,对输入值进行修正,以达到被控量与目标值一致的目的控制。

(2) 信息方法。就是从信息方面来研究系统的功能,认为系统借助于信息的获取、传递、加工和处理,以实现目的控制。这种方法实际上是与信息论方法交叉的。

(3) 黑箱方法。在研究系统时,利用外部观测、试验,通过输入、输出信息来研究黑箱的功能和特性,探索其构造和机理的一种方法。

(4) 功能模拟方法。这种方法以系统功能和行为的相似关系为基础,用模型模仿原型的功能和行为。它仅着眼于所分析的系统的功能和模拟它的外界影响的反应方式,而不要求分析系统内部的机制和个别要素,不追求模型的结构与原型相同。

3. 信息论

信息的根本特性则在于它的表意性,倾向于信息是事物属性,是相互联系和作用的表征。在对系统进行研究时,首先根据对象与由它发出的信息之间某种确定的对应关系,撇开研究对象的物质和能量的具体形态,反研究对象抽象为信息传输和交换过程,以达到对复杂系统运动过程的规律认识。

运用信息方法的特点:

(1) 信息方法是一种直接从整体出发,用联系的、转化的观点综合系统过程的研究方法。

(2) 对抽象出来的信息过程可作定性和定量的分析。

(3) 可运用各种手段,综合分析材料,建立相应的信息模型。

(4) 可运用信息模型来认识信息过程,探索其内在规律。

(二) 系统论、控制论和信息论运用

在实际运用中,要能够正确把握三论之间的相互作用机制。系统论是把要研究和处理的对象看成由一些相互联系、相互作用的若干因素组成的系统,研究系统就是寻求利用信息实现最优系统的途径。显然任何系统都离不开信息,因此研究系统就必须研究反映系统与环境、系统与子系统之间联系的不可缺少的要素信息。一个系统信息量的大小,反映系统的组织化、复杂化程度的高低。而系统的运行又离不开控制,对系统的控制同样离不开信息。信息论研究如何认识信息,控制论和系统论研究如何利用信息。控制论揭示了事物联系的反馈原理,用以实现对系统的有效控制。

三、信息不对称论

(一) 信息不对称论概念

信息不对称论(Information Asymmetry Theory)是指在市场经济活动中,各类人员对有关信息的了解是有差异的;掌握信息比较充分的人员,往往处于比较有利的地位,而信息贫乏的人员,则处于比较不利的地位。信息不对称理论是由三位美国经济学家——约瑟夫·斯蒂格利茨、乔治·阿克尔洛夫和迈克尔·斯彭斯提出的。该理论认为:市场中卖方比买方更了解有关商品的各种信息;掌握更多信息的一方可以通过向信息贫乏的一方传递可靠信息而在市场中获益;买卖双方中拥有信息较少的一方会努力从另一方获取信息;市场信号显示在一定程度上可以弥补信息不对称的问题;信息不对称是市场经济的弊病,要想减少信息不对称对经济产生的危害,政府应在市场体系中发挥强有力的作用。

(二)信息不对称论运用

财务信息不对称分布是相对于一定的主体而言。使用企业财务信息的有关主体主要有企业管理层、投资者、贷款者、潜在投资者、供应商、证券交易所、经纪商、政府有关管理部门和社会公众等。其中,企业管理层为财务信息的内部使用者,其他则均为外部使用者。

财务信息的不对称分布具有三层含义:第一层是指财务信息在内、外部使用者之间分布不对称,与外部使用者相比较,内部使用者更具有信息优势;第二层是指财务信息在管理者与董事之间分布不对称,与董事相比较,管理者更具有信息优势;第三层是指财务信息在高层管理者与低层管理者之间分布不对称,与高层管理者相比较,低层管理者更具有信息优势。信息不对称论,还需要从以下几个方面加以理解:

一是与代理论相衔接。在现实中,财富、经营能力风险规避度分布具有非相关性,这一事实决定社会中存在不同类型的人们,他们的经营能力有强弱,风险规避程度有高低,财富有充裕和不足。这就意味着:经营能力低、风险规避程度高但财富充裕者将会与经营能力强、风险规避程度低而财富不足者携手合作;即通过契约,前者将财富的经营权转让给后者,而共同分享经营所获取的利益。这便是股份公司出现的客观环境。也就是说,通过雇用合约,后者成为代理人即经营者,前者则成为委托人即股东。一般而论,董事会作为股东代表完成与经营者的雇用契约;但经营者为了便于管理又会雇用更低层次的管理者。股份公司事实上是建立在一层层的雇用与被雇用的关系之上,这在一定程度上可视为契约的联结。在此契约联结中,存在着层层代理关系。代理人为提高与其业绩相挂钩的报酬,必然会美饰其财务信息。因此代理关系在一定程度上会妨碍财务信息的对称分布。

二是与成本论相衔接。传统的经济学是在许多严格的假设前提下建立的,其中完全信息假设是其最基本的假设之一。但信息的获取是需要付出成本即一定的人力、物力和财力的;信息的充分与否与所获取的付出是一个正相关。使用不完全的信息意味着藉此所作决策的不确定性很大;掌握的信息愈充分,决策的不确定性愈小。财务信息作为一种特殊商品,既然提供信息需耗用一定的成本,因而往往由于成本的因素而妨碍了一部分财务信息需求者对信息的充分享有,形成财务信息在一定程度上出现不对称分布。

三是与权力论相衔接。第一,在财务信息的外界使用者中,有些使用者具有取得所需的充分而完全的信息的权力。如税务机构为执行税法和规章所需的信息,都具有要求企业提供相关信息的法定权力。而有些用户则因不能享有法律赋予的权力,而无法从企业获取其据以决策所需的财务信息。第二,财务信息的不对称分布,无论是给企业,还是给外部使用者都造成了不容忽视的损失。首先,企业筹资成本高昂,筹资环境恶化。外界因缺乏充分的财务信息以了解企业的财务状况、现金流量及股利分配等真实情况,使决策风险增加。为弥补风险可能引起的损失,资金所有者会要求有较高的资金回报,使企业的筹资成本上升,从而导致企业的财务风险增加,使企业更易发生财务危饥。这一事实会使企业未来的筹资成本更高,筹资环境日益恶化。其结果必将是,企业今后即使愿意支付更高的利率,投资者因其偿债能力不足而拒绝投入资金。从企业集团内部来看,高层管理者需要依靠低层管理者提供其决策所需的财务信息。而低层管理者为尽可能防止其准租金被分享,势必会隐瞒甚至篡改对已不利的财务信息。这样,高层管理者据以决策的财务信息的不充分性或虚假性,必将影响其决策的最佳性。其次,信息的外部使用者的利益受到损害。外界投资者由于得不到充分和可靠的财务信息,其必然结果是部分资金将流入非安全企业,从而遭受损失。同时,财务信息的不对称分布也会给证券市场带来影响。社会资源配置是证券市场的重要功能之一。业绩良好的企业随其股价上升,资金流便会注入该企业,劳务、原料等资源也会随之流向该企业;业绩不佳的企业随着股价下跌,市场上的资金流便会反向而撤出,劳务、原料等资源也会随之撤出。但若证券市场上财务信息得不到充分和真实的反映,则资源的流向就具有极大的随机性,资源使用的有效性会受到干扰。至于政府的税收收入因取决于资源使用的有效性,因而财务信息的不对称分布由于导致社会资源的非有效使用,也使政府的税收收入受损。

四、博弈论

(一)博弈论概念

现代博弈论(Game Theory)是研究机智、理性的局中人之间的冲突与合作的学科。它在经济学上的运用,就是研究在局限条件下的市场主体之间博弈的不同行为方式或不同的策略选择,利益对立之间的策略问题以及这些行为选择及策略问题的运作方式的相互影响和相互作用。在博弈中,一个简单的博弈的基本结构至少需要三个元素构成:①局中人。博弈论假设所有的局中人都是机智和理性的。②行动空间。局中人必须知道他自己及别人的战略选择范围以及各种战略间可能的因果关系。③支付函数。局中人从博弈中获得的效用水平,它是所有局中人的策略或行动的函数。而博弈论的研究问题又分为合作博弈与非合作博弈,两者指的是在局中人的行为相互作用的情况下,局中人能否达成一个具有约束力的协议,如果有就是合作博弈,反之则为非合作博弈。

(二)博弈论运用

1. 零和博弈

此消彼长,形成机制。零和博弈是博弈论研究的核心,在现实的市场经济中这种博弈形式是常见现象。零和博弈多为二人零和博弈,它是一种简单、最基本的博弈。在这种博弈中,不存在任何类型的合作或联合行动:一个局中人认为某一结局比另一结局好,则另一局中人的偏好必然是相反的。

2. 重复博弈

以其人之道还治其人之身。①这种规则局中人既容易操作,又使对手容易明白合作与合作的后果是什么;②这种博弈总是以友好与合作的方式开始,然后根据对手前一阶段的行为而采取随机对策,即先礼后兵;③这种博弈奖罚分明,即局中人任何一方若遵守协议,双方都能获得最佳利益,若哪一方率先违背协议则必然受到严厉惩罚;④这种博弈内含有宽恕的因素,即惩罚并非是目的,而是想通过惩罚迫使双方合作,只要改过,既往不咎,因此双方容易重新建立合作关系。但是,仅仅博弈的简单重复并不能保证合作关系的稳定持续。由于经济环境的不确定性存在,单靠外显出的价格参数并不能完全反映出局中人所采取的策略。也就是说,要知道是否有人违约,谁在违约,违约后用什么方式来惩罚之并非易事。

信息的不对称性可能会破坏市场的正常进行。但是人们在用博弈论方法研究不完全信息条件下的纳什均衡时注意到,可以用一种方式来克服不完全信息对市场机制造成的影响。这就是知情者的一方采取某种行动,而这些行动被视作一个信号,向对方传递可信的信息。

第三节 财务风险管理的步骤与方法

一、财务风险管理与内部控制的内容要求

企业财务风险管理与内部控制的内容要求有四个方面。

(一) 应突出"开源"与"节流"双管齐下的内容要求

财务风险管理的"开源"内容体系表现为挖掘企业价值创造、可持续增长率等,从现代风险管理学视角看,企业自身的做强、做大、做好,是抵御财务风险的重要理念与方式;财务风险管理的"节流"内容体系表现为财务风险控制的方法与手段的应用。

(二) 应突出"自律"与"他律"双重管理的内容要求

财务风险管理的"自律"内容要求,就是健全财务人员的自我约束机制。我国《会计法》第39条规定:"会计人员应当遵守职业道德,提高业务素质。"遵守职业道德包括6项具体内容,诸如爱岗敬业、熟悉法规、依法办事、客观公正、搞好服务、保守秘密。财务风险管理的"他律"内容要求,就是企业在开展财务管理工作时,应严格遵循与执行中国现行内部控制规范及美国COSO内部控制要素框架,加强内部控制、风险管理与公司治理等方面的法制建设,对财务违法行为决不姑息、坚决杜绝由于贪污、舞弊等人为因素可能导致企业财务状况恶化的风险漏洞。

(三) 应突出"事前"、"事中"、"事后"全过程管理的内容要求

财务风险管理应充分总结国内外学术研究成果,全面吸收我国公司财务方面的实践经验,从而以财务管理活动的整个过程为主线,建立企业融资活动、投资活动、营运活动的风险管理系统。财务风险管理中的"事前"管理,是指前馈管理体系,应包括全面预算管理、内部控制法规的与制度体系设计、价值创造与管理等内容。财务风险管理中的"事中"管理,是指反馈管理体系,应既包括融资活动、投资活动、营运活动的风险控制系统,也应包括财务报表分析等内容。财务风险管理中的"事后"管理,是指后馈管理体系,应包括财务报表分析、内部控制法规的与制度的执行效率评估等内容。

(四) 应突出"战略"管理与"战术"管理不同层面的内容要求

财务风险的"战略"管理,是指根据国家经济政策导向,运用生命周期理论,针对企业经营风险与财务风险的状况,从风险控制层面规划企业3~5年全范围、全过程的财务战略。财务风险的"战术"管理,就是企业日常财务风险管理的内容体系,具体包含:风险与报酬分析、财务报表的风险问题分析、价值创造管理、内部控制、融资风险管理、投资风险管理、营运风险管理等。

二、财务风险管理的步骤

企业财务风险管理活动应覆盖整个企业,涉及各个部门和众多人员。财务风险管理实施步骤要求识别和了解企业面临的各种财务风险,以评估财务风险的成本、影响及发生的可能性,并针对出现的风险制定应对办法以及实施的纠正

举措。

财务风险管理可分为四个步骤：第一步是风险识别；第二步是风险评估；第三步是确定风险；第四步是风险监测。

(一)风险识别

管理层应尽力识别所有可能对企业产生影响的风险，包括整个业务面临的较大或重大的风险，以及与每个项目的业务单位关联的不太主要的风险。企业应通过正式的检查程序来全面分析风险和损失。风险识别程序要求采用一种有计划的、经过深思熟虑的方法，来识别业务的每个方面存在的潜在风险，并识别可能在合理的时间段内影响每项业务的较为重大的风险。

风险识别程序应在企业内的多个层级得以执行。对每个业务单位或项目有影响的风险，可能不会对整个企业产生同样大甚至更大的影响。因此，对整个经济体产生影响的主要风险会分流到各个企业及其独立的业务单位。风险识别的方法之一是集体讨论可能的风险领域。通过这种方法动员知悉情况的人员迅速给予答复。之后由风险管理小组对集体讨论后识别的所有风险进行复核，并且认定核心风险。最后，为识别风险进行集体讨论的结果，应提供给未参与讨论的其他部门。并按照来自整个企业的评论和讨论，增加已识别的风险。

(二)风险评估

风险通常是相互依存的。应依据组织结构考虑和评价风险间的相互依存关系。企业应关注企业内各层级的风险，但实际上各层级可能仅对其范围内的风险实施了控制。每个经营部门负责管理其面临的风险，但是可能受到组织结构中上一级部门或下一部门的风险事件的影响。企业的每个经营部门应认识到，自身遇到的许多风险，均可能对企业内其他部门产生影响。此外，还有大量工具可用来确定风险对企业的影响，比如情景设计(scenario design)、敏感性分析(sensitivity analysis)、决策树(decision tree)、计算机模拟(computer simulation)、软件包(software package)等。

在评估风险时，应留意的是概率与不确定性。特别是在识别出大量风险后，评估小组应逐个考虑风险、可能性以及发生的情况。需要强调的是，本质上来说，风险可能不会保持不变，也不是100%会发生。关于概率的另外一个基本规则是，不得将独立的概率估计相加，得出综合估值。

(三)确定风险评级和应对策略

1. 确定风险评级

一是检查风险评级，并得出一份列明潜在风险的清单。下一步是按照已确定的重大程度和可能性估值，计算风险评分，并识别最为重大的风险。根据影响及可能性，对风险进行优先次序的排列。二是对于评分较高的风险，被称作风险推动因素或主要风险。然后,企业应将注意力继续放在这些主要风险上。三是进行优先次序排列时,不应仅考虑财务方面的影响,更重要的是考虑对实现企业目标的潜在影响。四是对非重大的风险应定期复核,特别是在外部事项发生变化时,应检查这些风险是否仍为非重大风险。

需要说明的是,有效的风险管理要求企业持续对风险进行重新评估,并且通过定期风险复核,控制风险情景并清楚何时应作出决策。

2. 应对策略

(1) 风险规避。当风险潜在威胁发生的可能性很大,不利后果也比较严重时,企业主动放弃或者停止与该风险相关的业务活动,这种通过终止行动方案的方式不失为规避风险的良策。

(2) 风险降低。在实施风险降低策略时,最好将每一具体风险都控制在可以接受的水平上,单项风险减轻了,整体风险就会相应降低,成功的概率就会增加。风险降低策略是基于企业不愿意被动接受特定的后果分布状态,而通过自身努力改变不利后果的概率。为改变后果分布状态所作的努力,称为风险缓解。企业成功地降低风险后,其成果分布状态将不再是极端的。不同的实际情况适用不同的风险降低方法。减少风险常用三种方法来实施:一是控制风险因素,减少风险的发生;二是控制风险发生的频率和降低风险损害程度;三是通过风险分散形式来降低风险,比如在多种股票而非单一股票上投资。不愿"将所有的鸡蛋放在同一个篮子里"的企业采用的是风险分散策略。

(3) 风险转移。对可能给企业带来灾难性损失的资产,企业应以一定的代价,采取某种方式转移风险。其目的是通过若干技术手段和经济手段将风险部分或全部转移给另一家企业、公司或机构承担。合同及财务协议是转移风险的主要方式。转移风险并不会降低其可能的严重程度,只是把风险从一方转嫁给另外一方。

(4) 风险保留。风险保留包括风险接受、风险吸收和风险容忍。对一些无法避免和转移的风险,采取现实的态度,在不影响投资者根本或局部利益的前提下,将风险自愿承担下来。例如,在风险损失发生时,直接将损失摊入成本或费用,或冲减利润;风险自保是指企业预留一笔风险金进行预防,或者采取有计划地计提资产减值准备等政策。采取风险保留的策略,或者是因为这是比较经济的策略,或者是因为没有其他备选方法(比如降低、消除或转移)。采用风险保留策略时,管理层需考虑所有的方案,即如果没有其他备选方案,管理层需确定已对所有可能的消除、降低或转移方法进行分析来决定保留风险。

(四) 风险监测

一是对已识别的风险进行监测。二是监测内容应包括目标的实现过程,并关注新的风险和相关损失。三是风险监测可由程序的所有者或独立审查人员执行,如企业风险管理部门或内部审计师。四是内部审计师也常常能提供非常可靠且完善的信息,来监测已识别风险的当前状态。五是企业可能已执行了为识别较重大风险而精心设立的程序。但是仍然必须定期对风险的当前状况进行监测,必要时对已识别的风险作出变更。

三、决策者风险偏好

根据决策者对风险的偏好程度可以划分三类,即风险回避者、风险追求者和风险中立者。

1. 风险回避者

风险回避者选择资产的态度是:当预期收益率相同时,偏好于具有低风险的资产;而对于具有同样风险的资产,则钟情于具有高预期收益率的资产。

2. 风险追求者

与风险回避者恰恰相反,风险追求者通常主动追求风险,喜欢收益的动荡胜于喜欢收益的稳定。他们选择资产的原则是:当预期收益率相同时,选择风险大的,因为这会给他们带来更大的效用。

3. 风险中立者

风险中立者通常既不回避风险,也不主动追求风险。他们选择资产的唯一标准是预期收益率的大小,而不管风险状况如何。

四、财务风险管理的方法

(一)时间顺序分类法

风险控制发生在企业风险管理的全过程中,根据风险发生的时间顺序可以分为如下三种。

1. 事前风险控制

企业在作出经营决策之前对其内部条件因素和外部环境因素进行详尽地分析综合估计各种风险因素,对企业的决策结果进行趋势预测,如果发现可能出现的风险因素,则提前采取预防性的纠偏措施,保证企业的经营决策始终沿着正确的轨道前进,从而达成企业目标。风险回避策略显然属于事前风险控制,其可以有效地消除不必要的风险产生的条件和机会,从而达到不需过多的精力和成本投入就能避免风险发生的目的。有效地避免风险措施理论上可以完全解除某种风险,即完全消除某种损失的可能性,但在现实经济生活中,事前风险控制措施的采用受到一定的限制,比如当其涉及放弃某项活动时,同时也就部分或全部地丧失了从事该活动可能带来的利益。另外,由于风险回避常涉及改变生产工艺、工作地点等。一般说来,企业应该在该项活动的早期计划阶段就作出研究和决策,任何改变进行中的工作的企图都会造成极大的不便和昂贵的费用。

2. 事中风险控制

在决策实施过程中或风险发生过程中,企业对自身的决策行为和形势变化进行检查,对照既定的标准判断是否合适,如果发现了风险成因,就立即采取措施,快速反应,对企业的决策行为进行调整、修正。这种方式类似于开关功能,故称之为开关型风险控制。由于风险随时可能发生,并且风险事件的发生时间极其短暂,因此事中风险控制需要企业决策者具有高度的风险感知度,能够对风险事件即时处理。一般来说,企业的应急连锁反应、成立突发事件特别行动小组等属于事中风险控制决策措施。

3. 事后风险控制

事后风险控制要求企业将企业决策的结果与预期结果进行比较与评价,然后根据偏差情况查找具体的风险成因,总结经验教训,对已发生的错误或过失进行弥补,同时调整企业的后续经营决策。事后风险控制需要完成两项任务,其一是尽可能地减少风险损失,其二是调整企业决策思路,减少风险再次发生的可能性,以指导企业今后的实践。

(二) 内容分类法

企业风险控制是一项复杂的系统工程,它需要综合运用数理统计、经济学、逻辑推理等多学科的知识,并且需要涉及多方面的内容。根据风险控制的处理对象,其可以作以下分类。

1. 风险因素控制

企业风险控制因素通常包括财务、生产、销售、质量、人力资源等方面。财务风险控制包括财务预算,对财务的收益性指标、安全性指标、流动性指标、成长性指标、生产型指标等的控制生产风险控制包括对产品品种、质量、数量、成本、交货期及售后服务等因素的控制销售控制主要包括对企业的产品竞争力、产品价格、销售渠道、促销行为等的控制质量控制不仅仅是对产品质量的控制,还包括工作效率、设计、信息工作等一系列的质量控制人力资源控制在于为企业选拔合适、优秀的贤才,营造良好的企业文化和工作氛围,提高组织效率。

2. 风险事态控制

风险因素控制主要是对企业日常经营活动中的某一部门或某一领域的风险进行控制,风险事态控制往往并不局限于此。它通过对企业既成风险事件进行全面诊断,分析风险成因,预测风险隐患,采取积极有效的风险处理措施以尽可能地减少风险损失,避免事态的扩大对企业的进一步不利影响。风险事态控制通过对风险事件的及时处理来控制风险,往往需要同时涉及多个风险因素,因此风险事态控制相对于风险因素控制更具后验性和综合性。

（三）导向分类法

企业对于风险的承受能力是一定的,而风险控制的最终目的正在于将风险控制在企业可以承受的范围内。定义可能风险、原有风险和可控风险,其中可能风险二原有风险风险发生概率,并且受企业主观活动的影响可发生改变,因此可控风险。企业风险控制的目的在于,将可能发生的风险限制在企业风险承受能力范围内。由以上分析可以得出,企业风险控制得以改变的部分是可控风险,这一部分越大表明企业对风险的驾驭能力越强,企业最终遭遇的风险也将越小。基于此,风险控制可以范围如下两类。

1. 概率导向风险控制

由于可控风险,企业对其进行控制的首要策略就在于降低,即减少风险事件发生的概率。概率导向风险策略通常应用于风险事件发生前,如风险回避策略,该策略试图将风险发生概率减少到零。当然风险发生的绝对零概率是不可能的,但概率导向风险控制不失为一种积极的风险防御策略。风险投资公司在将风险资金投入风险企业时,通过对风险企业提供的商业计划书进行详尽地尽职调查、积极寻找联合投资合作伙伴、明确分段投资方式和投资条件、筛选合适的职业经理人和管理团队、完善委托代理的奖励监督机制等,都可以有效地控制风险投资过程中的风险发生概率。

2. 损失导向风险控制

损失导向的风险控制策略应用于两种情况。第一种情况是当风险事件发生的概率一定时,企业无法回避风险或是减小风险发生的概率,如系统风险,包括政治事件、自然灾害、经济萧条等。此时,损失导向风险控制就在于减少可能的风险损失。比如通过战略联盟或联合投资等策略,企业可以控制市场中的非系统风险,实现风险不守恒,降低即合作双方所需承担的总风险和合作各方承担的风险都有所降低。第二种情况在于当企业的原有风险和风险发生的概率都无法调整时,即风险不可降低和回避时,损失导向的风险控制需要企业在风险发生后,积极应战,尽可能地减少风险损失,从而使得实际遭遇的风险在承受能力范围内。

练 习 测 试 题

一、单项选择题

1. 使被控量的值与目标值进行比较,然后根据比较的结果,对输入值进行修正,以达到被控量与目标值一致的目的控制。这种控制方法称为(　　)。

A. 信息方法 B. 黑箱方法
C. 功能模拟方法 D. 反馈控制

2. 委托代理是由于( )之间目标不一致产生的。
A. 股东与监事会 B. 股东与顾客
C. 股东与董事会 D. 股东与经理

3. ( )是研究在局限条件下市场主体之间竞争的不同行为方式或不同的策略选择，利益对立之间的策略问题以及这些行为选择及策略问题的运作方式的相互作用机制。
A. 控制论 B. 博弈论 C. 系统论 D. 信息论

4. 如果公司在负债期间，贷款利率发生增长变化，利率的增长必然增加公司的资金成本，从而抵减了预期收益。这可能受到的影响是由于( )。
A. 物价下跌 B. 通货膨胀 C. 竞争 D. 企业信誉

5. 以系统功能和行为的相似关系为基础，用模型模仿原型的功能和行为的方法是( )。
A. 功能模拟方法 B. 信息方法 C. 黑箱方法 D. 反馈控制

6. 不愿"将所有的鸡蛋放在同一个篮子里"的企业采用的是( )。
A. 风险转移策略 B. 风险规避策略
C. 风险降低策略 D. 风险保留策略

7. 甲公司董事会对待风险的态度属于风险厌恶。为有效管理公司的信用风险，甲公司管理层决定将其全部的应收款项以应收总金额的80%出售给乙公司，由乙公司向有关债务人收取款项，甲公司不再承担有关债务人未能如期付款的风险。甲公司应对此项信用风险的策略属于( )。
A. 风险转移 B. 风险降低 C. 风险保留 D. 风险规避

二、多项选择题

1. 财务信息的不对称分布的含义是( )。
A. 与董事相比较，管理者更具信息优势
B. 与管理者相比较，董事更具信息优势
C. 与外部使用者相比较，内部使用者更具信息优势
D. 与内部使用者相比较，外部使用者更具信息优势

2. 下列属于委托代理理论中的代理成本内容的是( )。
A. 对产品生产中材料、工资、制造费的控制
B. 债权人保护条款引入
C. 对经理随意支配现金流、浪费企业资源的约束
D. 对经理提升企业业绩的激励措施

3. 系统论的基本观点有( )。
A. 动态观点 B. 资金观点 C. 系统观点 D. 层次观点

4. 在风险评估中，下列可用来确定风险对企业的影响的工具是( )。

A. 情景设计　　　B. 敏感性分析　　　C. 决策树　　　D. 计算机模拟

5. 风险保留可以细分为（　　）。

A. 风险接受　　　B. 风险吸收　　　C. 风险容忍　　　D. 风险降低

6. 甲公司为澳大利亚的一家电子公司，正在考虑应否把生产总部迁往我国的大连市，然后上市筹资。甲公司管理层希望在投资前了解此项计划获得我国政府批准的可能性及其对公司未来现金流量的影响。甲公司管理层同时也考虑了将生产总部迁往其他国家如韩国的可能性，以及与大连方案相比的风险和回报。在整个分析中，甲公司管理层可用的分析工具有（　　）。

A. 波士顿矩阵　　　B. 决策树　　　C. 情景设计　　　D. 平衡计分卡

三、判断题

1. 风险既可以给经济活动的主体带来威胁，即风险危机观；相反地，风险也可能带来相对应的机会，即风险机会观。（　　）

2. 签署合同及财务协议是降低风险的主要方式。（　　）

3. 有效的风险管理要求企业持续对风险进行重新评估，并且通过定期风险复核，控制风险情景并清楚何时应作出决策。（　　）

4. 在风险评估中，需要使用概率方法，即可以将独立的概率估计相加，得出综合估值。（　　）

5. 风险转移策略是企业不愿意被动接受特定的后果分布状态，而通过自身努力改变不利后果的概率。（　　）

四、简答题

1. 请阐述财务风险的概念、特征与类型，并分析财务风险的形成原因。
2. 委托代理理论在实际应用中，应如何理清各种委托代理关系？注意哪些具体问题？
3. 信息不对称理论的核心概念是什么？如何理解财务信息不对称分布的含义？
4. 请分别阐述零和博弈与重复博弈的具体概念，并举例说明其实际应用。
5. 财务风险管理的实施步骤分为哪四个部分？各包括哪些具体内容？
6. 财务风险管理的方法具体是什么？
7. 财务风险管理中的四种应对策略是什么？请分别举例说明其实际应用。

第二章 货币的时间价值

本章学习要点

了解货币时间价值的基本概念以及金融市场上的利率构成因素；掌握单利法、复利法、年金法的计算方法；熟练掌握名义利率与实际利率的转换方法，以及货币时间价值的实际应用。

第一节 货币时间价值的计算方法

在实际工作中，财务人员往往需要对经济活动的全过程进行财务管理，主要是通过评估各个阶段的现金流量这一重要指标，来体现评价过去、控制现在以及规划未来的管理职能。然而，现金流量始终贯穿于事前、事中、事后财务活动的各个时间序列，其结果将受到两大问题的影响，一是资金的时间价值；二是投资的风险价值。风险问题，即未来现金流量的不确定性，追根溯源是由时间因素引起的。所以，货币的时间价值，毫无疑问已成为研究财务风险管理的基础价值观。

一、货币时间价值的概念

企业资金循环与周转的起点是投入货币资金，企业用它来购买所需的资源，然后生产出新的产品，如果是良性资金循环与周转，产品出售时得到的货币量会大于最初投入的货币量。资金的循环与周转以及因此实现的货币增值需要或多或少的时间，每完成一次循环，货币就增加一定数额，周转的次数越多，增值额也越大。因此，随着时间的延续，货币总量在循环和周转中按几何级数增长，使得货币具有时间价值。由此可见，货币时间价值是指货币经历一定时间的投资和再投资所增加的价值。

在商品经济中，有这样一种现象：即现在的1元钱与1年后的1元钱相比较，其经济价值是不相等的，或者说其经济效用不同。即使在不考虑通货膨胀的情况下，现在的1元钱，比1年后的1元钱经济价值要大一些。例如，将现在的1元钱存入银行，假设存款利率为10%，1年后可以得到1.10元，这1元钱经过1

年时间的投资增加了0.1元,这就是货币的时间价值。

货币的时间价值可以表现为时间价值额和时间价值率两种形式。时间价值额是指资金在生产经营过程中带来的真实增值额,也可用投入的一定数额资金与时间价值率的乘积来表示。时间价值率是指扣除风险报酬和通货膨胀贴水后的平均资金利润率或平均报酬率。诸如银行存款利率、银行贷款利率、各种债券利率等。在实务中,人们习惯使用相对数来表示货币的时间价值,其表示增加价值占投入货币的百分比。例如,前述货币的时间价值为10%。

由于货币时间价值是客观存在的,因此,在企业的各项经营活动中,都应充分考虑到货币时间价值的影响。货币如果闲置不用是不会产生时间价值的,而且还可能因受到通货膨胀等因素的影响而发生贬值情况。同样地,一个企业在经历一段时间的稳定经营与发展后,一般会获得比原始投资额更多的资金。所以,企业必须管好、用好资金,最好的方法就是将资金投入到较高收益的投资项目中,让它进入生产流通环节,因为再生产过程中的资金周转运动会使货币产生增值。

由于货币在不同时间阶段的价值并不相等,所以,在理财决策中,不宜把发生在不同时期的现金流量直接进行比较,而是需要把它们换算到相同的时间基础上,才能进行备选方案的比较与选择。在具体换算时广泛使用复利、现值等各种概念与方法。

二、金融市场上的利率决定及资源配置

利率政策是宏观经济管理中比较重要的工具之一。利率在国家经济中能发挥多项作用。它是对储蓄的报酬,对获得收入的人如何把收入在目前的消费与未来的消费之间进行分配有影响。利率的结构控制将积累起来的储蓄在不同的资产(金融资产和实物资产)之间进行分配。利率政策对储蓄与投资的过程产生影响,而且通过这些过程对金融资产的发展与多样化、生产的资本密集度以及产值的增长率都产生影响。

(一)决定和影响我国现阶段利率的主要因素

1. 利润率的平均水平

社会主义市场经济中,利息仍作为平均利润的一部分,因而利息率也是由平均利润率决定的。根据我国经济发展现状与改革实践,这种制约作用可以概括为:利率的总水平要适应大多数企业的负担能力。也就是说,利率总水平不能太高,太高了大多数企业承受不了;相反,利率总水平也不能太低,太低了不能发挥利率的杠杆作用。

2. 资金的供求状况

在平均利润率既定时,利息率的变动则取决于平均利润分割为利息与企业利润的比例。而这个比例是由借贷资本的供求双方通过竞争确定的。一般地,当借贷资本供不应求时,借贷双方的竞争结果将促进利率上升;相反,当借贷资本供过于求时,竞争的结果必然导致利率下降。在我国市场经济条件下,由于作为金融市场上的商品的"价格"——利率,与其他商品的价格一样受供求规律的制约,因而资金的供求状况对利率水平的高低仍然有决定性作用。

3. 物价变动的幅度

由于价格具有刚性,变动的趋势一般是上涨,因而怎样使自己持有的货币不贬值,或遭受贬值后如何取得补偿,是人们普遍关心的问题。这种关心使得从事经营货币资金的银行必须使吸收存款的名义利率适应物价上涨的幅度,否则难以吸收存款;同时也必须使贷款的名义利率适应物价上涨的幅度,否则难以获得投资收益。所以,名义利率水平与物价水平具有同步发展的趋势,物价变动的幅度制约着名义利率水平的高低。

4. 国际经济的环境

改革开放以后,我国与其他国家的经济联系日益密切。在这种情况下,利率也不可避免地受国际经济因素的影响,表现在以下几个方面:①国际间资金的流动,通过改变我国的资金供给量影响我国的利率水平;②我国的利率水平还要受国际间商品竞争的影响;③我国的利率水平,还受国家的外汇储备量的多少和利用外资政策的影响。

5. 政策性因素

自1949年以来,我国的利率基本上属于管制利率类型,利率由国务院统一制定,由中国人民银行统一管理,在利率水平的制定与执行中,要受到政策性因素的影响。例如,新中国成立后至"十年动乱"期间,我国长期实行低利率政策,以稳定物价、稳定市场。1978年以来,对一些部门、企业实行差别利率,体现出政策性的引导或政策性的限制。可见,我国社会主义市场经济中,利率不是完全随着信贷资金的供求状况自由波动,它还取决于国家调节经济的需要,并受国家的控制和调节。

(二)金融市场上的利率决定

金融市场上利率有纯利率、通货膨胀补偿率、违约风险补偿率、变现力补偿率、期限风险补偿率五因素构成。其组成关系如(2-1)式所示:

$$利率 = 纯利率 + 通货膨胀补偿率 + 违约风险补偿率 \\ + 变现力风险补偿率 + 期限风险补偿率 \tag{2-1}$$

1. 纯利率

纯利率(pure rate of interest)，又称真实利率，它是通货膨胀为零时，无风险证券的平均利率。纯利率的高低主要受社会平均资金利润率、资金供求和国家有关政策的影响。在实际工作中通常把无通货膨胀情况下的国库券利率视为纯利率。

2. 通货膨胀补偿率

通货膨胀补偿率(inflation premium)，是弥补通货膨胀造成的购买力损失的补偿率。由于通货膨胀的存在，使货币购买力下降，从而影响投资者的真实报酬率。一般而言，资金供应者通常会要求在纯利率的基础上再加上通货膨胀补偿率。

3. 违约风险补偿率

违约风险补偿率(default premium)，是指借款人无法按时支付利息或偿还本金而给投资人带来风险的补偿率。为了弥补违约风险，投资人要求提高贷款利率。违约风险的大小与借款人信用等级的高低成反比。借款人的信用等级越高，违约风险越小，反之亦然。由政府发行的国库券可视为无违约风险证券，因此其利率较低。

4. 变现力补偿率

变现力补偿率(liquidity premium)，也叫流动性风险补偿率。是指某项资产在不受损失的条件下转化为现金的能力。各种有价证券的变现力是不同的，通常政府债券、大公司的股票与债券具有较高的变现力或流动性；投资人可以随时以不低于(或很少低于)购入时的价格出售证券来收回现金。而对那些变现力较差的证券，投资者会向借款人要求变现力风险补偿。

5. 期限风险补偿率

期限风险补偿率(maturity risk premium)，是指因到期期间长短不同而形成的利率变化的风险。任何机构发行的债券，到期期间越长，由于利率上升而使购买长期债券的投资者遭受损失的风险就越大。到期风险补偿就是对投资者负担利率变动风险的一种补偿。

三、货币时间价值的计算方法

(一) 单利法

单利法(simple interest method)，是指在每一个计算利息的时间单位里(如年、季、月等)，均以最初投入的本金，按规定的利率计息，而上一期所产生的利息并不加入下一期的本金之中的计算利息的方法。简而言之，单利法是只对本金计算利息的方法。现实中，我国银行对企业与个人的储蓄存款利息是按照单利法计算的。单利法的终值、现值与利息的计算如(2-2)式、(2-3)式、(2-4)式所示：

单利终值：$\quad\quad\quad F = P + P \times i \times n = P \times (1 + i \times n)$ (2-2)

单利现值：$\quad\quad\quad P = F \div (1 + n \times i)$ (2-3)

单利利息：$\quad\quad\quad I = P \times i \times n$ (2-4)

上述公式中的符号具体是这样规定的：F 表示终值；P 表示现值；I 表示利息；n 表示期数；i 表示利率。

需要说明的是，单利现值的计算与终值的计算是呈现互为逆运算的关系，通过已知终值来计算现值的过程，通常称为称为"折现"。

（二）复利法

复利法(compound interest method)是指不仅要对本金计算利息，而且对前期的利息也要计算利息的方法，也即人们通常俗称的"利生利"、"利滚利"的方法。复利法与单利法的不同点是上一期的利息要加入到下一期的本金中去，按本利和的总额计算下期利息。显然在 p、i、n 均相同的情况下，用复利法计算出来的利息金额要大于单利法。复利的终值、现值与利息的计算如(2-5)式、(2-6)式、(2-7)式所示。

1. 复利终值

复利终值计算如(2-5)式所示：

$$F = P \times (1 + i)^n \quad\quad (2-5)$$

其中，$(1+i)^n$ 称为复利终值系数，用符号$(F/P, i, n)$表示。具体计算时可以查阅书末的"附表一　复利终值系数表"。

2. 复利现值

复利现值计算如(2-6)式所示：

$$P = F \times (1 + i)^{-n} \quad\quad (2-6)$$

其中$(1+i)^{-n}$ 称为复利现值系数，用符号$(P/F, i, n)$表示。具体计算时可以查阅书末的"附表二　复利现值系数表"。

与单利法相同的是，复利终值(F)与复利现值(P)的计算也是互为逆运算的。

（三）年金法

年金是指一定时期内等额、定期的系列收支款项。如折旧、利息、租金、保险费等，通常表现为年金形式。一般而言，年金具有两个特点：一是金额相等；二是时间间隔相等。常用的年金可分为普通年金(ordinary annuity)、预付年金(perpetual annuity)、递延年金(deferred annuity)、永续年金(prepaid annuity)等种类。

年金法(annuity method),是指对一定时期内等额、定期的系列收支款项,按照货币时间价值的概念,折算到年金终值式年金现值的方法。

1. 普通年金的终值与现值计算

(1)普通年金终值。普通年金,是指每期期末等额收付款项的年金,又称为后付年金、期末年金。普通年金终值,是一定时间内每期期末收付款项的复利终值之和。普通年金终值的计算,是根据 n 项等比数列的求和公式,计算出普通年金在第 n 期期末的终值。具体计算如(2-7)式所示:

$$F = A\frac{(1+i)^n - 1}{i} \qquad (2\text{-}7)$$

普通年金终值=年金额×普通年金终值系数
$$F = A \times (F/A, i, n)$$

式中: $\dfrac{(1+i)^n - 1}{i}$ 称为"年金终值系数",记作 $(F/A, i, n)$。

(2)偿债基金。偿债基金是为使年金终值达到既定金额的年金数额。从计算的角度来看,就是在普通年金终值(F)公式中求解出年金(A),这个年金就是偿债基金。具体计算如(2-8)式所示:

$$A = F\frac{i}{(1+i)^n - 1} \qquad (2\text{-}8)$$

式中: $\dfrac{i}{(1+i)^n - 1}$ 称为"偿债基金系数",记作 $(A/F, i, n)$。

这里注意,偿债基金系数和年金终值系数是呈现互为逆运算的关系。

(3)普通年金现值。普通年金现值是指为在每期期末取得相等金额的款项,现在需要投入的金额。它是一定时间内每期期末收付款项的复利现值之和。同样地,可根据 n 项等比数列的求和公式,计算出普通年金在第 1 期期初(即第 0 期期末)的现值。具体计算如(2-9)式所示:

$$P = A\frac{1-(1+i)^{-n}}{i} \qquad (2\text{-}9)$$

普通年金现值=年金额×普通年金现值系数
$$P = A \times (P/A, i, n)$$

式中: $\dfrac{1-(1+i)^{-n}}{i}$ 称为"年金现值系数",记作 $(P/A, i, n)$。

(4) 资本回收额。资本回收额是指在项目初始期所投入的资本额,把它换算到在后续一定时期内每期期末的相等回收额。从计算的角度看,就是在普通年金现值(P)公式中,求解出年金(A),这个年金,就是资本回收额。具体计算如(2-10)式所示:

$$A = P \frac{i}{1-(1+i)^{-n}} \qquad (2\text{-}10)$$

式中:$\frac{i}{1-(1+i)^{-n}}$ 称为"资本回收系数",记作($A/P, i, n$)。

资本回收系数与年金现值系数是呈现互为逆运算的关系。

2. 其他年金的计算

(1) 预付年金。预付年金是指每期期初等额收付款项的年金,又称为先付年金、期初年金。n 期先付年金终值的计算,是先付年金与先付年金终值系数的乘积,而先付年金终值系数的计算,则是对相应普通年金终值系数进行"期数加1,系数减1"的调整而得出的,如(2-11)式所示:

$$F = A \times [(F/A, i, n+1) - 1] \qquad (2\text{-}11)$$

n 期先付年金现值的计算,是先付年金与先付年金现值系数的乘积,而先付年金现值系数的计算,则是对相应普通年金现值系数进行"期数减1,系数加1"的调整而得出的,如(2-12)式所示:

$$P = A \times [(F/A, i, n-1) + 1] \qquad (2\text{-}12)$$

(2) 递延年金。递延年金是指第一次等额收付款项发生在第 m 期末($m>1$),以后在各期期末将连续发生 n 次等额收付款项的年金(m、n 均为自然数)。递延年金终值的大小与递延的期数无关,因此与普通年金终值的计算方法相同。应该说,计算递延年金的现值更具有实用意义,具体有两种计算递延年金的现值的方法。

第一种计算方法是:先求出递延年金在 n 期期初(即第 m 期期末)的现值 P_m,再将其作为终值贴现到第 1 期期初(0 时点,即第 0 期期末),计算出现值(P)。计算公式如下:

$$P = A \times (P/A, i, n) \times (P/F, i, m) \qquad (2\text{-}13)$$

第二种计算方法是:首先假设在递延期内也进行收付,这样,补充以后的年金是一个完整的 $m+n$ 期的普通年金,补充部分的年金也是一个 m 期的普通年金。因此,递延年金的现值,可以用 $m+n$ 期普通年金现值减去 m 期普通年金现值,得到 n 期后付年金现值。计算公式如下:

$$P = A \times [(P/A, i, m+n) - (P/A, i, m)] \quad (2\text{-}14)$$

【例 2-1】 某项现金流量如表 2-1 所示,贴现率为 12%。

表 2-1

某项现金流量计算表

单位:元

年 末	现金流量	年 末	现金流量
1	40 000	6	30 000
2	40 000	7	30 000
3	40 000	8	30 000
4	30 000	9	20 000
5	30 000		

要求:试计算该项系列付款的现值。

具体分析如下:

$$P = 40\,000 \times (P/A, 12\%, 3) + 30\,000 \times [(P/A, 12\%, 8) - (P/A, 12\%, 3)]$$
$$+ 20\,000 \times (P/F, 12\%, 9) = 180\,258(\text{元})$$

(3) 永续年金。永续年金指无限期支付的年金。现实中无期限的存本取息、优先股股利均可视为永续年金的实例。由于永续年金没有终止时间,也就无法计算终值,其现值的计算公式由后付年金现值的计算公式推导得出,即当时间(n)趋向无穷大时,就化解成如(2-15)式所示:

$$P = A/I \quad (2\text{-}15)$$

第二节 货币时间价值的应用

前面阐述的基本都是名义利率(1 年内仅复利一次)的情况,但在实际财务工作中,财务人员可能会更关注实际利率的使用。因为其既反映了资金在 1 年内多次复利的实际情况,又考虑了剔除通货膨胀率后储户或投资者得到利息回报的真实利率。

一、名义利率与有效利率

1. 名义利率

名义利率是中央银行或其他提供资金借贷的机构所公布的未调整通货膨胀因素的利率,即利息(报酬)的货币额与本金的货币额的比率,也叫报价利率。即指包括补偿通货膨胀(包括通货紧缩)风险的利率。

2. 期间利率

期间利率是指一个付息期间的利率是多少,即借款人每期支付的利率,它可以是年利率,也可以是6个月、每季度、每月或每日等。当计息期间为1年时,期间利率、名义利率与实际利率三者是相等的。计算公式如下:

$$期间利率 = 名义利率 \div 1年中的计息次数 = r \div m \qquad (2-16)$$

式中:r 表示名义利率;m 表示1年中的复利次数。

3. 实际利率

实际利率又称有效利率,是指按给定的期间利率每年复利 m 次时,能够产生相同结果的利率,也称等价年利率。1年内复利 m 次和1年内复利一次的结果相同时的利率就是实际利率。计算公式如下:

$$实际利率 = \left(1 + \frac{名义利率}{m}\right)^m - 1 \qquad (2-17)$$

式中:m 为1年内的计息次数。

名义利率(r)与实际利率(i)存在着下述关系:

(1) 在1年内仅复利一次的情况下,实际利率与名义利率是相等的。在1年内复利 m 次的情况下,实际利率是大于名义利率的。

(2) 名义利率不能完全反映资金时间价值,实际利率才是真实地反映了资金的时间价值。

(3) 以 r 表示实际利率,i 表示名义利率,p 表示价格指数,那么名义利率与实际利率之间的关系为,当通货膨胀率较低时,可以简化为 $r=i-p$。

(4) 名义利率越大,周期越短,实际利率与名义利率的差值就越大。

下面举例说明名义利率、期间利率、实际利率的计算。

【例2-2】 本金10 000元,投资5年,年利率8%,每季度复利一次,求利息为多少?

$$每季度利率 = 8\% \div 4 = 2\%$$
$$复利次数 = 5 \times 4 = 20(次)$$
$$F = 10\,000 \times (1+2\%)^{20} = 10\,000 \times 1.486 = 14\,860(元)$$
$$I = 14\,860 - 10\,000 = 4\,860(元)$$

【例2-3】 本金10万元,年利率10%,按半年复利,求第10年年末的终值。

具体计算如下:

方法一:用实际利率计算复利终值:

$$i = \left(1 + \frac{10\%}{2}\right)^2 - 1 = 10.25\%$$

$$F = 10 \times (1 + 10.25\%)^{10} = 26.53(万元)$$

方法二:用期利率计算复利终值:

$$半年利率 = 10\% \div 2 = 5\%$$

$$m = 10 \times 2 = 20(期)$$

$$F = 10 \times (1 + 5\%)^{20} = 26.53(万元)$$

二、连续复利情况下的复利终值和现值计算

如果每年复利次数 m 趋近于无穷大,则这种情况下的复利称为连续复利。连续复利情况下的实际利率计算如(2-18)式所示:

$$i = \lim_{m \to \infty}\left[\left(1 + \frac{r}{m}\right)^m - 1\right] = e^r - 1 \quad (2\text{-}18)$$

连续复利情况下的复利终值和现值的计算公式如下所示:

$$连续复利终值\ F = P \times (1+i)^t = P \times (1 + e^r - 1)^t = P \times e^{rt} \quad (2\text{-}19)$$

$$连续复利现值\ P = F \times e^{-rt} \quad (2\text{-}20)$$

【例 2-4】 某项贷款本金 1 000 元,利率为 10%,若按连续复利计息,则第 3 年年末的终值为多少?

具体计算如下:

$$F = 1\,000 \times 1\,000 \times e^{10\% \times 3} = 1\,000 \times 1.349\,9 = 1\,349.9(元)$$

三、货币时间价值的相关折算

在实际工作中,货币时间价值的应用,就是要求财务人员掌握货币时间价值的各种计算方法,并能做到灵活运用。货币时间价值的汇总计算表,如表 2-2 所示。

表 2-2

货币时间价值的汇总计算表

方法	名称	计算公式	系数符号	对应系数附表
单利法 $(F \leftrightarrow P)$	单利终值	$F = P(1 + i \times n)$	—	—
	单利现值	$P = F \dfrac{1}{(1 + i \times n)}$	—	—

(续表)

方法	名称	计算公式	系数符号	对应系数附表
复利法 $(F \leftrightarrow P)$	复利终值	$F = P(1+i)^n$	$(F/P, i, n)$	附表一
	复利现值	$P = F \dfrac{1}{(1+i)^n}$	$(P/F, i, n)$	附表二
年金法 $(F \leftrightarrow A)$ $(P \leftrightarrow A)$	年金终值	$F = A \dfrac{(1+i)^n - 1}{i}$	$(F/A, i, n)$	附表三
	偿债基金	$A = F \dfrac{i}{(1+i)^n - 1}$	$\dfrac{1}{(F/A, i, n)}$	先查附表三系数,再求倒数
	年金现值	$P = A \dfrac{1-(1+i)^{-n}}{i}$	$(P/A, i, n)$	附表四
	资本回收	$A = P \dfrac{i}{1-(1+i)^{-n}}$	$\dfrac{1}{(P/A, i, n)}$	先查附表四系数,再求倒数

(一)期数的计算

在复利终值、现值的计算公式中,假设终值(F)、现值(P)、利率(i)等数据是给定的,需要求出计息期数n。我们可以用插值法进行求解。

【例2-5】 某企业现有150 000元,拟投资于报酬率为12%的项目,经过多少年以后才能获得600 000元?

具体计算如下:

$$根据复利终值公式 F = P \times (1+12\%)^n$$

用已知数据代入,$600\,000 = 150\,000 \times (1+12\%)^n$,则$(1+12\%)^n = 4$(年)

在"复利终值系数表"中查找i等于12%时复利终值系数最为接近4.00的两个现值系数所对应的计息期数,查表的结果为:

$$(F/P, 12\%, 12) = 3.896$$
$$(F/P, 12\%, n) = 4.00$$
$$(F/P, 12\%, 13) = 4.363\,5$$

用插值法建立方程求得:

$$n = 12 + [(4-3.896) \div (4.363\,5 - 3.896)] \times (13-12) = 12.22(年)$$

(二)利率的计算

在复利终值、现值计算公式中,假设终值(F)、现值(P)、时间(n)等数据是给定的,需要求出利率(i)。同样地,我们也是用插值法来进行求解的。

【例2-6】 某企业目前有资金100 000元,拟投资于某项目,欲经过3年以后使资金额达到 150 000 元。请问该企业要求的投资报酬率应为多少？

具体计算如下：

根据复利终值公式 $F = P \times (1+i)^3$

用已知数据代入，$150\,000 = 100\,000 \times (1+i)^n$，则 $(1+i)^3 = 1.5$

在"复利终值系数表"中查找 n 等于 3 年时复利终值系数最为接近 1.5 的两个现值系数所对应的利率，查表的结果为：

$(F/P, 14\%, 3) = 1.481\,5$

$(F/P, i, 3) = 1.5$

$(F/P, 15\%, 3) = 1.520\,9$

用插值法建立方程求得：

$i = 14\% + [(1.5 - 1.481\,5) \div (1.520\,9 - 1.481\,5)] \times 1\% = 14.47\%$

四、货币时间价值的应用实例

（一）银行储蓄方案选择

【例 2-7】 王先生有 10 000 元，想存入银行 4 年，将来可以用作为小孩的学习资金。（目前银行定期存款的利率分别为：1 年期，3.5%；2 年期，4.4%；3 年期，5%）。请问有几种储蓄方案？何者最优？

具体计算如下：

共有四种储蓄方案，分别计算出四种方案在第 4 年年末的终值，进行比较。

第一种储蓄方案：先存入 1 年，1 年到期后取出本息，继续存 1 年，连续往复，直到 4 年。

$F = 10\,000 \times (1+3.5\%)^4 = 11\,475.23（元）$

第二种储蓄方案：先存入 1 年，1 年到期后取出本息，再存入 3 年。

$F = 10\,000 \times (1+3.5\%) \times (1+5\% \times 3) = 11\,902.5（元）$

第三种储蓄方案：先存入 2 年，2 年到期后取出本息，再存入 2 年。

$F = 10\,000 \times (1+4.4\% \times 2)^2 = 11\,837.44（元）$

第四种储蓄方案：先存入 1 年，1 年到期后取出本息，继续存 1 年，到期后取出本息，最后再存入 2 年。

$F = 10\,000 \times (1+3.5\%)^2 \times (1+4.4\% \times 2) = 11\,654.93（元）$

应选择第二种储蓄方案为最优方案。

（二）公司拟购置设备的付款方案选择

【例 2-8】 某公司今年拟购置一台设备，卖家提出有三种付款方案可供选择：

(1) 从现在起,每年年初支付 40 万元,连续支付 10 次;
(2) 从第 5 年开始,每年年末支付 50 万元,连续支付 10 次;
(3) 从第 5 年开始,每年年初支付 48 万元,连续支付 10 次。

假设该公司的最低报酬率为 10%,你认为该公司应选择哪个方案?

具体分析如下:

方案(1)

$$P = 40 + 40 \times (P/A, 10\%, 9) = 40 + 40 \times 5.759 = 270.36(万元)$$

方案(2)(注意递延期为 4 年)

$$P = 50 \times (P/A, 10\%, 10) \times (P/F, 10\%, 4) = 209.84(万元)$$

方案(3)(注意递延期为 3 年)

$$P = 48 \times [(P/A, 10\%, 13) - (P/A, 10\%, 3)]$$
$$= 48 \times (7.103 - 2.487) = 221.56(万元)$$

该公司应该选择第二方案。

练习测试题

一、单项选择题

1. 假设企业按 12% 的年利率取得贷款 200 000 元,要求在 5 年内每年末等额偿还,每年的偿付额应为( )元。
   A. 40 000   B. 52 000   C. 55 482   D. 64 000

2. ( )是指为了弥补因债务人无法按期还本付息而带来的风险,由债权人要求提高的利率。
   A. 期限性风险报酬率   B. 违约风险报酬率
   C. 流动性风险报酬率   D. 通货膨胀补偿率

3. 有一项年金,前 3 年无流入,后 5 年每年年初流入 500 万元,假设年利率为 10%,其现值为( )万元。
   A. 1 994.59   B. 1 565.68   C. 1 813.48   D. 1 423.21

4. 在利率和计息期相同的条件下,以下公式中,正确的是( )。
   A. 普通年金终值系数×普通年金现值系数=1
   B. 普通年金终值系数×偿债基金系数=1
   C. 普通年金终值系数×投资回收系数=1
   D. 普通年金终值系数×预付年金现值系数=1

5. 货币时间价值的实质是( )。
   A. 推迟消费的补偿   B. 资金所有者与资金使用者分离的结果

C. 资金周转使用后的增值额　　　　D. 时间推移所带来的差额价值

6. 某人退休时有现金10万元,拟选择一项回报比较稳定的投资,希望每个季度能收入2 000元补贴生活。那么,该项投资的实际报酬率应为(　　)。
   A. 2%　　　　B. 8%　　　　C. 8.24%　　　　D. 10.04%

7. A债券每半年付息一次、报价利率为8%,B债券每季度付息一次,如果想让B债券在经济上与A债券等效,B债券的报价利率应为(　　)。
   A. 7.92%　　　　B. 8%　　　　C. 8.16%　　　　D. 6.78%

8. 下列表达式中,不正确的是(　　)。
   A. $(P/A, 10\%, 3) = (P/F, 10\%, 1) + (P/F, 10\%, 2) + (P/F, 10\%, 3)$
   B. 利率为10%,期数为3的预付年金现值系数 $= 1 + (P/F, 10\%, 1) + (P/F, 10\%, 2)$
   C. $(P/A, 10\%, 3) = [1 - (P/F, 10\%, 3)] \div 10\%$
   D. $(P/A, 10\%, 3) = [(P/F, 10\%, 3) - 1] \div 10\%$

9. 已知 $(F/A, 10\%, 9) = 13.579$,$(F/A, 10\%, 11) = 18.531$。则10年期、利率为10%的预付年金终值系数为(　　)。
   A. 17.531　　　　B. 15.937　　　　C. 14.579　　　　D. 12.579

10. 一项1 000万元的借款,借款期3年,年利率为5%,若每半年复利一次,有效年利率会高出名义利率(　　)。
    A. 0.16%　　　　B. 0.25%　　　　C. 0.06%　　　　D. 0.05%

二、多项选择题

1. 递延年金具有(　　)特点。
   A. 年金的第一次支付发生在若干期之后
   B. 没有终值
   C. 年金的现值与递延期无关
   D. 年金的终值与递延期无关

2. 下列属于普通年金形式的有(　　)。
   A. 零存整取储蓄存款的取额　　　　B. 年等额资本回收额
   C. 偿债基金　　　　　　　　　　　D. 定期定额支付的养老金

3. 下列关于资金时间价值系数关系的表述中,正确的有(　　)。
   A. 普通年金现值系数×投资回收系数=1
   B. 普通年金终值系数×偿债基金系数=1
   C. 普通年金现值系数×(1+折现率)=预付年金现值系数
   D. 普通年金终值系数×(1+折现率)=预付年金终值系数

4. 永续年金具有(　　)特点。
   A. 无法计算终值　　　　B. 期限趋向于无穷大
   C. 每期不等额支付　　　D. 每期等额支付

5. 影响货币时间价值大小的因素主要包括(　　)。

A. 单利   B. 复利
C. 资金额   D. 利率和期限

6. 有一项递延年金,前两年没有现金流入,后四年每年年初流入100万元,折现率为10%,则关于其现值的计算表达式中,正确的有( )。
    A. $100\times(P/F,10\%,2)+100\times(P/F,10\%,3)+100\times(P/F,10\%,4)+100\times(P/F,10\%,5)$
    B. $100\times[(P/A,10\%,6)-(P/A,10\%,2)]$
    C. $100\times[(P/A,10\%,3)+1]\times(P/F,10\%,2)$
    D. $100\times[(F/A,10\%,5)-1]\times(P/F,10\%,6)$

7. 如果$(F/P,12\%,5)=1.7623$,则下述系数中,正确的有( )。
    A. $(P/F,12\%,5)=0.5674$
    B. $(F/A,12\%,5)=6.3525$
    C. $(P/A,12\%,5)=3.6050$
    D. $(A/P,12\%,5)=0.2774$

8. 下列关于报价利率与有效年利率的说法中,不正确的是( )。
    A. 报价利率是不包含通货膨胀的金融机构报价利率
    B. 计息期小于1年时,有效年利率大于报价利率
    C. 报价利率不变时,有效年利率随着每年复利次数的增加而呈线性递减
    D. 报价利率不变时,有效年利率随着计息期利率的递减而呈线性递增

三、判断题

1. 货币的时间价值,是指货币经过一定时间的投资和再投资所增加的价值。它可以用社会平均资金利润率来计量。   ( )
2. 先付年金与后付年金的区别在于计息时间的不同。   ( )
3. 纯利率是指无通货膨胀、无风险情况下的平均利率,它的高低受平均利润率、资金供求关系、国家调节等因素的影响。   ( )
4. 递延年金终值与递延期无关。   ( )
5. 在1年内复利m次的情况下,实际利率是小于名义利率的。   ( )

四、简答题

1. 货币时间价值的概念是什么?其实质是指什么?
2. 简述利率的组成内容及各自的含义。
3. 单利法和复利法有何区别?
4. 复利现值、复利终值的计算结果各具有什么含义?
5. 什么是年金?它有几种形式?如何计算?
6. 请阐述名义利率、期间利率、实际利率的具体概念,它们之间的关系是怎样的?

五、计算与分析题

习 题 一

(一)目的:练习复利法与年金法的计算。

(二) 资料:某企业为购入设备,向外贷款 80 000 元,假定按复利计算,年利率 10%,需 4 年还清。有以下四种还款方案可供选择。

甲方案:前 3 年每年年末付息,第 4 年年末归还本金及第 4 年的利息;
乙方案:每年年末归还贷款 20 000 元,加上当年的利息;
丙方案:第 4 年年末一次性归还 117 130 元;
丁方案:每年年末等额归还 25 240 元,连续 4 年。

(三) 要求:按现值选择最优方案?

习 题 二

(一) 目的:练习名义利率与实际利率的计算。

(二) 资料:甲银行可提供 2 年期定期存款服务,名义年利率为 4%,该存款每季计息一次;乙银行同样可提供 2 年期定期存款服务,名义年利率为 3.9%,该存款每月计息一次。假定王先生手上有现金 100 万元。

(三) 要求:请通过计算说明,王先生应选择在哪家银行储蓄?

习 题 三

(一) 目的:练习普通年金与预付年金的计算。

(二) 资料:甲公司从某租赁公司租入一设备,设备价款及各项费用合计 500 万元,合同期为 8 年,合同规定甲公司每年年末支付租金,合同期满后,该设备归甲公司所有,设备净残值为 0,现市场利率为 6%。

(三) 要求:
(1) 甲公司每期支付的租金为多少?
(2) 如果合同规定甲公司须于每年年初支付租金,那么甲公司每期支付的租金应为多少?

习 题 四

(一) 目的:练习应用货币时间价值方法对系列付款业务的计算。

(二) 资料:某项系列付款业务,如表 2-3 所示,年贴现率为 10%。

表 2-3

某项系列付款计算表

单位:元

年 初	现金流量	年 初	现金流量
1	40 000	6	50 000
2	40 000	7	60 000
3	40 000	8	60 000
4	50 000	9	60 000
5	50 000		

(三) 要求:试计算该项系列付款的现值。

第三章 风险与报酬

本章学习要点

了解风险报酬的均衡原则及其实际应用;掌握使用概率和统计方法来衡量风险,以及单项资产、组合资产的风险报酬计量方法;重点掌握证券投资组合对风险的分散化效应、系统风险的衡量指标——贝塔系数的计量,以及资本资产定价模型的有效性与局限性。

第一节 风险与报酬的均衡

一、风险报酬均衡原则

风险与报酬是一种对称关系,一方面,它要求等量风险带来等量收益,这就是风险报酬均衡原则。一般而言,风险越高,收益越高;反之,风险越低,收益也越低。企业要想获得超额收益,就必须敢于挑战风险。另一方面,由于高风险所带来的不确定性因素,高风险也有可能并不一定带来高收益,发生损失的可能性也由此提高,有时甚至造成致命的袭击。所以,企业要实现股东财富最大化的理财目标,一定要科学、灵活地运用好风险与报酬的均衡关系。

风险报酬均衡原则在具体运用中要注意以下问题:

第一,牢固树立风险意识,杜绝侥幸心理。在企业理财的各个环节中,风险与收益始终同在,对待风险要谨慎。财务人员在想方设法追求企业经济效益的同时,不能忽视风险的存在与威胁,更不能盲目冒进而遭受不应有的损失。理财一定要基于企业的财务实力和理财水平,杜绝一切不顾长远利益与实际情况的贪大、图快、"搏一把"的非理性理财行为。

第二,健全管理决策机制,控制财务风险。投资是项目开发、论证评估、决策、计划、实施、结果评估的一个过程,其中决策是关键,要充分发挥管理职能中科学决策的作用,制止独断专行、不懂经济规律而武断作出的决策。中航油之巨额亏损就是典型一例,陈久霖的个人权力凌驾于公司内部监督及风险控制制度之上,使公司经营遭受重创并处于危险的境地。

第三,理性挑战风险,建立财务风险预警系统。风险包藏着危机,但也隐含着无限的商机和收益,所以要敢于并善于挑战风险。风险的发生来源于滞后的风险管理理念、错误的决策、低效率的资源配置以及不匹配的风险应对措施。财务管理人员要善于学习,不断提高理财水平,提高挑战风险的能力,从而为企业谋取更多的经济效益。为了有效地降低财务危机和风险,企业还应该建立财务风险预警系统,对企业可能或将要面临的财务危机和风险进行监测预报,并采取行之有效的化解对策。

二、如何在理财活动中运用风险报酬的均衡原则

在融资风险管理中,要权衡财务杠杆收益与融资风险两者之间的利害得失。融资风险可用财务杠杆系数来衡量,财务杠杆系数越大,融资风险越大,杠杆收益亦越大;反之,财务杠杆系数越小,融资风险越小,杠杆收益亦越小。在具体运用风险收益均衡原则时,可依据资产利润率的大小来操作:当资产利润率上升时,调高负债融资比率,提高财务杠杆系数,充分发挥财务杠杆效益;当资产利润率下降时,适当调低负债筹资比率,虽然财务杠杆效益降低,但可以有效防范融资风险;当资产利润率下降到债务利息率以下时,尽可能少举债甚至不举债,以减少财务杠杆的负面影响。不同的融资者对风险的态度不同,资本结构中负债所占的比重亦不同,承担的风险不同,最终获得的收益亦不同。财务实力较强、信誉好、适应理财环境能力强的企业,可以适度提高融资中的负债比率,从而提高财务杠杆系数,以获取较多的风险收益;在资产占用和资金来源的配置上可以采取相对激进的策略,用短期债务资金来满足长期资产占用需要,降低成本,提高现金性融资风险,从而提高风险收益。需要注意的是,利率、汇率等是经常变动的,当利率提高、借入外币升值等都会使融资成本增大,当超过资产利润率时,负债融资越多,杠杆的负面效应越大,所以,财务管理人员要关注利率、汇率的变动趋势。另外,目前我国不少企业的资本结构中负债比重偏高,超出了企业所能承受的负荷,面临的风险很大,亟须调整。

在投资风险管理中,要权衡投资收益与投资风险两者之间的利弊得失。不同的投资者,对风险的态度不同,选择投资项目或组合的风险大小也不一样,取得的收益也不同。投资项目或投资组合的选择,一定要从企业自身实际出发。对于市场信息反应灵敏并能精确加工,并应用于投资项目和投资组合的预测、决策、预算、控制和分析之中,而且财务实力雄厚、抗风险能力较强的企业,可以选择风险相对较高的投资项目或组合,以期获得较高的收益。相反,信息管理水平低下、财务实力薄弱的企业,应选择自己所能承受的风险项目或组合。需要强调

的是,风险虽然可怕,但驾驭得好,可以使一个企业甚至一个国家迅速地富有、强大起来。美国经济之所以如此快速发展,与风险投资密不可分。美国一大批优秀企业如英特尔、微软、思科、雅虎等的崛起都得益于风险投资的支持,硅谷的成功就是风险投资创造高科技的典范。近年来我国也加快了风险投资的发展,但要真正做好高风险、高收益的风险投资,就必须从宏观与微观两个层面进行管理。从宏观上看,需要加强风险管理的立法和制度建设,建立信用担保制度和风险保障机制,进一步完善市场运作机制;从微观上看,企业需要培养风险投资人才,提高理财水平。只有这样,才能在降低或控制风险的同时,取得高额收益。

在营运风险管理中,营运资金的数量控制要权衡风险和收益两者之间的关系。企业营运资金越多,风险越小,收益率亦越低;反之,营运资金越少,风险越大,收益率亦越高。合理使用资金,加速流动资金周转,提高资金利用效果,是营运资金的管理目标。要实现这一目标,对于现金管理,要在流动性和收益性之间作出合理选择,即在保证企业正常业务经营、偿债和纳税需要的同时,降低现金的占用量,提高闲置现金的投资收益;对于应收账款管理,要在发挥其强化竞争、扩大销售功能效应的同时,尽可能降低投资的机会成本、坏账损失与管理成本,从而降低其应收账款的运用风险,最大限度地提高应收账款的投资收益;对于存货管理,要权衡存货的收益与成本之间的利弊,在充分发挥存货功能的同时降低相关成本、增加收益。目前企业普遍存在营运资金不足的问题,其中一个非常重要的原因是没有处理好固定资产和流动资产的投入比率。从盈利性来看,营运资金投资减少,则意味着企业投资到盈利能力较高的固定资产上的份额较大,从而使企业整体的盈利水平提高;但从风险性来看,企业营运资金减少,则意味着流动资产投资少,到期无力偿债的风险增大。这样,极易引起流动资金紧张,无力进货,拖欠工资和借款,导致经营混乱。所以,营运资金要加强预算,科学确定现金最佳持有量,制定合理的应收账款信用政策和收现保证率,计算和控制存货的经济进货批量等,从而使营运资金既能满足日常营运需要,又能在减小或控制风险的前提下,提高营运资金的盈利水平。

分配环节的风险管理不仅涉及各利益主体的经济利益,而且涉及企业的现金流出,影响企业财务的安全与稳定以及潜在的收益能力。所以,企业分配要合理确定利润的留分比率以及分配方式,把握好再投资风险和再投资收益的变动趋势。具体要把握以下几点:一是正确认识股利理论。一方面由于股利无关论是建立在"完美且完全的资本市场"这一严格假设前提基础上,而现实的资本市场未能达到强有效市场的标准,所以是否分配股利和如何分配股利这些问题,对企业的价值是有影响的,即股利相关论;另一方面是因为国家对股利和资本利得征收的税率不同,分不分股利和分配多少股利都将影响投资者的实际收益,所以,要用好税差理论。二是正确选择股利政策。企业在确定利润分配政策时,应综合考虑各种因素,结合自身所处的发展阶段、财务状况、投资机会和投资者的态度等,权衡利弊得失,选择最优方案予以实施。选择得当,可以增强企业的再融资能力,提高股票价格,提高企业的市场价值,而风险却较小。三是合理确定股利是否支付以及支付的比率和形式。这要根据企业所处的成长周期、投资机会、再融资能力和融资成本、控制权结构、顾客效应、股利信息传递功能等综合考虑和确定。只有这样,才能树立良好的财务形象和市场形象,从而降低和控制分配风险,提高企业的潜在获利能力。总之,企业的收益形成现金流入,分配形成现金流出,当收益确定的会计方法、分配的形式和时间及金额、留存收益再投资项目的选择等得当时,现金流入和现金流出相适应,收益分配的风险就小;反之,则发生收益分配的风险较大。

第二节 单项资产的风险报酬

一、概率及其分布

(一)概率

概率是用来表示随机事件发生可能性大小的数值,可用 P_i 表示。在概率分布中,必须遵循两条原理。① 任何一项随机事件发生的概率均会在 0 和 1 之间变化,即 $0 \leqslant P_i \leqslant 1$,其中 0 意味着事件不可能发生,1 意味着事件肯定要发生;② 所有可能随机事件的概率加计总和必须是 1,即 $\sum P_i = 1$。

(二)概率分布

概率分布,有以下几种情况:

(1)离散分布:随机变量只取有限个值,并且对应这些值有确定的概率。

(2)连续分布:随机变量取值为某区间的一切实数,并且对应一切取值都有确定的概率。

(3)正态分布:概率分布为对称钟型的随机变量。

由于在风险分析中频繁使用蒙特卡罗模拟,必须对风险变量所符合的连续分布大量抽样,才能得到较可信的结果。如果把风险变量所符合的连续分布转换为离散分布,能够显著减少蒙特卡罗模拟的计算量。因此,在对概率分布实际分析中,通常是应用一种把连续分布转换为离散分布的方法,即对连续分布的积累概率曲线和离散分布的积累概率曲线所围成的区域面积进行拟合而得到的。

连续型概率分布也可通过列图分析,如图 3-1 所示,其提供与随机变量的确定值发生有关的概率。

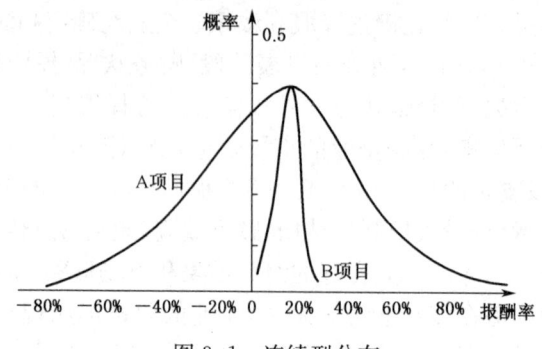

图 3-1 连续型分布

二、使用概率和统计方法衡量风险

(一) 衡量风险的原理与公式

1. 期望值(预期值)

随机变量的各个取值(K_i),以相应的概率(P_i)为权数的加权平均数叫做随机变量的预期值(或数学期望值,E),它反映随机变量取值的平均化,也反映投资者的合理预期。期望值的计算公式,如(3-1)式所示:

$$E = \sum_{i=1}^{N}(k_i\ p_i) \tag{3-1}$$

一般情况下,随机变量的各个取值与期望值用的是资产收益指标。所谓资产收益,是指资产的价值在一定时期的增值。有两种表述资产收益的方式:一是以绝对数表示的资产价值的增值量,称为资产的收益额,如一定期限内资产的现金净流量、边际贡献、收入、利润等;二是以相对数表示的资产价值的增值率,如资产的收益率或报酬率等。在实际操作中,经常使用的是资产收益率或报酬率等相对数指标。

2. 方差与标准差

资产的风险是指资产收益率的不确定性,其大小可用资产收益率的离散程度来衡量。资产收益率的离散程度,是指资产收益率的各种可能结果与预期收益率的偏差。

方差(σ^2)与标准差(σ)都是用来表示资产收益率(额)的各种可能值与其期望值之间的偏离程度,是风险量化的常用指标。标准差也叫做均方差,是方差的开方。

(1) 总体标准差公式为:

$$\sigma = \sqrt{\sum(K_i - E)^2 \div N} \tag{3-2}$$

(2) 在已知样本时,样本标准差公式如下:

$$\sigma = \sqrt{\sum (K_i - E)^2 \div (N-1)} \tag{3-3}$$

(3-3)式所列示的样本标准差除以 $N-1$,是因为随机变量与期望值之间的误差总比样本容量少一个。

(3) 在已知每个变量出现概率时,见以下(3-4)式:

$$\sigma = \sqrt{\sum_{i=1}^{n}(k-\bar{E})^2 p_i} \tag{3-4}$$

标准差和方差都是用绝对指标来衡量资产的风险大小,在预期收益率相同的情况下,标准差或方差越大,则风险越大;标准差或方差越小,则风险也越小。标准差或方差指标衡量的是风险的绝对大小。标准差不便于期望值不同方案风险之间的比较,它反映的是绝对风险;如果要反映的是相对风险,必须运用变化系数进行比较。

3. 变化系数(标准离差率)

变化系数(标准离差率)是反映随机变量离散程度的指标,是用相对数表示的离散程度。

$$变化系数(Q) = 标准差 \div 期望值 = \sigma \div E \tag{3-5}$$

变化系数也称为标准离差率,是一个相对数指标,它表示某项资产每单位预期收益中所包含的风险大小,适用于比较具有不同预期收益率情况资产的风险。一般情况下,标准离差率越大,资产的相对风险越大;反之,标准离差率越小,资产的相对风险越小。

4. 期望报酬率

期望报酬率＝无风险报酬率＋风险报酬率

＝无风险报酬率＋风险报酬斜率×变化系数

$$K = i + b \times Q \tag{3-6}$$

(3-6)式中,用 i 表示无风险报酬率;b 表示风险报酬斜率,又称为风险价值系数。所谓风险价值系数,是指某项资产的风险报酬率相对于其标准离差率的比率,其大小取决于投资者对风险的偏好,对风险越是回避,风险价值系数的值也就越大;反之,则越小。

(二) 风险和报酬一般数量关系

(1) 风险衡量中一系列计算的目的在于说明如何判断不同方案风险的大小;标准差、标准离差率(变化系数)是用来衡量单项资产风险大小。

(2) 风险越低越好,还是越高越好?由于风险与收益相关联,故对于一个风险偏好型的投资者而言,风险高是好的,因为风险高意味着高报酬;而对于一个风险厌恶型的投资者而言,风险越小越好,因为风险低意味着报酬稳定。

(3) 单项资产风险和报酬的关系:个别项目的风险和收益可以转换。可以选择高风险、高报酬的方案,也可以选择低报酬、低风险的方案;额外的风险需要额外的报酬率来补偿。

(三) 单项资产风险与报酬关系的举例分析

1. 单一年度的概率分析

【例 3-1】 某企业准备投资开发新产品,现有甲、乙两个方案可供选择,经预测,甲、乙两个方案的预期投资收益率如表 3-1 所示。

表 3-1

甲、乙两个方案的预期投资收益率

市场状况	概率	预期投资收益率	
		甲方案(%)	乙方案(%)
繁荣	0.4	32	40
一般	0.4	17	15
衰退	0.2	−3	−15

要求:

(1) 计算甲、乙两个方案的预期收益率的期望值。

(2) 计算甲、乙两个方案预期收益率的标准差。

(3) 计算甲、乙两个方案预期收益率的变化系数。

(4) 若甲、乙两个方案的风险报酬斜率均为 0.1,甲方案的无风险利率为 5%,乙方案的无风险利率为 5.5%,分别计算甲、乙两个方案的期望收益率。

具体分析如下:

预期收益率的期望值分别为:

甲方案收益率的期望值 = 32% × 0.4 + 17% × 0.4 + (−3%) × 0.2 = 19%

乙方案收益率的期望值 = 40% × 0.4 + 15% × 0.4 + (−15%) × 0.2 = 19%

预期收益率的标准差分别为:

$$\text{甲方案标准差} = \sqrt{(32\%-19\%)^2 \times 0.4 + (17\%-19\%)^2 \times 0.4 + (-3\%-19\%)^2 \times 0.2}$$

$$= 12.88\%$$

乙方案标准差 $= \sqrt{(40\% - 19\%)^2 \times 0.4 + (15\% - 19\%)^2 \times 0.4 + (-15\% - 19\%)^2 \times 0.2}$
$= 20.35\%$

预期收益率的变化系数分别为：

甲方案变化系数 $= 12.88\% \div 19\% = 0.68$

乙方案变化系数 $= 20.35\% \div 19\% = 1.07$

期望收益率分别为：

甲方案期望收益率 $= 5\% + 0.1 \times 0.68 = 11.8\%$

乙方案期望收益率 $= 5.5\% + 0.1 \times 1.07 = 16.2\%$

2. 连续年度的概率分析

【例 3-2】 某公司所要求的最低投资报酬率为 6%，风险报酬斜率为 0.1，具体有 3 个方案，各个方案的连续 3 个年度净现金流量与概率资料如表 3-2 所示。

表 3-2

A、B、C 方案各年净现金流量与概率数据

单位：万元

年 t	A 方案		B 方案		C 方案	
	净现金流量	概率	净现金流量	概率	净现金流量	概率
0	(5 000)	1	(2 000)	1	(2 000)	1
1	3 000	0.25				
	2 000	0.5				
	1 000	0.25				
2	4 000	0.2				
	3 000	0.6				
	2 000	0.2				
3	2 500	0.3	1 500	0.2	3 000	0.1
	2 000	0.4	4 000	0.6	4 000	0.8
	1 500	0.3	6 500	0.2	5 000	0.1

要求：分别计算 A、B、C 方案的期望收益率。

具体分析如下：

A 方案：

(1) 现金流入的集中趋势可以用期望值 (E_i) 来描述：

$$E_1 = 3\,000 \times 0.25 + 2\,000 \times 0.5 + 1\,000 \times 0.25 = 2\,000(万元)$$
$$E_2 = 4\,000 \times 0.2 + 3\,000 \times 0.6 + 2\,000 \times 0.2 = 3\,000(万元)$$
$$E_3 = 2\,500 \times 0.3 + 2\,000 \times 0.4 + 1\,500 \times 0.3 = 2\,000(万元)$$

(2) 现金流入的离散趋势可以用标准差(σ_i)来描述：

$$\sigma_1 = \sqrt{(3\,000-2\,000)^2 \times 0.25 + (2\,000-2\,000)^2 \times 0.5 + (1\,000-2\,000)^2 \times 0.25}$$
$$= 707.10(万元)$$

$$\sigma_2 = \sqrt{(4\,000-3\,000)^2 \times 0.2 + (3\,000-3\,000)^2 \times 0.6 + (2\,000-3\,000)^2 \times 0.2}$$
$$= 632.50(万元)$$

$$\sigma_3 = \sqrt{(2\,500-2\,000)^2 \times 0.3 + (2\,000-2\,000)^2 \times 0.4 + (1\,500-2\,000)^2 \times 0.3}$$
$$= 387.30(万元)$$

(3) 连续3年的标准差用综合标准差(σ_i)来指出：

$$\sigma_A = \sqrt{\sum_{t=1}^{n} \left(\frac{\sigma_t}{(1+r_f)^t} \right)^2} = \sqrt{\frac{707.1^2}{1.06^2} + \frac{632.5^2}{1.06^4} + \frac{387.3^2}{1.06^6}} = 931.40(万元)$$

(4) 反映随机变量离散程度用变化系数(Q_i)来描述：

$$Q_A = \sigma_A \div EPV$$
$$EPV = 2\,000 \div 1.06 + 3\,000 \div 1.06^2 + 2\,000 \div 1.06^3 = 6\,236(万元)$$
$$Q_A = 931.4 \div 6\,236 = 0.15$$

(5) 反映项目风险报酬对应数指标用期望报酬率(K_i)来描述：

$$K_A = 6\% + 0.1 \times 0.15 = 7.5\%$$

B方案：

$$E_B = 1\,500 \times 0.2 + 4\,000 \times 0.6 + 6\,500 \times 0.2 = 4\,000(万元)$$
$$\sigma_B = \sqrt{(1\,500-4\,000)^2 \times 0.2 + (4\,000-4\,000)^2 \times 0.6 + (6\,500-4\,000)^2 \times 0.2}$$
$$= 1\,581(万元)$$
$$Q_B = \sigma_B \div E_B = 1\,581 \div 4\,000 = 0.40$$
$$K_B = 6\% + 0.1 \times 0.4 = 10\%$$

C方案：

$$E_C = 3\,000 \times 0.1 + 4\,000 \times 0.8 + 5\,000 \times 0.1 = 4\,000(万元)$$
$$\sigma_C = \sqrt{(3\,000-4\,000)^2 \times 0.1 + (4\,000-4\,000)^2 \times 0.8 + (5\,000-4\,000)^2 \times 0.1}$$
$$= 447(万元)$$
$$Q_C = \sigma_C \div E_C = 447 \div 4\,000 = 0.11$$
$$K_C = 6\% + 0.1 \times 0.11 = 7.1\%$$

第三节 投资组合的风险报酬

一、系统风险和非系统风险

以上的研究实际上是阐述总体风险,现在我们进一步将风险划分为系统风险与非系统风险。

(一)系统风险

系统风险是指那些影响所有公司的因素引起的风险。例如,战争、经济衰退等。所以,不管投资多样化有多充分,也不可能消除系统风险,即使购买的是全部股票的市场组合。

由于系统风险是影响整个资本市场的风险,所以也称"市场风险"。由于系统风险没有有效的方法消除,所以也可以称为"不可分散风险"。

(二)非系统风险

非系统风险是指发生于个别公司的特有事件造成的风险。非系统风险是个别公司或个别资产所特有的,因此也称"特殊风险"或"特有风险"。由于非系统风险可以通过投资多样化分散掉,也就是通常所说的"不要把所有的鸡蛋放在同一个篮子里"状况,所以这种风险又可以称为"可分散风险"。

二、投资组合的风险分散化效应

(一)投资组合理论

投资组合理论认为,若干种证券组成的投资组合,其收益是这些证券收益的加权平均数,但是其风险不是这些证券风险的加权平均风险,所以投资组合能降低风险,当然,降低的是非系统风险。

如果证券 A 和证券 B 完全负相关,即一个变量的增加值永远等于另一个变量的减少值,组合的风险被全部抵消。如果证券 A 和证券 B 完全正相关,即一个变量的增加值永远等于另一个变量的增加值,组合的风险不减少也不扩大。这表明要使投资组合能有效降低标准差,必须使用负相关程度高的投资组合。正相关的投资组合降低标准差的程度非常有限,在完全正相关的条件下,不能降低投资组合的标准差。

(二)两种证券的投资组合

1. 不同投资比例的组合

如果投资比例发生变化,投资组合的期望报酬率和标准差也会发生变化。计算结果如表3-3所示。

表 3-3

不同投资比例的组合

组合	对 A 的投资比例	对 B 的投资比例	组合的期望收益率(%)	组合的标准差(%)
1	1	0	10.00	12.00
2	0.8	0.2	11.60	11.11
3	0.6	0.4	13.20	11.78
4	0.4	0.6	14.80	13.79
5	0.2	0.8	16.40	16.65
6	0	1	18.00	20.00

将以上各点描绘在坐标图 3-2 中,即可得到组合的机会集曲线。

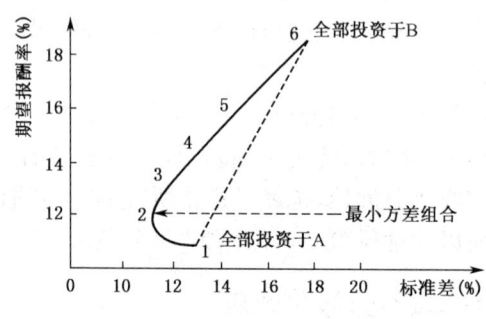

图 3-2 两种证券的机会曲线

图 3-2 揭示了几个主要特征:

(1) 它揭示了分散化效应。A 为低风险证券,B 为高风险证券。在全部投资于 A 的基础上,适当加入高风险的 B 证券,组合的风险没有提高,反而有所降低。这种结果与人们的直觉相反,揭示了风险分散化特征。尽管两种证券同向变化,但还是存在风险抵消效应的。

(2) 它表达了最小方差的组合。图中点 2 即为最小方差组合,离开此点,无论增加还是减少 B 的投资比例,标准差都会上升。

(3) 它表达了投资的有效集合。1~2 部分的投资组合是无效的,最小方差组合到最高预期报酬率组合点之间的曲线为有效集。

(4) 机会集不向左侧凸出——有效集与机会集重合。最小方差组合点为全部投资于 A,最高预期报酬率组合点为全部投资于 B。不会出现无效集。机会集向左侧凸出——出现无效集。最小方差组合点不是全部投资于 A,最高预期报酬率组合点不变。

2. 相关性对机会集和有效集的影响

两种证券投资组合的相关性,可用相关系数 r 表达。如(3-7)式所示。

$$r = \frac{\sum[(X_1-\bar{X})\times(Y_1-\bar{Y})]}{\sqrt{\sum(X_1-X)^2}\times\sqrt{\sum(Y_1-Y)^2}} \tag{3-7}$$

相关系数的要点分析如下:

(1) 相关系数=1,机会集为一条直线,不具有风险分散化效应。

(2) 相关系数<1,机会集为一条曲线,当相关系数足够小,机会集曲线向左侧凸出。

(3) 相关系数越小,风险分散效应越强;反之,相关系数越大,风险分散效应越弱。

下面,分别列举相关系数为 0.2、0.5、1.0 的三种情况,来进行不同证券投资组合的相关系数比较,如图 3-3 所示。

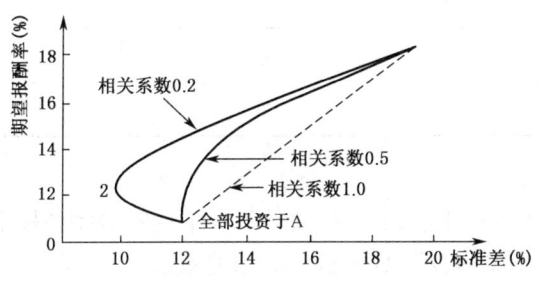

图 3-3 不同投资组合的相关系数比较

3. 基本公式

衡量两种证券投资组合的风险,就是要计算投资组合的标准差,具体计算如(3-8)式所示:

$$\sigma_p = \sqrt{\sum_{j=1}^{m}\sum_{k=1}^{m}A_jA_k\sigma_{jk}} \tag{3-8}$$

式中:m 表示组合内证券种类总数;A_j 表示第 j 种证券在投资总额中的比例;A_k 表示第 k 种证券在投资总额中的比例;σ_{jk} 表示第 j 种证券与第 k 种证券报酬率的协方差;r_{jk} 表示第 j 种证券与第 k 种证券报酬率之间的预期相关系数;σ_j 表示第 j 种证券的标准差;σ_k 表示第 k 种证券的标准差。(3-8)式又可以转换成(3-9)式。

$$\sigma_p = \sqrt{a^2+b^2+2ab\times r_{ab}} \tag{3-9}$$

这里 a 和 b 均表示个别资产的比重与标准差的乘积；

$$a = A_1 \times \sigma_1; b = A_2 \times \sigma_2;$$

r_{ab} 表示两项资产报酬之间的相关系数；A 表示投资比重。

【例 3-3】 某企业 A 股票、B 股票收益率的部分年度资料如表 3-4 所示。

表 3-4

A、B 股票收益率的部分年度资料

年　度	A 股票收益率(%)	B 股票收益率(%)
1	26	13
2	11	21
3	15	27
4	27	41
5	21	22
6	32	32

要求：

（1）分别计算投资于股票 A 和股票 B 的平均收益率和标准差。

（2）计算股票 A 和股票 B 收益率的相关系数。

（3）如果投资组合中，股票 A 占 40%，股票 B 占 60%，该组合的期望收益率和标准差是多少？

具体分析如下：

（1）股票的平均收益率即为各年度收益率的简单算式平均数。

A 股票平均收益率 $= (26+11+15+27+21+32) \div 6 = 22\%$

B 股票平均收益率 $= (13+21+27+41+22+32) \div 6 = 26\%$

A 股票标准差 $= 7.8994\%$

B 股票标准差 $= 9.7160\%$

（2）相关系数 r 的计算。

A、B 股票的相关系数 $r = 135 \div (17.6635 \times 21.7256) = 135 \div 383.7501 = 0.35$

（3）组合的期望收益率是以投资比例为权数，各股票的平均收益率的加权平均数。

投资组合期望收益率 = 22% × 0.4 + 26% × 0.6 = 24.4%
投资组合的标准差 = $(0.4 × 0.4 × 7.899\ 4\% × 7.899\ 4\% + 2 × 0.4 × 0.6$
$× 7.899\ 4\% × 9.716\ 0\% × 0.35 + 0.6 × 0.6 × 9.716\ 0\%$
$× 9.716\ 0\%)^{\frac{1}{2}} = 7.55\%$

【例 3-4】 假设 A 证券的预期报酬率为 10%,标准差是 12%。B 证券的预期报酬率是 18%,标准差是 20%。假设等比例投资于两种证券,即各占 50%。

该组合的预期报酬率为:

$$R_p = 10\% × 0.50 + 18\% × 0.50 = 14\%$$

如果两种证券之间的预期相关系数是 0.2,组合的标准差会小于加权平均的标准差,其标准差为:

$$\sigma_p = \sqrt{(0.5 × 0.12)^2 + (0.5 × 0.2)^2 + 2 × (0.5 × 0.12) × (0.5 × 0.20) × 0.2}$$
$$= 12.65\%$$

4. 协方差(σ_{jk})与相关系数(r_{jk})之间的关系,见下列公式:

$$\sigma_{jk} = r_{jk}\sigma_j\sigma_k \tag{3-10}$$

(1) 相关系数介于区间[-1,1]内。当相关系数为-1,表示完全负相关,表明两项资产的收益率变化方向和变化幅度完全相反;当相关系数为+1 时,表示完全正相关,表明两项资产的收益率变化方向和变化幅度完全相同;当相关系数为 0 时,表示不相关。

(2) 相关系数的正负与协方差的正负相同。相关系数为正值,表示两种资产收益率呈同方向变化,组合抵消的风险较少;负值则意味着反方向变化,抵消的风险较多。

(三) 多种证券组合

两种证券组合,机会集是一条曲线。如果是多种证券组合,则机会集为一个平面。如图 3-4 所示。

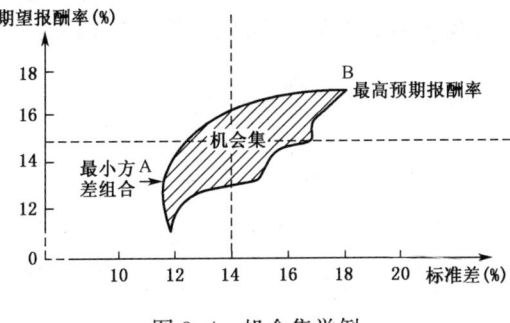

图 3-4 机会集举例

通过分析图 3-4,可以得到以下几点特征:
(1) 多种证券组合的机会集呈现平面区域图。
(2) 在此机会集中能够找到最小方差组合。
(3) 最小方差组合点至最高预期报酬率点的部分,为有效集(有效边界)。图中 A、B 部分即为有效边界,它位于机会集的顶部。投资者应在有效集上寻找投资组合。

如果需要分析三种证券的投资组合的标准差,则可利用(3-11)式进行计算。

$$\sigma_{组} = \sqrt{a^2 + b^2 + c^2 + 2ab \times r_{ab} + 2ac \times r_{ac} + 2bc \times r_{bc}} \quad (3-11)$$

三、系统风险的度量——β 系数

前已述及,系统风险是市场风险,又不可能通过组合投资来分散其风险。因此,国内外学术界与实务界的财务专家都在努力研究评估系统风险的定量指标,以期在财务风险管理方面有突破性进展。目前,运用较为广泛的是 β 系数。

(一) 单项资产的 β 系数

度量一项资产的期望报酬率较大程度上取决于它的系统风险,度量资产系统风险用 β 系数来表示,即可以表示为希腊字母 β。单项资产的 β 系数,是指可以反映单项资产收益率与市场平均收益率之间变动关系的一个量化指标。它表示单项资产收益率的变动受市场平均收益率变动的影响程度。

1. β 系数的计算公式

β 系数的计算公式有线性回归法与定义法两种。

(1) 线性回归法。根据数理统计的线性回归原理,β 系数可以通过同一时期内的资产收益率和市场组合收益率的历史数据,使用线性回归方程进行预测,β 系数就是该线性回归方程的回归系数。

$$y = a + bx$$

式中:y 表示某股票的收益率;x 表示市场组合的收益率;b 即为 β。

求解线性回归方程 $y = a + bx$ 系数的计算公式如下:

$$a = \frac{\sum_{i=1}^{n} X_i^2 \times \sum_{i=1}^{n} Y_i - \sum_{i=1}^{n} X_i \times \sum_{i=1}^{n} X_i Y_i}{n \sum_{i=1}^{n} X_i^2 - \left(\sum_{i=1}^{n} X_i\right)^2} \quad (3-12)$$

$$b = \frac{n \sum_{i=1}^{n} X_i Y_i - \sum_{i=1}^{n} X_i \times \sum_{i=1}^{n} Y_i}{n \sum_{i=1}^{n} X_i^2 - \left(\sum_{i=1}^{n} X_i\right)^2} \quad (3-13)$$

第三章 风险与报酬

(2) 定义法。根据证券与股票指数收益率的相关系数、股票指数的标准差和股票收益率的标准差直接计算。β 系数的计算公式如下：

根据上述(3-7)式，列示某证券收益率 y 与市场组合收益率 x 之间的相关系数计算式：

$$r_{JM} = \frac{\sum_{i=1}^{n}[(X_i - \overline{X}) \times (Y_i - \overline{Y})]}{\sqrt{\sum_{i=1}^{n}(X_i - \overline{X})^2} \times \sqrt{\sum_{i=1}^{n}(Y_i - \overline{Y})^2}}$$

根据样本标准差公式(3-3)，列出以下计算式：

$$\sigma_M = \sqrt{\frac{\sum_{i=1}^{n}(X_i - \overline{X})^2}{n-1}}$$

$$\sigma_J = \sqrt{\frac{\sum_{i=1}^{n}(Y_i - \overline{Y})^2}{n-1}}$$

β 系数的计算，见(3-14)式所示：

$$\beta_J = \frac{COV(K_J, K_M)}{\sigma_M^2} = \frac{r_{JM}\sigma_J\sigma_M}{\sigma_M^2} = r_{JM}\left(\frac{\sigma_J}{\sigma_M}\right) \tag{3-14}$$

由以上定义法公式可见，一种股票的 β 系数大小取决于 3 个因素：一是该股票与整个股票市场的相关性；二是其自身的标准差；三是整个市场的标准差。

【例 3-5】 表 3-5 为证券 A 的收益率和市场收益率的财务数据资料。

表 3-5

计算 β 值的财务数据资料

年　　度	证券 A 的收益率(Y_i)(%)	市场收益率(X_i)(%)
1	−7	1.8
2	−1	−0.5
3	13	2
4	15	−2
5	20	5
6	10	5

要求：分别利用线性回归法和定义法计算证券 A 的 β 系数。

具体分析计算如下：

方法一：用线性回归法求解，如表 3-6 所示。

表 3-6

线性回归法计算 β 值的财务数据资料

年　度	证券 A 的收益率(Y_i)(%)	市场收益率(X_i)(%)	X_i^2(%)	X_iY_i(%)
1	−7	1.8	0.032 4	−0.126
2	−1	−0.5	0.002 5	0.005
3	13	2	0.04	0.26
4	15	−2	0.04	−0.30
5	20	5	0.25	1
6	10	5	0.25	0.50
合计	50	11.3	0.614 9	1.339

利用表 3-6 的计算结果，可以进一步计算 a、b 的数值，具体计算如下：

$$a = \frac{\sum_{i=1}^{n}X_i^2 \times \sum_{i=1}^{n}Y_i - \sum_{i=1}^{n}X_i \times \sum_{i=1}^{n}X_iY_i}{n\sum_{i=1}^{n}X_i^2 - \left(\sum_{i=1}^{n}X_i\right)^2} = \frac{0.614\,9\% \times 50\% - 11.3\% \times 1.339\%}{6 \times 0.614\,9\% - 11.3\%^2} = 0.06$$

$$b = \frac{n\sum_{i=1}^{n}X_iY_i - \sum_{i=1}^{n}X_i \times \sum_{i=1}^{n}Y_i}{n\sum_{i=1}^{n}X_i^2 - \left(\sum_{i=1}^{n}X_i\right)^2} = \frac{6 \times 1.339\% - 11.3\% \times 50\%}{6 \times 0.614\,9\% - 11.3\%^2} = 0.99$$

$$y = 0.06 + 0.99x$$

0.99 即为 β 值。

方法二：用定义法求解，如表 3-7 所示。

表 3-7

定义法计算 β 值的财务数据资料

年度	证券 A 的收益率(Y_i)(%)	市场收益率(X_i)(%)	$X_i - \overline{X}$(%)	$Y_i - \overline{Y}$(%)	$(X_i - \overline{X}) \times (Y_i - \overline{Y})$(%)	$(X_i - \overline{X})^2$(%)	$(Y_i - \overline{Y})^2$(%)
1	−7	1.8	−0.08	−15.33	0.012 264	0.000 064	2.350 089
2	−1	−0.5	−2.38	−9.33	0.222 054	0.056 644	0.870 489
3	13	2	0.12	4.67	0.005 604	0.000 144	0.218 089
4	15	−2	−3.88	6.67	−0.258 796	0.150 544	0.444 889

(续表)

年度	证券 A 的收益率(Y_i)(%)	市场收益率(X_i)(%)	$X_i - \overline{X}$(%)	$Y_i - \overline{Y}$(%)	$(X_i - \overline{X}) \times (Y_i - \overline{Y})$(%)	$(X_i - \overline{X})^2$(%)	$(Y_i - \overline{Y})^2$(%)
5	20	5	3.12	11.67	0.364 104	0.097 344	1.361 889
6	10	5	3.12	1.67	0.052 104	0.097 344	0.027 889
合计	50	11.3			0.397 334	0.402 084	5.273 334
平均数	8.33	1.88					
标准差	10.27	2.84					

$$r_{JM} = \frac{\sum_{i=1}^{n}[(X_i - \overline{X}) \times (Y_i - \overline{Y})]}{\sqrt{\sum_{i=1}^{n}(X_i - \overline{X})^2} \times \sqrt{\sum_{i=1}^{n}(Y_i - \overline{Y})^2}} = \frac{0.397\,334\%}{\sqrt{0.402\,084\%} \times \sqrt{5.273\,334\%}} = 0.272\,9$$

标准差的计算：

$$\sigma_M = \sqrt{\frac{\sum_{i=1}^{n}(X_i - \overline{X})^2}{n-1}} = \sqrt{\frac{0.402\,084\%}{5}} = 2.835\,8\%$$

$$\sigma_J = \sqrt{\frac{\sum_{i=1}^{n}(Y_i - \overline{Y})^2}{n-1}} = \sqrt{\frac{5.273\,334\%}{5}} = 10.269\,7\%$$

J 证券 β 系数的计算如下：

$$\beta_J = r_{JM}\left(\frac{\sigma_J}{\sigma_M}\right) = 0.272\,9 \times \left(\frac{10.269\,7\%}{2.835\,8\%}\right) = 0.99$$

2. 使用 β 系数的注意事项

关于 β 的使用，应该注意以下几点：

(1) 采用定义法计算某项资产的 β 系数，需要首先计算该资产与市场组合的相关系数，然后计算该资产的标准差和市场组合的标准差，最后代入定义法公式计算出 β 系数。

(2) 市场组合的 β 系数为 1。

(3) 当相关系数小于 0 时，β 系数为负值。

3. β 系数的经济意义

β 系数被定义为某个资产的收益率与市场组合之间的相关性，其测度相对于市场组合的平均风险而言，特定资产的系统风险是多少。

根据定量分析模型，某资产的风险收益率＝β系数×市场风险收益率，即：

$$\beta 系数 = \frac{某资产的风险收益率}{市场风险收益率} \quad (3-15)$$

（二）投资组合的β系数

对于投资组合来说，其系统风险程度也可以用β系数来衡量。投资组合的β系数是所有单项资产β系数的加权平均数，权数为各种资产在投资组合中所占的比重。计算公式如下：

$$\beta_p = \sum_{i=1}^{n} X_i \beta_i \quad (3-16)$$

投资组合的β系数，受到单项资产的β系数和各种资产在投资组合中所占比重两个因素的影响。一般而言，投资组合的β系数大于组合中单项资产最小的β系数，小于组合中单项资产最大的β系数。

当某资产的β系数等于1时，说明该资产的系统风险与市场组合的风险一致；当某资产的β系数小于1时，说明该资产收益率的变动幅度小于市场组合收益率的变动幅度，因此其系统风险小于市场组合的风险；当某资产的β系数大于1时，说明该资产收益率的变动幅度大于市场组合收益率的变动幅度，因此其系统风险大于市场组合的风险。

绝大多数资产的β系数是大于零的，即绝大多数资产收益率的变化方向与市场平均收益率的变化方向是一致的，只是变化幅度不同而导致β系数的不同；极个别资产的β系数是负数，表明这类资产的收益率与市场平均收益率的变化方向相反，当市场的平均收益率增加时，这类资产的收益率却在减少。

【例3-6】 假设A证券的预期报酬率为10%，标准差为15%；B证券的预期报酬率为16%，标准差为20%；C证券的预期报酬率为18%，标准差为24%；它们在证券组合中所占的比例分别为30%、50%、20%，若A、B之间的相关系数为0.4，A、C之间的相关系数为0.25，B、C之间的相关系数为0.3。

要求：计算三种证券组合的预期报酬率和三种证券组合的标准差。

具体分析如下：

组合的预期报酬率＝10%×30%＋16%×50%＋18%×20%＝14.6%

证券组合的标准差：

$$\sigma = [(0.3 \times 15\%)^2 + (0.5 \times 20\%)^2 + (0.2 \times 24\%)^2 + 2 \times (0.3 \times 15\%)$$
$$\times (0.5 \times 20\%) \times 0.4 + 2 \times (0.3 \times 15\%) \times (0.2 \times 24\%) \times 0.25 + 2$$
$$\times (0.5 \times 20\%) \times (0.2 \times 24\%) \times 0.3]^{\frac{1}{2}}$$

$$= 14.79\%$$

四、证券定价模型

(一) 资本资产定价模型

资本资产定价模型(CAPM)是现代金融市场价格理论的支柱,由美国夏普等学者在马柯维茨资产组合模型的基础上发展起来的,广泛应用于公司理财领域。资本资产定价模型的核心在于个别资产的期望收益率决定于个别资产的收益率与市场投资组合收益率间的统计相关程度。

1. 资本资产定价模型的基本原理

CAPM 的主要内容是分析风险收益率的决定因素和度量方法,其核心关系式如下:

$$K_i = R_f + \beta \times (K_m - R_f) \tag{3-17}$$

式中:K 表示某资产的必要收益率;β 表示该资产的系统风险系数;R_m 表示无风险收益率,通常以短期国债的利率来近似的替代;R_m 表示市场平均收益率,通常用股票价格指数的平均收益率来代替。该式表达了证券资产 i 的期望收益率是无风险收益率和风险补偿率之和。

风险补偿率是受 β 系数和市场风险补偿率两个因素的共同作用,β 是某股票的报酬率与市场上所有股票的报酬率的关系曲线的斜率,衡量某股票对市场变动的敏感性。如果一个股票的价格和市场的价格波动性是一致的,那么这个股票的 β 值就是 1。如果一个股票的 β 是 1.5,就意味着当市场上升 10% 时,该股票价格则上升 15%;而市场下降 10% 时,股票的价格亦会下降 15%。当 β 值处于较高位置时,投资者便会因为股份的风险高,而会相应提升股票的预期回报率。通常直接通过对资产的过去收益率和市场投资组合的过去收益率,或代表其数据的一些指标(经常使用股票指数)加以回归直接得到 β 值,市场风险补偿率也即风险溢价是证券市场线的斜率,它反映的是风险的市场价格。

公式中的 $(K_m - R_f)$,称为市场风险溢价,它是附加在无风险收益率之上的,由于承担了市场平均风险所要求获得的补偿,它反映的是市场作为整体对风险的平均"容忍"程度。对风险的平均容忍程度越低,越厌恶风险,要求的收益率就越高,市场风险溢价就越大;反之,市场风险溢价则越小。

2. 证券市场线

资本资产定价模型的图示形式是证券市场线(SML),(3-17)式也是证券市场线的表达式。SML 可以反映投资组合报酬率与系统风险程度 β 系数之间的关系以及市场上所有风险性资产的均衡期望收益率与风险之间的关系。

如果把资本资产定价模型核心关系式中的系统风险系数 β 看作自变量,必要收益率(R)作为因变量,无风险利率(R_f)和市场风险溢价 $[\beta \times (R_m - R_f)]$ 作为已知系数,那么这个关系式在数学上就是一个直线方程,叫做证券市场线,证券市场线上每个点的横、纵坐标分别对应着每一项资产(或资产组合)的系统风险系数和必要收益率。因此,任意一项资产或资产组合的系统风险系数和必要收益率都可以在证券市场线上找到对应的一点。证券市场线如图 3-5 所示。

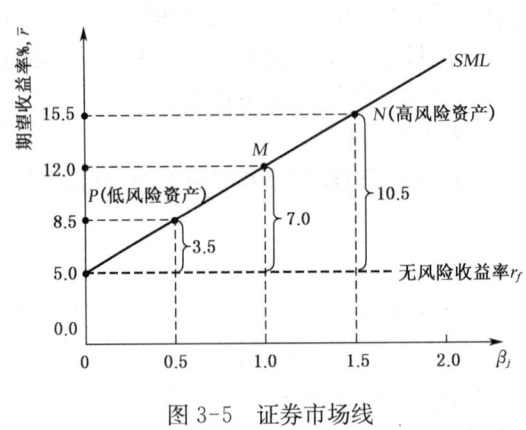

图 3-5　证券市场线

3. 资本资产定价模型的应用

(1) 证券市场线对证券市场的描述。市场风险溢价,反映的是市场整体对风险的偏好,如果风险厌恶程度高,则市场风险溢价的值就大,那么当某项资产的系统风险水平稍有变化时,就会导致该项资产的必要收益率以较大幅度变化;相反,如果多数市场参与者对风险的关注程度较小,那么资产的必要收益率受其系统风险的影响则较小。

当无风险收益率上涨而其他条件不变时,所有资产的必要收益率都会上涨同样的数值;反之,当无风险收益率下降且其他条件不变时,所有资产的必要收益率都会下降同样的数值。

(2) 证券市场线与市场均衡。资本资产定价模型认为,证券市场线是一条市场均衡线,市场在均衡的状态下,所有资产的预期收益都应该落在这条线上。也就是说,在均衡状态下,每项资产的预期收益率应该等于其必要收益率。

在均衡市场中,市场所有证券的按其交易价格所反映的该证券的预期收益率水平均应与证券市场线相吻合。如果市场上某一股票的市场交易价格偏高,即该股票的市场价格高于其均衡价格状态下的股票价值的水平,使得持有该股票的投资者的预期收益率偏低。同样,对于股票价格偏低的 B 股票来说,持有其的投资者的预期收益率水平偏高。

(3) 资本资产定价模型的有效性和局限性。资本资产定价模型和证券市场线最大的贡献在于它描述了风险与收益之间的数量关系,首次将"高收益伴随着高风险"的直观认识,用清晰的关系式表达出来。CAPM简明扼要地把任何一种风险证券的价格都划分为三个因素:无风险收益率、风险的价格和风险的计算单位,并把这三个因素有机结合在一起。它还使投资者可以根据绝对风险而不是总风险来对各种竞争报价的金融资产作出评价和选择。

但在实际运用中,该模型仍存在着一些明显的局限,主要表现在:

(1) 某些资产或企业的 β 值难以估计,对于那些缺乏历史数据的新兴行业而言尤其如此。

(2) 即使有充足的历史数据可以利用,但由于经济环境的不确定性和不断变化,使得依据历史数据估算出来的 β 值对未来的指导作用大打折扣。

(3) 资本资产定价模型和证券市场线是建立在一系列假设之上的,其中一些假设与实际情况有较大的偏差。

CAPM是根据资产组合理论的基础而建立的,其假设条件包括:

(1) 所有投资者均追求单项财富的期望效用最大化,并以各备选组合的期望收益和标准差为基础进行组合选择。

(2) 所有投资者均可以无风险利率无限制地借入或贷出资金。

(3) 所有投资者拥有同样预期。

(4) 所有资产均被完全细分,拥有充分的流动性且没有交易成本。

(5) 没有税金。

(6) 所有投资者均为价格接受者。

(7) 所有资产的数量是给定的和固定不变的。

(二) 套利定价理论

1976年,美国学者罗斯提出了经典的"资本资产定价的套利理论",也是一种新的资产定价模型,即套利定价理论(APT理论)。套利定价理论用套利概念定义均衡,不需要市场组合的存在性,而且所需的假设比资本资产定价模型(CAPM模型)更少、更合理。

套利定价理论也是讨论资产的收益率如何受风险因素影响的理论。所不同的是,套利定价理论认为资产的预期收益率并不是只受单一风险的影响,而是受若干个相互独立的风险因素,如通货膨胀率、利率、石油价格、国民经济的增长指标等的影响,是一个多因素的模型。

与资本资产定价模型不同的是,套利定价理论没有以下假设:

(1) 单一投资期。

(2) 不存在税收。

(3) 投资者能以无风险利率自由借贷。

(4) 投资者以收益率的均值和方差为基础选择投资组合。

套利定价理论认为,套利行为是现代有效率市场(即市场均衡价格)形成的一个决定因素。如果市场未达到均衡状态的话,市场上就会存在无风险套利机会。并且用多个因素来解释风险资产收益,并根据无套利原则,得到风险资产均衡收益与多个因素之间存在(近似的)线性关系。而前面的 CAPM 模型预测所有证券的收益率都与唯一的公共因子(市场证券组合)的收益率存在着线性关系。

因素模型是一种统计模型。套利定价理论是利用因素模型来描述资产价格的决定因素和均衡价格的形成机理的。这在套利定价理论的假设条件和套利定价理论中都清楚的体现出来。

线性多因素模型的一般表达如(3-18)式所示。

$$r_i = a_i + \sum_{j=1}^{k} b_{ij} F_j + \epsilon_i, \ i = 1, 2, \cdots, N \tag{3-18}$$

或

$$r = a + B \times F + \epsilon$$

式中:$r = (r_1, \cdots, r_N)^T$ 代表 N 种资产收益率组成的列向量;$F = (F_1, \cdots, F_K)^T$ 代表 K 种因素组成的列向量;$a = (a_1, \cdots, a_N)^T$ 是常数组成列向量;$B = (b_{ij})_{N \times K}$ 是因素 j 对风险资产收益率的影响程度,称为灵敏度(sensitivity)/因素负荷(factor loading),组成灵敏度矩阵;$\epsilon = (\epsilon_1, \cdots, \epsilon_N)^T$ 是随机误差列组成的列向量,并要求符合(3-19)式:

$$E(\epsilon_i) = 0.1 \leqslant i \leqslant N \tag{3-19}$$

定义:对于一个有 N 个资产,K 种因素的市场,如果存在一个证券组合 $w_p = (w_{p1}, \cdots, w_{pN})^T$,使得该证券组合对某个因素有着单位灵敏度,而对其他因素有着零灵敏度,那么该证券组合被称为纯因素证券组合。

该组合对于的总收益率如(3-20)式所示:

$$r_p = w_p^T r = w_p^T a + w_p^T B \times F + w_p^T \epsilon \tag{3-20}$$

构造纯因素证券组合时,不妨设第一个因素为纯因素,于是构造转换成解线性方程,如(3-21)式所示:

$$B^T w_p = \begin{bmatrix} 1 \\ 0 \end{bmatrix}, \quad l^T w_p = 1 \tag{3-21}$$

进而,得出(3-22)式:

$$E(r_p) = w_p^T a + E(F_1) = r_f + \lambda \tag{3-22}$$

练习测试题

一、单项选择题

1. 从投资人的角度看,下列观点中,不能被认同的是( )。
   A. 有些风险可以分散,有些风险则不能分散
   B. 额外的风险要通过额外的收益来补偿
   C. 投资分散化是好的事件与不好事件的相互抵销
   D. 投资分散化降低了风险,也降低了预期收益

2. 某企业面临甲、乙两个投资项目。经衡量,它们的预期报酬率相等,甲项目的标准差小于乙项目的标准差。对甲、乙项目可以作出的判断为( )。
   A. 甲项目取得更高报酬和出现更大亏损的可能性均大于乙项目
   B. 甲项目取得更高报酬和出现更大亏损的可能性均小于乙项目
   C. 甲项目实际取得的报酬会高于其预期报酬
   D. 乙项目实际取得的报酬会低于其预期报酬

3. 下列事项中,能够改变特定企业非系统风险的是( )。
   A. 竞争对手被外资并购   B. 国家加入世界贸易组织
   C. 汇率波动   D. 货币政策变化

4. 如果某项目的预期现金流入量概率分布相同,则( )。
   A. 现金流量金额越小,其标准差越大   B. 现金流量金额越大,其期望值越小
   C. 现金流量金额越小,其变化系数越小   D. 现金流量金额越大,其标准差越大

5. 关于证券投资组合理论的以下表述中,正确的是( )。
   A. 证券投资组合能消除大部分系统风险
   B. 证券投资组合的总规模越大,承担的风险越大
   C. 最小方差组合是所有组合中风险最小的组合,所以报酬最大
   D. 一般情况下,随着更多的证券加入到投资组合中,整体风险降低的速度会越来越慢

二、多项选择题

1. 关于股票或股票组合的贝塔系数,下列说法中,正确的是( )。
   A. 股票的 β 系数反映个别股票相对于平均风险股票的变异程度
   B. 股票组合的 β 系数反映股票投资组合相对于平均风险股票的变异程度
   C. 股票组合的 β 系数是构成组合的个股 β 系数的加权平均数
   D. 股票的 β 系数衡量个别股票的系统风险

2. 下列关于 β 值和标准差的表述中,正确的有( )。
   A. β 值测度系统风险,而标准差测度非系统风险
   B. β 值测度系统风险,而标准差测度整体风险
   C. β 值测度财务风险,而标准差测度经营风险
   D. β 值只反映市场风险,而标准差还反映特有风险

3. 按照资本资产定价模式,影响特定股票预期收益率的因素有(　　)。
   A. 无风险的收益率　　　　　　B. 平均风险股票的必要收益率
   C. 特定股票的 β 系数　　　　　D. 财务杠杆系数
4. 下列关于相关系数的说法中,正确的有(　　)。
   A. 一般而言,多数证券的报酬率趋于同向变动,因此,两种证券之间的相关系数多为小于 1 的正值
   B. 当相关系数为＋1 时,表示一种证券报酬率的增长总是与另一种证券报酬率的增长成比例
   C. 当相关系数为－1 时,表示一种证券报酬率的增长总是与另一种证券报酬率的减少成比例
   D. 当相关系数为 0 时,表示缺乏相关性,每种证券的报酬率相对于另外的证券的报酬率独立变动
5. 下列关于证券组合的说法中,正确的有(　　)。
   A. 证券组合的风险不仅与组合中每个证券报酬率的标准差有关,而且与各证券报酬率的协方差有关
   B. 对于一个含有两种证券的组合而言,机会集曲线描述了不同投资比例组合的风险和报酬之间的权衡关系
   C. 风险分散化效应一定会产生比最低风险证券标准差还低的最小方差组合
   D. 如果存在无风险证券,证券组合的有效边界是经过无风险利率并和机会集相切的直线,即资本市场线
6. 下列关于资本资产定价模型 β 系数的表述中,正确的有(　　)。
   A. β 系数可以为负数
   B. β 系数是影响证券收益的唯一因素
   C. 投资组合的 β 系数一定会比组合中任一单只证券的 β 系数低
   D. β 系数反映的是证券的系统风险

三、判断题

1. 两种证券组合,相关系数越小,风险分散效应越弱;反之,相关系数越大,风险分散效应越强。(　　)
2. 在运用资本资产定价模型时,某资产的 β 值小于零,说明该资产风险小于市场风险。(　　)
3. 在两个方案对比时,标准离差率越大,说明风险越大;同样,标准离差越大,说明风险也越大。(　　)
4. 如果是两种证券组合,机会集是一条曲线。如果是多种证券组合,则机会集为一个平面。(　　)
5. 构成投资组合的证券 A 和证券 B,其标准差分别为 12％和 8％,在等比例投资的情况下,如果两种证券的相关系数为 1,该组合的标准差为 10％;如果两种证券的相关系数为－1,则该组合的标准差为 2％。(　　)

四、简答题

1. 什么是风险报酬均衡原则?在理财活动中应如何灵活运用这一原则?
2. 系统风险和非系统风险的具体概念是什么?应如何区别它们的特征?
3. 对证券组合投资而言,机会集、有效集、无效集具体定义是什么?两种证券与多种证券的机会集在特征上有何区别?
4. β系数的具体概念是什么?应如何计量?其经济意义是什么?
5. 资本资产定价模型的定义是什么?其有效性和局限性各体现在哪些方面?

五、计算与分析题

习 题 一

(一)目的:练习单项资产风险与报酬关系的计算。

(二)资料:某企业准备投资开发新产品,现有甲、乙两个方案可供选择,经预测,甲、乙两个方案的预期投资收益率如表3-8所示。

表3-8

甲、乙两个方案的预期投资收益率

市场状况	概率	预期投资收益率	
		甲方案(%)	乙方案(%)
繁荣	0.4	30	40
一般	0.4	17	10
衰退	0.2	-3	-10

(三)要求:

(1) 计算甲、乙两个方案的预期收益率的期望值。
(2) 计算甲、乙两个方案预期收益率的标准差。

习 题 二

(一)目的:练习连续年度情况下单项资产风险与报酬关系的计算。

(二)资料:某公司所要求的最低投资报酬率为8%,风险报酬斜率为0.1,具体有甲、乙、丙3个方案,各个方案的连续3个年度净现金流量(NCF)与概率(Pi)资料如表3-9所示。

表3-9

甲、乙、丙方案各年净现金流量与概率数据

年 t	甲方案		乙方案		丙方案	
	NCF	Pi	NCF	Pi	NCF	Pi
0	(24 000)	1	(12 000)	1	(12 000)	1
1	15 000	0.25				
	9 000	0.5				
	6 000	0.25				

(续表)

年	甲方案		乙方案		丙方案	
t	NCF	Pi	NCF	Pi	NCF	Pi
2	18 000	0.2				
	12 000	0.6				
	9 000	0.2				
3	13 500	0.3	12 000	0.2	15 000	0.1
	9 000	0.4	15 000	0.6	16 500	0.8
	7 500	0.3	21 000	0.2	18 000	0.1

（三）要求：分别计算甲、乙、丙方案的期望收益率。

习 题 三

（一）目的：练习系统风险的度量指标——β系数的计算。
（二）资料：证券B的投资收益率和市场收益率的具体数据，如表3-10所示。

表3-10

计算β值的数据

年 度	证券B的收益率%（Y_i）	市场收益率%（X_i）
1	26	13
2	11	21
3	15	27
4	27	41
5	21	22
6	32	32

（三）要求：
(1) 用线性回归法计算证券B的β系数。
(2) 用定义法计算证券B的β系数。

第四章 财务报表分析

本章学习要点

了解财务报表分析的内容、依据、评价标准和局限性;掌握财务报表的内容分析法、比较分析法以及因素分析法;重点掌握各种财务比率、杜邦财务分析体系以及管理用财务报表的分析方法。

第一节 财务分析概述

一、财务分析的概念、目的与方法

财务会计报告是指企业对外提供的反映企业某一特定日期的财务状况和某一会计期间的经营成果、现金流量等会计信息的文件。财务会计报告包括财务报表及其附注和其他应当在财务会计报告中披露的相关信息和资料。其结构如图 4-1 所示。

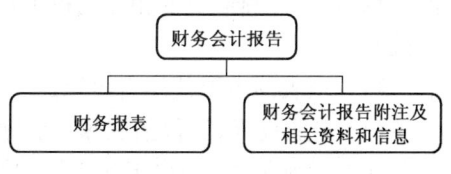

图 4-1 财务会计报告包含信息

财务分析是指企业相关利益主体以企业财务报告反映的财务指标为主要依据,并结合公司所处行业、市场等外部环境,对公司的财务状况和经营成果以及现金流量进行评价和剖析,以全面反映企业在运营过程中的利弊得失、经营业绩及发展趋势的一种方法。

(一) 财务分析的形成和发展

财务分析起源于 19 世纪末 20 世纪初,当时也是基于风险控制的目的,为银行提供信用分析的服务。银行家通过对贷款人进行信用调查和分析,逐步形成了偿债能力分析等有关内容。随着资本市场的出现,财务分析由信用评估分析阶段进入投资分析阶段,逐步形成了盈利能力分析、筹资结构分析和利润分配分析等新的内容,发展成比较完善的外部分析体系。公司组织发展起来以后,经理人为改善公司的盈利能力和偿债能力,逐步形成了内部分析的有关内容,使财务报表分析由外部分析扩大到内部分析。总而言之,管理层可以通过解读财务报表的数据,强化风险管理职能,提高管理水平,进而改善未来的经营业绩。

由于财务报表使用的概念越来越专业化,提供的信息越来越多,报表分析的技术日趋复杂。传统的财务报表分析逐步扩展成为更完善的现代财务报表分析体系,即包括经营战略分析、会计分析、财务风险分析和前景分析等四个部分组成的内容。

(二)财务分析的目的

财务分析作为一项运筹和谋划全面效益的管理活动,日益受到人们的重视,它在经济建设中发挥着越来越重要的作用。首先,财务分析可以为投资者进行投资决策提供科学依据;其次,财务分析有助于促进资本市场的健康发展;再次,财务分析有利于维护金融秩序;最后,财务分析有利于加强企业管理,防范财务风险,提高经济效益。财务分析更强调分析的系统性和有效性,并强调运用财务数据发现公司的问题。

(三)财务报表的使用者

编制财务报表的目的,就是为了向财务报告的使用者提供与决策有关的财务信息。在我国财政部颁布的《企业会计准则》中,财务报表使用者大致可分为三类:一是国家经济管理机关;二是企业投资者、债权人等关联方;三是企业内部的经营管理者。报表使用人要通过对报表的分析,从中提取自己所关注与需要的信息,并研究其形成的相互勾稽关系,使之为其特定决策提供财务信息方面的有效支持。

财务报表的主要使用者可以进一步分为下列六类:

(1)企业投资者,包括国家、法人、外商、个人等。为决定是否投资,需要分析公司的盈利能力;为决定是否转让股份,需要分析盈利状况、股价变动和发展前景;为考察经营者业绩,需要分析资产盈利水平、破产风险和竞争能力;为决定股利分配政策,需要分析筹资状况。

(2)债权人,包括银行、非金融机构等。为决定是否给公司贷款,需要分析贷款的报酬和风险;为了解债务人的短期偿债能力,更需要分析其流动状况;为了解债务人的长期偿债能力,需要分析其盈利状况和资本结构。

(3)企业经营决策者,为改善财务决策,需要进行内容广泛的财务分析,几乎包括外部使用人关心的所有问题。

(4)供应商,包括为企业提供原材料、设备和劳务的单位。为决定建立长期合作关系,需要分析公司的长期盈利能力和偿债能力;为决定信用政策,需要分析公司的短期偿债能力。

(5)政府及其他机构,包括财政、税务、工商等。为履行政府职能,需要了解公司纳税情况、遵守政府法规和市场秩序的情况以及职工的收入和就业状况。

（6）注册会计师，为减少审计风险，需要评估公司的盈利性和破产风险；为确定审计的重点，需要分析财务数据的异常变动。

二、财务分析的方法

财务分析方法体系的构建应符合市场环境中全面评价、科学预测、持续发展和合理协调财务能力的要求，注意传统分析方法与现代分析方法相结合、因素分析法与综合分析法相结合、全面分析法与重点分析法相结合、定量分析法与定性分析法相结合。企业构建的财务分析方法体系应该是多层次立体结构。

财务分析方法是完成财务分析的方式和手段。为了满足市场经济环境中企业相关利益者的财务经济决策需要，财务分析方法体系应具备评价、预测、发展、协调四大基本功能。其中，评价功能与预测功能是财务分析方法的静态功能；发展功能和协调功能是财务分析方法的动态功能。财务分析的基本方法是指在发挥财务分析的评价、预测、发展和协调功能时经常使用的具有普遍适用性的方法。有比较分析法和因素分析法两种。

（一）比较分析法

比较分析法是将具有相关性的两个或多个指标进行对比，揭示差异和矛盾，用以评价财务活动好坏的方法。

比较分析按比较对象可分为：①纵向比较法，又称趋势分析，是与本公司历史相比较，即不同时期指标相比；②横向比较法，是与同类型公司相比较，即与同业中平均数或竞争对手相比；③预算差异分析，是与企业计划、预算相比较，即实际执行结果与期初计划指标相比较。

比较分析按比较内容分为：①会计要素总量比较，总量是指报表项目的总金额，如总资产、所有者权益等。总量比较主要用于时间序列分析，研究企业变化趋势、预测企业潜力。也可用于同业比较，分析公司的相对规模和竞争地位的变化。②会计要素百分比比较，把资产负债表、利润表、现金流量表转化成结构百分比报表，观察各个项目在报表中的比重。结构百分比报表用于发现有显著问题的项目，揭示进一步分析的方法。③财务比率比较，财务比率是各会计要素之间的数量关系，反映各要素间内在联系。财务比率是相对数，因排除了规模的影响，具有较好的可比性。财务比率的计算相对直观、简便，但对它加以说明和解释却比较复杂和困难。

采用比较分析法，将财务指标用不同的形式对比以后，可以找出差异，发现成绩或问题，从而对企业活动作出初步分析。比较分析法的优点是简便、及时、直观。但是，比较分析法不能说明财务指标出现差异的原因，即引起财务指标变动的所有影响因素及因素变动对指标的影响程度。

(二) 因素分析法

因素分析法,又称连环替代法,是依据财务指标与其驱动因素之间的关系,从数量上确定各因素对指标影响程度的方法。该方法将分析指标分解为各个可以计量的因素,并根据各个因素之间的依存关系,顺次用各因素的比较值(通常为实际值)代替基准值(通常为标准值或预算值),据以测定各因素对分析指标的影响。

因素分析法的具体解析步骤为:首先,确定分析对象,即确定需要分析的财务指标,比较并计算其实际数额与标准数额的差额;其次,确定该财务指标的驱动因素,即根据该财务指标的形成过程,建立财务指标与各种驱动因素之间的函数关系模型;再次,确定驱动因素的替代顺序,即根据各驱动因素的重要性进行排序;最后,按顺序计算各驱动因素脱离标准的差异对财务指标的影响。

例如,某一个财务指标(P)可以与3个有关驱动因素(A、B、C)建立函数关系式。实际指标:$P_o = A_o \times B_o \times C_o$;标准指标:$P_s = A_s \times B_s \times C_s$;实际与标准的总差异为 $P_o - P_s$,总差异 $P_o - P_s$ 同时受到 A、B、C 三个驱动因素的影响,它们各自的影响程度可分别由以下步骤计算求得:

$$A 因素变动的影响 = (A_o - A_s) \times B_s \times C_s$$
$$B 因素变动的影响 = A_o \times (B_o - B_s) \times C_s$$
$$C 因素变动的影响 = A_o \times B_o \times (C_o - C_s)$$

将以上三大因素各自的影响数相加就应该等于总差异 $P_o - P_s$。

下面举例说明因素替代法的具体应用。

【例 4-1】 ×××企业对各项产品均建立标准成本制度,当期生产的产品 A 每件的标准成本及实际成本的资料如表 4-1 所示。

表 4-1

×××企业生产 A 产品耗费表

成本项目		用 量	价 格
直接材料	标准	4 米	21 元/米
	实际	4.4 米	20 元/米
直接人工	标准	1.6 工时	45 元/工时
	实际	1.4 工时	48.5 元/工时
制造费用	标准	1.6 工时	18 元/工时
	实际	1.4 工时	21.5 元/工时

又知，当期计划生产 A 产品 50 000 件，实际生产 48 000 件，由上述资料我们可知：

A 产品标准单位成本 = 4×21 + 1.6×45 + 1.6×18 = 184.8(元)

A 产品实际单位成本 = 4.4×20 + 1.4×48.5 + 1.4×21.5 = 186(元)

当期标准总成本与实际总成本差额 = 48 000×186 − 50 000×184.8 = −312 000(元)

利用因素替代法可分析上述各因素具体影响：

材料成本差异：

产量减少对材料影响 = (48 000 − 50 000)×4×21 = −168 000(元)

材料用量差异 = 48 000×(4.4 − 4)×21 = 403 200(元)

材料价格差异 = 48 000×4.4×(20 − 21) = −211 200(元)

人工成本差异：

产量减少对人工影响 = (48 000 − 50 000)×1.6×45 = −144 000(元)

人工效率差异 = 48 000×(1.4 − 1.6)×45 = −432 000(元)

人工价值差异 = 48 000×1.4×(48.5 − 45) = 235 200(元)

制造费用差异：

产量减少对制造费用影响 = (48 000 − 50 000)×1.6×18 = −57 600(元)

制造费用效率差异 = 48 000×(1.4 − 1.6)×18 = −172 800(元)

制造费用成本差异 = 48 000×1.4×(21.5 − 18) = 235 200(元)

各因素差异之和 = −168 000 + 403 200 − 211 200 − 144 000 − 432 000 + 235 200
　　　　　　　− 57 600 − 172 800 + 235 200 = −312 000(元)

由上述例题，我们可以更明显地看出：企业是一个有机整体，每个财务指标的高低都受多种因素的驱动。从数量上测定各因素的影响程度，可以帮助人们抓住主要矛盾，更有说服力地评价企业经营状况。

三、财务分析的原则和局限性

（一）财务分析的原则

财务分析的基本原则，是财务分析工作内在要求的集中反映，也是财务分析所提供信息的使用者对分析工作具体要求的集中体现。财务分析的基本原则来源于对财务分析工作实践经验的提炼与概括，已经成为财务分析工作的指导规范。

（1）实事求是原则，坚持从实际出发，反对主观臆断。

（2）辩证原则，坚持全面地看问题、发展地看问题，要注重事物之间的联系，反对片面、静止、孤立地看问题。

（3）成本效益原则，要求在开展财务分析时，要讲求成本最低、效果最佳，重视每一项分析工作所费成本与其可能取得的效果之间的对比关系。

（4）可理解性原则，要求分析结论简明扼要，尽可能为广大信息使用者所理解。

（二）财务分析的局限性

1. 财务报表本身的局限性

财务报表会受到每个公司会计系统的影响，进而受到会计环境和公司会计战略的影响，使得财务报表不能真实地反映公司的实际情况。应该说，会计的环境因素是决定公司会计系统质量的外部因素，具体包括会计规范和会计的管理、税务与会计的关系、外部审计、会计争端处理的法律系统、资本市场结构、公司治理结构等。而会计战略则是公司根据环境和经营目标做出的主观选择，具体包括决定会计政策的选择、会计估计的选择、补充披露的选择以及报告具体格式的选择等。不同的会计战略会导致不同公司财务报告的差异，并影响其可比性。

由此可见，财务报表可能存在以下方面的局限性：一是财务报表没有披露公司的全部信息，管理层可能拥有更多的信息，但基于披露意愿或披露立场只是披露了其中的一部分，导致使用者由于信息不对称而产生误解；二是已经披露的财务信息存在会计估计误差，不一定是企业真实情况的准确计量；三是管理层的各项会计政策选择，使财务报表所反映的数据与实际情况出现偏差，甚至扭曲。

2. 财务报表的可靠性的局限性

只有根据符合规范的、可靠地财务报表，才能得出正确的分析结论。但外部分析人员很难认定公司的财务报表是否存在虚假陈述。分析人员必须自己关注财务报表的可靠性，对于可能存在的问题保持足够的警惕。

第二节 财务报表的内容分析

一、资产负债表的分析

资产负债表是反映企业一定日期财务状况的会计报表，它综合反映了企业在某一日期的资产、负债及所有者权益总额及其构成，可了解企业有关资产分布、资本结构、偿债能力，是一张"静态"报表。其理论基础是遵循"资产＝负债＋

所有者权益"平衡关系,计价基础包括历史成本、稳健性原则等。

基于风险管理的资产负债表分析效用:①用于评价企业的资产的流动性和短期偿债能力;②用于评价企业的资本结构和长期偿债能力;③用于评价企业的财务杠杆效应和财务风险。

(一) 资产项目分析

1. 货币资金分析

货币资金分析主要判断货币资金的规模是否适当;判断是否具有偿债能力;判断货币资金内部控制制度是否完善。

2. 交易性金融投资分析

交易性金融投资分析主要关注交易性金融投资的目的性;分析交易性金融投资的计价方法;关注与交易性金融投资有关的股利、利息的处理。

3. 应收账款与应收票据分析

应收账款与应收票据分析关注应收账款与应收票据的规模大小、经营方式、行业特点、贸易背景、信用政策。重点分析其质量:①应收账款账龄分析;②债务人结构分析(主要集中于小部分客户);③债务人变化分析(稳定的客户相对风险较小);④分析分期应收账款、应收票据的不同风险(形成债权的内部经手人的构成分析);⑤坏账准备的提取(提取标准及其变化、核销与冲回等)。

4. 存货分析

存货分析的主要内容有:①分析实物量变化(是否足量与完好无损,注意时效性);②分析存货的存量规模及变化;③分析存货品种的结构是否合理;④分析存货日常管理;⑤分析计价方法的合规性(期末计价、跌价准备的计提等)。

5. 长期投资分析

长期投资分析的主要内容有:①长期投资规模分析(包括规模、比重、经营方针等);②长期股权投资分析(审核投资规模、投资方向等);③核算方法(成本法与权益法);④投资质量(关注投资收益、分配模式、投资风险、对货币资金的影响);⑤长期投资减值准备计提。

6. 长期债权投资分析

长期债权投资分析的主要内容有:①投资规模;②投资质量(债务人构成、投资风险、账龄)。

7. 固定资产分析

固定资产分析的主要内容有:①固定资产投资规模分析(规模——数量、完整、成新率;结构——各项资产结构、战略性与战术性);②固定资产投资质量分析(使用效率——开工率、投资收益率;结构调整——结构变化与战略方向一致);③固定资产折旧方法(变更固定资产折旧政策是最常见的利润操作手法);④固定资产减值准备计提是否充分。

8. 无形资产分析

无形资产分析除了计量外购无形资产,还要关注:①无形资产的摊余价值;②未充分表现的无形资产的价值;③无形资产的质量(主要体现在企业内部利用价值和对外投资或转让的价值上)。

9. 表外资产与或有资产的分析

(1) 表外资产。一是已经提足折旧,但企业仍然继续使用的固定资产;二是企业正在使用,但已经作为低值易耗品一次摊销到费用中去、资产负债表尚未体现价值的资产;三是已经成功的研究和开发项目的成果;四是人力资源、商誉等。

(2) 或有资产是指过去的交易或事项形成的潜在资产,其存在需通过未来不确定事项的发生或不发生予以证实。

(二) 负债项目分析

1. 流动负债分析

一要分析流动负债组成项目的性质和数额,判断企业流动负债来源方向,偿还紧迫程度。二要与经营相联系,分析企业采购政策、付款政策、利润分配政策及其他经营特点。对于商业企业,正常情况下是流动负债和销售收入或实现利润都有所增长;而对于工业企业,常常是长期负债和实现利润都在增长,而流动负债变化不大。三要与流动资产构成、实现利润相联系,来判断流动负债组成的变化是好转还是恶化。

2. 非流动负债分析

(1) 规模与效益分析。考察非流动负债的关键是借款适度,实现既能利用长期借款弥补资金缺口,获得杠杆收益,又不至于因此使得企业陷入财务困境。在非流动负债增长的同时,如果经济效益、实现利润能够明显提高,说明企业负债经营正确,企业财务状况发展良好。

(2) 负债结构分析。非流动负债与流动负债的结构——企业长期负债增加,流动负债减少,说明企业生产经营资金有长期保证,是扩大业务的好机会。如销售收入确实增长,则表明企业抓住了机会,经营有方;如果销售收入并未增长,有两种可能:一是企业通过增加在建工程进行结构性调整;二是表明企业通过恶化资金结构、用降低结构稳定性的办法,暂时回避短期资金紧张的情况。

(3) 关注其借款费用的归属——资本化还是费用化。购建固定资产而发生的长期负债费用在固定资产达到预定可使用状态前所发生的负债费用,予以资本化。与对外投资有关而发生的负债费用,不予以资本化,直接计入当期损益。在筹建期发生的长期负债费用(购建固定资产除外)计入开办费。一般的直接计入当期损益。

(4) 表外负债与或有负债分析。直接表外负债是指企业以不转移资产所有权的特殊的借款形式取得的直接负债,如经营租赁、代销商品、来料加工等。间接表外负债是指由另一个企业的负债代替本企业负债,使本企业表内负债保持在合理限度内。

例如,某公司自有资本 1 000 万元,借款 1 000 万元,该公司想要追加借款,但再以本公司名义借款已不可能,于是,该公司以 500 万元投资于新公司。新公司又以本公司名义借款 500 万元。新公司实质上是母公司的一个车间,但车间改为公司后,具有了法人资格,可以独立向外借款。这样,母公司实际的负债比例不再是 50%,而是 60%。因为,两个公司实际资产总额为 2 500 万元,有 500 万元是母公司投给子公司的,不应重复计算在内。两个公司共向外借入 1 500 万元,其中,在母公司报表内,只反映 1 000 万元的负债,另外 500 万元反映在子公司报表内,但这 500 万元却仍为母公司服务。

转移表外负债——表内的项目转移到表外的负债:

第一,应收票据贴现。它实质上是一种以应收票据作为抵押的借款,尤其当企业将商业承兑汇票予以贴现时,企业基本形成了一种或有负债,但会计处理并不把它作为负债处理,而是冲减应收票据。

第二,出售有追索权的应收账款。它实质是一种以应收账款作为抵押的借款,与应收票据贴现具有同样性质。大多数企业直接冲减应收账款。一般而言,应收账款抵押借款比应收票据贴现成为真实负债的可能性更大。例如,美国施乐公司将一部分应收账款销售出去,记录为销售收入。

第三,资产的回租。企业在资金短缺时,为获取急需的资金,可将其使用中的一部分设备出售给其他单位,以获得流动资金,同时再签订一份租赁协议,租回该设备。

或有负债是指过去的交易或事项形成的潜在义务,其存在需通过未来不确定事项的发生或不发生予以证实;或过去的交易或事项形成的现实义务,履行该义务不是很可能导致经济利益流出企业或该义务的金额不能可靠地计量。具体形式有:商业票据背书转让或贴现、未决诉讼、未决仲裁、产品质量保证、担保、应收账款抵押等。

(三) 所有者权益项目分析

实收资本分析。一要关注实收资本金、法定资本金、注册资本金的关系;二要关注实收资本是否缺损。

资本公积分析。一要关注资本公积构成;二要关注资本公积总量及其变化;三要关注资本公积的质量。

盈余公积分析。其主要来源:法定盈余公积(税后利润的 10%);任意盈余公积(由董事会或股东大会决定比例)。其主要用途:弥补亏损(税前利润补亏;税后利润补亏);增加资本或股本;分配红利。

(四)未分配利润分析

对未分配利润的分析是连接资产负债表与利润表的桥梁。

二、利润表及利润分配表的分析

利润表,又称损益表、收益表,是反映企业在一定期间经营成果的财务报表。此表能够帮助使用者了解企业的经营业绩,是一张"动态"的财务报表,反映利润的实现过程。其理论基础是遵循"收入－费用＝利润"的平衡关系。确认基础是以"交易法"确认会计利润,遵循的会计原则有:历史成本基础、会计分期假设基础、收入实现基础、配比原则基础等。特点是用实际发生经济业务所获得收入与费用的差额计入,其表现方式是以"多步式"和"损益满计观"来列示利润。

基于风险管理的利润表分析效用:①有助于评价企业的经营成果与获利能力;②有助于企业管理人员作出经营决策;③有利于评价企业管理人员的工作绩效。

(一)收入的分析

分析要点是:收入的趋势分析;企业发展战略;收入的构成——主(70%)与副、品种、地区;关联收入;偶然收入。

从财务风险控制的视角而言,甄别收入失真的手法尤为重要,具体分析如下。

1. 记录伪造收入

从虚构交易对象开始,例如虚构原材料购入发票,伪造材料购入合同、材料运输入库单据、材料出库单据、产品生产班组和记录、产品入库单据、销售合同、销售发票单据、产品出库单据、产品运输单据、银行存款对账单、银行存款调节表、纳税单据、产品外销报关单、国际信用证、国外交易方、控制制度和管理制度等所有需要的凭证和文件。这样的虚假交易和事项输出的会计信息,即使是经验丰富的专业人员,有时也难以洞察其踪迹。

记录伪造收入在会计报表中会出现这样一些特征:

(1)净利润迅速增长,或者波动幅度很大。

(2)毛利率与同行业的竞争对手比较出奇的高,或者出现不正常波动。

(3) 产能不合理,收入水平超过了企业应有的负荷能力。
(4) 资产结构异常,比如应收账款迅速增长。
(5) 财务状况、经营成果表现虽然正常,但与历史比较仍属于巨大改善。

2. 提前确认收入

在实务中,提前记录收入可能表现为这样几种情况:
(1) 有服务意向或服务合同,但服务尚未提供时记录收入。
(2) 货物尚未发出时,记录收入。
(3) 货物已经发出,但销售合同规定的接受条款还未满足时记录收入。
(4) 货物已经发出,但对方没有条件支付货款时记录收入。

提前确认并记录收入,财务报表可能出现这样的特征:应收款项与收入比较,增长速度更快,应收账款的周转率下降,回收期延长。

3. 记录有问题的收入

(1) 改变会计截止期操纵收入。
(2) 把非营业资金转化为营业收入。
(3) 放宽信用政策扩大销售增加收入。
(4) 通过收购兼并运作增加收入。
(5) 利用投资收益等一次性所得规划利润。

(二) 利润分析

1. 利润构成分析

利润构成分析的具体包括:主营业务利润中不同产品的比例、主营业务利润中不同地区的比例;主营业务利润与其他业务利润占营业利润的比例、营业利润占利润总额的比例。

2. 利润变化趋势分析

利润变化趋势分析的具体包括:绝对额的变化趋势、相对比例的变化趋势。关注营业收入、营业成本、经营管理费用、财务费用、投资损益、非流动资产处置损益、营业损益、自然灾害损失、经营损益、所得税费用、当期净损益等财务数据的变化。

3. 利润的质量分析

影响利润变化的因素:①外部经济环境因素(宏观、行业、税收、内部经营活动和财务活动因素);②经营杠杆(如经营杠杆高,较敏感,则风险大);③管理水平;④财务杠杆;⑤管理者态度(从业绩评价角度偏好高收益的披露;从纳税角度偏好低收益的披露)。

甄别收益质量下降的信号,主要依靠财务人员的职业判断力。具体关注:①审计报告异常(意见、时间、更换);②会计政策与估计的频繁变更;③收入的异常(一次性收入、关联收入、毛利率下降、现金收入减少);④应收账款变化异常(冲销坏账准备金减少,周转率降低);⑤货币资金余额下降;⑥借款异常、扩张较快,较高的增长率;⑦存货周转率降低;⑧企业有足够的可供分配的利润,但不进行现金股利分配。

4. 利润分配表分析

利润分配表分析的具体内容包括:重视利润分配表的结构与内容、利润分配情况的分析、利润分配政策的分析。

三、现金流量表分析

现金流量表是反映企业一定期间现金流转情况的财务报表,反映经营活动、投资活动、筹资活动等有关的现金流转情况,是一张"动态"报表。现金流量表理论基础遵循"现金流入量－现金流出量 ＝ 现金净流量"的计算等式。其计价基础为收付实现制。

基于风险管理的现金流量表分析效用:①有助于评估企业产生未来有利现金流量的能力;②有助于评估企业偿还债务、支付股利能力和对外筹资的能力;③有助于衡量企业利润的质量。

现金流量表分析不能从结果中简单地得出现金流动状况"好转"、"恶化"或"维持不变"的结论,只能说明静态财务状况,不能说明动态财务状况。应该说,现金流量变化的过程分析远比现金流量变化的结果分析重要。

(一)经营活动的现金流量分析

(1)如果经营活动现金流量小于零,意味着企业通过正常的商品购、产、销所带来的现金流入量不足以支付因上述经营活动而引起的货币流出。

企业正常经营活动所需的现金支付还需通过以下方式解决:①消耗现存的货币积累;②挤占本来可以用于投资的现金,推迟投资活动;③进行额外贷款融资;④拖延债务偿还支付或加大经营活动负债。

一般说来,企业在生命周期的初始阶段,经营活动现金流量往往表现为"入不敷出"状态。

(2)如果经营活动现金流量等于零,企业经营活动现金流量处于"收支平衡"状态。企业正常经营活动不需要额外补充流动资金,企业经营活动也不能为企业的投资活动以及融资活动贡献现金。

但是,在企业的成本消耗中,有相当一部分属于非现金消耗性成本,显然,如果经营活动现金流量等于零,企业经营活动产生的现金流量是不可能为这部分非现金消耗性成本的资源消耗提供货币补偿的。

从长期来看,经营活动现金流量等于零,不可能维持企业经营活动的货币

"简单再生产"。

（3）如果经营活动现金流量大于零，说明在补偿当期的非现金消耗性成本后仍有剩余。此时意味着，企业通过正常的商品购、产、销所带来的现金流入量不但能够支付因经营活动而引起的货币流出、补偿全部当期的非现金消耗性成本，而且还有余力为投资活动提供现金支持，这表明企业所生产的产品适销对路，市场占有率高、销售回款能力较强，同时企业的付现成本、费用控制在较适宜的水平上。在这种状态下，经营现金流量处于良好的运转状态，对企业经营活动的稳定与发展、企业投资规模的扩大起到重要的促进作用。

但要注意的是，经营活动现金流量仅仅大于零是不够的，如果经营活动现金流量大于零，但不足以或仅能补偿当期的非现金消耗性成本，仍然不能为企业扩大投资等发展提供货币支持。

通常经营现金净流量体现有价值的收益质量信息，只有伴随现金流量的收益才具有较高的质量。

下列情况可能需要对收益质量作进一步分析：

一是经营活动现金流量比较大，但这是由存货减少或暂时的非主营性交易带来的，说明公司目前的现金流量水平持续能力不强。

二是收益和营业活动现金流量都是正的，但是营业活动现金流量小于收益，这对计入收益计算的应计项目提出了疑问。

三是相对于去年，尽管收益增加了，但经营活动现金流量减少了，收益增长又有可能是通过非营业性活动取得的，如资产销售或会计变更。

四是股利低于收益但高于营业活动现金流量。这意味着目前的股利水平可能是不可持续的。如果发行新的债务以支付股利，将会提高未来的经营成本。

（二）投资活动的现金流量分析

（1）如果投资活动现金流量小于零，企业投资活动现金流量处于"入不敷出"状态。

投资所需资金的缺口，可以通过以下方式解决：①消耗现存的货币积累；②挤占本来可以用于经营活动的现金；③利用经营活动积累的现金补充；④额外贷款融资；⑤拖延债务支付或加大投资活动负债。

有些投资活动的现金流出，需要由未来的经营活动的现金流入量来补偿。如企业固定资产的购建支出，将由未来使用有关固定资产会计期间的经营现金流量来补偿。

因此，如果投资活动现金流量小于零，我们不能简单地做出否定评价。我们重点应考虑的是企业的投资活动是否符合企业的长期规划和短期计划，是否反映了企业经营活动的发展和企业扩张的内在需要。

(2) 如果投资活动现金流量大于等于零,意味着投资活动方面的现金流入量大于流出量。这种情况的发生,或者是由于企业在本会计期间的投资回收活动的规模大于投资支出的规模,或者是由于企业在经营活动与筹资活动方面急需资金而不得不处理手中的长期资产以求变现等原因所引起。因此,必须对投资活动的现金流量原因进行具体分析。

如果处置固定资产、无形资产和其他长期资产所收回的现金净额大或在整个现金流入中所占比重大,说明公司正处于转产时期,或者未来的生产能力将受到严重影响,已经陷入深度的债务危机之中;如果购建固定资产、无形资产和其他长期资产所支付的现金金额大或在整个现金流出中所占的比重大,说明公司未来的现金流入看好。

(三)筹资活动的现金流量分析

(1) 如果筹资活动现金流量大于零,表明企业通过银行及资本市场的筹资能力较强,但应密切关注资金的使用效果,防止未来无法支付到期的负债本息而陷入债务危机。

此时关键要看企业的筹资是否已纳入企业的发展规划,是企业管理层以扩大投资和经营活动为目标的主动筹资行为还是企业因投资活动和经营活动的现金流出失控而不得已的筹资行为。

(2) 如果筹资活动现金流量小于零,这种情况的出现,或者是由于企业在本会计期间集中发生偿还债务、支付筹资费用、分配股利或利润、偿付利息、融资租赁等业务,或者是因为企业经营活动和投资活动在现金流量方面运转较好、有能力完成上述各项支付。但是,筹资活动现金流量小于零也可能是企业在投资和企业扩张方面没有更多作为的一种表现。

通过比较筹资活动现金流出中"分配股利、利润或偿付利息所支付的现金项目"和利润表、资产负债表中"应付股利、应付利润和财务费用项目",对企业利润分配和支付利息能力做出评价。如果利润表和现金流量表补充资料的财务费用同时出现负数,表明公司存在过多的存款,如果是企业找不到新的投资方向,则为一个严重的问题。

第三节 财务报表的比率分析

财务报表中包含大量数据,可以组成涉及企业活动各个方面的财务比率。为了便于说明财务比率的计算和分析方法,我们将以×××公司的财务报表数据为例。该公司资产负债表、利润表、现金流量表,如表4-2、表4-3和表4-4所示,这些数据都是假设的。

表 4-2

资产负债表

编制单位:×××公司　　2010 年 12 月 31 日　　单位:元

资产	年末余额	年初余额	负债和所有者权益	年末余额	年初余额
流动资产:					
货币资金	407 565	703 150	短期借款	25 000	150 000
交易性金融资产	0	7 500	交易性金融负债	0	0
应收票据	33 000	123 000	应付票据	50 000	100 000
应收账款	299 100	149 550	应付账款	476 900	476 900
预付账款	50 000	50 000	预收账款	0	0
应收利息	0	0	应付职工薪酬	90 000	55 000
应收股利	0	0	应交税费	113 365	18 300
其他应收款	2 500	2 500	应付利息	0	500
存货	1 242 350	1 290 000	应付股利	16 108.8	0
一年内到期的非流动资产	0	0	其他应付款	25 000	25 000
其他流动资产	50 000	50 000	一年内到期的非流动负债	0	500 000
流动资产合计	2 084 515	2 375 700	其他流动负债	0	0
非流动资产:			流动负债合计	796 373.8	1 325 700
可供出售金融资产	0	0	非流动负债:		
持有至到期投资	0	0	长期借款	580 000	300 000
长期应收款	0	0	应付债券	0	0
长期股权投资	125 000	125 000	长期应付款	0	0
固定资产	1 100 500	550 000	专项应付款	0	0
在建工程	214 000	750 000	预计负债	0	0
工程物资	150 000	0	递延所得税负债	0	0
固定资产清理	0	0	其他非流动负债	0	0
无形资产	270 000	300 000	非流动负债合计	580 000	300 000
研发支出	0	0	负债合计	1 376 373.8	1 625 700
商誉	0	0	股东权益:		
长期待摊费用	0	0	股本	2 500 000	2 500 000
递延所得税资产	3 750	0	资本公积	0	0
其他非流动资产	100 000	100 000	减:库存股	0	0
非流动资产合计	1 963 250	1 825 000	盈余公积	62 385.2	50 000
			未分配利润	109 006	25 000
			股东权益合计	2 671 391.2	2 575 000
资产总计	4 047 765	4 200 700	负债和所有者权益总计	4 047 765	4 200 700

表 4-3

利 润 表

编制单位:×××公司　　　　2010 年度　　　　　　　　　单位:元

项　　目	本年金额	上年金额
一、营业收入	6 250 000	5 937 500
减:营业成本	3 750 000	3 562 500
营业税金及附加	10 000	9 500
销售费用	100 000	95 000
管理费用	785 500	746 225
财务费用	207 500	197 125
资产减值损失	154 500	146 775
加:公允价值变动损益	0	0
投资收益	157 500	149 625
二、营业利润	1 400 000	1 330 000
加:营业外收入	250 000	237 500
减:营业外支出	98 500	93 575
三、利润总额	1 551 500	1 473 925
减:所得税费用	426 500	405 175
四、净利润	1 125 000	1 068 750

表 4-4

现 金 流 量 表

编制单位:×××公司　　　　2010 年度　　　　　　　　　单位:元

项　　目	本年金额	上年金额(略)
一、经营活动产生的现金流量		
销售商品、提供劳务收到的现金	656 250	
收到的税费返还	0	
收到其他与经营活动有关的现金	0	
经营活动现金流入小计	656 250	
购买商品、接受劳务支付的现金	196 133	

(续表)

项　　目	本年金额	上年金额(略)
支付给职工以及为职工支付的现金	150 000	
支付的各项税费	87 351.5	
支付其他与经营活动有关的现金支出	40 000	
经营活动现金流出小计	473 484.5	
经营活动产生的现金流量净额	182 765.5	
二、投资活动产生的现金流量		
收回投资收到的现金	8 250	
取得投资收益收到的现金	15 000	
处置固定资产、无形资产和其他长期资产支付的现金	150 150	
处置子公司及其他营业单位收到的现金净额	0	
收到其他与投资活动有关的现金	0	
投资活动现金流入小计	173 400	
购置固定资产、无形资产和其他长期资产支付的现金	300 500	
投资支付的现金	0	
支付其他与投资活动有关的现金	0	
投资活动现金流出小计	300 500	
投资活动产生的现金流量净额	-127 100	
三、筹资活动产生的现金流量		
吸收投资收到的现金	0	
取得借款收到的现金	280 000	
收到其他与筹资活动有关的现金	0	
筹资活动现金流入小计	280 000	
偿还债务支付的现金	625 000	
分配股利、利润或偿付利息支付的现金	6 250	
支付其他与筹资活动有关的现金	0	
筹资活动现金流出小计	631 250	
筹资活动产生的现金流量净额	-351 250	

(续表)

项　目	本年金额	上年金额(略)
四、汇率变动对现金及现金等价物的影响	0	
五、现金及现金等价物净增加额	－295 584.5	
加:期初现金及现金等价物余额	703 150	
六、期末现金及现金等价物余额	407 565.5	
补充资料:		
1. 将净利润调节为经营活动现金流量:		
净利润	112 500	
加:资产减值准备	15 450	
固定资产折旧	50 000	
无形资产摊销	30 000	
长期待摊费用摊销	0	
处置固定资产、无形资产等损失(收益以"－"填列)	－25 000	
固定资产报废损失(收益以"－"填列)	9 850	
公允价值变动损失(收益以"－"填列)	0	
财务费用(收益以"－"填列)	5 750	
投资损失(收益以"－"填列)	－15 750	
递延所得税资产减少(增加以"－"填列)	－3 750	
递延所得税负债增加(减少以"－"填列)	0	
存货的减少(增加以"－"填列)	47 650	
经营性应收项目的减少(增加以"－"填列)	－60 000	
经营性应付项目的增加(减少以"－"填列)	16 065.5	
2. 不涉及现金收支的重大投资和筹资活动		
债务转为资本	0	
一年内到期的可转换公司债券	0	
融资租入固定资产	0	
3. 现金及现金等价物净变动情况		
现金的期末余额	407 565.5	

(续表)

项　　目	本年金额	上年金额(略)
减：现金的期初余额	703 150	
加：现金等价物的期末余额	0	
减：现金等价物的期初余额	0	
现金及现金等价物净增加额	－295 584.5	
其他	0	
经营活动产生的现金流量净额	182 765.5	

一、偿债能力分析

（一）偿债能力的基本概念

偿债能力是企业偿还自身所欠债务的能力。偿债能力分析是对企业偿还到期债务能力的分析与评价。负债按照其流动性可分为流动负债和非流动负债两种类型，因此偿债能力分析也可分为短期偿债能力分析和长期偿债能力分析。

（二）偿债能力分析的意义

企业偿债能力的强弱是企业能否健康成长和发展的关键，因此企业偿债能力分析是企业财务分析的重要组成部分。

其分析意义主要集中在以下方面：①评价企业财务状况，据此分析企业财务经济状况及其变动原因；②控制企业财务风险，举债必须以能偿还为前提，企业不能偿还到期债务会影响企业筹措资金的信誉进而影响企业正常的生产经营，甚至危及企业的生存；③预测企业筹资前景，企业通过各种渠道筹集资金是维持正常经营活动的必要前提，正确评价企业偿债能力，准确预测企业筹资前景，是企业债权人进行正确信贷决策的基础；④把握企业财务活动，分析偿债能力，可以准确了解企业当前的现金与可变现资产状况，合理安排企业的财务活动，提高资产的利用效率。

（三）短期偿债能力比率

衡量短期偿债能力的财务比率，分为存量比率和流量比率两类。

1. 可偿债资产与短期债务的存量比较

可偿债资产存量是指资产负债表中列示的流动资产年末余额。短期债务存量，是指资产负债表中列示的流动负债年末余额。两者相比较可以反映短期偿债能力。

流动资产与流动负债的存量比较有两种方法：一种是差额比较，两者相减的差额称为营运资本;另一种是比率比较,两者相除的比率称为短期债务的存量比率。

1) 营运资本

营运资本是指流动资产超过流动负债的部分。其计算公式如下:

$$营运资本 = 流动资产 - 流动负债 \qquad (4-1)$$

根据×××公司的财务报表数据:

$$本年营运资本 = 2\,084\,515 - 796\,373.8 = 1\,288\,141.2(元)$$

计算营运资本使用的"流动资产"和"流动负债"可以直接取自资产负债表。

如果流动资产与流动负债相等,并不足以保证偿债,因为企业债务的到期与流动资产的现金生成,不可能同步同量;根据经验,企业不可能清算全部流动资产来偿还流动负债,而是必须维持最低水平的现金数额。而且,流动资产中有些项目的消耗并不一定会带来可用来偿还流动负债的现金,如预付账款等。因此企业必须保持流动资产大于流动负债。营运资本越多,流动负债的偿还越有保障,短期偿还能力越强。

营运资本是绝对数,其比较分析,主要是与本企业上年数据比较,即纵向比较,不便于不同企业之间的横向比较。营运资本的合理性主要是通过短期债务的存量比率评价。

2) 短期债务的存量比率

短期债务的存量比率包括流动比率、速动比率和现金比率。

(1) 流动比率。流动比率是流动资产与流动负债的比值。其计算公式如下:

$$流动比率 = 流动资产 \div 流动负债 \qquad (4-2)$$

根据×××公司的财务报表数据:

$$本年流动比率 = 2\,084\,515 \div 796\,373.8 = 2.62$$

流动比率假设全部流动资产都可用于偿还流动负债,表明每1元流动负债有多少流动资产作为保障。

流动比率和营运资本配置比率反映的偿债能力相同,它们可以相互换算:

$$流动比率 = 1 \div (1 - 营运资本 \div 流动资产) \qquad (4-3)$$

根据×××公司的财务报表数据:

$$本年流动比率 = 1 \div (1 - 1\,288\,141.2 \div 2\,084\,515) = 1 \div (1 - 62\%) = 2.63$$

(因在计算过程中四舍五入,导致小数结果略有差异,不代表真的不同)

流动比率是相对数,排除了企业规模的影响,更适合同业比较以及本企业不同历史时期的比较,且因其计算简单,被广泛应用。不同的行业的流动比率,通常有明显差别,因此不存在统一、标准的流动比率数值。通常生产周期短的企业,其流动比率一般相对较低,而生产周期长的企业,流动比率则应相对提高。西方财务管理界认为2:1的流动比率对大多数企业是合适的。

(2) 速动比率。构成流动资产的各项目,流动性差别很大。其中,货币资金、交易性金融资产和各种应收、预付款项等,可以在较短时间内变现,称为速动资产;除此之外的流动资产,包括存货、1年内到期的非流动资产以及其他流动资产等,称为非速动资产。非速动资产的变现金额和时间具有较大的不确定性,故速动比率较流动比率相比,更能反映企业的短期偿债能力。

速动资产与流动负债的比值,称为速动比率。其计算公式如下:

$$速动比率 = 速动资产 \div 流动负债 \qquad (4-4)$$

根据×××公司的财务报表数据:

$$本年速动比率 = 792\,165 \div 796\,373.8 = 0.99$$

速动比率假设速动资产是可偿债资产,表明每1元流动负债有多少速动资产作为偿债保障。

与流动比率一样,不同行业的速动比率差别很大。一般认为,企业的速动比率为1:1比较理想,如果该比率小于1,则其发生清偿债务事件后,需要变卖库存资产还债,这种情况需要财务人员警惕可能发生的危机。

值得注意的是,流动比率和速动比率总体上是一个静态概念,是依据资产负债表的数据计算得到的,没有考虑构成流动比率和速动比率各要素的变化情况。因此,流动比率和速动比率仅仅反映的是企业某一时点的账面支付能力,是一种粗略的估计。对企业偿债能力的分析,需结合其他相关指标综合分析,才能得出准确的结论。

(3) 现金比率。速动资产中,流动性最强、可直接用于偿债的资产称为现金资产,包括货币资金、交易性金融资产等。与其他速动资产不同,它们本身就是可以直接偿债的资产,不存在转化或等待时间不确定的情况。

现金资产与流动资产的比值,称为现金比率。其计算公式如下:

$$现金比率 = (货币资金 + 交易性金融资产) \div 流动负债 \qquad (4-5)$$

根据×××公司的财务报表数据:

$$本年现金比率 = (407\,565 + 0) \div 796\,373.8 = 0.51$$

现金比率假设现金资产是可偿债资产,表明1元流动负债有多少现金资产作为偿债保障。

2. 经营活动现金流量净额与短期债务的流量比较

经营活动现金流量净值与流动负债的比值,称为现金流量比率。其计算公式如下:

$$现金流量比率 = 经营活动现金流量净值 \div 流动负债 \qquad (4-6)$$

根据×××公司的财务报表数据:

$$现金流量比率 = 182\,765.5 \div 796\,373.8 = 0.23$$

公式中的"经营活动现金流量净值",通常使用现金流量表中的"经营活动产生的现金流量净值",它代表企业创造现金的能力,已经扣除了经营活动自身所需的现金流出,是可以用来偿债的现金流量。"流动负债"采用期末数而非平均数,因为实际需要偿还的是流动负债期末金额而非平均金额。

现金流量比率表明每1元流动负债的经营活动现金流量保障程度。该比率越高,企业偿债能力越强。用经营活动现金净额流量代替可偿债资产存量,与短期债务进行比较以反映偿债能力,更具说服力。因为它克服了可偿债资产未考虑未来变化及变现能力等问题,且实际用以支付债务的通常是现金,而不是其他可偿债资产。

3. 影响短期偿债能力的其他因素

以上两种短期偿债能力分析,都是根据财务报表数据计算而得。还有一些表外因素也会影响企业的短期偿债能力,甚至影响非常大。财务报表使用者应尽可能了解这方面信息,以作出正确判断:

(1) 增强短期偿债能力的表外因素。主要有以下几方面:①可动用的银行贷款指标,银行已同意、企业尚未动用的银行贷款限额,可以随时增加企业现金,提高支付能力;②即将变现的非流动资产,包括储备的土地、用于出租的房产等;③偿债能力的声誉,若企业有良好的偿债信用,则企业在短期偿债出现暂时困难时,比较容易筹集到短缺现金。

(2) 降低短期偿债能力的表外因素。主要有以下几方面:①存在与担保有关的或有负债,如果该金额较大且很可能发生,应在评价偿债能力时予以关注;②经营租赁合同中存在的需要偿付的义务;③建造合同、长期资产购置合同中的分期付款。

关于企业短期偿债能力分析,我们通过以下例题具体说明。

【例 4-2】 ×××公司 2010 年年底的部分账面资料如表 4-5 所示。

表 4-5

×××公司 2010 年年底账面资料(部分)

单位:元

项　　目	金　额
货币资金	1 536 000
交易性金融资产	30 000
应收票据	60 000
应收账款	210 000
其中:坏账准备	8 700
其他应收款	2 500
存货	450 000
一年内到期的非流动资产	5 000
其他流动资产	50 000
固定资产	24 840 000
短期借款	561 000
应付账款	90 000
应交税费	50 000
预收账款	120 000
长期借款	1 800 000

由表 4-5 中资料,可以得出以下短期偿债能力指标:

(1) 营运资本 = 流动资产 − 流动负债
　　　　= (1 536 000 + 30 000 + 60 000 + 210 000 − 8 700 + 2 500 + 450 000
　　　　　+ 5 000 + 50 000) − (561 000 + 90 000 + 50 000 + 120 000)
　　　　= 2 334 800 − 821 000 = 1 513 800(元)

(2) 流动比率 = 流动资产 ÷ 流动负债
　　　　= 2 334 800 ÷ 821 000 = 2.84

(3) 速动比率 = 速动资产 ÷ 流动负债
= (2 334 800 − 450 000) ÷ 821 000 = 2.3

(4) 现金比率 = (货币资金 + 交易性金融资产) ÷ 流动负债
= (1 536 000 + 30 000) ÷ 821 000 = 1.91

(四) 长期偿债能力比率

衡量长期偿债能力的财务比率,也分为存量比率和流量比率两类。

1. 总债务存量比率

反映长期偿债能力的存量比率是总资产、总负债和股东权益之间的比例关系。常用比率包括:资产负债率、产权比率、权益乘数和长期资本负债率。

(1) 资产负债率。资产负债率是总负债占总资产的百分比。其计算公式如下:

$$资产负债率 = (总负债 ÷ 总资产) × 100\% \tag{4-7}$$

根据×××公司的财务报表数据:

$$本年资产负债率 = (1\ 376\ 373.8 ÷ 4\ 047\ 765) × 100\% = 34\%$$

资产负债率反映总资产中有多大比例是通过负债取得的。它可以衡量企业清算时对债权人利益的保护程度。资产负债率越低企业偿债越有保障,贷款越安全。资产负债率同时反映企业的举债能力。企业资产负债率越低,举债越容易。

一般认为,企业资产负债率应低于50%,若资产负债率高于50%,则债权人的利益就缺乏保障了。

(2) 产权比率。产权比率也称负债股权比率,是负债总额与股东权益总额的比率。其计算公式如下:

$$产权比率 = 总负债 ÷ 股东权益 \tag{4-8}$$

根据×××公司的财务报表数据:

$$本年产权比率 = 1\ 376\ 373.8 ÷ 2\ 671\ 391.2 = 0.52$$

产权比率表明每1元股东权益承担的债务额。产权比率高,则企业是高风险、高回报的财务结构;产权比率低,是低风险、低回报的企业财务结构。

(3) 权益乘数。权益乘数也称股本乘数,是资产总额与股东权益总额的比率,其计算公式如下:

$$权益乘数 = 总资产 ÷ 股东权益 \tag{4-9}$$

$$权益乘数 = 1 + 产权比率 \tag{4-10}$$

根据×××公司的财务报表数据:

$$本年权益乘数 = 4\ 047\ 765 \div 2\ 671\ 391.2 = 1.52$$

权益乘数表明每1元股东权益拥有的资产额。

产权比率和权益乘数是资产负债率的另外两种表现形式,它们是两种常用的财务杠杆。

财务杠杆一方面表明债务多少,与偿债能力有关;另一方面影响总资产净利率和权益净利率之间的关系,表明权益净利率的风险高低,与盈利能力有关。

(4) 长期资本负债率。长期资本负债率是指非流动负债占长期资本的百分比。其计算公式如下:

$$长期资本负债率 = [非流动负债 \div (非流动负债 + 股东权益)] \times 100\% \quad (4-11)$$

根据×××公司的财务报表数据:

$$长期资本负债率 = [580\ 000 \div (580\ 000 + 2\ 671\ 391.2)] \times 100\% = 18\%$$

长期资本负债率反映企业长期资本结构。由于流动负债的金额经常变化,资本结构管理大多使用长期资本结构。

2. 总债务流量比率

(1) 利息保障倍数。利息保障倍数也称已获利息倍数,是指息税前利润对利息费用的倍数。其计算公式如下:

$$\begin{aligned}利息保障倍数 &= 息税前利润 \div 利息费用 \\ &= (净利润 + 利息费用 + 所得税费用) \div 利息费用\end{aligned} \quad (4-12)$$

根据×××公司的财务报表数据:

$$本年利息保障倍数 = (1\ 125\ 000 + 207\ 500 + 426\ 500) \div 207\ 500 = 8.48$$

利息保障倍数表明每1元利息支付有多少倍的息税前利润作保障。它可以反映债务政策的风险大小。若企业一直保持按时付息的信誉,则长期负债可以延时,举借新债也比较容易。利息保障倍数越大,利息支付越有保障。如果利息支付尚且缺乏保障,归还本金就更加困难。因此利息保障倍数可以反映长期偿债能力。

一般的,利息保障倍数大于1,说明企业具有偿付当期利息的能力,具有长期负债的偿债能力。该系数越大,表明企业用经营活动中所获得的收益偿还利息的能力越强。

由于利息保障倍数不是一个定数,只能根据企业的实际情况并结合同行业平均水平进行确定,且该项指标无法反映企业能否偿还债务本金,因此,在进一步分析时还要考虑对债务本息偿付保障倍数进行分析。

(2) 现金流量利息保障倍数。现金流量利息保障倍数,是指经营现金流量净额对利息费用的倍数。其计算公式如下:

$$现金流量利息保障倍数 = 经营现金流量净额 \div 利息费用 \qquad (4-13)$$

根据×××公司的财务报表数据:

$$现金流量利息保障倍数 = 182\,765.5 \div 207\,500 = 0.88$$

现金流量利息保障倍数是现金基础的利息保障倍数,表明每 1 元利息费用有多少倍的经营现金净流量作保障。它比以利润为基础的利息保障倍数更可靠,因为实际用以支付利息的是现金,而不是利润。

(3) 现金流量债务比。现金流量债务比,是指经营活动现金流量净额与债务总额的比率。其计算公式如下:

$$现金流量债务比 = (经营活动现金流量净额 \div 债务总额) \times 100\% \qquad (4-14)$$

根据×××公司的财务报表数据:

$$现金流量债务比 = (182\,765.5 \div 1\,376\,373.8) \times 100\% = 13\%$$

公式中的"债务总额"应采用负债总额期末数而非平均数,因为要偿还的债务金额是负债期末数,而非平均金额。

现金流量债务比表明企业用经营现金流量偿付全部债务的能力。该比率越高,企业偿还债务总额的能力越强。

3. 影响长期偿债能力的其他因素

以上两方面长期偿债能力分析,都是根据财务报表数据计算而得。还有一些表外因素影响企业长期偿债能力,需要引起财务报表使用者的重视。

(1) 长期租赁。企业因需要某种设备或厂房而又缺乏足够资金时,可能通过租赁方式解决。财产租赁的形式包括融资租赁和经营租赁,而其中经营租赁产生的负债未反映在资产负债表中,因此,当企业经常发生经营租赁业务时,应考虑租赁费用对偿债能力的影响。

(2) 或有负债。企业可能由于债务担保和未决诉讼产生或有负债,因此在评价企业的长期偿债能力时,要考虑其潜在影响。

关于企业长期偿债能力分析,我们通过以下例题具体说明。

【例 4-3】 ×××公司是一上市公司,其 2010 年年底的部分账面资料如表 4-6 所示。

表 4-6

×××公司 2010 年年底账面资料(部分)

单位:元

项 目	金 额	项 目	金 额
流动资产	680	流动负债	320
固定资产	1 570	长期借款	700
无形资产	10	其他长期负债	53
递延资产	8	负债总额	1 073
其他长期资产	5	股东权益	1 200
资产总计	2 273	负债和股东权益总计	2 273
净利润			660
利息费用			65
所得税费用			220
经营现金流量净额			78

由表 4-6 中资料,可以得出以下长期偿债能力指标:

(1) 资产负债率 = 总资产 ÷ 总负债 = 2 273 ÷ 1 073 = 2.12

(2) 长期资本负债率 = [非流动负债 ÷ (非流动负债 + 股东权益)] × 100%
　　　　　　　　 = [753 ÷ (753 + 1 200)] × 100% = 38.56%

(3) 利息保障倍数 = 息税前利润 ÷ 利息费用
　　　　　　　 = (净利润 + 利息费用 + 所得税费用) ÷ 利息费用
　　　　　　　 = (660 + 65 + 220) ÷ 65 = 14.54(倍)

(4) 现金流量利息保障倍数 = 经营现金流量净额 ÷ 利息费用
　　　　　　　　　　　 = 78 ÷ 65 = 1.2(倍)

(5) 现金流量债务比 = (经营活动现金流量净额 ÷ 债务总额) × 100%
　　　　　　　　 = (78 ÷ 1 073) × 100% = 7.27%

(五) 短期偿债能力和长期偿债能力的关系

企业短期偿债能力和长期偿债能力,统称为企业的偿债能力,它们共同构成了企业对各种债务压力的承受程度。正确理解两种偿债能力的关系,有利于客观准确的分析评价企业的偿债能力,提高财务决策的准确性。

1. 短期偿债能力与长期偿债能力的区别

短期偿债能力反映了企业保证短期债务有效偿付的能力,而长期偿债能力反映了企业保证未来到期债务有效偿付的能力;短期偿债能力所涉及的债务偿付一般是企业的流动性支出,这些流动性支出具有较大的不确定性,从而使企业短期偿债能力呈现出较大的波动性。长期偿债能力所涉及的债务偿付一般为企业的固定支出,因而呈现出相对稳定的特点;短期偿债能力主要由流动资产的构成项目和金额决定,长期偿债能力主要由资金结构的合理性与企业盈利性决定。

2. 短期偿债能力与长期偿债能力的联系

企业各种债务在一定程度上是当前时点的静态划分,随着时间的推移或情况变化,短期债务和长期债务的状态会发生变化。因此,企业对长短债务的偿付应统筹规划,对各种债务偿付的时间、数量、资金来源进行总体安排,才能使企业总的偿债能力达到理想的水平;企业的偿债能力,无论是长期或短期,都最终决定于企业经济效益的高低。企业偿债能力与其经营状况是正相关的。

二、营运能力分析

(一)营运能力的基本概念

企业的营运能力通常有广义和狭义之分。广义的营运能力是指企业所有要素所能发挥的营运作用,即企业各项经济资源,包括人力资源、财力资源等,通过配置、组合与相互作用而形成的推动企业正常运行的能力。狭义的营运能力是指企业资产的利用率。在这里,我们研究的是企业狭义的营运能力。

(二)营运能力分析的意义

企业营运能力分析就是要通过对反映企业资产营运效率与效益的指标进行计算与分析,评价企业的营运能力,为企业提高经济效益指明方向。

其分析意义主要集中在以下方面:①确定合理的资产存量规模。营运能力分析帮助企业了解经营活动对资产的需要情况,以便根据生产经营的变化调整资产存量,使资产的增减变动与生产经营规模变动相适应。②促进各项资产的合理配置。各种资产在经营中的作用不同,对企业财务状况和经营成果的影响率也不同,通过分析,企业管理层可以了解资产配置中存在的问题,不断优化资产配置。

(三)营运能力比率分析

营运能力分析的内容主要包括:应收账款周转率、存货周转率、流动资产周转率、营运资本周转率、非流动资产周转率、总资产周转率和不良资产比率。

1. 应收账款周转率

应收账款周转率是一定时期内销售收入与应收账款平均余额的比率。它有两种表示方式:应收账款周转次数和应收账款周转天数。其计算公式如下:

$$应收账款周转次数 = 销售收入 \div 应收账款平均余额 \quad (4\text{-}15)$$

其中,

$$应收账款余额 = 应收账款账面价值 + 坏账准备 \quad (4\text{-}16)$$

$$应收账款平均余额 = (应收账款余额年初数 + 应收账款余额年末数) \div 2 \quad (4\text{-}17)$$

$$应收账款周转天数 = 365 \div 应收账款周转次数 \quad (4\text{-}18)$$

根据×××公司的财务报表数据:

本年应收账款周转次数 = 6 250 000 ÷ 224 325 = 27.9(次/年)

本年应收账款平均余额 = (149 550 + 299 100) ÷ 2 = 224 325(元)

本年应收账款周转天数 = 365 ÷ 27.9 = 13.1(天/次)

应收账款周转次数,表明1年中应收账款周转的次数,或者说明每1元应收账款投资支持的销售收入;应收账款周转天数,又称应收账款收现期,表明从销售开始到收回现金平均需要的天数。

在计算和使用应收账款周转率时还应注意:①应收账款是由赊销引起的,其对应的流量是赊销额,而非全部销售收入。因此,计算时应使用赊销额而非销售收入,但是,外部分析人员无法取得赊销数据,通常在计算时直接使用销售收入进行计算,造成一贯高估周转次数;②在实际中,大部分应收票据是销售形成的,是应收账款的另一种形式,应将其纳入应收账款周转率的计算;③应收账款周转天数并非越少越好,应收账款是赊销引起的,如果赊销比现销更有利,周转天数就不是越少越好。总之,应当深入应收账款内部进行分析,注意应收账款与其他问题的联系,才能正确评价应收账款周转率。

2. 存货周转率

存货周转率是销售收入与存货平均余额的比率,有两种表示方式:存货周转次数和存货周转天数。其计算公式如下:

$$存货周转次数 = 销售收入 \div 存货平均余额 \quad (4\text{-}19)$$

$$存货平均余额 = (存货余额年初数 + 存货余额年末数) \div 2 \quad (4\text{-}20)$$

其中,

$$存货余额 = 存货账面价值 + 存货跌价准备 \quad (4\text{-}21)$$

$$存货周转天数 = 365 \div 存货周转次数 \quad (4\text{-}22)$$

根据×××公司的财务报表数据:

本年存货周转次数 = 6 250 000 ÷ 1 266 175 = 4.9(次/年)

本年存货平均余额 = (1 242 350 + 1 290 000) ÷ 2 = 1 266 175(元)

本年存货周转天数 = 365 ÷ 4.9 = 74.49(天/次)

存货周转次数表明每一年中存货周转的次数,或者说明每 1 元存货支持的销售收入;存货周转天数表明存货周转一次需要的时间,即存货转化成现金平均需要的时间。

存货周转率两项指标另可根据销售成本衡量。其计算公式如下:

$$存货周转次数 = 销售成本 \div 存货平均余额 \qquad (4-23)$$

$$存货周转天数 = 365 \div 存货周转次数 \qquad (4-24)$$

在计算存货周转率时,使用"销售收入"还是"销售成本"作为周转额,要依据分析的目的决定。在短期偿债能力分析中,为了评估资产的变现能力需要计量存货转换为现金的金额和时间,应采用"销售收入"。若是为了评估存货管理的业绩,应当使用"销售成本"计算存货周转率,使其分子和分母保持口径一致。这两种周转率的差额实际上是由毛利引起的,两种计算都可以达到分析的目的。

在计算和使用存货周转率时还应注意的问题:①存货周转天数不是越少越好,存货过多会造成资金的浪费,存货过少可能影响企业流转,企业应深入分析,确定在特定生产经营条件下的最佳存货水平;②应注意应付账款、存货和应收账款之间的关系;③应关注构成存货的原材料、在产品、半成品、产成品和低值易耗品之间的比例关系,各类存货的详细资料以及存货重大变动的解释,应在财务报表附注中披露。

3. 流动资产周转率

流动资产周转率是销售收入与平均流动资产总额的比率,有两种计量方式:流动资产周转次数和流动资产周转天数。其计算公式如下:

$$流动资产周转次数 = 销售收入 \div 平均流动资产总额 \qquad (4-25)$$

其中,

$$平均流动资产总额 = (流动资产年初数 + 流动资产年末数) \div 2 \qquad (4-26)$$

$$流动资产周转天数 = 365 \div 流动资产周转次数 \qquad (4-27)$$

根据×××公司的财务报表数据:

本年流动资产周转次数 = 6 250 000 ÷ 2 230 107.5 = 2.8(次/天)

本年平均流动资产总额 = (2 084 515 + 2 375 700) ÷ 2 = 2 230 107.5(元)

本年流动资产周转天数 = 365 ÷ 2.8 = 130.36(天/次)

流动资产周转次数,表明每 1 年中流动资产周转的次数,或者说明每 1 元流动资产支持的销售收入;流动资产周转天数,表明流动资产周转一次需要的时间,即流动资产转换成现金平均需要的时间。

一般情况下,该指标越高表明企业流动资产周转速度越快、利用越好。在较快的周转速度下,流动资产会相对节约,其意义相当于流动资产投入的扩大,增强了企业的盈利能力。

4. 营运资本周转率

营运资本周转率是销售收入与营运资本的比率,有两种计量方式:营运资本周转次数和营运资本周转天数,其计算公式如下:

$$营运资本周转次数 = 销售收入 \div 营运资本 \qquad (4-28)$$

其中,

$$营运资本 = 流动资产 - 流动负债 \qquad (4-29)$$

$$营运资本周转天数 = 365 \div 营运资本周转次数 \qquad (4-30)$$

根据×××公司的财务报表数据:

本年营运资本周转次数 = 6 250 000 ÷ 1 288 141.2 = 4.9(次/年)

本年营运资本周转天数 = 365 ÷ 4.9 = 74.5(天/次)

营运资本周转次数,表明每1年中营运资本周转的次数,或者说明每1元营运资本支持的销售收入;营运资本周转天数,表明营运资本周转一次需要的时间,即营运资本转换成现金平均需要的时间。

营运资本周转率是一个综合性的比率。故在计算时,应仅有经营性资产和负债被用于计算这一指标,即短期借款、交易性金融资产和超额现金等不是经营活动必需的项目应被排除在外。

5. 非流动资产周转率

非流动资产周转率是销售收入与非流动资产的比率,有两种计量方式:非流动资产周转次数和非流动资产周转天数。其计算公式如下:

$$非流动资产周转次数 = 销售收入 \div 平均非流动资产总额 \qquad (4-31)$$

其中,

$$平均非流动资产总额 = (非流动资产年初数 + 非流动资产年末数) \div 2 \qquad (4-32)$$

$$非流动资产周转天数 = 365 \div 非流动资产周转次数 \qquad (4-33)$$

根据×××公司的财务报表数据:

本年非流动资产周转次数 = 6 250 000 ÷ 1 894 125 = 3.3(次/年)

本年平均非流动资产总额 = (1 963 250 + 1 825 000) ÷ 2 = 1 894 125(元)

本年非流动资产周转天数 = 365 ÷ 3.3 = 110.6(天/次)

非流动资产周转次数,表明每1年中非流动资产周转的次数,或者表明每1元非流动资产支持的销售收入;非流动资产周转天数,表明非流动资产周转一次需要的时间,即非流动资产转换成现金平均需要的时间。

非流动资产周转率反映非流动资产的管理效率,主要用于投资预算和项目管理分析,以确定投资与竞争战略是否一致,收购和剥离政策是否合理。

6. 总资产周转率

总资产周转率是销售收入与平均总资产总额的比率,有两种计量方式:总资产周转次数和总资产周转天数。其计算公式如下:

$$总资产周转次数 = 销售收入 \div 平均总资产总额 \qquad (4-34)$$

其中,

$$平均总资产总额 = (总资产年初数 + 总资产年末数) \div 2 \qquad (4-35)$$

$$总资产周转天数 = 365 \div 总资产周转次数 \qquad (4-36)$$

根据×××公司的财务报表数据:

本年总资产周转次数 = 6 250 000 ÷ 4 124 232.5 = 1.52(次/年)

本年平均总资产总额 = (4 047 765 + 4 200 700) ÷ 2 = 4 124 232.5(元)

本年总资产周转天数 = 365 ÷ 1.52 = 240.13(天/次)

总资产周转次数,表明每 1 年中总资产周转的次数,或者说明每 1 元总资产支持的销售收入;总资产周转天数,表明总资产周转一次需要的时间,即总资产转换成现金平均需要的时间。

7. 不良资产比率

不良资产比率是年末不良资产总额占年末资产总额的比。其计算公式如下:

$$不良资产比率 = (年末不良资产总额 \div 年末资产总额) \times 100\% \qquad (4-37)$$

其中,年末不良资产总额是指企业资产中存在的问题、难以参加正常生产经营运转的部分,包括 3 年以上应收账款、闲置的固定资产和不良投资等的账面价值。

特别说明的是,在计算应收账款周转率、存货周转率、流动资产周转率、非流动资产周转率和总资产周转率时,本书分别采用的是应收账款的平均余额、存货平均余额、平均流动资产总额、平均非流动资产总额和平均总资产总额,而不是应收账款期末余额、存货期末余额、流动资产期末余额、非流动资产期末余额和总资产期末余额,因为在财务报表中这五个项目反映的是特定时点该项目的存量,容易受季节性、偶然性和人为因素的影响,故在评价企业营运业绩时,利用五个项目的平均余额可以减少这些因素的影响,计算得出的财务指标可以更好地反映企业营运能力。

关于企业长期营运能力分析，我们通过以下例题具体说明。

【例4-4】 ×××企业连续三年的资产负债表中相关资产项目的金额如表4-7所示。

表4-7

×××企业2008—2010年资产负债表（部分）

单位：元

项　　目	2008年	2009年	2010年
流动资产	2 640	3 216	3 216
其中:应收账款	1 132.8	1 233.6	1 368
存货	1 272	1 113.6	1 284
固定资产	4 560	4 008	4 200
资产总额	10 560	9 672	10 704

已知2010年主营业务收入为12 558元，比2009年增长了15%，其主营业务成本为9 811.2元，比2009年增长了12%。由此我们可计算并分析取得该企业2009年和2010年的应收账款周转率、存货周转率、流动资产周转率和总资产周转率。

（1）2009年应收账款周转次数 = 销售收入 ÷ 应收账款平均余额
  = 10 920 ÷ 1 183.2 = 9.23（次）

2009年存货周转次数（收入基础）= 销售收入 ÷ 存货平均余额
  = 10 920 ÷ 1 192.8 = 9.15（次）

2009年存货周转次数（成本基础）= 销售成本 ÷ 存货平均余额
  = 8 760 ÷ 1 192.8 = 7.34（次）

2009年流动资产周转次数 = 销售收入 ÷ 平均流动资产总额
  = 10 920 ÷ 2 928 = 3.73（次）

2009年总资产周转次数 = 销售收入 ÷ 平均总资产总额
  = 10 920 ÷ 10 116 = 1.08（次）

（2）2010年应收账款周转次数 = 销售收入 ÷ 应收账款平均余额
  = 12 558 ÷ 1 300.8 = 9.65（次）

2010年存货周转次数（收入基础）= 销售收入 ÷ 存货平均余额
  = 12 558 ÷ 1 198.8 = 10.48（次）

2010年存货周转次数（成本基础）= 销售成本 ÷ 存货平均余额
  = 9 811.2 ÷ 1 198.8 = 8.18（次）

$$2010\text{年流动资产周转次数} = \text{销售收入} \div \text{平均流动资产总额}$$
$$= 12\,558 \div 3\,216 = 3.91(\text{次})$$
$$2010\text{年总资产周转次数} = \text{销售收入} \div \text{平均总资产总额}$$
$$= 12\,558 \div 10\,188 = 1.23(\text{次})$$

三、盈利能力比率

（一）盈利能力基本概念

盈利能力是指企业在一定时期内获取利润的能力。良好的盈利能力是企业财务工作的追求，也是企业实现持续健康发展的保证。盈利能力是企业组织生产经营活动、销售活动和财务管理水平高低的综合体现，因而企业盈利能力是企业所有利益相关者共同关注的问题。

（二）盈利能力分析的意义

盈利能力分析是通过对利润表中有关项目对比关系，以及利润表和资产负债表有关项目之间的关联关系的分析，来评价企业当期的经营效率和未来获利能力的发展趋势。其分析意义主要有以下几方面：①对企业投资者和潜在投资者来说，他们的股息收入来自于利润且企业盈利增加可使股票价格上升，从而使股东获得资本增值；②对企业债权人来说，企业利润是其债权安全的保障，是企业偿债的主要来源；③对企业管理当局来说，对企业盈利能力的分析，可帮助企业衡量业绩、发现问题、履行和承担受托经营责任；④对政府机构来说，企业的盈利能力直接影响财政收入的实现。因此，盈利能力分析对所有财务报表使用者都有十分重要的意义，在财务报表分析中处于非常重要的地位。

（三）盈利能力分析比率

对于企业盈利能力的分析，可以从经营盈利能力和投资盈利能力两个方面予以展开。

1. 经营盈利能力分析

经营盈利能力分析是指通过对企业生产过程中的产出、耗费和利润之间的比例关系，来研究和评价企业的获利能力。对于企业的生产经营盈利能力的分析，可以把重点放在销售毛利率、销售净利率和成本费用利润率指标上。

（1）销售毛利率。销售毛利率是指销售毛利额同销售收入的比率，通常用百分比表示。其计算公式如下：

$$\text{销售毛利率} = (\text{销售毛利额} \div \text{销售收入}) \times 100\% \tag{4-38}$$

其中，销售收入是指扣除销售折让、销售折扣和销售退回之后的销售收入；销售毛利额是指企业生产经营取得的主营业务收入扣除主营业务成本之后的净额。

根据×××公司的财务报表数据：

$$本年销售毛利额 = 6\,250\,000 - 3\,750\,000 = 2\,500\,000(元)$$
$$本年销售毛利率 = (2\,500\,000 \div 6\,250\,000) \times 100\% = 40\%$$

销售毛利率表明了企业主营业务的盈利能力和获利水平，体现了企业生产经营活动最基本的获利能力。毛利是公司利润形成的基础。单位销售收入的毛利越高，表明企业抵补各项经营支出的能力越强，盈利能力越强。

(2) 销售净利率。销售净利率是指净利润与销售收入的比率，通常用百分比表示。其计算公式如下：

$$销售净利率 = (净利润 \div 销售收入) \times 100\% \tag{4-39}$$

根据×××公司的财务报表数据：

$$本年销售净利率 = (1\,125\,000 \div 6\,250\,000) \times 100\% = 18\%$$

销售净利润，表明每 1 元销售收入扣除成本费用后获得的净利润。该比率越大，企业的盈利能力越强。

销售净利率受许多因素影响，如销售结构、销售价格、销售成本等影响，同时还有市场环境、行业特点等影响。企业通过对这一指标的具体分析，可以揭示出企业一定时期盈利能力的强弱、企业在提高盈利能力方面存在的问题、取得的成绩以及下一步的措施。

(3) 成本费用的利润率。成本费用利润率指企业利润总额和成本费用总额之间的比率关系。其计算公式如下：

$$成本费用利润率 = (利润总额 \div 成本费用总额) \times 100\% \tag{4-40}$$
$$本年成本费用利润率 = (1\,551\,500 \div 4\,843\,000) \times 100\% = 32\%$$
$$成本费用总额 = 3\,750\,000 + 100\,000 + 785\,500 + 207\,500 = 4\,843\,000(元)$$

其中，成本费用总额是指产品销售成本、销售费用、管理费用和财务费用的合计数。

成本费用利润率，表明每 1 元成本或费用所能创造的利润率。成本费用利润率从耗费角度补充评价企业的收益状况和盈利水平，有助于促进企业加强内部管理、节约支出、提高经济效益。该比率越高，表明企业为取得收益所付出的代价越小，企业成本费用控制的越好，企业获利能力越强。

2. 投资盈利能力分析

投资盈利能力分析是指通过对实现利润和占用投入资金比率的分析，来评价企业投入资金的增值能力。企业资金主要来自于债权人权益和所有者权益。因而,投资盈利能力分析可分别从资金使用能力和所有者投资角度分析。包括资产盈利能力分析和所有者投资盈利能力分析。资产盈利能力可侧重于总资产净利率,所有者投资盈利能力一般对权益净利率、市价比率进行分析。

(1) 总资产净利率。总资产净利率是指净利润与总资产的比率。其计算公式如下:

$$总资产净利率 = (净利润 \div 总资产平均数) \times 100\% \qquad (4-41)$$

根据×××公司的财务报表数据:

$$本年总资产净利率 = (1\,125\,000 \div 4\,124\,232.5) \times 100\% = 27.28\%$$

总资产净利率,表明每 1 元总资产创造的净利润。该比率全面揭示了在不考虑资产的来源的前提下,企业总资产的利用效率,这一比率越高,表明资产的利用效率越高,企业的盈利能力越强,说明企业在增加收入和节约资金使用等方面取得了良好的效果。

总资产净利率是一个综合指标,为了正确评价企业经营效益的高低、挖掘提高利润水平的潜力,可对总资产净利率做如下变形:

$$总资产净利率 = \frac{净利润}{总资产} = \frac{净利润}{销售收入} \times \frac{销售收入}{总资产}$$

$$= 销售净利率 \times 总资产周转次数 \qquad (4-42)$$

销售净利率,表明每 1 元销售收入创造的净利润;总资产周转次数,表明每 1 年中总资产周转的次数,或者说明每 1 元总资产支持的销售收入;两者共同决定了总资产净利率,即每 1 元总资产创造的净利润。

(2) 权益净利率。权益净利率是净利润与股东权益的比率。其计算公式如下:

$$权益净利率 = (净利润 \div 股东权益平均数) \times 100\% \qquad (4-43)$$

$$股东权益平均数 = (股东权益年初数 + 股东权益年末数) \div 2 \qquad (4-44)$$

$$本年权益净利率 = (1\,125\,000 \div 2\,623\,195.6) \times 100\% = 42.89\%$$

$$股东权益平均余额 = (2\,671\,391.2 + 2\,575\,000) \div 2 = 2\,623\,195.6(元)$$

权益净利率,表明每 1 元股东权益赚取的净利润。该比率分母是股东的投入,分子是股东的所得。对于投资者来说,具有非常好的综合性,概括了企业的全部经营业绩和财务业绩。该比率越高,说明企业盈利能力越强。

有关于盈利能力,我们通过以下例题具体说明。

【例 4-5】 ×××企业有关资料如表 4-8、表 4-9 所示。

表 4-8

利 润 表

编制单位：×××公司　　　　　　　2010 年度　　　　　　　　　　单位：元

项 目	2009 年	2010 年
一、营业收入	1 561 300	1 953 900
减：营业成本	1 365 000	1 430 000
营业税金及附加	10 400	19 500
销售费用	2 600	1 300
管理费用	15 600	19 500
财务费用	5 200	1 300
资产减值损失	0	0
加：公允价值变动损益	0	0
投资收益	0	0
二、营业利润	162 500	482 300
加：营业外收入	10 660	39 130
减：营业外支出	23 400	7 800
三、利润总额	149 760	513 630
减：所得税费用	49 420.8	169 497.9
四、净利润	100 339.2	344 132.1

表 4-9

其他相关资料

单位：元

项 目	2009 年	2010 年
平均总资产	3 659 500	4 166 500
平均净资产	1 381 900	2 450 500

根据所给资料，我们可以计算出反映资产经营能力和投资盈利能力的指标：

2009 年总资产净利率 = （净利润 ÷ 总资产平均数）× 100%
　　　　　　　　　 = （100 339.2 ÷ 3 659 500）× 100% = 2.74%

2010年总资产净利率 = (344 132.1 ÷ 4 166 500) × 100% = 8.26%

2009年权益净利率 = (净利润 ÷ 股东权益平均数) × 100%
= (100 339.2 ÷ 1 381 900) × 100% = 7.26%

2010年权益净利率 = (344 132.1 ÷ 2 450 500) × 100% = 14.04%

(3) 市价比率。市价比率主要包括市盈率、市净率、市销率等指标。具体阐述如下：

第一，市盈率。市盈率是指普通股每股市价与每股收益的比率。其计算公式如下：

$$市盈率 = 每股市价 ÷ 每股收益 \quad (4-45)$$

$$每股收益 = 普通股股东净利润 ÷ 流通在外普通股加权平均数 \quad (4-46)$$

市盈率表明普通股股东愿意为每1元净利润支付的价格。该比率借助于公司股票的市场行情间接评价公司的盈利能力，是投资者用以衡量某种股票投资价值和投资风险的常用指标。市盈率是市场对公司的共同期望。市盈率高，说明投资者对该公司的盈利能力有信心，且预期将来的盈利能力提高。

【例4-6】 ×××公司2010年的每股收益为0.2元，每股市价为20元，则：

$$市盈率 = 20 ÷ 0.2 = 100（倍）$$

在计算和使用市盈率和每股收益时，还应注意以下问题：

首先，每股市价实际上反映了投资者对未来收益的预期，但每股收益是基于过去年度的收益。因此，如果投资者预期收益将从当前水平大幅增长，市盈率将会显著提高；但如果投资者预期收益将由当前水平下降，市盈率将会显著降低。市盈率反映了投资者对公司未来前景的预期，相当于每股收益的资本化。

其次，当公司有优先股时，上述公式中每股收益的计算还应相应进行调整：

$$每股收益 = （净利润 − 优先股股利）÷ 流通在外普通股加权平均股数 \quad (4-47)$$

这是因为，每股收益的概念仅适用于普通股，优先股股东除获得规定的优先股股利外，对收益没有要求权。所以用于计算每股收益的分子必须与可分配给普通股股东的净利润相配比。

第二，市净率。市净率是指普通股每股市价与每股净资产的比率。其计算公式如下：

$$市净率 = 每股市价 ÷ 每股净资产 \quad (4-48)$$

$$每股净资产 = 普通股股东权益 ÷ 流通在外普通股股数 \quad (4-49)$$

市净率表明普通股股东愿意为每1元净资产支付的价格,说明市场对公司资产质量的评价。该比率越高,间接反映企业盈利能力越强。

【例4-7】 ×××公司2010年每股市价为20元,每股净资产为4元,则:

$$市净率 = 20 \div 4 = 5$$

在使用市净率时还应注意以下方面:

第一,对既有普通股又有优先股的公司来说,通常只为普通股计算净资产。在这样的情况下,企业应从股东权益总额中扣除优先股权益得出普通股权益并据以计算每股净资产。这一过程反映了普通股股东是企业剩余所有者的事实。

第二,计算市净率和每股净资产时,应注意所使用的是资产负债表日流通在外的普通股股数,而不是当期流通在外普通股加权平均数,因为每股净资产的分子为时点数,分母应与其口径一致,因此应选取同一时点数。

第三,市销率。市销率又称收入乘数,是指普通股每股市价与每股销售收入的比率。其计算公式如下:

$$市销率 = 每股市价 \div 每股销售收入 \qquad (4-50)$$

$$每股销售收入 = 销售收入 \div 流通在外普通股加权平均数 \qquad (4-51)$$

市销率表明普通股股东愿意为每1元销售收入支付的价格。每股销售收入,表明每股普通股创造的销售收入。

市盈率、市净率和市销率可用于企业价值评估,具体应用方法将在以后章节进行讨论。

四、杜邦财务分析体系

杜邦财务分析体系是利用各主要财务比率之间的内在联系,对企业财务状况和经营成果进行综合系统评价的方法。采用这一方法,可使财务比率分析的层次更加清晰,条理更加分明,为财务主体能够全面详细的分析企业财务状况和经营成果提供方便。

该体系以权益净利率为龙头,以资产净利率和权益乘数为分支,重点揭示了企业获利能力及杠杆水平对权益净利率的影响,以及各相关指标间的相互作用关系。

(一)传统杜邦分析体系的核心比率

权益净利率是分析体系的核心比率,具有可比性和综合性的特点。

良好的可比性体现在,权益净利率可用于不同企业之间的比较。由于资本具有逐利性,总是流向投资报酬率高的行业和企业,因此各企业的权益净利率会比较接近。

较强的综合性体现在,权益净利率将若干个用以评价企业财务状况和经营成果的比率有机结合,可从如下三个分解指标入手:

$$权益净利率 = \frac{净利润}{销售收入} \times \frac{销售收入}{总资产} \times \frac{总资产}{股东权益}$$

$$= 销售净利率 \times 总资产周转次数 \times 权益乘数 \quad (4-52)$$

无论其中哪一个比率提高,权益净利率都会提高。其中,"销售净利率"是利润表的概括,反映全部经营成果;"权益乘数"是资产负债表的概括,反映最基本的财务状况;"总资产周转次数"把利润表和资产负债表联系起来,故权益净利率可以综合整个企业财务状况和经营成果。

(二) 传统杜邦分析系的框架

传统杜邦分析体系的基本框架可用图 4-2 表示。

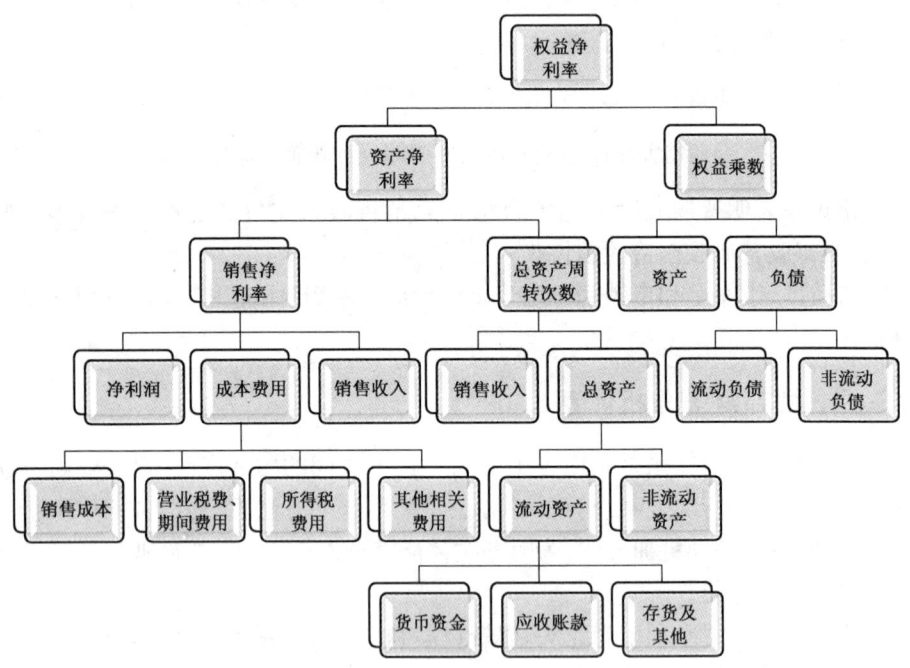

图 4-2 传统杜邦分析体系的基本框架

杜邦分析体系是一个多层次的财务比率分解体系。各项财务比率,可以在每个层次上与本企业历史或同业财务比率比较,比较之后逐级向下分解,逐步覆盖企业经营活动的每个环节,以实现系统、全面评价企业经营成果和财务状况的目的。

(三)杜邦分析体系的分解

第一层次的分解,是把权益净利率分解为销售净利率、总资产周转次数和权益乘数。这三个比率在不同企业之间存在着显著差异。企业可通过对差异的比较,观察自身与其他企业的经营战略和财务政策的区别。

由资产净利率分解出来的销售净利率和总资产周转次数,表明了企业的经营战略。在实务中,一些企业销售净利率高而总资产周转次数较低,另一些企业则总资产周转次数较高而销售净利率较低。两者经常成反方向变化。这种现象的形成是有原因的:为了提高销售净利率,就需要增加产品附加值,增加投资,因此引起总资产周转率的下降;为了加快总资产周转率,则需降低价格,引起销售净利率下降。实务的体现是:制造业通常有较高的销售净利率和较低的总资产周转率,零售业有较高的总资产周转率和较低的销售净利率。采用"高盈利、低周转"还是"低盈利、高周转"的策略,是企业根据外部环境和自身资源做出的战略决策。因此,仅从销售净利率的高低并不能看出企业业绩的好坏,应把它与总资产周转次数结合起来考察企业经营战略。由两者结合形成的总资产净利率可以反映管理者运用受托资产赚取盈利的业绩,是重要的盈利能力。

权益乘数又称股本乘数,是指资产总额相当于股东权益的倍数。表示企业的负债程度,权益乘数越大,企业负债程度越高。较大的权益乘数,一般会导致企业较高的财务杠杆率。因此由权益乘数分解出来的财务杠杆可以反映企业的财务政策。在总资产净利率不变的情况下,提高财务杠杆可以提高权益净利率,但同时会增加财务风险。财务杠杆的配置、选择是企业最重要的财务政策。通常情况下,总资产净利率较高的企业,财务杠杆较低,反之亦然。这一现象的形成同样是有原因的:总资产净利率较高的企业因其经营风险较低,可以获得较多的贷款,其财务杠杆较高;经营风险高的企业,只能获得较少的贷款,其财务杠杆较低。总资产净利率与财务杠杆负相关,共同决定了企业的权益净利率。因此,企业必须使其经营战略与财务政策相匹配。

(四)杜邦分析体系可获得的信息

通过对杜邦财务分析体系的分析可以了解到以下信息:

第一,权益净利率是综合性最强的财务指标,是杜邦财务分析法的核心,它的高低,反映了企业净资产的收益性。这一比率对企业的所有者而言至关重要。它不仅受总资产净利率的影响,而且受资本构成的影响。所以它是企业资产的利用效率和企业融资策略尤其是财务杠杆作用的综合体现。

第二,总资产净利率是影响权益净利率的最主要因素,它体现着企业资产的总体获利能力。它的高低是销售净利率与总资产周转率共同作用的结果,要提高销售净利率,努力增收节支;要提高总资产周转率,则需从增加销售收入、降低资金占用两方面考虑。总资产净利率是销售成果、资产管理效果的综合体现。

第三,销售净利率的高低取决于企业利润和销售收入。提高净利润率的关键是扩大销售净额,降低成本费用。在一定范围内和一定时间内,销售收入的增长通常会带来利润净额的更大增长。利用杜邦财务分析,可以分析企业成本费用结果是否合理。

第四,总资产周转次数揭示了企业资产实现销售收入的综合能力。对该指标的分析可从影响资产周转次数的因素的重要程度分析,其中,资产结构是否合理将直接影响总资产的周转速度。在分析时,应对资产周转产生影响的各具体因素进行分析,查明影响的具体原因。

第五,负债与股东权益比率是反映企业资本结构的重要指标。按照杜邦分析法,当企业总资产的需要量不变时,适度开展负债经营,相对减少股东权益所占份额,可提高权益乘数,从而提高权益净利率。因此企业既要合理使用全部资产,又要妥善安排资本结构,这样才能有效提高权益净利率。

杜邦财务分析法可以解释指标变动的原因和变动趋势,以及为采取措施指明方向。下面我们通过对[例4-8]、[例4-9]的分析,具体说明杜邦分析法的运用。

【例4-8】 已知×××公司2010年财务报表的有关资料如表4-10所示。

表4-10

×××公司有关财务资料

单位:万元

资产负债表项目	期初数	期末数
资产	8 000	10 000
负债	4 500	6 000
所有者权益	3 500	4 000
利润表项目	上年数	本年数
主营业务收入净额	(略)	20 000
净利润	(略)	500

要求:

(1) 计算杜邦财务分析体系中的下列指标(凡计算指标涉及资产负债表项目数据的,均按平均数计算):①权益净利率;②总资产净利率(保留三位小数);③销售净利率;④总资产周转率(保留三位小数);⑤权益乘数

(2) 用文字列出净资产收益率与上述其他各项指标之间的关系式,并用本题数据加以验证。

通过分析我们可知：

(1) 各项相关财务比率具体计算如下：

① 权益净利率 = $500 \div [(3\,500 + 4\,000) \div 2] \times 100\% = 13.33\%$

② 总资产净利率 = $500 \div [(8\,000 + 10\,000) \div 2] \times 100\% = 5.556\%$

③ 销售净利率 = $500 \div 20\,000 \times 100\% = 2.5\%$

④ 总资产周转率 = $20\,000 \div [(8\,000 + 10\,000) \div 2] = 2.222(次)$

⑤ 权益乘数 = $[(10\,000 + 8\,000) \div 2] \div [(4\,000 + 3\,500) \div 2] = 2.4$

(2) 权益净利率 = 销售净利率×总资产周转率×权益乘数
    = $2.5\% \times 2.222 \times 2.4 = 13.33\%$

上述例题清楚的阐释了杜邦分析法的各关联财务比率及其之间的关系，下面我们将介绍杜邦分析法如何帮助企业解释指标变动的原因和变动趋势，为企业采取措施指明方向。

【例 4-9】 ×××公司的基本财务数据如表 4-11 所示。

表 4-11

×××公司基本财务数据

单位：万元

年 度	净利润	销售收入	资产总额	负债总额	全部成本
2009	10 284.04	411 224.01	306 222.94	205 677.07	403 967.43
2010	12 653.92	757 613.81	330 580.21	215 659.54	736 747.24

该公司 2009—2010 年财务比率如表 4-12 所示。

表 4-12

×××公司 2009—2010 年财务比率

项 目	2009	2010
权益净利率	0.097	0.112
权益乘数	3.049	2.874
资产负债率	0.672	0.652
资产净利率	0.032	0.039
销售净利率	0.025	0.017
总资产周转率	1.34	2.29

1. 对权益净利率的分析

权益净利率指标是衡量企业利用资产获取利润能力的指标。权益净利率充分考虑了筹资方式对企业获利能力的影响,因此它所反映的获利能力是企业经营能力、财务决策和筹资方式等多种因素综合作用的结果。

该公司的权益净利率在 2009—2010 年间出现了一定程度的好转,分别从 2009 年的 0.097 增加至 2010 年的 0.112。企业的投资者在很大程度上依据这个指标来判断是否投资或是否转让股份、考察经营者业绩和决定股利分配政策。这些指标对公司的管理者也至关重要。

公司经理们为改善财务决策而进行财务分析,他们可以将权益净利率分解为权益乘数和资产净利率,以找到问题产生的原因。

$$权益净利率 = 权益乘数 \times 资产净利率$$

2009 年　　0.097 = 3.049 × 0.032

2010 年　　0.112 = 2.874 × 0.039

通过分解可以明显地看出,该公司权益净利率的变动是资本结构(权益乘数)变动和资产利用效果(资产净利率)变动两方面共同作用的结果。而该公司的资产净利率太低,显示出很差的资产利用效果。

2. 分解分析过程

经过上述分解表明,权益净利率的由于资本结构的改变(权益乘数下降)而改变,同时资产利用和成本控制也出现变动(资产净利率也有改变)。那么,我们继续对资产净利率进行分解:

$$资产净利率 = 销售净利率 \times 总资产周转率$$

2009 年　　0.032 = 0.025 × 1.34

2010 年　　0.039 = 0.017 × 2.29

通过分解可以看出 2010 年的总资产周转率有所提高,说明资产的利用得到了比较好的控制,显示出比前一年较好的效果,表明该公司利用其总资产产生销售收入的效率在提高。总资产周转率提高的同时销售净利率的减少阻碍了资产净利率的增加,下面对销售净利率进行分解:

$$销售净利率 = 净利润 \div 销售收入$$

2009 年　　0.025 = 10 284.04 ÷ 411 224.01

2010 年　　0.017 = 12 653.92 ÷ 757 613.81

该公司 2010 年大幅度提高了销售收入,但是净利润的提高幅度却很小,分析其原因是成本费用增多,从表 4-11 可知:全部成本从 2009 年的 403 967.43 万元增加到 2010 年的 736 747.24 万元,与销售收入的增加幅度大致相当。下面是对全部成本进行的分解:

全部成本 = 制造成本 + 销售费用 + 管理费用 + 财务费用
2009 年　　　403 967.43 = 373 534.53 + 10 203.05 + 18 667.77 + 1 562.08
2010 年　　　736 747.24 = 684 559.91 + 21 442.96 + 25 718.20 + 5 026.17

通过分解可以看出杜邦分析法有效的解释了指标变动的原因和趋势，为采取应对措施指明了方向。

在本例中，导致权益利润率小的主原因是全部成本过大。也正是因为全部成本的大幅度提高导致了净利润提高幅度不大，而销售收入大幅度增加，就引起了销售净利率的减少，显示出该公司销售盈利能力的降低。资产净利率的提高当归功于总资产周转率的提高，出现的销售净利率的减少对提高资产净利率起到了阻碍的作用。

×××公司下降的权益乘数，说明他们的资本结构在 2009—2010 年发生了变动。2010 年的权益乘数较 2009 年有所减小。权益乘数越小，企业负债程度越低，偿还债务能力越强，财务风险程度越低。这个指标同时也反映了财务杠杆对利润水平的影响。财务杠杆具有正反两方面的作用。在收益较好的年度，它可以使股东获得的潜在报酬增加，但股东要承担因负债增加而引起的风险；在收益不好的年度，则可能使股东潜在的报酬下降。该公司的权益乘数一直处于 2~5 之间，也即负债率在 50%~80% 之间，属于激进战略型企业。管理者应该准确把握公司所处的环境，准确预测利润，合理控制负债带来的风险。

因此，对于×××公司，当前最为重要的就是要努力减少各项成本，在控制成本上下力气。同时要保持自己高的总资产周转率。这样，可以使销售利润率得到提高，进而使资产净利率有大的提高。

（五）传统杜邦分析体系的局限性

传统杜邦分析体系虽然被广泛应用，但也存在某些局限性。

首先，计算总资产净利率的"总资产"与"净利润"不配比。总资产为全部资产投入者享有，而净利润则为股东专有，两者不匹配，不能反映实际的报酬率。为了改善该比率，要重新调整分子和分母。

其次，没有区分经营活动损益和金融活动损益。对于大多数企业来说，金融活动是净筹资，筹资活动不产生净利润，是支出净费用。从财务管理角度来看，企业的金融资产是尚未投入实际经营活动的资产，应将其与经营资产相区别。与此同时，金融损益也应与经营损益相区别，才能使经营资产和经营损益相匹配。

最后，没有区分金融负债与经营负债。负债的利息支出仅仅是金融负债的成本，经营负债是无息负债。因此，应区分金融负债与经营负债，利息与金融负债相除，才是真正的平均利息率；金融负债与股东权益相除，可得到更符合实际的财务杠杆。

针对上述传统杜邦分析体系的局限性,人们对传统的财务报表和财务分析体系做了一系列改进,逐步形成了新的管理用财务报表和财务分析体系。

第四节 管理用财务报表分析

一、管理用财务报表概述

本章第三节对财务项目的分析是基于通用财务报表。因为通用财务报表是为各类报表使用者的需要提供,是根据所有使用人的一般要求设计的,其所提供的信息并不完全适用于财务分析和公司内部管理。因此,为适应财务分析和公司内部管理需要,需要对通用财务报表进行调整,管理用财务报表应运而生。

编制管理用财务报表首先要对企业活动进行分类,将其划分为经营活动和金融活动两个方面。经营活动包括销售商品或提供劳务等营业活动以及与此有关的生产性投资活动,企业在产品和要素市场上进行这些经营活动。金融活动包括筹资活动以及对多余资金的利用的投资活动,企业在资本市场上进行金融活动。财务管理对企业活动的分类如图4-3所示。

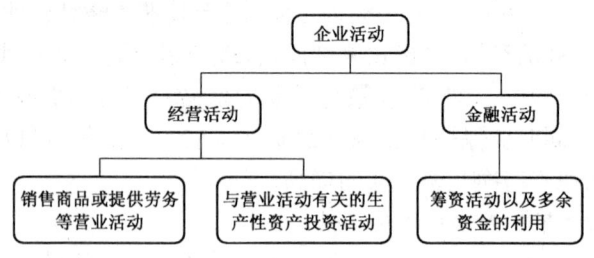

图4-3 财务管理对企业活动的分类

下面我们重点对企业的金融活动进行分析:

企业与资本市场的交易有两种,一种是现金多余时购买金融工具,从而持有金融资产。金融资产是指企业从资本市场购入的各种证券,包括政府、银行或其他企业发行的金融工具;另一种是现金短缺时发行金融工具,从而形成股东权益或持有金融负债。企业通常同时持有金融资产和金融负债。如果金融资产大于金融负债,两者的差额称为"净金融资产";如果金融负债大于金融资产,两者的差额称为"净金融负债"。对绝大多数企业来说持有的是净金融负债。净金融负债是企业用金融资产偿还金融负债后的实际负债,也被称为净负债。

$$净金融负债 = 金融负债 - 金融资产 \qquad (4\text{-}53)$$

在编制管理用财务报表时,要求将可以增加股东财富的经营资产和利用闲置资金的金融资产分开考察,需要在资产负债表中区分经营资产和金融资产;在利润表中区分经营损益和金融损益;在现金流量表中区分经营现金流量和金融现金流量。

二、管理用资产负债表

管理用资产负债表要求对资产和负债进行重分类,分为经营性和金融性两类。经营性金融资产和负债,是指在销售商品或提供劳务的过程中涉及的资产和负债。金融性资产和负债,是指在筹资过程中或利用经营活动多余资金进行投资的过程中涉及的资产和负债。

在调整资产负债表前,要明确两个问题:首先,要明确企业的性质,即企业从事的是什么业务,这是划分经营性资产和负债的关键。企业经营的业务内容,决定了经营性资产和负债的范围。例如,存款和贷款对于非金融性企业来说是金融性资产和负债,对于银行等金融企业来说,贷出贷款或吸收存款是经营性资产和负债,因为这是他们经营的主要业务。其次,经营性资产和负债形成的损益属于经营损益;金融性资产和负债形成的损益,属于金融损益。划分经营损益和金融损益的界限应与划分经营性资产或负债和金融性资产或负债的界限相一致。

(一)区分经营资产和金融资产

经营资产是指销售商品或提供劳务所涉及的资产。金融资产是利用经营活动多余资金进行投资所涉及的资产。

大多数资产项目的重分类并不困难,但有些项目不太容易识别,主要有以下项目。

1. 货币资金

货币资金是资产负债表的一个流动资产项目,包括库存现金、银行存款和其他货币资金三个总账账户的期末余额,它本身是金融资产。但是,对货币资金的划分主要依据企业持有货币资金的目的。企业持有一定数量的货币资金是维持生产经营正常流转所必需的,不能将其简单分类。

在编制管理用资产负债表时,有三种方法:第一种做法是:将全部货币资金列为经营性资产。该方法的依据是,企业理应将多余的货币资金用于购买有价证券等,保留在货币资金项目中的金额应为其生产经营所需要的,即使有超出经营需要的部分也应按实际状况列报;第二种做法是:将全部货币资金列为金融资产,依据是货币资金本身就是金融资产,企业生产经营所需要的数额不能确定,故不能据此划分货币资金性质;第三种做法是:依据行业或公司历史平均的货币资金÷销售收入百分比以及本期销售收入,推算经营活动所必需的货币资金数额,多余部分列为金融资产。

2. 短期应收票据

短期应收票据有两种:一种是以市场利率计算的投资,属于金融资产;另一种是无息应收票据,应归入经营资产,因为它们是为促销而存在。

3. 短期权益性投资

短期权益性投资是指为获得收益所进行的短期投资。它们是暂时利用多余现金的一种手段,不是生产经营活动所必需的资产,因此是金融资产。

4. 债权性投资

债权性投资是指为取得债权所作的投资,如购买国库券、公司债券等。对于非金融企业来说,债券和其他带息的债权投资,包括短期和长期的债权性投资都是金融性资产。

5. 长期权益性投资

长期权益性投资是指对其他企业经营活动的投资,因此属于经营性资产。购买长期股权就是间接购买另一个企业的资产,被投资企业的资产可能包含了部分金融资产,但通常因为很难划分且比例不大因此无论控股比例如何,我们均将其列为经营性资产。

6. 应收项目

应收项目包括应收票据、应收账款、应收利息、应收股利和其他应收账款。大部分应收项目是经营活动形成的,属于经营性资产。但是应收利息来源于债权性投资这一金融资产,它所产生的利息应当属于金融损益。应收股利分为两种:一种是经营性投资形成的应收股利,属于经营性资产,如长期股权投资的应收股利;另一种是短期权益性投资形成的应收股利,属于金融资产。

7. 递延所得税资产

递延所得税项目源自应税利润和财务报表利润的差额,该差额几乎都是经营收益在计算时形成的。递延所得税资产的产生是因为应税利润大于会计报告利润,应列为经营资产。

8. 其他资产

在通用财务报表中出现的其他资产项目,其具体内容需要查阅财务报表附注或其他披露信息,如果查不到结果,通常将其列为经营资产。

(二) 区分经营负债和金融负债

经营负债是指销售商品或提供劳务所涉及的负债。金融负债是债务筹资活动所涉及的负债。

大部分负债是金融性的,且不难识别,包括短期借款、1年内到期的长期负债、长期借款、应付债券等。但有些项目不太容易识别,主要有以下项目。

1. 短期应付票据。

类似于短期应收票据的划分,短期应付票据也分为两种:一种是以市场利率计息的融资活动形成的,属于金融负债;另一种是无息应付票据,它们是由经营活动形成的,应归入经营资产。

2. 优先股

优先股在利润分红及剩余财产分配的权利方面,优先于普通股。所以从普通股的角度来看,优先股应属于金融负债。

3. 应付项目

大多数应付项目是经营活动的应计费用,应付职工薪酬、应交税费、应付账款等,均属于经营负债。特别的,应付利息是债务筹资的应计费用,属于金融负债。应付股利分为为两个部分:一部分是优先股的应付股利,由于优先股被列为金融负债,应付优先股股利即为负债筹资的应计费用,因此属于金融项目;另一部分是普通股的应付股利,因为普通股不是负债,应付普通股股利也就不属于债务筹资的应计费用,而应列为经营负债。

4. 递延所得税负债

类似于递延所得税资产,递延所得税负债形成于经营收益,其产生是因为应税利润小于会计报告利润,应列为经营负债。

5. 长期应付款

长期应付款是在较长时间内应付的款项,会计业务中的长期应付款是指除了长期借款和应付债券以外的其他多种长期应付款。主要有应付补偿贸易引进设备款和应付融资租入固定资产租赁费等。融资租赁引起的长期应付款被视为企业因购买资产而发生的借款,应属于金融负债。经营活动引起的长期应付款应属于经营负债。

6. 其他负债

在通用财务报表中出现的其他负债项目,其具体内容需要查阅财务报表附注或其他披露信息。一般情况下,将其列为经营负债。

值得注意的是,在区分金融性资产和负债及经营性资产和负债时使用的经营概念不同于依据会计准则编制的现金流量表中的经营性活动项目中的经营一词。前者是指金融活动以外的活动,包括生产性长期资产的投资活动,是个广义的概念;后者是指营业活动和流动资产投资活动,不包括生产性长期资产的投资活动,是狭义的经营概念。

由于全部资产和负债被划分为经营性和金融性两类,流动资产分为经营性流动资产和金融性流动资产,流动负债分为经营性流动负债和金融性流动负债。与此相关联,经营性流动资产减去经营性流动负债被称为经营营运资本,它是利用投资者提供的资本取得的经营性流动资产。经营性长期资产减去经营性长期负债称为净经营性长期资产,它是利用投资者提供的资本取得的经营性长期资产。经营营运资本加上净经营性长期资产称为净经营资产,它等于投资者提供的净投资资本。

(三) 管理用资产负债表的调整

综上所述,管理用资产负债表的基本公式如下:

资产 = 经营资产 + 金融资产
　　 = (经营性流动资产 + 经营性长期资产) + (短期金融资产
　　 　+ 长期金融资产)　　　　　　　　　　　　　　　　　(4-54)

负债 = 经营负债 + 金融负债
　　 = (经营性流动负债 + 经营性长期负债) + (短期金融负债
　　 　+ 长期金融负债)　　　　　　　　　　　　　　　　　(4-55)

净经营资产 = 经营资产 − 经营负债
　　　　　 = (经营性流动资产 + 经营性长期资产) − (经营性流动负债
　　　　　 　+ 经营性长期负债)
　　　　　 = (经营性流动资产 − 经营性流动负债) + (经营性流动资产
　　　　　 　− 经营性长期负债)
　　　　　 = 经营营运资本 + 净经营长期资产　　　　　　　　(4-56)

净金融负债 = 金融负债 − 金融资产 = 净负债　　　　　　　　(4-57)

净经营资产 = 净金融负债 + 股东权益 = 净投资资本　　　　　(4-58)

一般资产负债表调整为管理用资产负债表的流程可用图 4-4 表示。

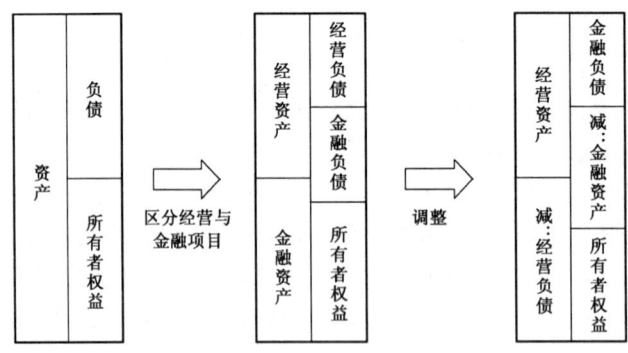

图 4-4　管理用资产负债表的调整流程

下面以×××公司财务报表为例,调整后的管理用资产负债表如 4-13 所示。

表 4-13

管理用资产负债表

编制单位:×××公司　　　2010 年 12 月 31 日　　　　　　　　单位:元

净经营资产	年末余额	年初余额	净负债和股东权益	年末余额	年初余额
经营性流动资产:			金融负债:		
货币资金(经营)	407 565	703 150	短期借款	25 000	150 000
应收票据(经营)	33 000	123 000	交易性金融负债	0	0
应收账款	299 100	149 550	应付利息	0	500
预付账款	50 000	50 000	一年内到期的非流动负债	0	500 000
应收股利(经营)	0	0	长期借款	580 000	300 000
其他应收款	2 500	2 500	应付债券	0	0
存货	1 242 350	1 290 000	金融负债合计	605 000	950 500
一年内到期的非流动资产	0	0	金融资产:		
其他流动资产	50 000	50 000	交易性金融资产	0	7 500
经营性流动资产合计	2 084 515	2 368 200	应收利息	0	0
经营性流动负债:			可供出售金融资产	0	0
应付票据(经营)	50 000	100 000	持有至到期投资	0	0
应付账款	476 900	476 900	金融资产合计	0	7 500
预收账款	0	0	净负债	605 000	943 000
应付职工薪酬	90 000	55 000			
应交税费	113 365	18 300			
应付股利	16 108.8	0			
其他应付款	25 000	25 000			
其他流动负债	0	0			
经营性流动负债合计	771 373.8	675 200			
经营营运资本	1 313 141.2	1 693 000			
经营性长期资产:					
长期应收款	0	0			
长期股权投资	125 000	125 000			
固定资产	1 100 500	550 000			
在建工程	214 000	750 000			
工程物资	150 000				
固定资产清理	0	0			
无形资产	270 000	300 000			
开发支出	0	0			
商誉	0	0			
长期待摊费用	0	0			
递延所得税资产	3 750	0			
其他非流动资产	100 000	100 000			
经营性长期资产合计	1 963 250	1 825 000			
经营性长期负债:					
长期应付款(经营)	0	0	股东权益:		
专项应付款	0	0	股本	2 500 000	2 500 000
预计负债	0	0	资本公积	0	0
递延所得税负债	0	0	减:库存股	0	0
其他非流动负债	0	0	盈余公积	62 385.2	50 000
经营性长期负债合计	0	0	未分配利润	109 006	25 000
净经营性长期资产	1 963 250	1 825 000	股东权益合计	2 671 391.2	2 575 000
净经营资产总计	3 276 391.2	3 518 000	净负债和股东权益总计	3 276 391.2	3 518 000

三、管理用利润表

区分经营活动和金融活动同样涉及利润表。经营活动的利润反映管理者的经营业绩。通过经营活动取得盈利是企业的目的,也是增加股东财富的基本途径。金融活动的目的是为了投资生产经营而筹集资金,并非是投资金融市场获利。因此,要区分经营损益和金融损益。

(一)区分经营损益和金融损益

经营损益和金融损益的划分,应与资产负债表上经营资产和金融资产的划分相对应。金融损益是指金融负债利息与金融资产收益的差额,即扣除利息收入、金融资产公允价值变动收益等以后的利息费用。由于利息费用有抵税效果,扣除所得税后的利息费用称为净金融损益。经营损益是指除金融损益以外的当期损益。

金融损益主要涉及以下几个方面的调整。

1. 财务费用

财务费用指企业在生产经营过程中为筹集资金而发生的各项费用。包括企业生产经营期间发生的利息支出(减利息收入)、汇兑净损失、金融机构手续费,以及筹资发生的其他财务费用。从管理角度分析,现金折扣属于经营损益,但实际被计入财务费用的数额很少,所以可以把财务费用全部作为金融损益处理。

2. 公允价值变动损益

公允价值变动损益包括交易性金融资产、交易性金融负债和指定为以公允价值计量且其变动计入当期损益的金融资产和金融负债,以及采用公允价值计量的投资性房地产、衍生工具、套期保值业务等公允价值变动形成的应计入当期损益的利得或损失。该项目属于金融资产价值变动形成的损益,应计入金融损益,其数据来自财务报表附注。

3. 投资收益

投资收益是对外投资所取得的利润、股利和债券利息等收入减去投资损失后的净收益。其中既有经营资产的投资收益,也有金融资产的投资收益,后者属于金融损益。其数据可以从财务报表附注"产生投资收益的来源"中获得。

4. 资产减值损失

资产减值损失是指因资产的账面价值高于其可收回金额而造成的损失。其中既有经营资产的减值损失,也有金融资产的减值损失,后者属于金融损益。其数据可以从报表附注"资产减值损失"中获得。

(二)分担所得税费用

在区分了经营损益和金融损益之后,与之相关的所得税费用也应加以区分。

被广泛使用的是一种较为简便的方法,即根据企业实际负担的平均所得税税率计算各自应分担的所得税额。

(三) 管理用利润表的调整

综上所述,管理用利润表的基本公式如下:

$$\begin{aligned}净利润 &= 经营损益 + 金融损益 \\ &= 税后经营净利润 - 税后利息费用 \\ &= 税前经营利润 \times (1 - 所得税税率) - 利息费用 \\ &\quad \times (1 - 所得税税率)\end{aligned} \quad (4\text{-}59)$$

下面以×××公司财务报表为例,调整后的管理用利润表如表 4-14 所示。

表 4-14

管理用利润表

编制单位:×××公司　　　　　　　2010 年度　　　　　　　　　单位:元

项目	本年金额	上年金额
经营损益:		
一、营业收入	6 250 000	5 937 500
减:营业成本	3 750 000	3 562 500
二、毛利	2 500 000	2 375 000
减:营业税金及附加	10 000	9 500
销售费用	100 000	95 000
管理费用	785 500	746 225
资产减值损失	154 500	146 775
三、税前营业利润	1 450 000	1 377 500
加:营业外收入	250 000	237 500
减:营业外支出	98 500	93 575
四、税前经营利润	1 601 500	1 521 425
减:经营利润所得税	440 245	418 232.75
五、税后经营净利润	1 161 255	1 103 192.25
金融损益:		
六、利息费用	50 000	47 500
减:利息费用抵扣	13 745	13 057.75
七、税后利息费用	36 255	34 442.25
八、净利润	1 125 000	1 068 750
附注:平均所得税税率(%)	27.49	27.49

四、管理用现金流量表

对于企业来说,通过经营活动取得盈利是企业的目的,也是增加股东财富的基本途径。因此,企业的价值取决于企业经营活动产生的现金流量。传统的现金流量表中的经营活动并未包括为了经营而进行的经营性固定资产等长期资产的投资,是不完整的经营活动。为了适应管理使用,应对其加以调整。

管理用现金流量表应区分经营现金流量和金融现金流量。其中,经营现金流量是指企业因销售商品或提供劳务等营业活动以及与此有关的生产性资产投资活动产生的现金流量;金融活动现金流量是指企业因筹资活动和金融市场投资活动而产生的现金流量。

经营现金流量,代表了企业经营活动的全部成果,是"企业生产的现金",又被称为实体经营现金流量,简称实体现金流量。企业的价值决定于未来预期的实体现金金额,要增加企业价值,就应增加企业的实体现金流量。

$$营业现金毛流量 = 税后经营净利润 + 折旧与摊销 \qquad (4-60)$$

营业现金毛流量,也经常简称为"营业现金流量"。

$$营业现金净流量 = 营业现金毛流量 - 经营营运资本净增加 \qquad (4-61)$$

$$实体现金流量 = 营业现金净流量 - 净经营长期资产总投资$$
$$\qquad\qquad = 营业现金净流量 - (净经营长期资产增加 + 折旧与摊销) \qquad (4-62)$$

由于:

$$净经营资产总投资 = 经营营运资本增加 + 净经营长期资产增加 + 折旧与摊销$$
$$\qquad\qquad = 净经营资产净增加 + 折旧与摊销$$
$$\qquad\qquad = 净经营资产净投资 + 折旧与摊销 \qquad (4-63)$$

其中,净经营资产总投资也被称为资本支出,净经营资产净投资也被称为资本净支出。所以实体现金流量也可以按下面的方法计算:

$$实体现金流量 = 营业现金毛流量 - 净经营资产总投资$$
$$\qquad\qquad = (税后经营净利润 + 折旧与摊销) - (净经营资产净投资 + 折旧与摊销)$$
$$\qquad\qquad = 税后经营净利润 - 净经营资产净投资 \qquad (4-64)$$

如果实体现金流量是整数,它有五种使用途径:①向债权人支付利息;②向债权人偿还债务本金,清偿部分债务;③向股东支付股利;④从股东处回购股票;⑤购买金融资产。如果实体现金流量是负数,企业则需要筹集现金,其来源有:①出售金融资产;②借入新的债务;③发行新的股份。

综合以上各项,企业的实体现金流量可以分成两部分:①债务现金流量,是与债权人之间的交易形成的现金流,包括支付利息、偿还或借入债务以及购入和出售金融资产。②股东现金流量,是与股东之间的交易形成的现金流,包括股利分配、股份发行和回购等。

从实体现金流量的来源分析,它是营业现金毛流量超出净经营资产总投资的部分,即来自经营活动;从实体现金流量的去向分析,它被用于债务融资活动和权益融资活动,即被用于金融活动。

因此管理用现金流量表的基本等式可表述为:

营业现金毛流量 − 净经营资产总投资 = 债务现金流量 + 股权现金流量   (4-65)

实体现金流量 = 融资现金流量   (4-66)

下面以×××公司财务报表为例,调整后的管理用现金流量表如表 4-15 所示。

表 4-15

管理用现金流量表

编制单位:×××公司   2010 年度   单位:元

项 目	本年金额	上年金额
经营活动现金流量:		
税后经营净利润	1 161 255	(略)
加:折旧与摊销	80 000	
=营业现金毛流量	1 241 255	
减:经营营运资本增加	−379 858.8	
=营业现金净流量	1 621 113.8	
减:净经营性长期资产增加	138 250	
折旧与摊销	80 000	
=实体现金流量	1 402 863.8	
金融活动现金流量:		
税后利息费用	36 255	
减:净负债增加	−338 000	
=债务现金流量	374 255	
股利分配	0	
减:股权资本净增加	0	
=股权现金流量	0	
融资现金流量	374 255	

五、管理用财务分析体系

由于传统杜邦分析体系存在总资产与净利润不配比、未区分经营损益和金融损益、未区分有息负债和无息负债等诸多局限,在进行财务分析时,应基于改进的管理用财务报表重新设计财务分析体系。

(一)改进的财务分析体系的核心公式

$$\begin{aligned}
\text{权益净利率} &= \frac{\text{税后经营净利润}}{\text{股东权益}} - \frac{\text{税后利息费用}}{\text{股东权益}} \\
&= \frac{\text{税后经营净利润}}{\text{净经营资产}} \times \frac{\text{净经营资产}}{\text{股东权益}} - \frac{\text{税后利息费用}}{\text{净负债}} \times \frac{\text{净负债}}{\text{股东权益}} \\
&= \frac{\text{税后经营净利润}}{\text{净经营资产}} \times \left(1 + \frac{\text{净负债}}{\text{股东权益}}\right) - \frac{\text{税后利息费用}}{\text{净负债}} \times \frac{\text{净负债}}{\text{股东权益}} \\
&= \text{净经营资产净利率} + (\text{净经营资产净利率} - \text{税后利息率}) \\
&\quad \times \text{净财务杠杆}
\end{aligned} \quad (4-67)$$

根据该公式,权益净利率的高低取决于三个驱动因素:净经营资产净利率、税后利息率和净财务杠杆。

(二)改进的财务分析体系的基本框架

根据管理用财务报表,改进的财务分析体系的基本框架如图4-5所示。

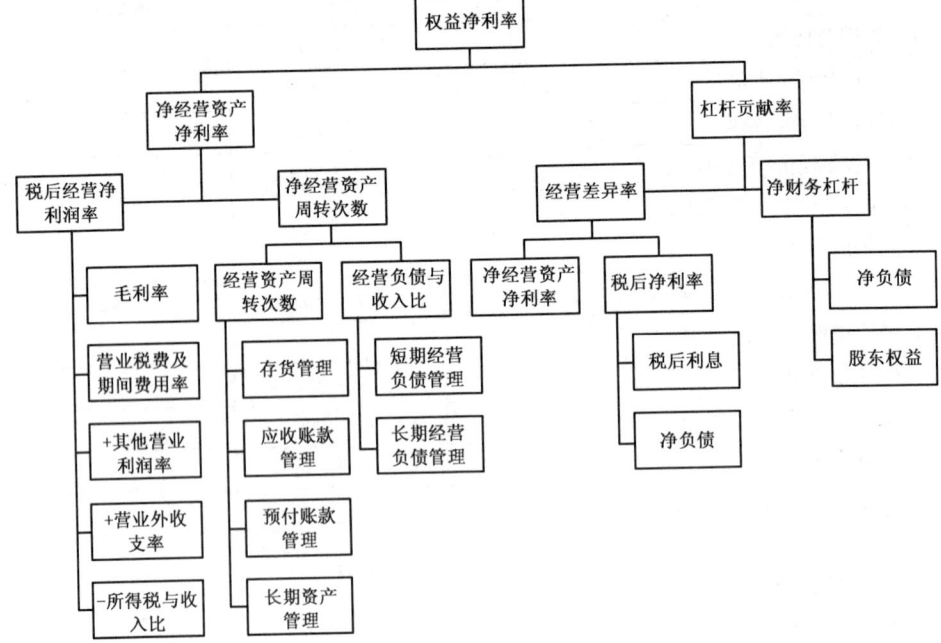

图4-5 改进的财务分析体系的基本框架

（三）改进的财务分析体系分解

第一层次的分解,是把权益净利率分解为净经营资产净利率和杠杆贡献率。这种分解形式为分析杠杆贡献率提供了方便。

第二层次的分解,将净经营资产净利率分解为税后经营净利率和净经营资产周转次数,这种分析与传统杜邦分析体系类似,只是数据更合理,得出的结论更准确。同时,影响杠杆贡献率的因素是净经营资产净利率、税后利息率和净财务杠杆。其计算公式如下：

$$杠杆贡献率 =（净经营资产净利率 - 税后利息率）\times 净财务杠杆 \qquad (4-68)$$

上述公式中要注意：①税后净利率的高低主要由资本市场决定,企业是被动的接受者；②经营差异率是净经营资产净利率和税后利息率的差额,它表示每借入1元债务资本投资于净经营资产所产生的净收益偿还税后利息后的剩余部分,该剩余归股东所有。净经营资产净利率越高,税后利息率越低,剩余的部分越多。此外,经营差异率是衡量借款是否合理的主要依据之一,如果经营差异率为正,表示借款可以增加股东报酬。从增加股东报酬来看,净资产经营净利率是企业可以承担的借款税后利息率的上限。③杠杆贡献率是经营差异率和净财务杠杆的乘积。当经营差异率不能提高时,就需要考虑提高净财务杠杆以提高杠杆贡献率。净财务杠杆 = 净负债÷股东权益,表示每1元权益资本配置的净负债。

企业在进行权益净利率的分析时,应当综合考虑自身的盈利能力和可承受的财务风险,以期最大限度地增加企业价值。

【例4-10】 根据×××公司管理用财务报表计算的有关财务比率如表4-16所示。

表4-16

主要财务比率及其变动

主要财务比率	本 年	上 年	变 动
税后经营净利率(%)	8.958 3	10.280 4	-1.322 1
净经营资产周转次数	2.236 26	2.648 36	-0.412 1
=净经营资产净利率(%)	20.033	27.226	-7.193 1
税后利息率(%)	11.726 0	16.373 5	-4.647 5
=经营差异率(%)	8.307 1	10.852 7	-2.545 6
净财务杠杆	1.061 7	0.766 74	0.295 0
=杠杆贡献率(%)	8.820	8.321	0.498 5
=权益净利率(%)	28.853	35.547	-6.694 6

根据表 4-16 所给财务比率及其变动数据,试用连环代替法测定分析各影响因素对权益净利率变动的影响程度。

利用改进的财务分析体系的核心公式,连环替代法的计算过程如表 4-17 所示。

表 4-17

连环替代法的计算过程

影响因素	上年权益净利率	净经营资产净利率变动	税后利息率变动	净财务杠杆变动
净经营资产净利率(%)	27.226	20.033	20.033	20.033
税后利息率(%)	16.373 5	16.373 5	11.726	11.726
经营差异率(%)	10.852 7	3.659 5	8.307	8.307
净财务杠杆	0.766 74	0.766 74	0.766 74	1.061 7
杠杆贡献率(%)	8.321	2.806	6.369	8.820
权益净利率(%)	35.547	22.839	26.402	28.853
变动影响(%)		−12.708	3.563	2.450

根据上述计算结果可知,权益净利率比上年下降 6.694 6%,其主要影响因素是:①净经营资产净利率下降,使得权益净利率减少 12.708%;②税后利息率下降,使得权益净利率增加 3.563%;③净财务杠杆上升,使得权益净利率增加 2.450%。

根据上述影响因素分析,我们可以判断出,企业权益净利率的下降是由于企业盈利能力出现问题造成的。欲提高企业权益净利率,管理层需从提高基础盈利能力着手。

练习测试题

一、单项选择题

1. 在下列财务分析主体中,必须对企业营运能力、偿债能力、盈利能力的全部信息予以详尽了解和掌握的是( )。
   A. 短期投资者   B. 企业债权人   C. 企业经营者   D. 税务机关

2. 采用比较分析法时,应当注意的问题不包括( )。
   A. 对比口径的一致性   B. 应剔除偶发性项目的影响
   C. 应运用例外原则   D. 对比项目的相关性

3. 如果流动负债小于流动资产,则期末以现金偿付一笔短期借款所导致的结果是( )。
   A. 营运资金减少   B. 营运资金增加   C. 流动比率降低   D. 流动比率提高
4. 如果企业速动比率很小,下列结论成立的是( )。
   A. 企业流动资产占用过多   B. 企业短期偿债能力很强
   C. 企业短期偿债风险很大   D. 企业资产流动性很强
5. 下列指标中,其数值大小与偿债能力大小同方向变动的是( )。
   A. 产权比率   B. 资产负债率   C. 已获利息倍数   D. 带息负债比率
6. ×××公司当年销售收入净额为6 000万元,年初应收账款余额为300万元,年末应收账款余额为500万元。每年按360天计算,则该公司应收账款周转天数为( )天。
   A. 15   B. 17   C. 22   D. 24
7. 以下方法中,不能用来提高销售净利率的是( )。
   A. 扩大销售收入   B. 提高资产周转率
   C. 降低成本费用   D. 提高其他利润
8. 产权比率与权益乘数的关系是( )。
   A. 产权比率×权益乘数=1
   B. 权益乘数=1÷(1-产权比率)
   C. 权益乘数=(1+产权比率)÷产权比率
   D. 权益乘数=1+产权比率
9. 在杜邦财务分析体系中,综合性最强的指标是( )。
   A. 净资产收益率   B. 总资产净利率   C. 总资产周转率   D. 销售净利率
10. 某企业2009年和2010年的销售净利润分别为7%和8%,总资产周转率分别为2和1.5,两年的资产负债率相同,与2009年相比,2010年的权益净利率变动趋势为( )。
    A. 上升   B. 下降   C. 不变   D. 无法确定

二、多项选择题

1. 下列属于财务分析指标局限性的有( )。
   A. 报表提供的数据具有有限性   B. 财务指标所反映的情况具有相对性
   C. 财务指标的评价标准不统一   D. 财务指标的计算口径不一致
2. 下列表述中,不正确的有( )。
   A. 营运资本之所以能够成为短期债务的"缓冲垫",是因为它是长期资本用于流动资产的部分,不需要在1年内偿还
   B. 当流动资产小于流动负债时,营运资本为负数,表明长期资本小于长期资产,财务状况不稳定
   C. 现金比率是指经营活动现金流量净额与流动负债的比
   D. 长期资本负债率是指负债总额与长期资本的百分比
3. 利息保障倍数指标所反映的企业财务层面包括( )。
   A. 盈利能力   B. 长期偿债能力   C. 短期偿债能力   D. 发展能力

4. 如果流动比率过高,意味着企业存在( )的可能。
   A. 闲置现金　　　　　　　　　B. 存货积压
   C. 应收账款周转缓慢　　　　　D. 偿债能力很差
5. 下列事项中,有助于提高企业短期偿债能力的是( )。
   A. 利用长期借款增加对流动资产的投资
   B. 为扩大营业面积,与租赁公司签订一项新的长期房屋租赁合同
   C. 补充长期资本,使长期资本的增加量超过长期资产的增加量
   D. 提高流动负债中的无息负债比率
6. 下列各项中,影响企业长期偿债能力的事项有( )。
   A. 未决诉讼　　　B. 债务担保　　　C. 长期租赁　　　D. 或有负债
7. 下列项目中,属于金融资产的是( )。
   A. 应收利息　　　　　　　　　B. 应收长期权益性投资的股利
   C. 持有至到期投资　　　　　　D. 应收短期权益性投资的股利
8. 下列各项中,可能直接影响企业权益净利率指标的措施有( )。
   A. 提高销售净利率　　　　　　B. 提高资产负债率
   C. 提高总资产周转率　　　　　D. 提高流动比率
9. 企业的下列经济活动,影响经营活动现金流量的有( )。
   A. 经营活动　　　B. 投资活动　　　C. 分配活动　　　D. 筹资活动
10. 影响企业长期偿债能力的表外因素有( )。
    A. 为他人提供的经济担保　　　B. 售出的产品可能发生的质量事故赔偿
    C. 准备近期内变现的固定资产　D. 经营租入长期使用的固定资产

三、判断题

1. 企业财务综合评价的主要内容是评价企业的盈利能力、偿债能力和营运能力,其中盈利能力是最重要的方面。　　　　　　　　　　　　　　　　　　　　　　　　( )
2. 在财务分析中,将通过对比两期或连续数期财务报告中的相同指标,以说明企业财务状况或经营成果变动趋势的方法称为纵向分析法。　　　　　　　　　　　　　( )
3. 两家商业企业本期销售收入、存货平均余额相同,但毛利率不同,则毛利率高的企业存货周转率(以销售成本为基础计算)也高。　　　　　　　　　　　　　　　( )
4. 权益乘数的高低取决于企业的资金结构;资产负债率越高,权益乘数越高,财务风险越大。　　　　　　　　　　　　　　　　　　　　　　　　　　　　　　　　( )
5. 市盈率是评价上市公司盈利能力的指标,它反映投资者愿意对公司每股净利润支付的价格。　　　　　　　　　　　　　　　　　　　　　　　　　　　　　　　　( )
6. 由杜邦财务分析体系可知,权益净利率等于总资产净利率乘以权益乘数。因此,企业的负债程度越高,权益净利率就越大。　　　　　　　　　　　　　　　　　　( )

四、简答题

1. 企业财务信息的使用者都有哪些?要问他们提供的主要财务信息是什么?
2. 什么叫因素分析法?它具有哪些特征?

3. 在财务报表分析采用比较分析法时常用的比较标准有哪些？各有什么作用？
4. 衡量企业偿债能力的指标营运资本如何计算？进行营运资本分析时应注意哪些问题？
5. 什么叫杜邦财务分析体系？它有什么特点？叙述其中的几种主要财务指标之间的关系？

五、计算与分析题

习 题 一

（一）目的：练习因素分析法的计算与应用。

（二）资料：×××企业当年生产用材料费用实际数是6 000元，而期初预算数是3 960元。实际比计划增加2 040元。经分析材料费用差异由产品产量、单位产品材料消耗用量和材料单价三个因素的乘积构成，据此逐个分析他们对材料费用总额的影响程度。现假设这三个因素的数值如表4-18所示。

表4-18

×××企业材料耗费总额表

项　　目(单位)	计划数	实际数	差　　异
产品产量(件)	110	120	10
材料消耗(千克/件)	9	10	1
材料单价(元/千克)	4	5	1
材料费用(元)	3 960	6 000	2 040

（三）要求：利用上述资料计算并分析各因素变动对材料费用总额的影响程度。

习 题 二

（一）目的：练习因素分析法的计算与应用。

（二）资料：×××公司2010年度财务资料如表4-19所示。

表4-19

×××公司2010年度财务资料

项　目	单　位	计　划	实　际
销售收入	元	5 000 000	4 500 000
流动资金平均余额	元	100 000	120 000

（三）要求：分析影响年度流动资金周转天数比计划缓慢的诸因素及其影响程度(1年按360天计算)。

习 题 三

（一）目的：练习企业财务比率的相关指标计算。

（二）资料：×××企业2010年年末产权比率为80%，流动资产占总资产的40%。该企业资产负债表中的负债项目如表 4-20 所示。

表 4-20

企业资产负债表中负债项目

单位:万元

负 债 项 目	金　额
流动负债:	
短期借款	2 000
应付账款	3 000
预收账款	2 500
其他应付款	4 500
一年内到期的长期负债	4 000
流动负债合计	16 000
非流动负债:	
长期借款	12 000
应付债券	20 000
非流动负债合计	32 000
负 债 合 计	48 000

(三) 要求:计算下列指标:

(1) 所有者权益总额。

(2) 流动资产和流动比率。

(3) 资产负债率。

习 题 四

(一) 目的:练习企业财务比率中的营运能力分析。

(二) 资料:某公司流动资产由速动资产和存货构成,年初存货为 145 万元,年初应收账款为 125 万元,年末流动比率为 3,年末速动比率为 1.5,存货周转率为 4 次,年末流动资产余额为 270 万元。1 年按 360 天计算。

(三) 要求:

(1) 计算该公司流动负债年末余额。

(2) 计算该公司存货年末余额和年平均余额。

(3) 计算该公司本年销货成本。

(4) 假定本年赊销净额为 960 万元,应收账款以外的其他速动资产忽略不计,计算该公司应收账款周转期。

习 题 五

(一) 目的:练习运用各项财务比率对企业财务状况进行分析。

(二) 资料:锦瑞公司是一家五金工具制造商。2010 年和 2011 年年终财务报表的部分项目数据如表 4-21、表 4-22 所示。

表 4-21

公 司 利 润 表

单位:万元

项 目	2010 年	2011 年
销售收入	590 000	60 0000
销售成本	340 000	375 000
毛利	250 000	225 000
销售费用	133 000	141 500
财务费用	—	4 000
税前利润	117 000	79 500
所得税费用	40 000	24 000
税后利润	77 000	55 500

表 4-22

资 产 负 债 表

编制单位:锦瑞公司　　　　2011 年 12 月 31 日　　　　　　　　单位:元

资　产	期初余额	期末余额	负债和所有者权益	期初余额	期末余额
货币资金	16 000	2 000	短期借款	0	13 000
应收账款	51 000	78 000	应付账款	30 000	38 000
存货	74 000	118 000	其他应付款	44 000	44 000
			应交税费	40 000	24 000
流动资产合计	141 000	198 000	流动负债合计	114 000	119 000
固定资产	351 000	343 500	长期借款	0	25 000
			实收资本	250 000	250 000
			留存收益	128 000	147 500
资产总计	492 000	541 500	负债和所有者权益总计	492 000	541 500

(三) 要求:

(1) 利用以上财务报表的数据,分别计算 2010 年和 2011 年的总资产息税前利润率、速动比率、应收账款周转率、毛利率、流动比率、资产负债率。

(2) 运用各项财务比率,就该公司的盈利能力、偿债能力及流动资金管理效果进行对比分析并作出评价。

习 题 六

(一)目的:练习利用财务比率填制财务报表项目的方法。

(二)资料:华丰公司 2011 年年初存货为 20 000 元;年末流动比率为 2,销货成本为 102 000 元,速动比率为 1,存货周转天数为 90 天,资产负债率为 60%,具体资产负债表如表 4-23 所示。

表 4-23

资 产 负 债 表

编制单位:华丰公司　　　　　　2011 年 12 月 31 日　　　　　　　　　　单位:元

资　　产	金　　额	负债和所有者权益	金　　额
流动资产		流动负债	
现金	10 000	长期负债	
应收账款		负债合计	
存货			
流动资产合计			
固定资产净值		所有者权益	60 000
资产总计		负债和所有者权益总计	150 000

(三)要求:试完成华丰公司的资产负债表,并列示计算过程。

习 题 七

(一)目的:练习利用因素分析法测算各因素对净资产收益率的影响。

(二)资料:×××公司为一家上市公司,已公布的公司 2010 年财务报告显示,该公司 2010 年净资产收益率为 4.8%,较 2009 年大幅降低,引起了市场各方的广泛关注。为此,某财务分析师详细搜集了×××公司 2009 年和 2010 年的有关财务指票,如表 4-24 所示。

表 4-24

相关财务指标

项　　目	2009 年	2010 年
销售净利率(%)	12	8
总资产周转率(次)	0.6	0.3
权益乘数	1.8	2

(三)要求:

(1)计算×××公司 2009 年净资产收益率。

(2)计算×××公司 2010 年与 2009 年净资产收益率的差异。

(3)利用因素分析法依次测算销售净利率、总资产周转率和权益乘数的变动时×××公司 2010 年净资产收益率下降的影响。

习 题 八

(一)目的:练习管理用财务报表的编制。

(二)资料:×××公司 2010 年的资产负债及损益情况见表 4-25、表 4-26。

表 4-25

资 产 负 债 表

编制单位:×××公司　　　　2010 年 12 月 31 日　　　　　　　单位:万元

项　　目	期 初 额	期 末 额
经营现金	250	400
其他经营流动资产	5 000	5 600
固定资产净值	4 250	4 950
其他长期经营资产	4 000	4 250
长期资产合计	8 250	9 200
资产总计	13 500	15 200
流动负债	2 500	2 575
其中经营流动负债	500	550
长期负债	4 000	5 000
其中经营长期负债	1 000	2 000
股本	7 000	7 000
留存收益	0	625
负债和股东权益总计	13 500	15 200

表 4-26

利 润 表

编制单位:×××公司　　　　　2010 年度　　　　　　　　　　单位:万元

一、营业收入	5 000
减:营业成本	2 000
折旧	300
长期资产摊销	100
营业和管理费用(不含折旧和摊销)	1 000
财务费用	110
加:投资收益(金融资产)	10

（续表）

二、营业利润	1 500
加:营业外收入	0
减:营业外支出	0
三、利润总额	1 500
减:所得税费用(税率25%)	375
四、净利润	1 125
加:年初未分配利润	0
五、可供分配利润	1 125
减:应付普通股股利	500
六、未分配利润	625

(三)要求：
(1) 编制管理用资产负债表(见表4-27)。
(2) 编制管理用现金流量表(见表4-28)。

表4-27

管理用资产负债表

单位:万元

项　目	期　初　额	期　末　额
经营现金		
其他经营流动资产		
经营流动负债		
经营营运资本		
经营长期资产合计		
其中经营长期负债		
净经营长期资产		
净经营资产		
金融负债		
金融资产		

表 4-28

管理用现金流量表

单位:万元

项　目	本年金额	项　目	本年金额
经营活动现金流量		税后利息费用	
税后经营净利润		减:净金融负债增加	
加:折旧与摊销		＝债务现金流量	
＝营业现金毛流量		股权自由现金流量:	
减:经营营运资本增加		股利分配	
＝经营现金净流量		减:股权资本净增加	
减:(净经营性长期资产增加＋折旧摊销)		＝股权现金流量	
＝实体现金流量		融资现金流量合计	
金融活动现金流量:			

习 题 九

（一）目的:练习利用连环替代法测定各因素对权益净利率变动的影响程度。

（二）资料:根据×××公司管理用财务报表计算的有关财务比率如表4-29所示。

表 4-29

主要财务比率及其变动

主要财务比率	本　年	上　年	变　动
税后经营净利率(%)	6.201 9	7.117 2	−0.915 3
净经营资产周转次数	1.548 18	1.833 48	−0.285 3
＝净经营资产净利率(%)	9.602	13.049	−3.447 6
税后利息率(%)	8.118	11.335 5	−3.217 5
＝经营差异率(%)	1.484 0	1.713 7	−0.230 1
净财务杠杆	0.735 0	0.530 82	0.204 21
＝杠杆贡献率(%)	1.091	0.910	0.180 8
＝权益净利率(%)	10.692	13.959	−3.266 7

（三）要求:根据表中所给财务比率及其变动数据,用连环替代法测定分析各影响因素对权益净利率变动的影响程度。

习 题 十

（一）目的:练习改进型杜邦财务分析体系的相关指标计算与分析。

(二) 资料：

(1) A公司2010年的资产负债表和利润表如表4-30、表4-31所示。

表4-30

资产负债表

编制单位：A公司　　　　　　　2010年12月31日　　　　　　　　　单位：万元

资产	期末额	期初额	负债和股东权益	期末额	期初额
流动负债：			流动负债：		
货币资金	10	7	短期借款	30	14
交易性金融资产	5	9	交易性金融负债	0	0
应收票据	7	27	应付票据	2	11
应收账款	100	72	应付账款	22	46
其他应收款	10	0	应付职工薪酬	1	1
存货	40	85	应交税费	3	4
其他流动资产	28	11	应付利息	5	4
流动资产合计	200	211	应付股利	10	5
			其他应付款	9	14
			其他流动负债	8	0
			流动负债合计	90	99
			非流动负债：		
			长期借款	105	69
非流动资产：			应付债券	80	48
可供出售金融资产	0	15	长期应付款	40	15
持有至到期投资	0	0	预计负债	0	0
长期股权投资	15	0	递延所得税负债	0	0
长期应收款	0	0	其他非流动负债	0	0
固定资产	270	187	非流动负债合计	225	132
在建工程	12	8	负债合计	315	231
固定资产清理	0	0	股东权益：		
无形资产	9	0	股本	30	30
长期待摊费用	4	6	资本公积	3	3
递延所得税资产	0	0	盈余公积	30	12
其他非流动资产	5	4	未分配利润	137	155
非流动资产合计	315	220	股东权益合计	200	200
资产总计	515	431	负债和股东权益总计	515	431

表 4-31

利 润 表

编制单位:A公司　　　　　　　2010 年度　　　　　　　单位:万元

项　目	本期金额	上期金额
一、营业收入	750	700
减:营业成本	640	585
营业税金及附加	27	25
销售费用	12	13
管理费用	8.23	10.3
财务费用	22.86	12.86
资产减值损失	0	5
加:公允价值变动损益	0	0
投资收益	1	0
二、营业利润	40.91	48.84
加:营业外收入	16.23	11.16
减:营业外支出	0	0
三、利润总额	57.14	60
减:所得税费用	17.14	18
四、净利润	40	42

(2) A公司2009年的相关指标如表4-32。表中各项指标是根据当年资产负债表中有关项目的期末数与利润表中有关项目的当期数计算的。

表 4-32

相 关 指 标

指　标	2009 年实际值(%)
净经营资产利润率	17
净利息率	9
净财务杠杆	50
杠杆贡献率	4
权益净利率	21

(3) 计算财务比率时假设:"货币资金"全部为金融资产;"应收票据"、"应收账款"、"其他应收款"不收取利息;"应付票据"等短期应付项目不支付利息;"长期应付款"不支付利息;财务费用全部为利息费用。

(三) 要求:

(1) 计算 2010 年的净经营资产、净金融负债和经营利润。

(2) 计算 2010 年的净经营资产利润率、净利息率、净财务杠杆、杠杆贡献率和权益净利率[注:按(1)、(2)的要求计算各项指标时,均以 2010 年资产负债表中有关项目的期末数与利润表中有关项目的当期数为依据]。

(3) 对 2010 年权益净利率较上年变动的差异进行因素分解,依次计算净经营资产利润率、净利息率和净财务杠杆的变动对 2010 年权益净利率变动的影响。

(4) 如果企业 2011 年要实现权益净利率为 21% 的目标,在不改变净利息率和净财务杠杆的情况下,净经营资产利润率应该达到什么水平?

第五章　企业价值评估

本章学习要点

了解企业价值概念、企业价值评估的意义、目的和内涵；掌握企业价值评估的成本法、并购中对目标企业的价值评估和可持续增长率的概念；重点掌握企业价值评估的现金流量折现法和市场法。

第一节　企业价值评估概述

一、企业价值

（一）企业价值概念

全球著名的投资商沃伦·巴菲特曾说：所谓价格是你要付出的，而价值是你要得到的。在本章节中，我们对企业价值作出如下规定性说明：一个企业的价值就是现实和潜在的投资人对拥有该企业所能获得的利益的主观评价。它反映了企业以其全部资源通过一定方式结合起来进行市场运作时，作为一个整体而在出资人心目中的稀缺程度。用交易术语来讲，企业的市值可以理解为其价值的货币表现。

（二）企业价值主体

企业价值主体是一个很重要的概念，是指介入企业价值评判的个人或机构。他们或者有着明确的企业投资意图，或者协助完成相应的企业产权交易。具体来讲，企业价值主体包括如下两大类：

（1）投资者，这里不仅指企业当前的出资人，也包括准备投资该企业的潜在投资人。现已出资的投资人作为企业实际所有者，他们有权利拥有销售企业价值所带来的利益；准备投资的投资人作为企业潜在的所有者，他们的态度或判断是企业价值水平的直接影响因素。投资者是企业价值水平评估的直接判定主体。

（2）价值相关公众，是指在各类企业资本交易过程中参与影响企业资产定价、帮助或直接参与资本交易的机构或个人,主要有基金公司券商、政府经济职能部门、央行即各商业银行等。价值相关公众只在介入企业资本交易时才与企业发生联系,是企业价值评估的间接判定主体。

二、企业价值评估

企业价值评估是财务管理的重要工具之一,具有广泛的用途。

(一)企业价值评估的意义

企业价值评估简称价值估价或企业估值,目的是分析和衡量一个企业或一个经营单位的公平市场价值,并提供有关信息以帮助投资人和管理当局改善决策。

价值评估是一种经济评估方法,是一种定量分析。价值评估具有两重性。在评估分析中,一方面它使用许多定量分析模型,具有一定的科学性和客观性;另一方面它又使用许多主观估计的数据,带有一定的主观估计性质。因此,价值评估并不是完全客观和科学的。评估的质量与评估人员的经验、责任心、投入的时间和精力等因素有关。

价值评估是一种分析方法,要通过符合逻辑的分析来完成。企业价值评估涉及大量的信息,在建立合理的概念框架的基础上,评估人员可以正确选择模型和有效利用信息。因此,必须正确理解企业价值有关概念。如果不能比较全面的理解价值评估原理,随意套用模型很可能出现错误。

(二)企业价值评估的目的

企业价值分析既是企业价值战略的一个有机组成部分,同时又可以作为独立的分析工作而对企业价值改进、价值创新等工作提供必不可少的支持。它的用途主要表现在以下三个方面。

1. 价值评估可以用于投资分析

价值评估是基础分析的核心内容。价值评估通过对企业整体的现实价值进行评定和估算,为各项资产业务提供公正的价值尺度;对被评估资产进行价值判断,可以起到价值鉴定的作用。

2. 价值评估可以用于战略分析

战略是指一整套的决策和行动方式,包括刻意安排的有计划的战略和非计划的突发应变战略。战略管理是指设计企业目标和方向、带有长期性、关系企业全局的重大决策管理。战略管理可以分为战略分析、战略选择和战略实施。战略分析是指使用定价模型清晰地说明经营设想和发现这些设想可能创造的价值,目的是评价企业目前和今后增加股东财富的关键因素是什么。价值评估在战略分析中起核心作用。例如,在进行收购决策时,价值评估发挥重要作用。

3. 价值评估可以用于以价值为基础的管理

企业以增加股东财富、增加企业价值为最终目标。企业在进行决策时应以是否能增加企业价值为标准。不了解一项决策对企业价值的影响,就无法对决策进行评价。从这种意义上来说,价值评估是改进企业一切重大决策的手段。为了搞清楚财务决策对企业价值的影响,需要清晰地表述财务决定、企业战略和企业价值之间的关系。在此基础上实行以价值为基础的管理,依据价值最大化原则制定和执行经营计划,通过度量价值的增加来监控经营业绩并确定相应的报酬。

企业价值评估提供的信息不仅仅是企业价值一个数字,还包括评估过程产生的大量信息,如企业价值增加的驱动因素等。因此,在价值评估过程中应兼顾评估结果和评估过程产生的其他信息。

(三) 企业价值评估的内涵

价值评估的内涵是要明确对企业的什么价值进行评估,即评估的对象是什么。价值评估的一般对象是企业整体的经济价值。企业整体的经济价值是指企业作为一个整体的公平市场价值。

1. 企业的整体价值

企业的整体价值观念主要体现在以下四个方面:

(1) 整体不是各部分的简单相加;企业作为整体虽然是由各部分组成的,但是它不是各部分的简单相加,而是有机的结合。这种有机的结合,是指企业总体具有它各部分所没有的整体性功能,所以整体价值不同于各部分的价值。企业是有组织的资源,资源的结合方式不同,就可以产生不同效率的企业。

企业各单项资产的价值反映在企业资产负债表中,资产负债表中的"资产合计"是单项资产价值的合计,而不是企业作为整体的价值。

企业整体能够具有价值,在于它可以为投资人带来现金流量。这些现金流量是所有资产联合起来运用的结果,而不是资产分别出售获得的现金流量。

(2) 整体价值来源于要素的结合方式;企业的整体价值来源于各部分之间的联系。只有整体内各部分之间建立有机联系时,才能使企业成为一个有机整体。各部分之间的有机联系是企业形成整体的关键。因此,企业资源的重组即改变各要素之间的结合方式,可以改变企业的功能和效率。

(3) 部分只有在整体中才能体现出其价值;企业是整体和部分的统一。部分只有在整体中才能体现出它的价值,一旦离开整体,这部分就失去了作为整体中一部分的意义;在企业中有些部分是不能单独存在的,如商誉;有些部分是可以从企业整体中剥离出来,但是其功能会有别于它原来作为企业一部分时的功能和价值。

(4) 整体价值只有在运行中才能体现出来;企业的整体功能,只有在运行中才能得以体现。企业是一个运行着的有机体,一旦成立就有了独立的"生命"和特征,并维持它的整体功能。如果企业停止运营,整体功能随之丧失,不再具有整体价值,此时企业的价值是其所拥有的财产的变现价值,即清算价值。

2. 企业的经济价值

经济价值是经济学家所持有的价值观念,是指一项资产的公平市场价值,通常用该资产所产生的未来现金流量的现值来计量。

在进行企业价值评估时,要特别注意区分会计价值与经济价值、现实市场价值与公平市场价值。

(1) 会计价值与市场价值。会计价值是指资产、负债和所有者权益的账面价值;市场价值是指一项资产在交易市场上的价格,它是买卖双方竞价后产生的双方都能接受的价格。两者是有区别的。

财务报表以交易价格即历史成本为基础进行计量。其选择历史成本而舍弃现行市场价值基于以下两个原因:①历史成本具有客观性,可以重复验证;②历史成本和现行市场价值对于投资人来说都是沉没成本。与投资人决策相关的信息,是资产在使用中可以带来的未来收益,而不是其历史成本或现行市场价值。

但是,在进行企业资产评估时,财务报表数据暴露出严重缺点,它不仅没有采纳显示价格,更没有关注未来。会计准则的制定者不仅很少考虑现有资产可能产生的未来收益,而且把许多影响未来收益的资产和负债项目从报表中排除。表外的资产包括良好的管理、商誉、客户品牌忠诚度等;表外的负债包括未决诉讼、落后的生产技术等。因此,价值评估通常不使用历史购进价格,只有在其他方法无法获得恰当的数据时才能将其作为替代数据。

按照未来售价计价,也称未来现金流量计价。从交易属性上来看,未来售价计价属于产出计价类型;从时间属性上来看,未来售价属于未来价格。它也经常被称为资本化价值,即一项资产未来现金流量的现值。未来现金流量的现值是资产的一项最基本的属性,是资产的经济价值。因此,用未来现金流量的现值衡量是进行企业价值评估的重要方法。

(2) 区分现时市场价值与公平市场价值。公平市场价值是指在公平的交易中,熟悉情况的双方,自愿进行资产交换或债务清偿的金额。现时市场价格是指按现行市场价格计量的资产价值,它可能是公平的,也可能是不公平的。企业价值评估的目的是确定一个企业公平市场价值。

3. 企业整体经济机制的类别

为了更好地进行企业价值评估,在明确了价值评估的对象是企业的总体价值之后,我们应进一步明确是"哪一种"整体价值。具体来说企业整体价值可以分为实体价值和股权价值、持续经营价值和清算价值、少数股权价值和控股价值等类别。

(1) 实体价值与股权价值企业价值评估的原则。当一家企业收购另一家企业的时候,可能出现下面两种情况:一种是在收购卖方的资产,而不承担其债务;另一种是在购买卖方股票的同时,承担其债务。在后一种情况下,企业的资产价值与股权价值是不同的。

企业全部资产的总体价值,称为"企业实体价值"。企业实体价值是股权价值与净债务价值之和。其公式表示如下:

$$企业实体价值 = 股权价值 + 净债务价值 \qquad (5-1)$$

值得注意的是,公式中的股权价值和净债务价值不是指它们的会计账面价值,而是其公平的市场价值。

多数情况下,企业并购是以购买股份的形式进行的,因此,评估的最终目标是卖方的股权价值。但是,收购方的实际收购成本等于股权成本加上所承接的债务。

【例5-1】 甲企业与乙企业商定以200万元的价格购买其全部股份,同时承担起乙企业原有的50万元债务,那么,这次收购的总的经济成本是250万元。

(2) 持续经营价值与清算价值股权价值与净债务价值之和。企业为其所有者提供价值的方式有如下两种:一种是持续经营价值,是指由营业所产生的未来现金流量的现值;另一种是清算价值,是指在停止经营的情况下,出售资产产生的现金流。这两者的评估方法和评估结果有显著区别,在进行企业价值评估时,我们必须首先明确拟评估的企业所处状态,评估的价值是其持续经营价值还是其清算价值。多数情况下,评估的价值是企业的持续经营价值。

一个企业的公平市场价值,应当是其持续经营价值与清算价值中较高的一个,这是因为,一个企业持续经营的基本条件是其持续经营价值超过清算价值,因为企业所有者作为经济人,当未来现金流的现值大于清算价值时,会选择持续经营,当出现现金流量下降或者资本成本提高,使得未来现金流量的现值低于清算价值时,投资人大多会选择清算。若企业在持续经营价值已经低于其清算价值的情况下继续经营,将摧毁股东本来可以通过清算获得的价值。

4. 企业价值评估的原则

企业资产评估原则是规范价值评估行为和业务的准则,包括工作原则和经济技术原则。

价值评估的工作原则是指评估机构和评估人员在执业过程中应当遵循的基本原则,主要包括:①独立性原则,是指评估机构应始终坚持第三方立场,不为企业业务当事人的利益所影响,评估机构应是独立的社会公正性机构;②客观公正性原则,要求评估结果应以充分的事实为依据,要求评估者在评估过程中以公正客观的态度收集有关数据与资料,并将评估过程中的预测、推算等主观判断建立在市场与现实的基础之上;③科学性原则,指在价值评估过程中,必须根据特定目的,选择适用的价值类型和科学方法,制定科学的评估方案,使价值评估结果准确合理。

价值评估的经济原则是指在价值评估过程中进行具体技术处理的原则,它是在总结价值评估经验、国际惯例以及市场能够接受的评估准则的基础上形成的,主要包括:①预期收益原则,指在价值评估中应充分考虑企业在未来可能为其投资者带来的经济效益,合理预测资产未来的获利能力和取得获利能力的有效期限;②贡献原则,是指企业每部分的价值取决于它对企业整体的价值贡献,不能孤立的评价其价值;③评估时点原则,时常是变化的,企业价值也会随着市场条件的变化而不断变化,在价值评估时必须假定市场条件固定在某一时点,即评估基准日。

5. 企业价值评估的步骤

(1) 了解评估对象的背景。了解一个企业,首先要对其进行总体的战略分析。战略分析是企业价值评估的基础,通常包括以下几个方面:①一般宏观环境,包括企业的政治和法律环境、经济环境、社会文化环境和技术环境等;②行业环境,包括企业所在行业的生命周期、竞争状况等;③企业自身情况,包括企业所拥有的资源、企业的营运能力、企业的竞争能力等。

(2) 为企业定价。为企业定价,要经历收集信息、预计损益和将预测转化为定价三个部分。

收集信息是指为了定价需要应收集多种形式、多种来源的信息,通常可以从财务报表分析开始,从中提取有用的预测信息,同时要注意对表外信息的收集;预计损益,包括定义损益和预测未来若干年的损益;将预测转化为定价,包括估计时间价值和风险价值,以及将损益流转化为企业价值。

在进行了上述三个部分的准备后,咨询公司还应根据评估对象选择适合的模型对企业价值进行评估。

(3) 根据评估价值进行决策。对企业进行价值评估是为了改善决策。潜在投资者通过比较定价和市场价格,决定是否需要进行交易。在决策时要考虑定价的假设前提与现实的区别,合理使用定价结果。此外,决策时还要考虑非计量因素和非财务因素的影响。

6. 企业价值评估的发展状况

我国的资产评估起步于 20 世纪 80 年代末期,由于我国至今尚处于经济体制的转轨时期,市场经济还不够发达,适合我国国情的评估理论体系尚未形成,在评估方法上,对于单项资产评估经过模仿和探索开始进入成熟阶段,但对于企业价值评估还刚刚起步。对于相关理论和方法的探索多散见于资产评估教材中,很少有对企业价值评估的系统论述,大多是将资产评估的理论和方法移植于企业价值评估之中。但总体来说,企业价值评估的发展呈现以下特点:

(1) 价值评估目的的多元化。主要可以分为企业的市场价值评估和企业的在用价值评估。企业市场价值我们在前面已作了介绍,企业的在用价值的评估,是指针对特定的交易主体对于企业价值的判断。企业价值评估针对不同的业务目的,可能有不同的结果。

(2) 价值评估机构的成熟化。价值评估机构伴随着针对特定目的进行的价值评估,呈现出细分化的倾向。国家开始制定统一规则以规范各价值评估机构的发展。

(3) 价值评估人员的专业化。由于企业资产评估日益专业化,对评估师素质的要求越来越高,他们不仅要熟悉会计知识,更要擅长价值评估的其他相关内容,如市场分析、企业战略、法律法规以及行业的相关知识等。

(4) 价值评估行业的层次化。价值评估行业通常被看做一种中介服务组织,主要由评估机构和行业自律协会两级构成,政府部门进行有效监管。

(5) 价值评估理论的科学化。传统的企业价值评估理论方法主要包括重置成本法、市场比较法、收益法等,随着商场经济的发展,价值评估开始更倾向于采用市场比较法和收益法。企业价值评估理论方法的科学体系,将会继续随着环境的变化而变得更加完善、合理。

第二节 企业价值评估的方法

对企业进行价值评估的方法有多种,目前较为流行的方法有:现金流量折现法、成本法、市场法等。下面我们分别对这几种方法进行阐述。

一、现金流量折现法

现金流量模型是企业价值评估使用最广泛、理论上最健全的模型,主导着当前实务。

(一) 基本原理

现金流量折现法是评估企业投资或资产的收益(即净现金流量),从而评估企业价值的一种方法。其基本原理是:一项资产的价值应等于该资产在未来所产生的全部现金流的现值总和。其公式表示如下:

$$V = \sum_{t=1}^{t=n} \frac{CF_t}{(1+r)^t} \quad (5-2)$$

式中：V 表示资产的价值；n 表示资产产生现金流的时间；CF_t 表示资产在 t 时刻产生的现金流；r 表示折现率。

CF_t 表示在某一时点的现金流，如股票在某一时点的现金流就是股利，债券则是利息和本金，如对一个实际投资项目而言，则是税后净现金流。

根据现金流和折现率的具体含义，可以将企业价值评估的思路划归为两种：①将企业的价值等同于股东权益的价值，即对企业的股权资本进行估计，称为"权益法"；②企业价值包括股东权益、债券、优先股的价值，即评估对象是整个企业的价值，称为"实体法"。折现率是现金流量风险的系数，风险越大则折现率越大，于是相应地，折现率和现金流量要相互匹配，否则评估出来的企业价值就失去意义。

权益法下，价值评估需要使用股权资本对各期的股权现金流进行折现。股权资本成本是持有公司股票者所要求的收益率。股权现金流量是一定期间企业可以提供给股权投资人的现金流量，它等于企业实体现金流量扣除对债权人支付及纳税后剩余的部分，也可称为"股权自由现金流量"。

股权现金流量模型的基本形式是：

$$股权价值 = \sum_{t=1}^{\infty} \frac{股权现金流量_t}{(1+股权资本成本)^t} \quad (5-3)$$

如果将股权现金流界定为股利，则得到股利折现模型，它是用现金流量折现法评估权益价值的一个特殊情况。

股利现金流量模型的基本形式是：

$$股权价值 = \sum_{t=1}^{\infty} \frac{股利现金流量_t}{(1+股权资本成本)^t} \quad (5-4)$$

有多少股权现金流量会作为股利分配给股东，取决于企业的筹资和股利分配政策。如果把股权现金流量全部作为股利分配，则上述两个模型相同。

实体法下，价值评估需要使用该企业资本加权平均成本对企业预期现金流进行贴现。企业资本加权平均成本是将企业不同融资方式的成本根据其市场价值加权平均得到的。实体现金流量是企业全部现金流入扣除成本费用和必要的投资后剩余部分，它是企业一定期间可以提供给所有投资人，包括股权投资人和债权投资人的税后现金流量。实体现金流量模型的基本形式是：

$$实体价值 = \sum_{t=1}^{\infty} \frac{实体自由现金流量_t}{(1+加权资本平均成本)^t} \quad (5-5)$$

$$股权价值 = 实体价值 - 净债务价值 \tag{5-6}$$

$$净债务价值 = \sum_{t=1}^{\infty} \frac{偿还债务现金流量_t}{(1+等风险债务成本)^t} \tag{5-7}$$

在数据假设相同的情况下,三种模型的评估结果是相同的。由于企业的股利分配政策容易产生较大变动,股利现金流量很难准确预计,故为了避免对股利政策进行估计的麻烦,股利现金流量模型在实务中很少被使用,大多数企业价值评估使用股权现金流量模型和实体现金流量模型。

在运用模型评估企业价值前,熟练准确的估计公式中的参数是必备的先决条件,下面我们将具体的介绍参数的估计。

(二)现金流量折现模型参数的估计

现金流量模型的参数包括预测期的年数、各期的现金流量和资本成本。这些参数是相互影响的,需要对其整体考虑。

1. 现金流量的估计

现金流量是指一项投资或资产在未来不同时点所发生的现金流入与现金流出的数量,净现金流是现金流入量与现金流出量的差额。根据权益法和实体法两种不同的评估思路,可将现金流主要分为两种:一种是股权自由现金流;另一种是企业自由现金流。正确评估现金流量是合理评估企业价值的前提条件。

(1)股权自由现金流量。企业股权资本投资者即股东,拥有该企业产生的全部现金流的剩余要求权,即企业在履行了包括偿还债务在内的所有义务和满足了在投资需要之后的全部剩余现金流。因此,股权自由现金流就是在除去经营费用、本息支付和为保持预定现金增长率所需的全部资本性支出之后的现金流。其计算公式如下:

$$
\begin{aligned}
销售收入 - 经营费用 &= 利息、税收、折旧和摊销前收益 - 折旧和摊销 \\
&= 息税前收益 - 利息费用 \\
&= 税前收益 - 所得税费用 \\
&= 净收益 + 折旧和摊销 \\
&= 经营性现金流 - 优先股股利 - 资本性支出 \\
&\quad - 净营运资本追加额 - 偿还本金 + 新发行债务收入 \\
&= 股权资本自由现金流
\end{aligned}
\tag{5-8}
$$

对于公式中的项目,我们还需作如下解释:

折旧和摊销属于非现金项目,尽管需要作为税前费用处理,但其现金流量没有在利润表中反映,即它们并没有造成实际的相关现金流出。因此,正确计算现金流需要在净收益后加上折旧和摊销。

企业为保持健康发展,须从每年盈利中拿出部分投资于固定资产,形成资本性支出。投资于净营运资本,形成净营运资本变动,企业的净营运资本等于流动资产减去流动负债,一个成长型的企业的净营运资本变动额通常是正数,在公式中体现为净营运资本追加额。资本性支出和净营运资本的增加额都会形成现金流出,在估计企业股权自由现金流时必须加以考虑。

(2) 企业自由现金流量。企业自由现金流是企业真正得到的税后经营性现金流量的总额,用于分配给企业资本的所有供给者,包括普通股股东、优先股股东、债权人。其计算公式如下:

$$企业自由现金流 = 息税前利润 \times (1-税率) + 折旧和摊销 \\ - 资本性支出 - 净营运资本追加额 \quad (5-9)$$

对比股权自由现金流量和企业自由现金流量,我们会发现,企业自由现金流量是偿还债务之前的现金流,所以它不受企业负债比率的影响;其差别在于债务相关的现金流,包括利息支出、本金偿还、新债的发行和优先股股利等。其公式表示如下:

$$股权资本自由现金流 = 企业自由现金流 - 利息费用 \times (1-税率) \\ - 本金归还 + 新发行的债务收入 - 优先股股利 \quad (5-10)$$

值得注意的是,从理论上来讲,现金流量的持续年数应当等于资源的寿命。通常企业的寿命是不确定的,一般采用持续经营假设,即假设企业将无限期的持续下去,因此估计的现金流量也应是无限期的。然而预测无限期的现金流量数据是不现实的,且时间越长,远期的预测越不可靠。为避免预测无限期的现金流量,大部分估价将预测的时间分为两个阶段。第一阶段是有限的、明确的预测期,称为"预测期";第二阶段是预测期以后的无限时期,称为"后续期",在此期间企业一般会进入稳定状态,有稳定的增长率,可以采用简便方法直接估计后续期价值。这样,企业价值可以划分为两部分,其公式表示如下:

$$企业价值 = 预测期价值 + 后续期价值 \quad (5-11)$$

后续期价值的估计方法有很多种。通常假设后续期有如下两种情况。

其一,后续期的现金流量为常数,将其资本化作为后续期价值:

$$后续期价值 = 现金流量_{t+1} \div 资本成本 \quad (5-12)$$

其二,后续期现金流按固定比例永续增长,采用永续增长模型进行评估:

$$后续期价值 = 现金流量_{t+1} \div (资本成本 - 后续期现金流量永续增长率) \quad (5-13)$$

2. 折现率的估计

评估企业价值,就是用折现率去折现现金流,折现率是一项资产或投资的期望收益率,反映了其风险程度。但在折现过程中要注意折现率与现金流相匹配。因此,根据两种不同的现金流相应的也可将折现率分为两种:股权资本成本和资本加权平均成本。

股利增长模型估计折现率是由计算普通股股票价格的方法转变而来的。它也是后面要讲到的股利折现模型评估企业价值的一种方法,我们将在后面的部分详细说明。另一种方法就是第三章介绍过的资本资产定价模型。

前已述及,资本资产定价模型是一种描述风险与期望收益率之间关系的模型,在这一模型中,某种证券的期望收益率就是无风险收益率加上这种证券的系统风险溢价。资本资产定价模型清晰地阐释了期望收益率和系统风险的关系以及证券的定价。其(3-17)式列示如下:

$$K_i = R_f + \beta(K_m - R_f)$$

据此,资本资产定价模型可以理解为:

股权资本成本 = 无风险收益率(R_f) + 企业不能分散的风险(β系数)
$\times$ 市场风险溢价($K_m - R_f$)

由此方程看出,使用资本资产定价模型估计股权资本成本,需要对三个因素进行评估:无风险收益率(R_f)、系统风险系数(β系数)和市场风险溢价($K_m - R_f$)。

关于利用资本资产定价模型估计的折现率进行企业价值评估,我们通过以下例题进行说明。

【例 5-2】 通过对×××企业的调查分析,预测其未来 5 年内的股权自由现金流入分别是 10 万元、20 万元、25 万元、30 万元、25 万元,第 6 年起每年股权自由现金流入将基本维持在每年 24 万元。该企业所在行业的 β 系数为 1.5,市场平均投资收益率为 18%,无风险报酬率为 14%。要求:

(1) 计算折现率。
(2) 估算该企业的价值。(注:计算结果保留两位小数)

分析计算可知:

(1) 折现率 = 无风险收益率(R_f) + 企业不能分散的风险(β系数)×市场风险溢价
= 14% + 1.5×(18% − 14%) = 20%

(2) 该企业价值应分为两阶段进行估价。

第一阶段为第 1~5 年:

$P_1 = 10 \div (1+20\%) + 20 \div (1+20\%)^2 + 25 \div (1+20\%)^3 + 30 \div (1+20\%)^4$
$+ 25 \div (1+20\%)^5 = 61.61(万元)$

第二阶段为第 6 年起:

$$P_2 = \frac{24}{20\% \times (1+20\%)^5} = 48.23(万元)$$

企业价值 $= P_1 + P_2 = 109.84(万元)$

3. 资本加权平均成本

资本加权平均成本就是企业各种资金来源的成本的加权平均值,一般来说,企业经营活动的资金来源主要有两种:债务和股本。其中股本又包括普通股和优先股。故资本加权平均成本就是企业债务成本、普通股股权资本成本和优先股成本的加权平均值。其公式表示如下:

$$WACC = k_e \times \frac{E}{V} + k_d \times \frac{D}{V} + k_{ps} \times \frac{PS}{V} \qquad (5-14)$$

式中:$WACC$ 表示资本加权平均成本;k_e 表示股权资本成本;k_d 表示债务成本;k_{ps} 表示优先股成本;$\frac{E}{V}$ 表示股权资本市场价值在总资产市价中所占的比例;$\frac{D}{V}$ 表示债务市场价值在总资产市价中所占的比例;$\frac{PS}{V}$ 表示优先股市场价值在总资产市价中所占的比例。

由上面公式可知,要求出资本加权平均成本必须求出企业的股权资本成本、债务资本成本和优先股成本,再根据它们的权重来计算公司的资本加权平均成本。

(三)企业价值的计算

1. 在权益法下企业价值

根据现金流量分布的特征,股权现金流量模型分为两种类型:永续增长模型和两阶段增长模型。

(1)永续增长模型。永续增长模型假设企业未来长期稳定、可持续的增长。永续增长的情况下,企业的价值为下期现金流量的函数。

永续增长模型一般表达式如下:

$$股权价值 = \frac{下期股权现金流量}{股权资本成本 - 永续增长率} \qquad (5-15)$$

特别地,当永续增长率为零的时候,即零增长模型,其表达式如下:

$$股权价值 = \frac{下期股权现金流量}{股权资本成本} \qquad (5-16)$$

永续增长模型的使用条件:企业必须处于永续状态,即企业有永续的增长率和投资资本回报率。使用永续增长模型时,企业价值对增长率的估计值很敏感,当增长率接近折现率时,股票价值趋于无限大。因此,对于增长率和股权成本的预测质量要求很高。

(2) 两阶段增长模型。两阶段增长模型的一般表达式如下：

$$\text{股权价值} = \text{预测期股权现金流量现值} + \text{后续期价值的现值}$$

假设预测期为 n，则有：

$$\text{股权价值} = \sum_{t=1}^{n} \frac{\text{股权现金流量}_t}{(1+\text{股权资本成本})^t}$$

$$+ \frac{\text{股权现金流量}_{n+1} \div (\text{股权资本成本} - \text{永续增长率})}{(1+\text{股权资本成本})^n} \quad (5-17)$$

两阶段增长模型的使用条件：适用于企业增长呈现两阶段的情况。第一阶段为超常增长阶段，增长率明显快于永续增长阶段；第二阶段具有永续增长的特征，增长率比较低，是正常的增长率。

有关权益法下企业价值估计，我们通过以下例题进行分析。

【例 5-3】 通过收集数据，得到×××公司未来 1～4 年的股权自由现金流量如下表 5-1 所示。

表 5-1

×××公司未来 1～4 年的股权自由现金流量

单位：万元

年 份	1	2	3	4
股权自由现金流量	641	833	1 000	1 100
增长率（%）		30	20	10

目前×××公司的 β 值为 0.875 1，假定无风险利率为 6%，风险补偿率为 7%。要求：

(1) 要估计×××公司的股权价值，需要对第 4 年以后的股权自由现金流量增长率做出假设，假设方法一是以第 4 年的增长率作为后续期增长率，并利用永续增长模型进行估价。请你按此假设计算×××公司的股权价值，结合×××公司的具体情况分析这一假设是否适当，并说明理由。

(2) 假设第 4～7 年的股权自由现金流量的增长率每一年下降 1%，既第 5 年增长率 9%，第 6 年增长率 8%，第 7 年增长率 7%，第 7 年以后增长率稳定在 7%，请你按此假设计算×××公司的股权价值。

具体分析如下：

(1) 折现率 = 6% + 0.857 1 × 7% = 12%

股权价值 = $641 \times (P/F, 12\%, 1) + 833 \times (P/F, 12\%, 2) + 1\,000 \times (P/F, 12\%, 3)$
$+ [1\,100 \div (12\% - 10\%)] \times (P/F, 12\%, 3)$

$$= 641 \times 0.8929 + 833 \times 0.7972 + 1\,000 \times 0.7118 + 1\,100 \div (12\% - 10\%)$$
$$\times 0.7118$$
$$= 41\,097.22(万元)$$

评价：这一假设不适当。因为：①10%的增长率不一定具有可持续性，该公司的增长率有下降的趋势；②10%的增长率估计偏高，除非有特殊证据，增长率一般为2%～6%为适宜的。

(2) ×××公司的股权价值 $= 641 \times (P/F, 12\%, 1) + 833 \times (P/F, 12\%, 2)$
$$+ 1\,000 \times (P/F, 12\%, 3) + 1\,100 \times (P/F, 12\%, 4)$$
$$+ 1\,100 \times 1.09 \times (P/F, 12\%, 5) + 1\,100 \times 1.09$$
$$\times 1.08 \times (P/F, 12\%, 6) + 1\,100 \times 1.09 \times 1.08 \times 1.07$$
$$\div (12\% - 7\%) \times (P/F, 12\%, 6)$$
$$= 641 \times 0.8929 + 833 \times 0.7972 + 1\,000 \times 0.7118$$
$$+ 1\,100 \times 0.6355 + 1\,100 \times 1.09 \times 0.5674 + 1\,100$$
$$\times 1.09 \times 1.08 \times 0.5066 + 1\,100 \times 1.09 \times 1.08 \times 1.07$$
$$\div (12\% - 7\%) \times 0.5066 = 18\,022.12(万元)$$

2. 实体法下企业价值

企业在实务中大多采用实体现金流量模型，主要原因是股权成本受资本结构的影响较大，估计起来比较复杂，而平均资本成本对资本结构变化不敏感，估计起来比较容易。

与股权现金流量模型相类似，实体现金流量模型也可以分为两种：

(1) 永续增长模型：

$$实体价值 = \frac{下期实体现金流量}{加权平均资本成本 - 永续增长率} \qquad (5\text{-}18)$$

(2) 两阶段增长模型：

$$实体价值 = 预测期实体现金流量现值 + 后续期价值的现值$$

设预测期为 n，则有：

$$实体价值 = \sum_{t=1}^{n} \frac{实体现金流量_t}{(1 + 加权平均资本成本)^t}$$
$$+ \frac{实体现金流量_{n+1} \div (加权平均资本成本 - 永续增长率)}{(1 + 加权平均资本成本)^n} \qquad (5\text{-}19)$$

二、成本法

(一) 成本法基本思路

企业价值评估中的成本法也称为资产基础法或加和法，是指将被评估企业视为一个生产要素的组合体,在对各项资产清查核实的基础上,注意对各项可确指资产进行评估,并确认企业是否存在商誉或经济性损耗,将各单项可确指资产评估值加总后再加上企业的商誉或减去企业的经济性损耗,就可以得到企业价值的评估值。其计算公式如下:

$$企业整体资产价值 = \sum 单项可确指资产评估值 + 商誉 - 经济性损耗 \quad (5-20)$$

由成本法评估公式来看,采用成本法评估企业价值一般需要以下五个步骤。

第一,确定纳入企业价值评估范围的资产。由于成本法要求对企业可确指资产逐项进行评估,因此确定企业价值评估范围显得尤为重要。从产权的角度看,企业价值评估的范围应该是企业全部资产,包括企业产权主体自身占有及经营的部分和企业产权主体所能控制的部分。从有效资产的角度来看,在对企业整体进行评估时,需要将企业资产范围内的有效资产与对整体获利能力无贡献的无效资产进行正确的界定和区分,并对无效资产进行处理。

第二,逐项评估界定后的各单项资产并加总评估值。资产的类型不同,评估的目的不同,其评估结果的价值的内涵也不相同。在用成本法评估企业价值的过程中,对企业持续经营有贡献的资产应以继续使用为假设前提,评估其在用价值。对于需要剥离或变现的资产,如果能作公开市场假设,则应评估其市场价值,否则只能评估其变现价值。

第三,审核企业的负债。成本法评估的是企业可以确指资产的总价值,而企业产权交易的对象通常是净资产价值,因此,需要对企业的负债进行审核,并从总资产价值中减去负债的价值,以得到企业净资产的价值。

对企业负债的审核包括两方面内容:一方面是负债的确认;另一方面是负债的计量。通过负债的审核,以确认各项负债的发生、偿还和利息的记录是否完整。对负债确认的主要目的是看企业账面负债是否存在可免除部分和应免除部分,以及企业是否将面临或有负债和潜在负债;对负债计量的主要目的是什么,负债形成的计价依据是否正确,以及是否考虑货币的时间价值。

第四,采用收益法确定企业的商誉。通常情况下,企业单项资产评估后加总的价值无法反映各单项资产间的工艺匹配和有机组合因素产生的整体效应,同样难以反映没有表现在会计账面上的某些可对企业获利能力有重大影响的无形资产。因此,在评估企业总体价值时应在各单项资产总额的基础上加上商誉价值。

第五,确定企业整体资产评估值。将企业各单项资产评估值加总,再加上企业的商誉或减去经济性损耗,即得到用成本法评估的企业整体资产价值。

(二) 成本法评估单项资产的基本要素

成本法评估资产的运用涉及四个基本要素,即资产的重置成本、资产实体性贬值、资产功能性贬值和资产经济性贬值。成本法估算是首先要估测被评估资产的重置成本,然后估测被评估资产的各种贬值、损失,并与重置成本相抵减后得到被评估资产的价值。其公式表达如下:

$$单项资产评估价值 = 资产的重置成本 - 资产实体性贬值 - 资产功能性贬值 - 资产经济性贬值 \tag{5-21}$$

1. 资产的重置成本

资产的重置成本就是资产在全新状态下的现行成本。具体来说,重置成本又分为复原重置成本和更新重置成本。复原重置成本是指采用与被评估资产相同的材料、建筑标准或制造标准等,以现时价格水平重新购建与被评估资产相同的全新资产所需的花费;更新重置成本是指采用现行材料、更先进的建筑标准或制造标准等,以现行价格水平购建与被评估资产功能相同的全新资产所必需的全部花费。

2. 资产的实体性贬值

资产的实体性贬值又称资产的有形损耗,是指由于使用磨损等导致资产物理性能下降而引起的贬值。资产的实体性贬值通常采用相对数计量,即实体性贬值率,其表示公式如下:

$$实体性贬值率 = 资本实体性贬值 \div 资产重置成本 \tag{5-22}$$

3. 资产的功能性贬值

资产的功能性贬值是指由于技术相对落后而造成的贬值。功能性贬值可能表现为由于采用新工艺、新材料和新技术使得原有资产的建造成本与现行建造成本相比较的超支额,或是原有资产与体现先进技术的同类资产相比较的运营成本的超支额。

4. 资产的经济性贬值

资产的经济性贬值是指由于外部条件的变化使得资产闲置,从而因收益能力下降造成的资产价值损失。

(三) 成本法中单项资产各要素的具体估算方法

1. 重置成本的估算方法

重置成本的估算方法可根据估算依据差异具体分为重置核算法、价格指数法、功能比较法和统计分析法。

(1) 重置核算法,又称加和分析法或详细定价法。它是利用成本核算的原理,根据重新取得资产所需的费用项目,逐项计算然后累加得到资产的重置成本。重置核算法是按资产的成本构成,以现行市价为标准计算重置成本的一种方法。

(2) 价格指数法,是分析现已掌握的同种或同类资产历年价格指数,总结出资产价格变动趋势,计算出评估基准日与原购置时点相比较的价格变动指数,将被评估资产的历史成本即账面价值调整为重置成本的一种方法,其计算公式如下:

$$重置成本 = 被评估资产账面原值 \times 评估基准日价格指数 \div 原购置时点价格指数 \tag{5-23}$$

价格指数法主要适用于如下情况:构成重置成本的项目十分繁杂或是重建安装时的若干项目的费用额已无法合理估算,而被估资产的账面原值即购置时间已知,同种或同类资产价格指数资料较详细、准确。

重置成本法和价格指数法这两种估价方法均建立在利用历史资料的基础上,但两者又有显著的区别:首先,价格指数法仅考虑了价格变动因素,通常估算的是复原重置成本,而重置核算法既考虑了价格因素,也考虑了生产技术进步等因素,因而可以估算复原重置成本和更新重置成本;其次,价格指数法仅依据物价变动水平,调整历史成本以估算现行取得成本,而重置核算法通过现行价格水平估测现有条件下重建的各项成本费用进而加总得出现行取得成本;最后,由于考虑了技术水平等因素,用价格指数法估算出的重置成本往往高于重置核算法的估算结果。

(3) 功能比较法。功能比较法,又称生产能力比较法,具体来说是寻找一个与被评估资产具有相同或相似功能的资产作为参照物,依据资产生产能力与重置成本的相关性,估算被评估资产的重置成本。

(4) 统计分析法。统计分析法是运用统计学中抽样估计原理估测资产重置成本的一种方法,多用于评估企业总体资产。

2. 实体性贬值的估算方法

通常来说,实体性贬值的程度可依据被评估资产的实体状态与同种资产全新的实体状态之间的差别而估算。常用的估算方法有观察法、使用年限法的等。

3. 功能性贬值的估算方法

功能性贬值是由于技术相对落后而造成的贬值。原有资产与新型资产相比较的成本增加额或收益降低额,作为被评估资产的功能性贬值额。估算时主要从资产的效用、生产加工能力、能耗水平等方面的差异考虑,同时还应重视技术进步和资产更新换代速度等因素,关注可能的替代技术、替代产品对待评估资产价值的影响。

4. 资产经济性贬值的估算方法

经济性贬值是由于资产外部发生环境和经济环境变化引起的资产价值的贬值,或者说是因资产利用率下降甚至完全限制而带来的运营成本上升和运营收益的下降。

(四) 商誉的价值评估

商誉评估值指的是企业超额收益的本金化价格。把企业超额收益作为评估对象进行商誉评估的方法称为超额收益法。超额收益法根据被评估企业的不同又可分为超额收益本金化价格法和超额收益折现法两种具体方法。

1. 超额收益本金化价格法

超额收益本金化价格法是把被评估企业的超额收益经本金化还原来确定该企业商誉价值的一种方法,其计算公式如下:

$$商誉的价值 = \frac{(企业预计年收益额 - 行业平均收益率) \times 该企业单项资产评估值之和}{适用资本化率}$$

(5-24)

式中:资本化率又称还原化率、收益率,是把资本投入到不动产所带来的收益率。

超额收益本金化价格法主要适用于经营状况一直较好、超额收益比较稳定的企业。如果在预测企业预期收益时,发现企业的超额收益只能维持有限期的若干年,这类企业的商誉评估不宜采用超额收益本金化价格法,而应改按超额收益折现法进行评估。

【例 5-4】 已知被评估企业单项资产评估值之和为 1 000 万元,该企业评估基准日之后的每年预期收益率为 15%,行业平均收益率为 10%,假设适用资本化率为 10%,企业无限期经营,企业并无可确指的无形资产,仅依据上述条件,试求该企业的商誉。

具体分析如下:

$$商誉的价值 = 1\,000 \times (15\% - 10\%) \div 10\% = 500(万元)$$

2. 超额收益折现法

超额收益折现法是把企业可预测的若干年预期超额收益进行折现,将其折现值确定为企业商誉价值的一种方法。其计算公式如下:

$$商誉的价值 = \sum_{t=1}^{n} \frac{R_i}{(1+r)^i}$$

(5-25)

式中:R_i 表示第 i 年企业预期超额收益;i 表示收益期限序号;r 表示折现率;n 表示收益期限。

（五）成本法进行价值评估的简要评价

成本法价值评估在实务中应用十分广泛。它不仅全面考虑了影响资产评估价值的诸多因素，还系统的对各贬值因素予以量化。既考虑了价格变动等因素对重置成本的影响，也充分考虑了使用磨损、技术进步等外部条件变化带来的有形损耗和无形损耗。与前面介绍的现金流量折现法相比，成本法更容易获得所需的相关数据。因此，尽管成本法有着工作量大、计算复杂的缺点，在实务中仍是一种较常用的评估方法。

三、市场法

现金流量折现法和成本法在概念上很健全，但是在实际应用时会碰到较多的操作技术问题。有一种相对容易的估价方法，即市场法。

（一）市场法的基本原理

市场法是指通过比较市场上相似或相近的企业公允价值，经过类比分析，适当修正而得到的企业价值评估结果。

市场法的理论基础是替代原理，即一个理性的投资者，在一个公开透明的市场中购买一项资产的价格，不会高于有相同效用的替代品的价格，否则市场会出现套利的行为，继而使市场达到均衡。

企业价值评估运用市场法，必须满足一定的假设前提：首先，必须存在一个企业交易的完整活跃的市场；其次，运用市场法进行企业价值评估，必须保证被评估企业与所选参照物之间有充分的可比性，即存在一个支配企业市场价值的主要变量，如净利等；市场价值与该变量的比值，各企业是类似的、可比较的。

市场法是将目标企业与可比企业相比，用可比企业的价值衡量目标企业的价值。因此，所得出的企业评估价值是相对于可比企业来说的，是以可比企业价值为基准的相对价值，而非目标企业的内在价值。

运用市场法进行企业价值评估，一般要经历如下步骤：

第一，认真分析待评估企业的实际情况，选择适当的参照物。在此步骤中，评估人员要熟悉待评估企业的相关资料，研究分析企业所处的市场环境、自身内部能力以及评估动机等，以明确评估思路。在选择评估参照企业时，要注意选有代表性的可比性强的企业。

第二，选择参照评估企业与待评估企业之间相比较的评估指标、关键变量。评估指标的选择必须与特定的评估目的相结合。

第三，计算可比企业的市价÷关键变量的平均值，根据目标企业的关键变量乘以得到的平均值，量化评估指标，计算企业的评估价值。

第四,对价值评估结果进行修正。在评估基准日,评估人员需要对企业特定的生存环境、自身能力、市场上特定的交易主体、企业评估目的进行分析,然后进行合理修正。值得注意的是,这种修正并不是越多越好,过多的修正证明在评估企业价值的思路或步骤上存在着较大的问题。

(二) 市场法的基本模型

市场法模型分为两大类:一类是以股权市价为基础的模型,包括股权市价÷净利、股权市价÷净资产、股权市价÷销售额等比率模型;另一类是以企业实体价值为基础的模型,包括实体价值÷息、税、折旧摊销前利润、实体价值÷息税后经营利润、实体价值÷实体现金流量、实体价值÷投资资本、实体价值÷销售额等比率模型。在这里我们只讨论三种最常用的股权市价比率模型。

1. 市价÷净收益比率模型

(1) 基本模型。市盈率是市价与净收益的比率,其公式表示如下:

$$市盈率 = 每股市价 \div 每股净利 \qquad (5-26)$$

运用市盈率估价模型假设股票市价是每股收益的一定倍数。每股收益越大则股票价格越大。同类企业有类似的市盈率,所以目标企业的股权价值可以用每股收益乘以可比企业的平均市盈率计算。模型具体表示如下:

$$待估企业每股价值 = 可比企业平均市盈率 \times 待估企业的每股收益 \qquad (5-27)$$

(2) 模型原理。平均市盈率可以作为计算估价的乘数,是由市盈率的驱动因素决定的。

根据股利折现模型,处于稳定状态的企业的股权价值为:

$$股权价值\ P_0 = \frac{股利_1}{股权成本 - 增长率} \qquad (5-28)$$

依据使用的每股收益的期间不同,可形成当期市盈率和预期市盈率

两边同时除以每股收益:

$$\begin{aligned}
\frac{P_0}{每股收益_0} &= \frac{股利_1 \div 每股收益_0}{股权成本 - 增长率} \\
&= \frac{[每股收益_0 \times (1+增长率) \times 股利支付率] \div 每股收益_0}{股权成本 - 增长率} \qquad (5-29) \\
&= \frac{股利支付率 \times (1+增长率)}{股权成本 - 增长率} \\
&= 本期市盈率
\end{aligned}$$

上述根据当前市价和同期净收益计算的市盈率,称为本期市盈率,简称市盈率。

如果将公式两边同除以预期下期每股收益,其结果为"预期市盈率"又称

"内在市盈率":

$$\frac{P_0}{每股收益_1} = \frac{股利_1 \div 每股收益_1}{股权成本 - 增长率} \tag{5-30}$$

$$内在市盈率 = \frac{股利支付率}{股权成本 - 增长率} \tag{5-31}$$

在使用内在预期市盈率为股票定价时,其评估结果应与现金流量模型一致。

以上公式表明,市盈率的驱动因素是企业的增长潜力、股利支付率和风险(股权资本成本的高低与其风险有关)。这三个因素类似的企业,才会具有类似的市盈率。因此在选择可比企业时,应当选择这三个比率类似的企业,同业企业不一定都具有这种类似性。

(3) 模型的适用性。市盈率模型的优点主要有以下几点:第一,计算市盈率的数据容易获得,并且计算简单;第二,市盈率把价格和收益联系起来,直观的反应投入和产出的关系;第三,市盈率涵盖了风险补偿、增长率、股利支付率的影响,具有很高的综合性。

市盈率模型还存在以下局限性:第一,如果收益是负值,市盈率就失去了意义;第二,市盈率除了受企业本身基本面的影响外,还受到整个经济环境的影响,在整个经济繁荣时市盈率上升,经济衰退时市盈率下降,据此市盈率估计的企业价值可能被歪曲。

综上所述,我们可知市盈率模型最适合连续盈利,并且 β 值接近于 1 的企业。

值得注意的是:在估价时待估企业本期净利必须要乘以可比本期净利市盈率,待估企业预期净利必须要乘以可比企业预期市盈率,两者必须匹配。这一原则不仅适用于市盈率,也适用于市净率和收入乘数,不仅适用于未修正价格乘数,也适用于下面所讲的各种修正的价格乘数。

2. 市价÷净资产比率模型

(1) 基本模型。市净率是市价与净资产的比率,其公式表示如下:

$$市净率 = 市价 \div 净资产 \tag{5-32}$$

这种方法假设股权价值是净资产的函数,类似企业具有相同的市净率,净资产越大则股权价值越大。因此,股权价值是净资产的倍数,待估企业的价值可以用每股净资产乘以平均市净率计算。模型具体表示如下:

$$股权价值 = 可比企业平均市净率 \times 待估企业净资产 \tag{5-33}$$

(2) 模型原理。平均市净率可以作为计算估价的乘数,亦是由市盈率的驱动因素决定的。

与市盈率类似,依据使用的股权账面价值的期间不同,可形成本期市净率和预期市净率。

将股利折现模型的两边同时除以同期股权账面价值:

$$\frac{P_0}{\text{股权账面价值}_0} = \frac{\text{股利}_0 \times (1+\text{增长率}) \div \text{股权账面价值}_0}{\text{股权成本} - \text{增长率}}$$

$$= \frac{\dfrac{\text{股利}_0}{\text{每股收益}_0} \times \dfrac{\text{每股收益}_0}{\text{股权账面价值}_0} \times (1+\text{增长率})}{\text{股权成本} - \text{增长率}}$$

$$= \frac{\text{股东权益收益率}_0 \times \text{股利支付率} \times (1+\text{增长率})}{\text{股权成本} - \text{增长率}}$$

$$= \text{本期市净率} \tag{5-34}$$

如果将股利折现模型的两边同时除以预期下期的股权账面价值,则可以得出预期市净率,又称内在市净率。

上述公式表明,驱动市净率的因素有权益净利率、股利支付率、增长率和风险,其中权益净利率是关键因素。这四个比率类似的企业具有类似的市净率。在选择可比企业时,应注意对这四个比率的考察。

(3)模型的适用性。市净率估价模型的优点体现在以下方面:第一,净利为负值的企业不能用市净率进行估价,而市净率极少为负,可用于大多数企业的价值评估;第二,净资产的账面价值易于取得且价值比净利稳定,也不像利润金额易被人为操纵;第三,如果会计标准合理并且各企业会计政策一致,市净率的变化可以反映企业价值的变化。

市净率估价模型存在如下缺陷:第一,净资产账面价值会受到会计政策选择的影响,当各企业选择不同的会计政策时,市净率会失去可比性;第二,诸如服务型企业和高科技企业,他们只拥有很少的固定资产,其净资产与企业价值的关系不大,其市净率比较没有实际意义;第三,少数企业的净资产为负值,市净率没有意义,无法用于比较。

综上可知,市净率估价模型主要适用于需要拥有大量资产,净资产为正值的企业。

3. 市价÷收入比率模型

(1)基本模型。收入乘数是市价与收入的比率,其公式表示如下:

$$\text{收入乘数} = \text{股权市价} \div \text{销售收入} = \text{每股市价} \div \text{每股销售收入} \tag{5-35}$$

这种方法假设影响企业价值的关键变量是销售收入,企业价值是销售收入的函数,销售收入越大则企业价值越大。待估企业的价值可以用销售收入乘以平均收入乘数估计。模型具体表示如下:

待估企业股权价值 = 可比企业平均收入乘数 × 待估企业的销售收入   (5-36)

（2）模型原理。平均收入乘数可以作为计算估价的乘数，同样是由收入乘数的驱动因素决定。

与以上两种市价比率类似，依据使用的销售收入的期间不同，可形成本期收入乘数和预期收入乘数。

将股利折现模型的两边同时除以每股销售收入，则可得出收入乘数：

$$\frac{P_0}{每股收入_0} = \frac{[股利_0 \times (1+增长率)] \div 每股收入_0}{股权成本 - 增长率}$$

$$= \frac{\frac{股利_0}{每股净利} \times \frac{每股净利}{每股收入_0} \times (1+增长率)}{股权成本 - 增长率}$$

$$= \frac{销售净利率_0 \times 股利支付率 \times (1+增长率)}{股权成本 - 增长率}$$

$$= 本期收入乘数 \quad (5\text{-}37)$$

如果把公式中的每股收入换成预期下期的每股收入，则可以得出预期收入乘数的计算公式：

$$\frac{P_0}{每股收入_1} = \frac{[股利_0 \times (1+增长率)] \div 每股收入_1}{股权成本 - 增长率} = \frac{\frac{股利_1}{每股净利_1} \times \frac{每股净利_1}{每股收入_1}}{股权成本 - 增长率}$$

$$= \frac{销售净利率_1 \times 股利支付率}{股权成本 - 增长率} = 预期收入乘数 \quad (5\text{-}38)$$

根据上述公式可以看出，收入乘数的驱动因素是销售净利率、股利支付率、增长率和股权成本。其中，销售净利率是关键因素。这四个比率相同的企业会有类似的收入乘数，在选择可比企业时，应注意对这四个比率的考察。

（3）模型的适用性。收入乘数估价模型的优点主要体现在：首先，它不会出现负值，这对于亏损企业和资不抵债的企业也可以计算出一个有意义的价值乘数；其次，收入乘数比较稳定、因不易被操纵而更加可靠；最后，收入乘数对价格政策和企业战略变化敏感，可以反映战略变化带来的后果。

收入乘数的局限性体现在：不能反映成本的变化，但事实上成本是影响企业现金流量和价值的重要因素之一。

综上所述，收入乘数估价模型主要适用于销售成本率较低的服务类企业或者销售成本趋同的传统行业的企业。

关于市场法下三种估价模型，我们通过以下例题具体说明。

【例5-5】 评估×××公司的价值，我们从市场上找到了三个（一般为三个以上的样本）相似的公司A、B、C，然后分别计算各公司的市场价值与净利率的比率、与净资产的比率以及与销售收入的比率,这些比率即称为可比价值倍数,得到结果如表5-2所示。

表5-2

可比公司价值比率汇总表

比　　率	A公司	B公司	C公司	平　　均
市价/净收益比率	20	15	25	20
市价/净资产比率	1.3	1.2	2	1.5
市价/收入比率	1.2	1	0.8	1

假设×××公司的年销售收入为1亿元,净资产总额为6 000万元,净利润为500万元,我们使用从上表得到的三个倍数计算出×××公司的价值:

(1) 利用市价/净收益比率模型,企业价值 = 20×500 = 10 000。

(2) 利用市价/净资产比率模型,企业价值 = 1.5×6 000 = 9 000。

(3) 利用市价/收入比率模型,企业价值 = 1×10 000 = 10 000。

(三) 市场法的应用

1. 可比企业的选择

市场法在实际应用中遇到的主要困难是选择可比企业。通常的做法是选择一组同业的上市企业,计算出他们的平均市价比率,作为估计待估企业价值的乘数。

根据前面的分析,市盈率的驱动因素为企业的增长潜力、股利支付率和风险。在三个因素中,最重要的驱动因素是增长率;市净率的驱动因素有权益净利率、股利支付率、增长率和风险,其中权益净利率是关键因素;收入乘数的驱动因素是销售净利率、股利支付率、增长率和股权成本。其中,销售净利率是关键因素。在选择可比企业时,需要先估计待估企业的这些比率,然后按此条件选择可比企业。对三个市价比率中最重要的因素应给予格外重视。处于相同生命周期的同业企业,大体上有类似的增长率,可以作为判断增长率类似的主要依据。

2. 修正市价比率

在实际选择可比企业时,经常出现找不到符合条件的可比企业。尤其是当要求的可比条件较为严格,或者同行业的上市企业很少的时候,会出现找不到足够的可比企业的问题。为解决此类问题,我们需要采用修正的市价比率。

(1) 修正市盈率。在影响市盈率的驱动因素中,关键变量增长率的差异是市盈率差异的主要驱动因素。因此,可以用增长率修正实际市盈率,把增长率不同的同业企业纳入可比范围。

$$\text{修正市盈率} = \text{实际市盈率} \div (\text{预期增长率} \times 100) \tag{5-39}$$

修正的市盈率,排除了增长率对市盈率的影响,原市盈率变成由股利支付率和股权成本决定的市盈率,称为"排除增长率影响的市盈率"。

在实践中,对市盈率的修正又有修正平均市盈率法和股价平均法两种具体方法修正平均市盈率法是根据平均市盈率和平均预期增长率计算的,其中,实际市盈率和预期增长率的平均数通常采用简单的算术平均得出。修正平均市盈率法公式表示如下:

$$\text{修正平均市盈率} = \text{可比企业平均市盈率} \div (\text{平均预测增长率} \times 100) \tag{5-40}$$

$$\begin{aligned}\text{待估企业每股价值} &= \text{修正平均市盈率} \times \text{待估企业增长率} \times 100 \\ &\quad \times \text{待估企业每股收益}\end{aligned} \tag{5-41}$$

股价平均法是根据各可比企业的修正市盈率估计待估企业的价值。其公式表示如下:

$$\begin{aligned}\text{待估企业每股价值} &= \text{可比企业修正市盈率} \times \text{待估企业预期增长率} \\ &\quad \times 100 \times \text{待估企业每股收益}\end{aligned} \tag{5-42}$$

(2)修正市净率。与市盈率类似,市净率的修正可以通过对市净率的关键驱动因素——股东权益净利率的修正来完成。其公式表示如下:

$$\text{修正的市净率} = \text{实际市净率} \div (\text{预期股东权益净利率} \times 100) \tag{5-43}$$

$$\begin{aligned}\text{待估企业每股价值} &= \text{修正平均市净率} \times \text{待估企业股东权益净利率} \\ &\quad \times 100 \times \text{待估企业每股净资产}\end{aligned} \tag{5-44}$$

利用修正市净率进行企业价值评估,我们通过以下例题详细说明。

【例 5-6】 ×××公司是一家上市公司,每股净资产是 4.6 元,预期股东权益净利率是 16%,当前股票价格是 48 元。为了对×××公司当前股价是否偏离价值进行判断,投资者收集了以下 4 个可比公司的有关数据。

表 5-3　　　　　　　　　　**可比公司有关数据**

可比公司名称	市净率	预期股东权益净利率(%)
甲	8	15
乙	6	13
丙	5	11
丁	9	17

要求：

(1) 使用市净率(市价÷净资产比率)模型估计目标企业股票价值时,如何选择可比企业。

(2) 使用修正市净率的股价平均法计算×××公司的每股价值。

具体分析如下：

(1) 市净率的驱动因素有增长率、股利支付率、风险(权益资本成本)和股东权益净利率,选择可比企业时,需要先估计目标企业的这四个比率,然后按此条件选择可比企业。在这四个因素中,最重要的是驱动因素是股东权益净利率,应给予足够的重视。

(2) 根据可比企业甲企业,

$$×××公司的每股价值 = 8 \div 15\% \times 16\% \times 4.6 = 39.25(元)$$

根据可比企业乙企业,

$$×××公司的每股价值 = 6 \div 13\% \times 16\% \times 4.6 = 33.97(元)$$

根据可比企业丙企业,

$$×××公司的每股价值 = 5 \div 11\% \times 16\% \times 4.6 = 33.45(元)$$

根据可比企业丁企业,

$$×××公司的每股价值 = 9 \div 17\% \times 16\% \times 4.6 = 38.96(元)$$

$$×××企业的每股价值 = (39.25 + 33.97 + 33.45 + 38.96) \div 4 = 36.41(元)$$

(3) 修正收入乘数。收入乘数的修正方法与以上两种修正类似,收入乘数的修正可以通过对其关键驱动因素销售净利率的修正完成。其公式表示如下：

$$修正收入乘数 = 实际收入乘数 \div (预期销售净利率 \times 100) \tag{5-45}$$

$$待估企业每股价值 = 修正平均收入乘数 \times 待估企业销售净利率$$
$$\times 100 \times 待估企业每股收入 \tag{5-46}$$

除了上述对关键驱动因素的修正外,如果候选的可比企业在非关键变量方面也存在较大的差异,就需要进行多个差异因素的修正。修正的方法主要利用回归技术,且多因素修正的数据处理量较大,需要借助计算机完成,在此不作详细介绍。

除此之外,在得出评估价值后还需要全面检查评估的合理性。在企业的价值评估中,不同的交易目的可能导致评估结果差异；特定的交易时间使得企业价值出现差异,因为不同时期价格水平使企业价值产生波动；特定交易条件同样可能影响企业价值评估结果,特定交易条件包括当时企业交易市场供需双方的力量对比和讨价还价的能力、企业面临的特殊市场环境如宏观调控的影响等。这些方面的修正通常依赖于评估人员长期的经验积累和职业敏感性。

对于企业来讲,认识价值是一切经济和管理决策的前提,增加企业价值是其根本目的,所以价值评估是财务管理的核心问题。价值评估是一个认识企业价值的过程,由于每个企业都具有个性化,在进行价值评估时,评估人员应深入分析企业价值的驱动因素,确定企业的真实价值。

第三节 并购中对目标企业的价值评估

本章第一节中,我们在谈企业价值评估目的时曾提及,价值评估可用于企业战略分析。在本节我们将对价值评估在进行收购决策时发挥的作用进行详细介绍。

一、价值评估对并购的意义

在并购过程中,对目标企业的估价是并购要约的重要组成部分。价值评估的意义主要体现在以下三个方面:

从并购的程序看,一般分为三个阶段:目标选择与评估阶段、准备计划阶段、公开或协议并购实施阶段。其中,目标选择与评估是并购活动的首要基本环节,而目标评估的核心内容就是价值评估。这是决定并购是否可行的先决条件。

从并购动机上看,并购方一般是为了谋求协同效应,促使企业更好的发展,通常理论上只要价格合理,便可达成交易。因此双方对标的的价值评估是决定交易是否成交的价值基础。

从投资者的角度看,无论是并购方的股东还是目标企业的出资人,均希望交易价格对自己有利。由于双方投资者对信息掌握不均衡,或是主观意识上存在偏差,可能造成交易价格有失公正。这时需要请中介机构从经济技术角度做出价值评估,从而提高交易成功的概率,有利于避免决策失误。

二、评估目标企业价值的方法

目标企业价值评估取决于并购企业对其未来收益的大小和时间的预期。对目标企业的估值可能因为预测的不当而出现偏差,这暴露了并购企业的评估风险。同一般的企业价值评估相似,目标企业价值评估本质上是一种主观判断,是由评估人员依据一定的科学方法和长期经验进行的。

评估目标企业价值的基础主要有:资产价值、现金流量、企业收益、企业股票市场价值和经济增加值。相应的,其评估方法主要有账面价值法、贴现现金流量法、市盈率模型法、托宾 Q 比率法和基于价值创造的 EVA 估计法。

(一) 账面价值法

账面价值法是以企业的财务报表为出发点，在遵循历史成本原则和权责发生制的基础上，采用报表的口径和方法来衡量企业价值的大小。从资产和收益两个角度来考察企业价值，最直接的方法就是资产账面净值法，它采用经过调整确认后的资产减去负债，得到企业的净资产，事实上反映了企业的权益价值，一般被认为是企业价值评估的起点和依据。

在实际价值评估过程中，要注意企业财务报表的真实性，以及企业资产的完整性和资产的优劣程度，充分考虑企业的会计程序与方法，判断其是否能比较准确的反映企业的现行状况。如有必要，应对资产负债表各项目做必要调整。

1. 对资产项目的调整

在资产负债表上，资产分为流动资产、长期资产、固定资产、递延资产和其他资产。对这些项目都要进行详细的审查估计，并做出相应的调整。对于风险性较大的项目要重新核定计量基础，如业务产生的汇兑损失；对于有价证券与存货，应根据谨慎性原则，核定市价低于账面价值的损失；对应收账款的考核，应充分考虑现有应收账款比较账龄与信用期的改变；对固定资产和价值评估，可由专业人员进行评估，也可以考虑对现有会计折旧政策进行调整，以反映真实价值。

2. 对负债项目的估算与调整

由于负债项目的特点，价值评估的主要任务是详细列明所有负债项目的明细科目，以供核对是否遗漏，而且对于已经发生但尚未入账的负债应在估算后列示。特别注意的是关于或有负债的确定，对于已经发生的担保事项、未决诉讼等，需要评估人员在评估中予以考虑。

对于投资者来说，其主要目的是为了取得高收益，因而以账面收益评价投资企业的优劣是高效的，而且账面收益指标的数据来源于企业已公布的财务报表，便于投资者的理解和使用。但是使用账面收益率指标也存在着明显的不足：首先，仅按照已有的账面收益水平选择企业是不明智的，历史的高收益并不一定是可持续的；其次，以账面收益评价企业价值是不客观的，不同的企业有不同的风险。账面收益不能揭示高风险带来的高收益对企业价值的影响。

(二) 贴现现金流量法

贴现现金流量法，亦称为拉巴波特模型，是以目标企业未来的"自由现金流量"的折现现值估算企业价值的方法。该模型可以确定最高可接受的并购价格。其一般估价模型表示如下：

$$V = \sum_{t=1}^{t=n} \frac{CF_t}{(1+r)^t} \qquad (5\text{-}47)$$

式中：V 表示目标企业的评估价值；n 表示预测期；CF_t 表示目标企业第 t 年的自由现金流量；r 表示贴现率。

贴现现金流量法的实际运用与本章第二节中介绍的现金流量折现法的基本原理相同，在此我们不再赘述。

（三）市盈率模型法

市盈率模型法，也称收益法，是依据目标企业的收益和市盈率来确定企业价值的一种评估方法。该方法主要适用于对上市公司的并购，尤其是采用股票并购方式。其估价模型表示如下：

$$目标企业价值 = 目标企业估价收益指标 \times 标准市盈率 \qquad (5-48)$$

应用市盈率模型法对目标企业估价应考虑以下因素。

1. 确立目标企业估价收益指标

在实际评估中，我们通常应用如下三种方法评估目标企业收益：

（1）采用目标企业最近一年的税后利润，该标准最贴近目标企业的目前状况。

（2）采用目标企业最近三年的税后利润的平均值，该指标可以消除企业经营中的波动性，比较适合于经营活动具有明显周期的目标企业。

（3）假设并购后发生协同效应，并购后的目标企业和并购企业有同样的资本收益率，据此推算出税后利润。其公式表示如下：

$$目标企业税后利润 = 目标企业资本 \times 并购企业的资本收益率 \qquad (5-49)$$

该标准更注重目标企业被并购后的未来收益状况，更适用于并购决策。

2. 选择标准市盈率

市盈率是指企业价值与未来每年收益的比值，通常等于每股市价与每股收益的比值。它反映了投资者愿意为取得公司的获利能力付出多大的代价，即高的市盈率表明投资者对该企业的前景抱乐观态度，认为该公司股票未来的预期投资收益将呈增长趋势，因此愿意支付更多的投资成本；反之亦然。

在实际评估中，我们选择的标准市盈率有三种：①并购时点目标企业的市盈率；②目标企业所处行业的平均市盈率；③与目标企业具有可比性的企业的市盈率。

采用收益法评估目标企业价值，是以投资为出发点，着眼于未来经营收益，较适用于证券市场进行并购的情况，然而收益指标的选择具有主观性，且我国资本市场尚不完善，不能提供较合理的市盈率等，这些都影响该方法的应用。

关于市盈率模型法，我们将通过以下例题具体说明：

【例 5-7】 A 公司拟横向兼并同行业的 B 公司，A 公司为上市公司，B 公司为非上市公司。假设双方公司的长期负债利率为 10%，所得税税率均为 50%。A 公司按现行会计政策对 B 公司的财务数据进行调整后,双方的基本情况见表 5-4。

表 5-4

A、B 公司 2010 年 12 月 31 日的简化资产负债表

单位:万元

资　产	A 公司	B 公司	负债和所有者权益	A 公司	B 公司
流动资产	1 500	500	流动负债	500	250
长期资产	1 000	250	长期负债	500	100
			股东权益		
			股本	1 000	300
			留存收益	500	100
			所有者权益合计	1 500	400
资产总计	2 500	750	负债和所有者权益总计	2 500	750

A、B 公司 2010 年的经营业绩及其他指标如表 5-5 所示。

表 5-5

A、B 公司 2010 年度的经营业绩及其他指标

单位:万元

指　标	A 公司	B 公司
2009 年度经营业绩		
息税前利润(万元)	350	60
减:利息(万元)	50	10
税前利润(万元)	300	50
减:所得税费用(万元)	150	25
税后利润(万元)	150	25
其他指标		
资本收益率(%)	17.5	12
利润增长率(%)	20	14
近三年的平均利润		
税前(万元)	150	44
税后(万元)	75	22
市盈率(倍)	18	12

注:资本收益率 = 息税前利润÷(长期负债 + 股东权益)

由于并购双方处于同一行业并从并购企业角度出发,预期目标企业未来可达到同样的市盈率是合理的,所以 A 公司可以选择其自身的市盈率为标准市盈率。在此基础上,若选用不同的估价收益指标,分别运用公式计算目标企业 B 公司的价值如下:

(1) 选用目标企业最近 1 年的税后利润作为估价收益指标:

$$B 公司的价值 = 25 \times 18 = 450(万元)$$

(2) 选用目标企业近 3 年税后利润的平均值作为估价收益指标:

$$B 公司的价值 = 22 \times 18 = 396(万元)$$

对于经营有明显周期性的目标公司的估价一般采用这种方法。

(3) 假设目标企业被并购后能获得与并购企业同样的资本收益率,以此计算出的目标企业在并购后的利润,作为估价收益指标。

$$B 公司的资本额为长期负债 + 股东权益 = 100 + 400 = 500(万元)$$

$$并购后的 B 公司的资本收益 = 500 \times 17.5\% = 87.5(万元)$$

$$利息 = 100 \times 10\% = 10(万元)$$

税前利润为 77.5 万元,扣除所得税的税后利润 $77.5 \times (1 - 50\%) = 38.75$(万元)。

$$B 公司的价值 = 38.75 \times 18 = 697.5(万元)$$

(4) 通常盈利水平低的目标企业在被并购后不可能一下达到并购企业的盈利水平,一般需要经过一段时间的增长。假设目标企业在并购后获得了并购企业的盈利增长水平,以目标企业 3 年来的平均税后利润 1 年后增长的数字作为估价指标。

B 公司 3 年来的平均税后利润为 22 万元,并购后一年内盈利增长额为 $22 \times 20\% = 4.4$(万元);1 年后 B 公司的税后利润为 26.4 万元,B 公司的价值为 $26.4 \times 18 = 475.2$(万元)。

(四) 托宾 Q 比率法

Q 比率是公司股票市场价值与代表这些股票的资产重置成本之间的比率。托宾 Q 比率法由诺贝尔经济学奖获得者托宾提出。其公式表示如下:

$$Q = \frac{股票市值}{对应资产的重置成本} \qquad (5\text{-}50)$$

Q 比率是反映证券市场上价格偏高或偏低的一个指标。其理论平均值为 1,但是实际上一般会大于或小于 1。如果一个公司的 Q 值在很长时间内都大于

1,说明证券市场的价格偏高;反之,则价格偏低。

$$股票价值 = Q \times 资产重置成本 \tag{5-51}$$

在实践中,被广泛使用的是 Q 值的近似值"价值比率",它等于股票市值与企业净资产值的比率。

托宾 Q 是指资本的市场价值与其重置成本之比。这一比例兼有理论性和实践的可操作性,沟通了虚拟经济和实体经济,在货币政策、企业价值等方面有着重要的应用。在货币政策中的应用主要表现在将资本市场与实业经济联系起来,揭示了货币经由资本市场而作用于投资的一种可能。在未来,我国货币政策如果开始考虑股票市场的因素,则托宾 Q 将会成为政策研究与政策制定的重要工具。托宾 Q 值常常被用来作为衡量公司业绩表现或公司成长性的重要指标。但是因为托宾 Q 值的计算除了资产重置价值无法确定外,还面临公司市场价值的估计的困难。因为以股票价格作为经营业绩的首要前提是市场必须是有效的,但目前很多学者在对我国证券市场的有效检验都证明我国证券市场不具有弱有效性。

【例 5-8】 假定对一家企业各项资产的重置成本合计是 2.5 亿元,其市净率(Q 值)是 2,那么企业的价值为 $2.5 \times 2 = 5$(亿元)。

(五) 基于价值创造的 EVA 估计法

EVA 估计法即为经济增加值估计法,它是由美国学者 Stewart 首创,并提出了基于企业价值创造的估价方法。该方法假设投资者可以自由的将他们投资于公司的资本变现,并投资于其他资产。在此前提下,目标企业的价值等于公司总投入资金加上公司未来经济增加值现值之和。应用 EVA 法估价通常包括以下步骤:确定公司具备创造 EVA 能力的年限;预测未来各期的 EVA;确定贴现率;估算企业价值。

在数值上,每年 EVA 等于经过调整后的税后营业净利润(net operating profit after tax,简称 NOPAT)减去资本费用的余额。其公式表示如下:

$$EVA = NOPAT - 资本 \times 资本成本率 \tag{5-52}$$

上述公式中涉及三个变量:NOPAT、资本和资本成本率。这三个变量均可通过财务报表项目调整或分析得出。因此,EVA 估计法评估目标企业价值公式表示如下:

$$V = \sum_{t=1}^{t=n} \frac{EVA_t}{(1+r)^t} \tag{5-53}$$

式中:V 表示目标企业的价值;n 表示预测年限;EVA_t 表示目标企业在 t 时刻产

生的经济增加值；r 表示资本成本率。

并购企业在对目标企业进行价值评估时，应结合取得的信息等合理选择价值评估的方法。为企业并购决策提供正确指引。

第四节 可持续增长率

通常情况下，我们按照企业发展模式与企业资源的关系将企业发展模式分为快速增长、缓慢增长和可持续增长三类。增长是一把双刃剑，在增加股东财富和企业价值的同时也在消耗着企业有限的资源。而增长与价值创造之间的桥梁就是可持续增长问题。企业只有按照其自身的客观条件可持续地增长，才能达到企业价值最大化的目标。对于每个企业的管理者来说，使企业按照其自身的可持续增长率发展是重要的任务。

一、可持续增长率的概念

企业的可持续发展被称为企业可持续增长，一般以可持续增长率表示。可持续增长率，是指在不增发新股并保持目前经营效率和财务政策的条件下，企业销售所能增长的最大比率。这里的经营效率不变是指总资产周转率和销售净利率维持当前水平；财务政策不变是指资产负债率和股利政策不变。

可持续增长率是基于以下五个假设条件的，即：企业目前的资本结构是目标结构且将继续维持下去；目前的股利政策是目标股利政策并将继续维持下去；不再发售新股，增加债务是外部筹资的唯一来源；销售净利率将维持当前水平，并覆盖负债的信息；总资产周转率将维持当前水平。

二、财务可持续增长理论模型

任何企业在制定增长计划时，都必须充分考虑财务资源的约束，必须在销售增长与融资需求增长之间做好平衡，以保证企业的健康发展。

目前的财务可持续增长模型主要有基于会计口径的可持续发展财务模型和基于现金流口径的可持续发展模型两类。

（一）基于会计口径的可持续发展财务模型

基于会计口径的可持续发展财务模型是理论界传统的模型，其中经典的模型主要有两种：一种是希金斯提出的模型；另一种是范霍恩提出的模型。两种模型的理论出发点以及理论逻辑从本质上是一致的，并都是从会计恒等式出发，认为股东权益的增长限制了企业的发展，两种模型揭示了企业发展的实质和途径，并将其用数学模型表达出来。下面分别予以阐述。

1. 希金斯的可持续发展模型

希金斯对于可持续增长率的定义为：可持续增长率是指在不需要耗尽财务资源的情况下，企业销售所能增长的最大比率。在这里不耗尽财务资源是指：绝大多数企业都有一个最佳的资本结构，一旦过度负债，超过企业自身偿付能力，将降低企业的信用状况，影响再度筹资。同时，企业发行新股不是一种经常性筹资行为，而且由于发行新股的资本成本较高以及企业控制权易分散等原因，企业管理层一般也不愿意发行新股。此外，企业所取得的利润通常不可能永远留存而不派发股利，企业必须在考虑股东利益和市场信号传递之间进行选择，确定适合的股利政策。上述负债政策和股利政策的决定，目标是促进企业价值的最大化维持企业的长期筹资能力。企业的资金增长不可能超越这些因素。

因此，建立在企业一定经营效率基础上的筹资能力，就是企业可以利用的财务资源，支持着销售的最大增长，是可持续增长的源泉。可持续增长率为企业经营管理者提供了一个销售与资金平衡增长的参照标准，比照这一标准，企业管理层可以采取相应的管理财务措施，保证企业平衡而健康地可持续发展。

希金斯的模型默认以下假设：企业意图以市场条件允许下的增长率相同的比率增长；企业不愿或不打算发售新股；目前的资本结构与股利分配政策都是目标资本结构与目标股利政策。

该模型下可持续增长率计算公式表示如下：

$$\begin{aligned}
\text{可持续增长率} &= \text{股东权益增长率} = \frac{\text{股东权益本期增加}}{\text{期初股东权益}} \\
&= \frac{\text{本期净利} \times \text{本期收益留存率}}{\text{期初股东权益}} \\
&= \text{期初权益资本净利率} \times \text{本期收益留存率} \\
&= \frac{\text{本期净利}}{\text{本期销售收入}} \times \frac{\text{本期销售收入}}{\text{期末总资产}} \times \frac{\text{期末总资产}}{\text{期初股东权益}} \times \text{本期收益留存率} \\
&= \text{销售净利率} \times \text{总资产周转率} \times \text{期初权益期末总资产乘数} \\
&\quad \times \text{收益留存率}
\end{aligned} \tag{5-54}$$

由上述可持续增长表示我们可以看出，企业可持续增长率是由其当前经营效率和财务政策决定的内在增长能力。可持续增长率的高低取决于方程中的四项财务比率。如果一个企业的销售按照不同于可持续增长率的比率增长，方程中的一个或多个比率的组合就必须改变，即意味着当一个企业增长超过它的可持续增长率时，必须改变经营或转变财务政策。

关于希金斯模型下的可持续增长率问题，我们可以通过以下例题具体分析。

【例 5-9】 ×××公司 2009—2010 年的主要财务数据如表 5-6 所示。

表 5-6

×××公司 2009—2010 年主要财务数据

单位：万元

项 目	2009 年	2010 年
收入	1 100	1 650
净利润	55	82.5
股利	22	33
利润留存	33	49.5
股东权益	363	412.5
负债	66	231
总资产	429	643.5

根据上述主要财务指标，计算分析得：

（1）销售净利率 ＝（净利率 ÷ 销售收入）× 100%
    ＝（82.5 ÷ 1 650）× 100% ＝ 5%

（2）总资产周转次数 ＝ 销售收入 ÷ 总资产总额
    ＝ 1 650 ÷ 643.5 ＝ 2.56（次）

（3）利润留存率 ＝ 利润留存 ÷ 净利润
    ＝ 49.5 ÷ 82.5 ＝ 0.6

（4）期初权益期末总资产乘数 ＝ 期末总资产 ÷ 期初股东权益
    ＝ 643.5 ÷ 363 ＝ 1.77

故 2010 年可持续增长率 ＝ 销售净利率×总资产周转率×收益留存率
    ×期初权益期末总资产乘数
    ＝ 5% × 2.56 × 0.6 × 1.77 ＝ 13.59%

2. 范霍恩的可持续发展模型

范霍恩可持续发展模型的假设，实为放松了希金斯模型中不增加新股的前提。根据增加新股前和增加新股后的两种不同情况，推导出了稳定模型和动态模型。

稳定增长模型的前提假设是：未来与过去在资产负债表的经营效果比率方面是相似的；企业没有外部资本筹资；资本增长只通过留存收益；折旧费用足以维持营运资产的价值；所有新增的利息费用已包含在目标净利润中。稳定增长模型公式表示如下：

$$\text{可持续增长率} = \frac{(1-\text{股利支付率}) \times \frac{\text{本期净利}}{\text{本期销售收入}} \times \left(1+\frac{\text{负债}}{\text{所有者权益}}\right)}{\frac{\text{资产}}{\text{所有者权益}} - (1-\text{股利支付率}) \times \frac{\text{本期净利}}{\text{本期销售收入}} \times \left(1+\frac{\text{负债}}{\text{所有者权益}}\right)} \tag{5-55}$$

动态增长模型的前提假设是：权益水平增长与销售增长在整个时期不平衡；按照企业愿意支付的绝对数量的红利来制定股利分配政策；允许在一定年限内卖出普通股，即允许公司计划年度增发新股。其公式表示如下：

$$\text{可持续增长率} = \frac{(\text{基期所有者权益}+\text{计划新筹集的权益资本}+\text{预计全年的股利支付额}) \times \left(1+\frac{\text{负债}}{\text{基期所有者权益}}\right) \times \frac{\text{本期销售收入}}{\text{总资产}}}{1-\frac{\text{净利润}}{\text{销售收入}} \times \left(1+\frac{\text{负债}}{\text{基期所有者权益}}\right) \times \frac{\text{本期销售收入}}{\text{总资产}}}$$

$$\times \frac{1}{\text{销售收入}} - 1 \tag{5-56}$$

范霍恩的可持续增长模型强调了可持续增长率是一个目标值。可持续增长率的计算是事先根据企业目标财务比率计算的，是一个计划问题。与希金斯的模型相比，范霍恩的模型计算比较复杂，不易理解。

上述基于会计口径的可持续发展财务的两个模型建立在一系列相似的假设之上，如四个比率的稳定性和可获得性，以及财务政策和经营业绩的稳定。虽然受到多方条件限制，但模型能够描述绝大多数企业的情况。模型都肯定了负债比率、股利支付率、资产周转率和销售净利率决定可持续增长率。但是两者也存在明显差异，范霍恩的模型更加强调了可持续增长率是一个目标值，而希金斯的模型中明确指明不增加新股，即不采用股权融资的前提下，企业增长所能达到的最大值。在具体计算中，两个模型的计算形式有所不同，但可以相互转换。

（二）基于现金流口径的可持续发展模型

基于现金流口径的可持续发展财务模型，其代表主要有两个：一个是拉巴波特的可持续增长模型；另一个是科雷可持续增长模型。

1. 拉巴波特可持续增长模型

拉巴波特认为可持续增长应与持续的股东价值创造相一致。他认为，持续的增长带来的是持续的股东价值增加，而在企业中，往往呈现出高速度增长不仅没有使企业价值增加，反而在减损股东价值的情况。为此，他提出了一个可持续的增长，即在不筹措新股，锁定经营利润毛利率、每一元销售增长对应的投资的增长，目标资产负债率以及目标股利分配率的前提下，企业每年最大的业务增长。该模型建立在现金流量的基础上，建立了增长与现金余缺的直接联系，指出约束企业价值增长的关键因素即为企业的自由现金流量。

拉巴波特可持续增长模型是基于以下假设建立的：企业不筹措新股；经营利润毛利率、每元销售增长对应的投资增长、目标资产负债率、目标股利分配率不变；折旧用于维修费用。模型公式表示如下：

可持续增长率＝

$$\frac{\frac{\text{净利润}}{\text{销售收入}} \times \left(1+\frac{\text{负债}}{\text{所有者权益}}\right) \times (1-\text{股利支付率})}{\frac{\text{经营与投资现金流量净额之和}}{\text{销售收入}} - \frac{\text{净利润}}{\text{销售收入}} \times \left(1+\frac{\text{负债}}{\text{所有者权益}}\right) \times (1-\text{股利支付率})}$$

(5-57)

拉巴波特的可持续增长模型将增长与价值创造联系起来，从现金流入与流出出发计算可持续增长率，并将计算所得增长率作为一个衡量财务计划可行性的手段，整个模型简洁易懂。

2. 科雷可持续增长模型

科雷的可持续增长模型通过设定一系列假定，对现金流量和增长率之间的关系进行探讨、计算，定义了当现金流量等于零时的增长率为现金余额的增长率。他指出现金流量与增长率之间是线性负相关关系，即当实际增长大于这个增长率时，企业的现金流量为负，而当实际增长率小于现金余额的增长时，企业拥有正的现金流量。实质上他默认了现金余额的增长率即为可持续增长率。

科雷的可持续增长模型基于以下假设：资产负债率与股息支付率保持不变；税前利润、流动资产、流动负债、固定资产以及其他资产随销售同比例增长；折旧可以用来进行固定资产再投资。模型公式表示如下：

可持续增长率＝

$$\frac{(\text{息税前利润}-\text{投资}) \times (1-\text{税率}) \times (1-\text{股利支付率}) \times \left(1+\frac{\text{负债}}{\text{所有者权益}}\right)}{\text{净利润} - (\text{息税前利润}-\text{投资}) \times (1-\text{税率}) \times (1-\text{股利支付率}) \times \left(1+\frac{\text{负债}}{\text{所有者权益}}\right)}$$

(5-58)

科雷的可持续增长模型明确阐述了可持续增长率是现金流量等于零时的增长率，同时建立起增长与现金余缺的对应关系，指出增长与现金流呈线性负相关的关系。

上述基于现金口径的两个模型在本质上也是一致的，两者均建立在现金流量的基础上，都认为可持续增长率是现金流为零时的增长率。值得注意的是，这里的现金流应该被限定为自由现金流量。两个模型都建立了增长与现金余缺之间联系，指出企业增长与现金流的负相关性的关系，约束企业增长的关键因素即为企业的自由现金流量。两个模型也存在着差异,体现在拉巴波特在模型中使用的是相对数指标,而科雷使用的是绝对数指标。两者可以销售收入为桥梁相互转化。

以上四种模型各有侧重点与利弊,希金斯和范霍恩的模型侧重于考虑静态的可持续增长,而拉巴波特和科雷的模型侧重于考虑现金流量对企业可持续增长率的影响,是一种动态的可持续增长。对于企业来讲,现金流对企业价值的解释力可能存在差异,但其为企业管理所起到的重要作用是毋庸置疑的。提出可持续增长问题的意义就在于要避免盲目增长和扩张带来现金流量紧张,不然会引发增长性破产,所产生的严重后果将不堪设想。因此,从长远来看对于可持续增长,基于现金流口径的可持续增长比基于会计口径的可持续增长率更具有重要意义。但从现阶段实际现状来看,希金斯的可持续增长模型因其可操作性强、较稳定等优势而得到比较广泛的应用。

对于企业的管理层来说,应确定可持续增长的战略,稳定企业盈利模式、资本结构和股利分配,企业才能稳定持久的增长,价值才能持续创造。才可能实现企业价值最大化。

练习测试题

一、单项选择题

1. 在进行企业价值评估时,选择什么模型和信息作为企业价值评估的基础,首先要服从(　　)的需要。
   A. 评估方法选择　　　　　　　　B. 预测企业收益持续时间
   C. 企业价值评估的目的和目标　　D. 企业规模

2. 企业价值评估中的持续经营价值是指企业的(　　)。
   A. 由营业所产生的未来现金流量的现值
   B. 各个组成部分资产的市场价值之和
   C. 市场价值
   D. 最佳使用价值

3. 利用企业净现金流量加上扣税后的长期负债作为企业价值评估的现金流量额,其直接资本化的结果应该是企业的(　　)。
   A. 股东部分权益价值　　　　　　B. 股东全部权益价值
   C. 实体价值　　　　　　　　　　D. 整体价值

4. 市场法所遵循的基本原则是(　　)。
   A. 贡献性原则　　　　　　　　　B. 合法原则
   C. 独立性原则　　　　　　　　　D. 替代原则

5. 下列关于"自由现金流量"的表述中,正确的是(　　)。

A. 税后净利+折旧

B. 经营活动产生的现金流量净额

C. 经营活动产生的现金流量净额+投资活动产生的现金流量净额+筹资活动产生的现金流量净额

D. 企业履行了所有财务责任和满足了再投资需要以后的现金流量净额

6. 某评估机构以2005年1月1日为基准日对A企业进行整体评估,已知该企业2004年实现纯利润100万元,经调查分析,预计该企业自评估基准日起第一、第二、第三年内每年的纯利润将在前一年的基础上增加4%,自第四年起将稳定在第三年的水平上,若折现率为10%,无限期经营,则该企业评估价值最接近于( )万元。
A. 1 103   B. 1 114   C. 1 147   D. 1 310

7. 运用成本法评估一项资产时,若分别选用复原重置成本与更新重置成本,则应当考虑不同重置成本情况下,具有不同的( )。
A. 实体性贬值   B. 经济性贬值
C. 功能性贬值   D. 资产利用率

8. 下列计算重置成本的方法中,计算结果必然属于复原重置成本的是( )。
A. 重置核算法   B. 物价指数法
C. 功能价值法   D. 规模经济效益指数法

9. 按照企业价值评估的市价/收入比率模型,以下四种不属于"收入乘数"驱动因素的是( )。
A. 股利支付率   B. 权益收益率
C. 企业的增长潜力   D. 股权资本成本

10. A公司今年的每股收益是1元,分配股利0.3元/股,该公司的利润和股利的增长率都是5%,β值为1.1。政府债券利率为3.5%,股票市场风险附加率为5%。试求该公司的市盈率是( )倍。
A. 9.76   B. 7.5   C. 6.67   D. 8.46

二、多项选择题

1. 下列有关价值评估的表述中,正确的有( )。
A. 价值评估提供的是有关于"公平市场价值"的信息
B. 价值评估不否认市场的有效性,但是不承认市场的完善性
C. 价值评估认为市场只在一定程度上有效,即并非完全有效
D. 在完善的市场中,市场价值与内在价值相等,价值评估并没有什么实际意义

2. 市场价值和公允价值表述中,正确的是( )。
A. 市场价值是公允价值的坐标
B. 市场价值在其评估所依据的市场范围内,对任何交易当事人都是相对合理和公允的。而市场价值以外的价值的相对合理公平性是受到某些条件严格限制的
C. 企业评估中的公允价值是一个一般层次的概念,它包括了正常市场条件和非正常市场条件两种情况下的合理评估结果

D. 企业评估中市场价值只是正常市场条件下资产处在最佳使用状态下的合理评估结果。相对于公允价值而言,市场价值更为具体,条件更为明确,在实践中评估人员更易把握。它是资产评估中最为典型的公允价值

3. 关于企业公平市场价值的以下表述中,正确的有(　　)。
   A. 公平市场价值就是未来现金流量的现值
   B. 公平市场价值就是股票的市场价格
   C. 公平市场价值应该是股权的公平市场价值与债务的公平市场价值之和
   D. 公平市场价值应该是持续经营价值与清算价值中的较高者

4. 在对企业价值进行评估时,如果不存在非营业现金流量,下列说法中,正确的有(　　)。
   A. 实体现金流量是企业可提供给全部投资人的税后现金流量之和
   B. 实体现金流量＝营业现金净流量－资本支出
   C. 实体现金流量＝营业净利润＋折旧与摊销－营业流动资产增加－资本支出
   D. 实体现金流量＝股权现金流量＋税后利息支出

5. 下列关于折现率的说法中,正确的有(　　)。
   A. 一般来说,折现率应由无风险报酬率和风险报酬率构成
   B. 资本化率与折现率是否相等,主要取决于同一资产在未来长短不同的时期所面临的风险是否相同,两者可能是不相等的
   C. 资本化率与折现率在本质上没有区别,在收益额确定的情况下,折现率越高,收益现值越低
   D. 折现率是将未来有限期的预期收益折算成现值的比率,资本化率则是将未来永续性预期收益折算成现值的比率

6. 价值评估的一般对象是企业整体的经济价值,而企业整体的经济价值具备的特征有(　　)。
   A. 整体价值是企业各项资产价值的汇总
   B. 整体价值来源于企业各要素的有机结合
   C. 可以单独存在的部分,其单独价值不同于作为整体一部分的价值
   D. 如果企业停止运营,不再具有整体价值

7. 评估人员在运用参考企业市场法评估企业价值时,确定适当价值比例的关键在于(　　)。
   A. 并购案例　　　　B. 可比指标　　　　C. 可比企业　　　　D. 无风险报酬率

8. 下列有关可持续增长表述中,正确的有(　　)。
   A. 可持续增长率是指不发股票,且保持目前经营效率和财务政策条件下的公司销售所能增长的最大可比率
   B. 可持续增长思想表明企业超常增长是十分危险的,企业的实际增长率绝不应该高于可持续增长率
   C. 可持续增长的假设条件之一是公司目前的股利支付率是一个目标股利支付率,

并且打算继续维持下去

　　D. 如果某年不发股票,且经营效率和财务政策与上年相同,则实际增长率等于上年的可持续增长率

9. 利用可比企业市盈率估计企业价值(　　)。

　　A. 它考虑了时间价值因素

　　B. 它能直观的反映投入和产出的关系

　　C. 它具有很高的综合性,能体现风险、增长率、股利分配的问题

　　D. 市盈率模型最适合连续盈利,并且 β 值接近于1的企业

10. 收入乘数估价模型的特点有(　　)。

　　A. 对于亏损企业和资不抵债的企业,也可以计算出一个有意义的价值乘数

　　B. 可以反映价值政策和企业战略变化的后果

　　C. 可以反映成本的变化

　　D. 只适用于销售成本率较低的服务类企业

三、判断题

1. 市盈率指标主要用来估计股票的投资价值与风险。投资者为了选择投资价值高的行业,可以根据不同行业的市盈率选择投资对象。　　　　　　　　　　　　　(　　)

2. 根据相对价值法的"市价/收入模型",在基本影响因素不变的情况下,增长率越高,收入乘数越小。　　　　　　　　　　　　　　　　　　　　　　　　　　　(　　)

3. 可持续增长思想表明企业超常增长是十分危险的,企业的实际增长率决不应该高于可持续增长率。　　　　　　　　　　　　　　　　　　　　　　　　　　(　　)

4. 可比企业是指具有与待评估企业相似的现金流量、增长潜力及风险特征的企业,一般应在同一行业范围内选择。　　　　　　　　　　　　　　　　　　　　　(　　)

5. 收入乘数的驱动因素是销售净利率、股利支付率、增长率和股权成本,其中,销售净利率是关键因素;权益收益率是市净率的驱动因素。　　　　　　　　　　　(　　)

6. 利用市价/净收益法 所确定的企业价值是企业的相对价值。　　　　　　(　　)

四、简答题

1. 什么是企业价值评估?企业价值评估有什么用途?

2. 如何确定企业价值评估的范围?

3. 现金流量预测应遵循什么原则?

4. 应用市场法对企业价值评估时如何选择可比企业?有哪些注意事项?

5. 商誉的价值评估方法有哪些?各有什么特点?

6. 并购中对目标企业的价值评估的方法有哪些?各有什么特点?

7. 请阐述托宾 Q 法的概念、优点和局限。

8. 阐述希金斯可持续增长率模型的概念及其假设。

五、计算与分析题

习　题　一

(一)目的:练习利用二阶段分析法对企业进行价值评估。

(二)资料:评估某企业,经评估人员分析预测,该企业评估基准日后未来3年的预期净利润分别为200万元、220万元、230万元,从未来第四年至第十年企业净利润将保持在230万元水平上,企业在未来第十年末的资产预计变现价值为300万元,假定企业适用的折现率与资本化率均为10%。

(三)要求:计算该企业的股东全部权益价值。

习 题 二

(一)目的:练习股价评估时折现率的选择并对企业进行价值评估。

(二)资料:甲评估机构于2005年1月对A公司进行评估,A公司拥有B公司发行的非上市普通股200万股,每股面值1元。经评估人员预测,评估基准日后该股票第一年每股收益率为5%,第二年每股收益率为8%,第三年每股收益率为10%,从第四年起,因生产、销售步入正轨,专利产品进入成熟期,因此每股收益率可达12%,而且从第六年起,B公司每年年终将把税后利润的80%用于股利分配,另20%用于公司扩大再生产,B公司净资产收益率将保持在15%的水平上。如果无风险报酬率为4%,风险报酬率为6%,评估基准日为2005年1月1日。

(三)要求:计算A公司所拥有的B公司股票的评估值。(最终结果以万元为单位,小数点后保留两位)

习 题 三

(一)目的:练习利用修正法市价法和股价平均法对企业进行价值评估。

(二)资料:A公司的每股收益是1元,其预期增长率是12%。为了评估该公司股票价值是否被低估,收集了以下3个可比公司的有关数据如表5-7所示。

表5-7

可比公司有关数据

可比公司	当前市盈率(倍)	预期增长率(%)
B	8	5
C	25	10
D	27	18

(三)要求:

(1)采用修正平均市盈率法,对A司股票价值进行评估。

(2)采用股价平均法,对A公司股票价值进行评估。

习 题 四

(一)目的:练习并购中对目标企业价值评估的方法。

(二)资料:A公司拟横向兼并同行业的B公司,A为上市公司,B公司为非上市公司。假设双方公司的长期负债利率为8%,所得税税率均为40%。A公司按现行会计政策对B公司的财务数据进行调整后,双方的基本情况见表5-8、表5-9。

表 5-8

A、B 公司 2010 年 12 月 31 日的简化资产负债表

单位:万元

资　产	A 公司	B 公司	负债和所有者权益	A 公司	B 公司
流动资产	1 500	600	流动负债	800	250
长期资产	2 500	400	长期负债	800	200
			股东权益		
			股本	1 700	350
			留存收益	700	200
			所有者权益合计	2 400	550
资产总计	4 000	1 000	负债和所有者权益总计	4 000	1 000

表 5-9

A、B 公司 2010 年度的经营业绩及其他指标

单位:万元

指　　标	A 公司	B 公司
2009 年度经营业绩		
息税前利润(万元)	550	150
减:利息(万元)	64	16
税前利润(万元)	486	134
减:所得税(万元)	194.4	53.6
税后利润(万元)	291.6	80.4
其他指标		
资本收益率(%)	17.19	12
利润增长率(%)	25	18
近三年的平均利润		
税前(万元)	300	60
税后(万元)	180	36
市盈率(倍)	20	15

注:资本收益率 = 息税前利润÷(长期负债 + 股东权益)

由于并购双方处于同一行业并从并购企业角度出发,预期目标企业未来可达到同样的市盈率是合理的,所以 A 公司可以选择其自身的市盈率为标准市盈率。

(三)要求:在此基础上,计算目标企业 B 公司的价值。分别选用:

(1)估价收益指标选择目标企业最后 1 年的税后利润。

(2)估价收益指标选择目标企业近 3 年税后利润的平均值。

(3)估价收益指标选择假设目标企业被并购后能获得与并购企业同样的资本收益率计算出的目标企业在并购后的利润。

习 题 五

(一)目的:练习可持续增长率的相关计算。

(二)资料:×××公司的2010年度财务报表主要数据如表 5-10 所示。

表 5-10

×××公司 2010 年财务报表主要数据

单位:万元

销售收入	1 000
税后利润	100
股利	40
留存收益	60
负债	1 000
股东权位置(200 万股,每股面值 1 元)	1 000
负债和所有者权益总计	2 000

(三)要求:计算该公司的可持续增长率。

习 题 六

(一)目的:练习利用现金流量折现法估计企业实体价值和股权价值。

(二)资料:Y 公司是一家商业企业,主要从事商品批发业务,该公司 2010 年实际和 2011 年预计的主要财务数据如表 5-11 所示。

表 5-11

Y 公司主要财务数据

单位:万元

年 份	2010 年实际(基期)	2011 年预计
利润表项目:		
一、销售收入	500	530
减:营业成本和费用(不含折旧)	380	400
折旧	25	30

(续表)

年 份	2010年实际(基期)	2011年预计
二、息税前利润	95	100
减:财务费用	21	23
三、税前利润	74	77
减:所得税费用	14.8	15.4
四、净利润	59.2	61.6
资产负债表项目:		
流动资产	267	293
固定资产净值	265	281
资产总计	532	574
流动负债	210	222
长期借款	164	173
债务合计	374	395
股本	100	100
期末未分配利润	58	79
股东权益总计	158	179

其他资料如下:

(1) Y公司的全部资产均为经营性资产,流动负债均为经营性负债,长期负债均为金融性负债,财务费用全部为利息费用。估计债务价值时采用账面价值法。

(2) Y公司预计从2012年开始实体现金流量会以6%的年增长率稳定增长。

(3) 加权平均资本成本为12%。

(4) Y公司适用的企业所得税率为20%。

(三) 要求:

(1) 计算Y公司2011年的经营现金净流量、购置固定资产支出和实体现金流量。

(2) 使用现金流量折现法估计F公司2010年年底的公司实体价值和股权价值。

(3) 假设其他因素不变,为使2010年年底的股权价值提高到700亿元,F公司2011年的实体现金流量应是多少?

第六章 内部控制

本章学习要点

了解内部控制的定义与发展历程等相关概念;掌握COSO内部控制中各方的角色职责、中国内部控制与公司治理的模式,以及内部控制与公司治理的关系;重点掌握COSO内部控制五要素和风险管理八要素等核心内容、中国内部控制的应用指引中的十八项具体规范,以及中国内部控制评价内容和内部控制审计内容。

第一节 内部控制概述

一、内部控制的定义

内部控制系统包括两个因素,分别是内部环境和控制政策与程序。内部环境是指企业内部的物质、文化环境的总和,包括企业资源、企业能力、企业文化等因素,也称企业内部条件。控制政策与程序是指在企业运行过程中具体的内部控制,主要是为了保证业务行为是有序且有效的。内部控制的总体思路就是为确保实现企业目标而实施的程序和政策。

内部控制与风险管理是相辅相成的,内部控制以风险为导向,正因为有了风险才需要内部控制,一些企业管理松弛、内控弱化、风险频发、资产流失、徇私舞弊等问题严重,单纯依靠会计控制已难以应付市场风险,会计控制必须向风险控制发展。

随着现代社会经济的发展,企业的组织形式由业主制、合伙制演变成公司制,企业规模变得越来越大、经营运作的复杂程度越来越高、管理的专业化程度日渐增强。因此,在所有权与经营权分离的现代企业基本特征的背景下,内部控制制度对于提高经营效率、加强财务信息的可靠性和相关性的作用尤为突出。

美国注册会计师David M. Willis 和Susan S. Ligh 两位博士在《内部控制管理报告》中进行了实证研究,他们对General Electric 等78家公司进行了调查。对于内部控制的目标,验证财务报告的可靠性占了87%;保护资产安全占81%;促使业务运营与管理政策的一致性占54%;提升道德品行占51%。由此,总结内部控制的设置作用可以表述为以下几点:①确保国家财经法律法规、规章制度的贯彻执行。这也是制定内部控制制度的首要目标;②保护单位资产安全和完整。通过建立和完善内部控制制度,防止和减少贪污盗窃行为和舞弊行为的发生,实现保护财产物资安全和完整的目的;③促进单位经营管理水平的提高。通过建立健全内部控制制度,不断完善会计、经营工作相关的岗位责任制,规范经营管理行为,强化管理工作,防范经营风险,提高经济效益,实现经营目标;④促进会计信息质量的提高。加大对会计信息的采集、归类、记录、汇总等过程和相关环节的监督和管理力度,以便能及时发现并有效纠正会计工作中出现的问题,提高会计信息质量,真实、完整地反映单位经营管理活动。

二、实施内部控制的历程

内部控制是社会经济发展的必然产物,它是随着外部竞争的加剧和内部强化管理的需要而不断丰富和发展起来的。综观内部控制理论的发展历程,内部控制经历了五个阶段。

(一)内部牵制阶段

内部控制的起源是内部牵制。在古罗马时代,对会计账簿实施的"双人记账制",即在一笔经济业务发生后,有两名记账人员同时在各自的账簿记录,然后定期核对双方记录的账簿,用于检查账簿有无差错或舞弊行为,进而达到控制财务收支的目的。这就是最初典型的内部牵制措施。

(二)内部控制制度阶段

20世纪30、40年代到70年代,在内部牵制的基础上逐渐产生了内部控制制度的概念。美国审计委员会下属的内部控制专门委员会经过两年的研究,于1949年发表了题为《内部控制、协调系统诸要素及其对管理部门和注册会计师的重要性》的专题报告,内部控制首次有了权威性的定义:"内部控制是企业所指定的旨在保证资产、保证会计资料可靠性和准确性、提高经营效率、推动管理部门所制定的各项政策得以贯彻执行的组织计划和相互配套的各种方法及措施。"这一概念已突破了与财务会计部门直接有关的控制的局限,使内部控制扩大到企业内部各个领域。

(三)内部控制结构阶段

20世纪80年代以来,内部控制的研究重点逐步从一般含义向具体内容深化。同时,控制环境逐步被纳入内部控制范畴。其标志是在1988年4月,美国注册会计师协会发布的《审计准则公告第55号》(SAS No.55)。该文告首次以内部控制结构(internal control structure)一词取代原有的"内部控制"一词,而且文告提出的内部控制内容比以往更为实在。

(四) 内部控制整合框架阶段

20世纪90年代以后,进入了内部控制整合框架阶段,该阶段的主要成果是形成了《内部控制——整合框架》(Internal Control-Integrated Framework)报告,即通称的COSO报告,关于COSO的具体内容框架将在第二节详细介绍。

(五) 风险管理框架阶段

随着市场经济的发展和对企业内部控制要求的进一步提高,各界对《内部控制——整合框架》提出了改进意见,相关人员反复强调《内部控制——整合框架》的建立应与企业风险管理相结合。与此同时,COSO委员会也意识到《内部控制——整合框架》自身的缺陷。基于内外因素的双重影响,在2003年7月,美国COSO委员会根据《萨班斯-奥克斯利法案》的相关要求,颁布了《企业风险管理——整合框架》的讨论稿,2004年9月正式颁布了《企业风险管理——整合框架》(COSO—ERM)。新的COSO报告增加了一个观念、一个目标、两个概念和三个要素,即"风险组合观"、"战略目标"、"风险偏好"和"风险容忍度"的概念以及"目标制定"、"事项识别"和"风险反应"要素。对应风险管理的需要,新框架还要求企业设立一个新的部门——风险管理部。该部分也会在第二节具体介绍。

第二节 COSO内部控制体系内容

一、COSO内部控制体系的概述

在1992年9月,Treadway委员会就发布了《内部控制——整合框架》报告,即通称的COSO报告。COSO委员会将内部控制定义为"公司的董事会、管理层及其他人士为实现以下目标提供合理保证而实施的程序:运营的效益和效率,财务报告的可靠性和遵守适用的法律法规"。

《内部控制——整合框架》在1994年进行了增补,由于COSO报告提出的内部控制理论和体系对于企业的发展而言具有重大实践意义,成为现代内部控制最具权威性的框架,这份文件堪称内部控制发展史上的里程碑。

自2001年美国安然、世通、施乐和默克等"突发"事件曝光以来,公司诚信受到普遍质疑,为根治上市公司财务造假,以美国颁布《萨班斯-奥克斯利法案》为契机,无论是理论界、实务界,还是政府机构、监管部门和中介机构,都开始给予内部控制更多的关注,进而在全球范围内掀起了强大的重塑和完善公司内部控制的风暴。据了解,截至 2004 年年底,在美国上市的公司中,有 60% 以上的公司已经完成了文档描述工作,处于评估和测试阶段;有 30% 左右的公司正在进行文档描述;只有极少部分公司正在准备内控有效性报告。可以说,内部控制制度已成为国际上现代企业管理的重要组成部分。在 2004 年正式颁布的《企业风险管理——整合框架》(COSO—ERM),标志着 COSO 委员会最新的内部控制研究成果面世。

《企业风险管理——整合框架》中指出,企业风险管理是由企业的董事会、管理层和其他人员实施的,应用于战略制定并贯穿企业的整个发展过程,旨在识别可能影响企业的潜在事件,并在企业的风险容量内管理风险,为实现企业的以下目标提供合理的保证,具体目标包括:战略目标,为最高层次的目标;经营目标,包括资源运用的效果和效率;报告目标,即报告的可靠性;遵循性目标,即合法合规性。

对于 COSO《内部控制——整合框架》和 COSO《企业风险管理——整合框架》的比较如表 6-1 所示。

表 6-1

COSO《内部控制——整合框架》和 COSO《企业风险管理——整合框架》的比较

类型	COSO《内部控制——整合框架》	COSO《企业风险管理——整合框架》
基调	管理层为达到目标而进行的内部控制的需求	满足管理层为了达到一定的目标进行企业风险管理的需求
目标	经营目标 财务报告目标 合规目标	战略目标 经营目标 报告目标 合规目标
风险观	没有提出风险组合观,只有风险评估观	从企业总体层面,提出风险组合观
环境	管理层及员工的内部控制观念	管理层及员工的风险观念,并提出风险偏好、风险可接受程度的概念

二、COSO 内部控制的内容

COSO 内部控制已经由《内部控制——整合框架》的五要素发展成为《企业风险管理——整合框架》八要素。具体改变如表 6-2 所示。

表 6-2

COSO 内部控制五要素与 COSO 风险管理八要素比较

COSO 内部控制五要素	COSO 风险管理八要素
控制环境	内部环境
风险评估	目标制定、事项识别、风险评估、风险反映
控制活动	控制活动
信息与沟通	信息与沟通
监控	监控

(一)《内部控制——整合框架》五要素

1. 控制环境

控制环境指对建立或实施某项政策发生影响的各种因素,是企业实施内部控制的基础,主要反映单位管理者和其他人员对控制的态度、认识和行动。任何内部控制工作都必须在既有的控制环境下进行。控制环境反映董事会及管理部门对内部控制的重视程度,它对内部控制提出了基本要求及框架。

2. 风险评估

之所以要对风险进行评估,是因为风险影响企业单位实现其目标或危害其经营。风险评估在于分析和确认内部控制中三大目标实施的"不利的、不确定因素",为控制关键点的设立、控制流程和方法的建立提供风险管理导向。简单地说,这种评估能帮助确定何处存在风险、怎样进行风险管理,以及需要采取何种措施。

3. 控制活动

控制活动是针对关键控制点而制定的。面对风险,控制活动规定了应该做什么和如何做的问题,它有助于保证采取必要措施来管理风险以实现企业目标。

4. 信息与沟通

企业在其经营过程中,需按某种形式辨识、取得确切的信息,并进行沟通,以使员工能够履行其责任。各个层级都需要借助信息来识别、评估和应对风险,员工也需要获得有关他们的职能和责任的信息,以便清晰沟通。企业所有职员必须从最高管理阶层清楚地获取承担控制责任的信息,以及向上级部门沟通重要信息的方法。同时,企业也需要对外界顾客、供应商、政府主管机关和股东等做有效的沟通。

5. 监控

企业内部控制是一个过程,这个过程是通过管理过程中的大量制度及活动实现的。要确保内部控制制度切实执行且执行的效果良好、内部控制能够随时适应新情况等,内部控制必须进行监督。

下面请看应用内部控制五要素对企业实际案例的剖析。

【例 6-1】 巨人集团是一个值得我们去深入研究的企业。

1989 年 8 月,史玉柱用先打广告后付款的方式,将其研制的 M-6401 桌面排版印刷系统软件推向市场,赚到了经商生涯中的"第一桶金",奠定了巨人集团创业的基石。

1991 年 4 月,成立珠海巨人新技术公司,迈开"巨人"的第一步。

1993 年 7 月,巨人集团下属全资子公司已经发展到 38 个,是仅次于四通公司的中国第二大民营高科技企业。

1994 年年初,号称中国第一高楼的巨人大厦一期工程动土。同年,史玉柱当选为"中国改革风云人物"。

1997 年年初,巨人大厦在只完成了相当于三层楼高的首层大堂后停工,各方债主纷纷上门,老"巨人"的资金链断裂,负债 2.5 亿元的史玉柱黯然隐退。

1997 年,史玉柱带领旧部开始研制"脑白金"(二次创业)。

1999 年,成立上海健特(Gaint,巨人的音译)生物科技有限公司(梦想不改)。

2000 年,史玉柱悄悄还清了老"巨人"时期所欠的全部债务——预售楼花款(重塑信用)。

2001 年,成立上海黄金搭档生物科技有限公司,当选为"CCTV 中国经济年度人物"。

2003 年,购入民生银行 6.98 亿股流通股和华夏银行的 1.012 亿股流通股,并将脑白金和黄金搭档的知识产权及其营销网络 75% 的股权卖给了香港上市公司四通电子,交易总价为 12.4 亿人民币(资本积累)。

2004 年,成立上海征途网络科技有限公司(华丽转身)。

2005 年,推出《征途》,为全球第三款同时在线人数超过 100 万的中文网络游戏。

2006 年,在开曼群岛注册巨人网络科技有限公司。

2007 年,更名为巨人网络集团,在全球规模最大、历史最悠久的纽约交易所挂牌上市,成为中国登陆美国最大 IPO 民营企业,也是除美国本土外最大 IPO 的 IT 企业。手握 68.43% 巨人股权的史玉柱,跃升为拥有 500 亿元身价的内地新"首富"(巨人梦圆)。

2008 年 10 月 28 日,巨人投资公司正式开辟保健酒市场,巨人投资与酒业巨头五粮液签署了长达 30 年的战略合作,由巨人投资,担任黄金酒的全球总经销。

2009年,史玉柱宣布向上海金缘生物科技有限公司金婚配项目投资1.6亿元,向北京筑梦教育咨询公司外语类、幼儿园项目投资6 000万元。

2010年,花5亿元为《征途2》造势。

2011年,推出《征途2》,作为贺岁片正式在2011年12月23日上线。

以1997年为分界线,之前为老"巨人",高开低走、盛极而衰;之后为新"巨人",惊天逆转、涅槃重生。内部控制的严重缺陷是老"巨人"衰落的根本原因,而内部控制的保驾护航则是新"巨人"崛起的决定因素。

要求:请用COSO内部控制五要素对新、老"巨人"进行分析。

具体分析如下。

1. 老"巨人"的衰落——内部控制分析

(1) 控制环境。COSO内部环境主要反映单位管理者和其他人员对控制的态度、认识和行动。其中,组织架构是重要内容。首先看老"巨人"的组织机构。老"巨人"设立的董事会是一种形式,其他几位老总都没有股份,决策时很少坚持自己的意见,也无法干预史玉柱的决策。

这种高度集中的决策机制,在创业初期充分体现了决策的高效率,但当企业规模越来越大、个人的综合素质还不全面时,就缺乏一种集体决策的机制,特别是干预一个人的错误决策乏力时,那么企业的运行就相当危险。老巨人在控制环境中存在着组织机构不健全的缺陷。

(2) 风险控制与监督。COSO认为之所以要对风险进行评估,是因为风险影响企业实现其目标或危害其经营。而老"巨人"缺乏必要的财务危机意识和预警机制,老"巨人"的产值目标1995年10亿元,1996年50亿元,1997年高达100亿元,没有经过科学的分析论证和必要的组织保证;涉足的行业跨度太大,有限的资金被牢牢套死,巨人大厦导致的财务危机更是拖垮了整个公司。集团公司内各种违规违纪、挪用贪污事件层出不穷。而属下的全资子公司康元公司,由于公司财务管理混乱,集团公司也未派出财务总监对其进行监督,浪费严重、债台高筑,至1996年年底累计债务已达1亿元。最终酿成了资金断流、经营难以为继的局面。这些都是因为风险评估和监督做的不到位引起的。

(3) 信息与沟通。企业家应确立需求导向,充分关注目标消费者,仔细琢磨并认真满足消费者的需求,甚至不惜为此打破陈规,加强与公司外部和内部的沟通。老"巨人"迷信广告攻势,1995年,老"巨人"时期,推出了大量广告,但广告效果却为零。1997年,因老"巨人"诋毁当时最畅销的"娃哈哈儿童营养液"而向娃哈哈赔偿经济损失200万元,并公开向娃哈哈道歉。对于这次道歉风波,老"巨人"始终没有跟媒体、社会进行过认真、知心的对话,仅仅委派了律师与债权人和记者周旋,与媒体的关系迅速恶化,致使老"巨人"在公众和媒体心目中的形象轰然倒塌。

从以上介绍可以看出,正是史玉柱当初缺乏沟通的个性和危机处理能力,在关键时刻最终葬送了老"巨人"。

2. 新"巨人"的崛起——内部控制分析

(1) 控制环境。COSO内部控制中提到控制环境包括企业的文化和员工责任。新"巨人"十分注重企业的文化。新"巨人"倡导一种"有奖必有罚,奖罚必配套"、"只认功劳不认苦劳;说到做到,做不到就不要说"的企业文化。和一般公司只奖励先进不惩处落后相比,史玉柱每次开总结大会,一定是最佳和最差同时登台,最佳上台领奖金,最差下台领黄旗。对每一位经理,史玉柱不仅为他们提供了获得巨额奖金的可能,还让他们承担做不好就要接受并承担大笔罚款的责任。

(2) 风险控制与监督。新"巨人"将主业定位为网络游戏,而金融行业的投资仅作为保持流动性的手段,并淡化生物保健品行业和冷冻房地产行业。这种专注主业、做百年老店的策略,是对原有全面冒进的多元化经营的扬弃。

新"巨人"信奉"只有首先不被市场消灭,才有机会征服市场"的危机管理,始终将现金流量放在第一位,如脑白金项目采取了款到提货、多人信用担保、多级纠察等控制措施,创下了保健品行业零坏账的记录。在充足的现金流量的保证下,新"巨人"得以不断做强、做大。

因而,成功的企业需要有危机意识,随时防备可能的财务风险与经营风险。而始终保持充足的现金流,是控制财务风险与经营风险的关键。

(3) 信息与沟通。COSO报告认为,一个良好的信息与沟通系统有助于提高内部控制的效率和效果。新"巨人"注重与消费者的沟通。新"巨人"的产品"脑白金"卖健康、"黄金搭档"卖聪明,《征途》和《征途2》卖权利,就概念而言构成了坚实的民众需求基础,能够最大幅度地调动消费者隐藏的需求。

在充分沟通的基础上,取得及时、准确、完整的相关信息,是制定正确的业务经营策略的前提。

(二)《企业风险管理——整合框架》八要素

1. 内部环境

内部环境包含组织的基调,它影响组织中人员的风险意识,是企业风险管理的其他构成要素的基础,为其他要素提供约束和结构。

内部环境不仅影响如何制定战略和目标、如何组织经营活动,以及如何识别、评估风险并采取行动,还影响控制活动、信息与沟通体系和监控措施的设计与运行。

内部环境受企业历史文化的影响包括很多因素,如风险管理哲学,风险文化,诚心和道德观,能力承诺,风险偏好,组织结构,权利和责任的分配,人力资源政策和实践等。董事会是内部环境的一个关键部分,它对其他内部环境要素有重大影响作用。

2. 目标设定

设定战略层次的目标,为经营目标、报告目标和合规目标奠定了基础。每个企业都面临着来自外部和内部的一系列风险,确定目标是有效的事项识别、风险评估和风险应对的前提。企业必须先制定目标,然后管理层才能识别和评估影响目标实现的风险并采取必要的行动来管理风险。目标设定与企业的风险偏好相协调,后者决定了企业的风险可承受程度。

3. 事项识别

事项识别即管理层识别,是指如果存在对企业产生影响的潜在事项,管理层要确定它们是否代表机会,或者是否会对企业成功地实施战略和实现目标的能力产生负面影响。带来负面影响的事项代表风险,它要求管理层予以评估和应对;带来正面影响的事项代表机会,管理层在制定战略或目标的过程中要加以考虑。

识别事项时,管理层还应考虑在整个企业范围内的各种可能产生风险和机会的内部与外部因素。

4. 风险评估

风险评估能够使企业考虑潜在事项影响目标实现的程度。管理层在评估风险时会考虑预期事项和非预期事项,大部分事项具有常规性和复杂性,并且已经在管理层的计划和经营预算中提到了,而有些事项则是非预期的。管理层应评估可能对企业有重大影响的非预期的潜在风险及事项。

在风险评估过程中,管理层既要考虑固有风险,也要考虑剩余风险。固有风险是管理层在没有采取任何措施改变风险可能性的情况下,一个企业所面临的风险。剩余风险是在管理层应对风险之后企业仍存在的风险。一旦风险应对已经就绪,管理层接下来就要考虑剩余风险了。

对一个企业的风险评估方法包括定性方法和定量技术。在不要求进行量化的地方,或者在定量评估所需要的充分可靠的数据实际上无法取得或者分析数据不具有成本效益性时,管理层需要采用定性分析方法。定量技术能带来更高的精确度,通常应用在更加复杂的活动中,以便对定性方法加以补充。

5. 风险应对

在评估了相关风险之后,管理层需要确定如何应对风险。风险应对包括风险规避、降低、分担和承受。在考虑应对的过程中,管理层需要评估风险的可能性和影响效果,以及成本效益,选择能够使剩余风险处于期望的风险可接受程度以内的应对方案。管理层识别所有可能存在的机会,从企业总体或组合的角度去认识风险,以确定剩余风险是否在企业的风险可接受程度之内。以下是应对风险的几种方法：

(1) 规避：退出会产生风险的活动。风险规避可能包括退出一条产品线,拒绝向一个新的地区、市场拓展,或者卖掉一个部分。

(2) 降低：采取措施降低风险的可能性或影响,或者同时降低两者。它几乎涉及各种日常的经营决策。

(3) 分担：通过转移来减小风险发生的可能性或影响,或分担一部分风险。例如购买保险产品、从事避险交易或外包一项业务活动等,这些都能够为企业分担一部分风险。

(4) 承受：不采取任何措施去干预风险的可能性或影响。

6. 控制活动

控制活动是帮助确保管理层的风险应对得以实施的政策和程序。控制活动的发生贯穿于整个组织,遍及各个层级和各个职能部门。它们包括一系列不同的活动,如批准、授权、验证、调节、经营业绩评价、资产安全及职责分解。

控制活动的类型包括预防性的、检查性的、人工性的、计算机的控制。此外,控制活动还根据特定的控制目标来进行分类,如确保数据处理的全面性和准确性的控制活动。另外,高层复核、信息处理、实物控制、业绩指标、职责分离也都是控制活动。

7. 信息与沟通

信息与沟通是指在职工履行责任的时间及方式时,识别、取得和报告经营、财务及法律遵守的相关信息的有效程序和系统。这些都是为了能够获得内部控制充分准确的信息,为了使控制措施得到充分的配合和有效的实施,同时也为了使风险评价客观公正。因此,内部控制十分重视广泛的信息来源和相关人员的充分沟通与理解。

8. 监控

整个企业风险管理应处于监控之下,必要时还应进行修正,以便动态地反映企业的情况,根据条件的要求而变化。

监控活动可以由持续性的监控行为、独立评估或者两者的结合来实现。持续的监控活动在运营过程中发生,它包括例行的管理和监督活动,以及其他员工为履行其职务所采取的行动。个别评估是除持续的监控外的另一种监控方法,它的广度和频度依赖于风险预估和日常监控程序的有效性。尽管持续监督程序可以有效地评价内部控制体系但企业有时需要组织例外评估以直接监视控制系统的有效性,这时就需要将持续性的监控活动和独立评估两者结合在一起。

【例 6-2】 1988年,万科进行股份制改造,公开募集社会股金 2 800 万元,开始涉足房地产业;1991年,万科 A 股登陆深圳证券交易所,资本市场成为万科实业腾飞的重要平台;1993年,万科发行 B 股;1997年,万科通过配股募集资金 3.83 亿元,走出了主业增长乏力的困境;2000年,万科引入有国家资本背景的华润股份有限公司成为其"策略性大股东",完成重大扩张策略;2002年和2004年,万科先后两次共发行了 34.5 亿元可转债,平稳地度过了房地产的低谷期;2006年,万科非公开发行 4 亿 A 股股票,募集资金 42 亿元,为此后备战迅猛发展的房地产市场积蓄了"弹药";2007年,在 A 股市场接近历史最高点的时刻,万科增发 3.17 亿 A 股,发行价高达 31.53 元/股,此次融资被业内称为"在最合适的时间融最合适的资";2008年,万科发行 59 亿元的公司债券,得以度过金融危机的地产最低迷时期;2009年,拟公开增发 A 股数量不超过招股意向书公告日万科总股本的 8%(待批),3 000亿元的新销售目标显然更离不开资本运作手段的配合;2010年,万科企业股份有限公司实现了 1 081.6 亿元的销售额,同比增长 70.5%,成为全国首个年销售额达到千亿级的住宅企业。难能可贵的是,万科在取得骄人业绩的同时,始终保持着规范、透明的企业文化和稳健、专注的发展模式,连续 7 次获得"中国最受尊敬企业"称号。

要求:请用 COSO 风险管理八要素对万科的商业成功案例进行分析。

具体分析如下。

1. 控制环境

在价值观方面,万科将客户放在核心价值观的第一位,充分体现了对客户的人文关怀。

在人力资源方面,万科在任用和选拔优秀人才时把持续培养专业化、富有激情和创造力的职业经理队伍,作为公司创立和发展的一项重要使命。公司致力于营造能充分发挥员工才干的工作氛围;建立轮岗、交流机制,培养专业人员全面的知识和技能;加强员工的自律及防止舞弊行为的发生。

正是由于万科的价值观、企业文化、人力资源政策使得万科得以在众多的房地产公司中脱颖而出。

2. 目标设定

COSO 风险管理框架认为目标设定与企业的风险偏好相协调,只有设定了目标才能预测企业的风险可承受程度。

万科从成立之初的电子音响专卖,到 20 世纪 80、90 年代的多元化,再到现在专注于住宅地产,万科经历了专业化→多元化→专业化的轮回。

万科放弃了以综合商社为目标的发展模式,因为这种模式并没有给万科带来更多的利润,于是采纳了加速资本积累迅速形成经营规模的发展方针,确立以城市居民住宅为公司的主导业务,以城市中档居民为主,改变过去公寓、别墅、商场和写字楼什么都干的做法。2010年年底,王石董事长高调宣布万科10年内做到规模超3 000亿元。

3. 事项识别

COSO中指出事项识别是如果存在对企业产生影响的潜在事项,管理层要确定它们是否代表机会,或者是否会对企业成功地实施战略和实现目标的能力产生负面影响。

随着近年来房价的节节攀升,中央政府出台了一系列政策促使房价降温,房地产市场随时可能会出现"拐点"。因此如何调整经营战略,确保良好的资金状况,保持更为稳健的存货规模,采用更加合适的财务策略,在房地产行业保持领先地位等一系列问题,成了万科必须大胆承认和小心面对的事项识别问题。

4. 风险评估

COSO中指出风险评估能够使企业考虑潜在事项影响目标实现的程度。

在房地产行业承受史上最严厉的调控压力下,万科反而能够逆势大幅扩张的关键,说明这种国家宏观调控的政策对万科的影响不大。

5. 风险应对

面对国家房地产的调控政策以及房地产行业竞争的激烈性,公司采取了"不与政策进行博弈"的经营战略。

第一,从万科的产品策略来看,坚持做主流普通住宅,帮助万科在国家宏观调控中渡过了难关,提前实现了千亿目标。而从市场反应来看,这一类型的自住购房者是受宏观调控影响最小的。

第二,在土地价格的平稳期,高周转开发的优势就会体现出来。

第三,万科的战略纵深很大,业务遍布全国,可以规避个别城市的房价波动风险。将绝对的调控风险,转化成相对的扩张机会,化"危"为"机",体现了万科灵活的市场适应能力。

由此可见,内部控制需要权宜和应变,观念上也不再只是传统意义上的防护性工具,还可以成为积极进取的建设性工具。

6. 控制活动

万科的投资业务主要由战略与投资管理部负责管控,使用新项目决策平台对重大投资进行管理。

在资金筹集方面,万科善于综合运用多种融资手段,包括A股IPO(首次公开发行)、B股IPO、配股、公开增发、非公开发行、发行可转债、发行公司债券和取得银行借款等,为房地产业的快速发展筹集了充足的资金,做到了实业发展与资本运作的完美融合。

万科的销售管控策略,主要具有三个特征:主流定位、快速周转和战略纵深。

万科对销售相关业务的管控职责,遵循合约明晰、授权审批和不相容职务相分离的原则,使用销售管理平台对项目定价、认购、折扣、签约、回款等业务进行控制和记录,细化了对销售收款等高风险环节的控制流程,加强了对销售费用管理的控制力度。

万科在公司总部设立资金管理中心,对公司和各子公司的融资和结算业务实行统一管理:子公司银行账户开销户和对外进行融资,须在资金管理中心统一安排下,经审批后进行。

7. 信息与沟通

良好的信息沟通,是企业内部控制正常运行的前提。万科建立起来的完整透明的沟通渠道,保证了公司的健康、稳健发展。

(1) 信息报告与信息化平台。万科在重大事项的报告与审议方面,建立了统一规范的报告渠道和方式。流程与信息管理部作为信息化工作的执行及管理机构,负责公司财务系统、业务运营系统和办公管理系统的规划、开发与管理,组织公司各类信息系统的开发与维护,在全公司范围内提供信息系统共享服务。

(2) 完整透明的沟通渠道。万科通过名目繁多的各种会议来实现信息沟通,帮助经理和员工们分享信息。万科的周报、月报、旬报、业务通报以及名声在外的《万科》周刊,形成一种制度和文化。

8. 内部监督

(1) 监督检查体系。万科建立起涵盖总部、区域、一线三个层面的监督检查体系,由审计部、风险管理部、总部其他职能部门或聘请的第三方对各业务领域的控制执行情况进行定期与不定期的专项检查及评估,保证控制活动的存在并有效运行。

(2) 绩效考评。万科实施以平衡计分卡(BSC)为核心的组织绩效管理,从财务、顾客、内部运作和学习与成长四个维度出发制定考核方案,并据此对总部、区域本部和子公司进行考核。

公司每年组织季度考核、年度考核,考核结果为奖金分配、优才甄选与培养、团队优化、薪金福利调整等工作提供依据。在薪酬体系中,引入更多的股东价值因素,重视净资产收益率和项目内部回报率。

三、COSO 内部控制的角色职责

在企业风险管理整体框架中,COSO 内部控制体系体现了全员参与、全面控制的思想,各方的角色职责相互协同。

（一）董事会

管理层对董事会负责，由董事会设计治理结构，指导监管的进行。有效的董事会应掌握有效的上下沟通渠道，设立财务、内部审计等职能，防止管理层超越控制，有意歪曲事实来掩盖管理的缺陷。同时，董事会需要批准企业的风险偏好，复核企业的风险组合观并与企业的风险偏好相比较，评估企业最重要的风险并评估管理者的风险反应是否适当。

（二）管理层

CEO最终负责整个控制系统。首先，对大型企业，CEO可把权限分配给高级经理，并评价其控制活动。其次，高级经理具体制定控制的程序和人员责任；对小型企业，一切事务更为直接，可由最高经理具体执行。CEO必须确定目标和战略方案，并将其分为战略目标、经营目标、报告目标和遵循目标。管理层需要识别风险和影响风险的事项，评估风险，采取控制措施。

（三）内部审计人员

内审对评价控制系统的有效性具有重要作用，对公司的治理方案的履行情况进行监管。内部审计人员在企业风险管理监控中发挥重要作用，他们对管理层的风险管理过程的充分性和有效性进行检查、评价、报告和提出改进建议，协助管理层和董事会履行职责。

（四）风险主管

风险主管在其职责范围内要建立并维护有效的风险管理框架，也要帮助其他管理人员在企业的纵向和横向管理中报告有关风险信息，同时对经营中出现的问题，对不合法、违规行为有责任与上级沟通。

（五）外部人员

公司的外部人员也有助于控制目标的实现，如外部审计可提供客观独立的评价，通过财务报表审计直接向管理阶层提供有用信息；另外，法律部门、监管部门、客户、其他往来单位、财务分析师、信用评级公司、新闻媒体等也都有助于内部控制的有效执行。

四、COSO内部控制对中国企业实践的借鉴意义

企业是多重契约关系的组合，而股东会与董事会、董事会与经理层之间的委托代理关系是其中最基本的契约关系，因此企业内部控制中的"内部"就应从组建法人治理结构开始。建立健全董事会功能是企业最根本的内部控制。同时，由于企业与外部关系人的经济联系和契约关系，在现代企业中发挥着越来越重要的作用，企业内部控制中的"内部"有时还要延伸至企业法律边界以外，将独立审计师、供应商资源、客户信用与需求和政府监管纳入企业内部控制系统。"控

制"与"反控制"是一对永恒的矛盾,企业内部控制的目的是追求企业持续"得到控制",确保企业各类契约关系持续而有序地运行,确保企业有一个好的战略目标和管理团队,并按照既定目标持续高效地发展和增值,为企业各类契约当事人发现并创造价值。企业内部控制是企业与生俱来的,它内置于企业经营和管理过程之中,并与之紧密联系、水乳交融,是同一事物的不同层面,不可割舍。

企业内部控制应是一个能动的驾驭、监测和推动系统,它不仅要关心企业的现实生存,更应关注企业的未来发展;不但重视企业微观状况,同时也要关心企业宏观状况;不只是简单的规避风险,更着眼于科学风险管理,重视通过业务发展减低风险;不仅要重视现行会计上已确认和计量的资产,更要关注人力资本、管理团队、核心竞争力、研发能力、客户资源、企业文化和品牌与商誉等软性资产在企业发展和控制活动中的重要作用,即在内部控制上要引入"全面资产"概念;不仅注重企业经理层之下的内部控制,而且特别强调公司治理结构建设,强调企业法律边界以外可能对企业生存与发展有重大影响的各类要素。

第三节 中国内部控制规范

一、中国内部控制规范建立的背景

德勤 2007—2008 年对中国内部上市公司的内控实施情况,进行了跟踪调查。德勤发现:72%的公司并没有持续监控内部控制的有效机制,或未得到任何改善;56%的公司没有建立,或现有内部控制机制尚不完善。而且中小企业内部控制流程较为薄弱。

许多国家利用立法的方式强化企业内部控制,我国境外上市公司纷纷花巨资聘请海外机构设计内部流程,以适应上市地的监管要求,在国际市场上内部控制日夜成为"入门证"和"通行证"。

基于以上种种原因,中国内部控制体系的建立已经迫在眉睫。2008 年 6 月财政部、证监会、审计署、银监会、保监会联合发布了《企业内部控制基本规范》,2010 年 4 月,又联合发布了《企业内部控制应用指引第 1 号——组织架构》等 18 项《企业内部控制应用指引》、《企业内部控制评价指引》和《企业内部控制审计指引》(简称内部控制配套指引),共同构建了中国企业内部控制规范体系。我国成为继美国和日本之后第三个要求对本国企业实施全面内控审计的国家。我国的内部控制规范旨在实现控制目标的过程。我国的内部控制目标是:①保证企业经营管理合法合规;②保证资产的安全;③保证财务报告和相关信息的真实完整;④提高经营效率和效果;⑤促进企业实现发展战略。

二、企业内部控制要素

借鉴 COSO 内部控制框架,我国《内部控制规范》指出,企业的内部控制包括五要素。

(一)内部环境

内部环境处于内部控制五大要素之首,它是组织的基调,具体内容包括:治理结构、权责分配、内部审计等。

(1)治理结构。治理结构是由股东大会、董事会、监事会和管理层组成的,决定公司内部决策过程和利益相关者参与公司治理的办法,主要作用在于协调公司内部不同产权主体之间的经济利益矛盾,克服或减少代理成本。

(2)权责分配。我国相关法律法规指出董事会处于公司管理层的核心地位,董事会应该对公司内部控制的建立、完善负责任。公司管理层对内部控制制度的有效执行承担相关责任,而其中处于不同层级的管理者掌握着不同的控制权力并承担相应的责任,同时相邻层级之间存在着控制和被控制的关系,不同层级可以相互监督。监事会对董事会建立与实施内部控制进行监督。

(3)内部审计。内部审计应当保持应有的独立性。内部审计机构需要结合内部审计监督,对内部控制实施的有效性进行监督检查。内部审计机构对检查监督中发现的内部控制缺陷,要按照企业内部审计工作程序进行报告;同时对监督检查中发现的内部控制重大缺陷问题,有权直接向董事会及其审计委员会、监事会报告。

(二)风险评估

风险评估是内部控制的重要环节。风险评估要及时识别、系统分析经营活动中与实现内部控制目标相关的风险,合理确定风险应对策略。内部控制中的风险评估过程必须判明企业完成既定目标存在的外部风险与内部风险。风险管理的过程包括设置目标、风险识别、风险分析、风险应对。

(1)设置目标。目标设定是风险识别、风险分析和风险应对的前提。企业要认真分析内部风险和外部风险,同时企业设定的目标要建立在企业整体风险承受能力和具体业务层次上。

(2)风险识别。企业风险识别主要是识别企业存在哪些风险,哪些风险应予以考虑,引起风险的主要因素是什么,这些风险所引起的后果及严重程度如何,风险识别的方法有哪些等。同时要区分内部风险因素和外部风险因素。内部因素主要包括人力资源因素,管理因素,自主创新因素,财务因素,安全环保因素。外部因素主要包括经济因素,法律因素,社会因素,自然环境因素。

(3)风险分析。识别出风险之后,要对识别的风险采取定性与定量相结合的方法进行分析和排序,确定关注重点和优先控制的风险。

(4)风险应对。企业可利用风险分析的结果考虑如何对重要风险进行管理及采取适当的应对风险行动。风险应对主要有四种策略:风险规避、风险降低、风险转移、风险保留。这四种策略是相互联系的,企业应根据不同发展阶段和业务拓展情况,持续收集与风险变化相关的信息,及时调整风险应对策略。

(三)控制活动

控制活动是内部控制的重要手段。控制活动主要是对评估的风险采取措施,以便将风险控制在可接受的范围内。控制措施一般包括:不相容职务分离控制、授权审批控制、会计系统控制、财产保护控制、预算控制、运营分析控制和绩效考评控制等。

(1)不相容职务分离控制。不相容职务分离控制要求企业全面系统地分析、梳理业务流程中所涉及的不相容职务,实施相应的分离措施,形成各司其职、各负其责、相互制约的工作机制。如果担任不相容职务的职工之间相互串通勾结,则不相容职务分离就失去作用了。但如果企业没有适当的职务分离,则发生错误和舞弊的可能性更大。

(2)授权审批控制。授权审批控制要求企业根据常规授权和特别授权的规定,明确各岗位办理业务和事项的权限范围、审批程序和相应责任。授权审批包括常规性授权和临时性授权。常规授权指在日常经营管理活动中,按照既定的职责和程序进行的授权;临时性授权指在特殊情况、特定条件下进行的应急性授权。

【例6-3】 B商场曾是一家跨入全国50家大型商场行列的商场,却在多年以后悄然倒闭。倒闭的原因是多方面的,下面仅就无形资产的授权审批和不相容职务相分离问题进行分析。该商场冠名权属无形资产,其转让都是由总经理一个人说了算,只要总经理签字同意,别人就可以建立分店。在经营管理上,该商场有派驻人员,但由于并不掌管控制,所以起的作用不大。这种冠名权的转让,能迅速带来规模的扩张,但也给该公司的管理控制带来了风险。管理不严格,导致了某些企业在管理方面、服务质量或者产品质量等诸多方面给客户留下了不好的印象,在社会上造成了不良影响,对该公司品牌起了负面的影响。

要求:请从授权审批和不相容职务相互分离方面对该案例进行分析。

具体分析如下。

B商场没有进行职责分工,权限范围和审批程序不规范,机构设置和人员配备不合理。关于无形资产的转让应该经董事会讨论通过,但实际上是总经理一个人说了算,这不可避免的会导致一人多权的舞弊现象出现。

因此,建议B商场设置专门的无形资产管理部门,配备专门的无形资产管理人员对商场的无形资产进行综合、全面、系统的管理。无形资产管理部门的职责包括：对企业所有无形资产的开发、引进、投资进行总的控制；规范无形资产在企业无形资产经营管理中实施应用的客观要求，协调企业内部其他各有关部门的关系；协调与企业外部国家有关管理机构的关系等。

企业应该建立无形资产业务的岗位责任制，明确相关部门的职责、权限，确保办理无形资产业务的不相容职务相互分离、制约和监督。同一部门或个人不得办理无形资产业务的全过程。有效的内部控制制度应该保证对同一项业务的审批、执行、记录和复核人员的职务分离，以减少一人多权而引起的舞弊现象。

在授权审批方面要明确授权审批的范围。通常无形资产研究与开发、购置与转让计划都应纳入其范围。授权审批的层次，应根据无形资产的重要性和金额大小确定不同的授权批准层次，从而保证各管理层有权亦有责。明确授权者在履行权利时应对哪些方面负责，避免责任不清，一旦出现问题难辞其咎的情况发生。应规定每一类无形资产的审批程序，以便按程序办理审批，以免越级审批、违规审批的情况发生。单位内部的各级管理层必须在授权范围内进行审批，不得超越审批权限。经办人员在职责范围内，按审批人的批准意见办理无形资产业务。对于审批人超越授权范围审批的无形资产业务，经办人员有权拒绝办理，并及时向上级部门报告。对于重大的无形资产投资转让等项目，应当考虑聘请独立的中介机构或专业人士进行可行性研究与评价，并由企业实行集体决策和审批，防止决策错误而造成严重损失。

(3) 会计系统控制。会计系统控制要求企业严格执行国家统一的会计准则制度，加强会计基础工作，明确会计凭证、会计账簿和财务会计报告的处理程序，保证会计资料真实完整。

(4) 财产保护控制。企业要建立财产日常管理制度和定期清查制度，采取财产记录、实物保管、定期盘点、账实核对等措施，确保财产的安全完整；严格限制未经授权的人员接触和处置财产。

(5) 预算控制。企业主要是通过预算控制，使得经营目标转化为各部门、各岗位以及个人的具体行为目标，作为各责任单位的约束条件，能够从根本上保证企业经营目标的实现。一般来说，企业全面预算体系包括经营预算、资本预算和财务预算。

(6) 运营分析控制。运营分析控制要求企业建立运营情况分析控制，经理层应当综合运用生产、购销、投资、筹资、财务等方面的信息，通过因素分析、对比分析、趋势分析等方法，定期开展运营情况分析，发现存在的问题，及时查明原因并加以改进。

(7) 绩效考评控制。绩效考评控制要求企业建立和实施绩效考评制度，科学设置考核指标体系,对企业内部各责任单位和全体员工的业绩进行定期考核和客观评价,将考评结果作为确定员工薪酬以及职务晋升、评优、降级、调岗、辞退等的依据。

(四)信息与沟通

信息与沟通是内部控制的重要条件。企业的信息与沟通,应当以内部信息传递、信息系统等相关应用指引为依据,结合本企业的内部控制制度,对信息收集、处理和传递的及时性、反舞弊机制的健全性、财务报告的真实性、信息系统的安全性,以及利用信息系统实施内部控制的有效性等进行认定和评价。

(五)监督

监督是企业内部控制的重要保证。企业需要对内部控制建立与实施情况进行监督检查,评价内部控制的有效性,发现的内部控制缺陷,应当及时加以改进。内部监督可以分为日常监督和专项监督。

日常监督:对建立与实施内部控制的情况进行常规、持续的监督检查。

专项监督:在企业发展战略、组织结构、经营活动、业务流程、关键岗位员工等发生较大调整或变化的情况下,对内部控制的某一或者某些方面进行有针对性的监督检查。

三、企业内部控制应用指引

企业内部控制应用指引可以分为以下几类:内部环境类指引有5项,包括组织架构、发展战略、人力资源、企业文化和社会责任。控制活动类指引有9项,包括资金活动、采购业务、资产管理、销售业务、研究与开发、工程项目、担保业务、业务外包、财务报告。控制手段类指引有4项,包括全面预算、合同管理、内部信息传递和信息系统。具体内容如下所示。

(一)组织架构

组织架构是指企业按照国家有关法律法规、股东(大)会决议、企业章程,结合本企业实际,明确董事会、监事会、经理层和企业内部各层级机构设置、职责权限、人员编制、工作程序和相关要求的制度安排。

为了建立健全组织架构,企业要按照科学、精简、高效、透明、制衡的原则,合理设置内部职能机构。董事会对股东(大)会负责,行使经营决策权,可设立战略、审计、提名、薪酬与考核等专门委员会。监事会对股东(大)会负责,监督董事、经理和其他高级管理人员依法履行职责。经理层对董事会负责,主持生产经营管理。对于公司的组织构架请看以下案例。

【例6-4】 A公司主要从事园林景观设计和施工项目,有员工158人,是一家小型民营企业。公司成立之初,充分发挥了民营企业的机动灵活优势,吸引了大批优秀人才。公司制定了完善的管理制度,确保"制度优良"成为公司所有工程施工的目标。公司拥有素质优良的施工队伍和较强的技术力量,保障了公司所有工程施工实现"多、快、好、省"。公司本着"服务四方"的原则,坚持客户是生命、品质是基础、员工是财富、创新是未来的经营理念,安全、高效、环保、人性化、低成本地满足客户需求。随着公司业务的不断扩大,管理水平对公司生存和发展的重要性日益突出。但是,由于这是一家小型民营企业,人员少,对制度化、规范化管理没有给予足够的重视。一方面,部门分工不清,业务流程繁琐复杂,权责不对等;另一方面,公司缺乏有效的考核体系和薪酬管理,完全靠领导一张嘴决定,结果导致大量人才流失。同时,因为公司业务发展非常快,管理的灵活性要求很高,但公司的管理者是技术出身,内部管理实行粗放型管理,管理比较随意,导致公司内部管理混乱,缺乏制度约束。以上这些问题,在期初被公司的大好形势所掩饰,但当公司发展到一定阶段,速度逐渐放慢规模达到一定层次时便逐渐呈现出来,并与市场的发展趋势不相匹配,已严重制约了公司的进一步发展。

要求:请简述A公司组织架构中存在的问题。

具体分析如下。

当前的市场竞争已经深入到企业经营运作的各个层面,科学有效的组织结构是确保管理效率的基础,该公司现有的组织结构设计并没有按公司业务流程来设计,主要问题如下:

(1) 公司组织结构流程设计不合理。A公司现有的组织结构更多地考虑了业务的发展,没有考虑到科学的管理,导致分工不清。岗位职责定义不清晰,流程模糊不清。各部门习惯于将问题拿到总经理办公会上讨论,部门之间缺少积极主动的横向沟通。

(2) 缺乏对市场的应变能力。整个组织结构缺乏"客户导向",没有完善的客户管理方法。客户开发中个人意图起到主导作用,难以与公司的战略规划相吻合。复杂的流程,业务的扩张、项目的开发等都需要通过公司的有关部门来实现,因此,难免出现越级指挥,甚至指挥失灵,导致总体的反应速度差,长远来讲,将逐渐失去市场竞争力。

(3) 决策速度慢,下场反应迟缓。部门职能和岗位职责不清,该负的责任负不起来,部门之间、岗位之间常常扯皮,影响了相互之间的协作和配合。业务上存在着大量问题需要经理以上的人员作出决策,导致决策者负担过重,难以保证决策质量。

(4) 管理控制系统薄弱。在规章制度、程序以及控制系统的建立和运用过程中,制度制定得多,落实的少。更多地依赖于上级的命令,不能按规定按制度办事,随意性大。

(5) 信息传递速度慢,易失真。公司内部没有一套完整的业务运作支持系统。现有组织结构的业务、财务、采购部、工程部、设计部等部门相互割裂,共享信息平台没有建立,管理控制系统相对薄弱,预算管理和合同管理机制没有建立起来,导致业务和财务数据均存在不同程度的失真、不完整,决策上缺乏应有的依据。

组织结构设计就是根据企业的总体目标,把企业管理各要素配置在一定的方位上,把组织目标逐级分解到各个具体的岗位上,确定其活动条件,规定其活动范围,通过每一个具体岗位职责的完成来实现组织的目标。所以,组织结构设计就是要明确应该做什么,谁要对什么结果负责,要能够消除由于分工不清而导致的执行中的障碍,并能提供信息沟通网络,以支持公司的发展目标和决策。

(二) 发展战略

发展战略是指企业在对现实状况和未来趋势进行综合分析和科学预测的基础上,制定并实施的长远发展目标与战略规划。

企业在目前的发展过程中主要面临缺乏战略、战略太激进、战略频变动的问题。为了能够实现企业的长远发展,企业需要在董事会下设立战略委员会,或指定相关机构负责发展战略管理工作,履行相应职责。战略委员会拟定的企业发展战略方案经董事会审议通过后,报经股东(大)会批准实施。企业应当根据发展战略,制定年度工作计划,编制全面预算,此外还要加强对发展战略的宣传培训,通过组织结构调整、人员安排、薪酬调整、财务安排、管理变革等配套措施,保证发展战略的顺利实施。

(三) 人力资源

人力资源是指企业组织生产经营活动而录用的各种人员,包括董事、监事、高级管理人员和全体员工。

在人力资源的管理过程中主要会出现人力资源缺乏或过剩、激励不合理、退出机制不当可能带来的风险。因此要做好人员的引进、开发、使用、培养、考核、激励以及退出机制。

在人才引进与开发过程中,企业要根据人力资源总体规划,制定年度人力资源需求计划,同时,在实施人力资源战略过程中要通过公开招聘、竞争上岗等多种方式选聘优秀人才,重点关注选聘对象的价值取向和责任意识,切实做到因事设岗、以岗选人,避免因人设事或设岗。在人才使用和培养过程中建立员工培训长效机制,促进全体员工知识、技能的持续更新。

对于企业的考核激励机制,需要设置科学的业绩考核指标体系,对各级管理人员和全体员工进行严格考核与评价,以此作为确定员工薪酬、职级调整和解除劳动合同等的重要依据,确保员工队伍处于持续优化状态。制定与业绩考核挂钩的薪酬制度,切实做到薪酬安排与员工贡献相协调,体现效率优先,兼顾公平。

最后企业需要建立健全员工退出(辞职、解除劳动合同、退休等)机制,关键岗位人员离职前,需进行离任审计。

(四)社会责任

社会责任是指企业在经营发展过程中应当履行的社会职责和义务,主要包括安全生产、产品质量、环境保护、资源节约、促进就业、员工权益保护等。

安全生产主要包括建立严格的安全生产管理体系,开展员工安全生产教育。贯彻预防为主的原则,对于特殊岗位实行资格认证制度。重大生产安全事故应当启动应急预案,并且要按照国家有关规定及时报告。

产品质量要建立严格的产品质量控制和检验制度,售后发现存在严重质量缺陷、隐患的产品,应及时召回。

环境保护和节约资源主要包括实现低投入、低消耗、低排放和高效率的生产,注重环境保护和资源节约,着力开发利用可再生资源的监控制度,强化日常监控。

促进就业与员工权益保护主要包括建立高级管理人员与员工薪酬的正常增长机制,维护社会公平。按照产学研用相结合的社会需求,积极创建实习基地,培养、锻炼社会需要的应用型人才。

(五)企业文化

企业文化是企业在生产经营实践中逐步形成的、为整体团队所认同并遵守的价值观、经营理念和企业精神,以及在此基础上形成的行为规范的总称。在文化形成过程中要注重文化的建设和评估。

在企业文化建设过程中提出了打造以主业为核心的企业品牌,培育企业特色的发展愿景、积极向上的价值观、诚实守信的经营理念、履行社会责任和开拓创新的企业精神,以及团队协作和风险防范意识。切实做到文化建设与发展战略的有机结合。

在企业文化评估过程中要重视董事、监事、经理和其他高级管理人员在企业文化建设中的责任履行情况,全体员工对企业核心价值观的认同感,企业经营管理行为与企业文化的一致性,企业品牌的社会影响力,参与企业并购重组各方文化的融合度,员工对企业未来发展的信心。

(六)资金活动

资金活动主要包括筹资活动、投资活动和经营活动。

在筹资过程中要关注以下几点:对于负债筹资要重点关注利率风险、筹资成本、偿还能力以及企业的流动性风险;对于股票筹资要重点关注发行风险、市场风险、政策风险以及公司控制权风险。对偿还本金和支付股利需要作出适当安排，防止发生违约风险，造成诉讼失败。

在投资过程中要突出企业的主营业务，对主业加强可行性研究，对重大投资项目实行集体决策或者联签制度，对到期无法收回的投资，建立责任追究制度。投资的业务流程如图6-1所示。

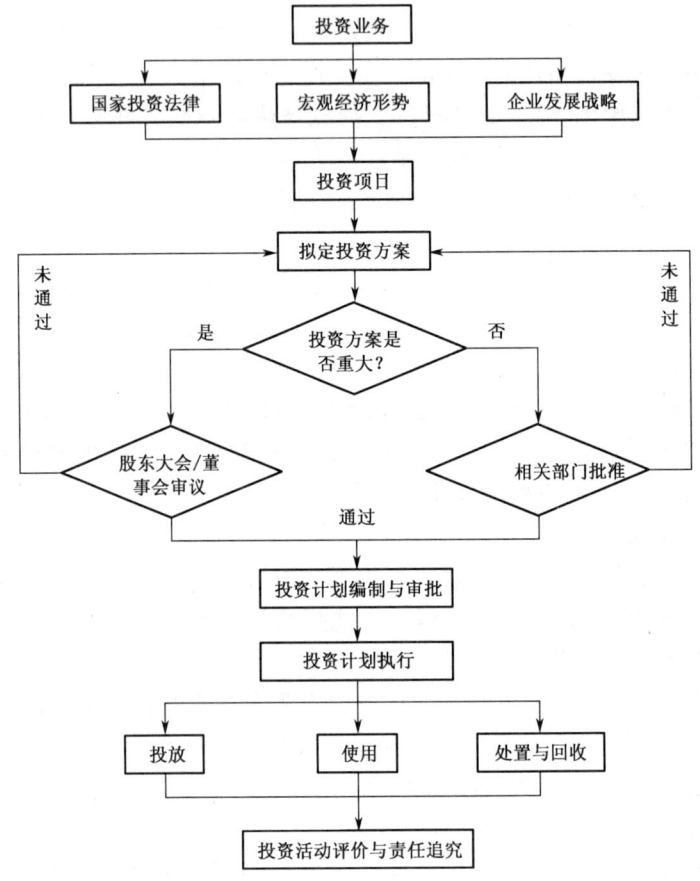

图6-1 投资的业务流程图

企业资金运营活动是一种价值运动，为保证资金价值运动的安全、完整、有效，企业资金运营活动应按照设计严密的流程进行控制。

(1) 企业资金收付，应该有根有据，不能凭空付款或收款。所有收款或者付款需求，都由特定的业务引起。因此，有真实的业务发生，是资金收付的基础。

(2) 收款方应该向对方提交相关业务发生的票据或证明，收取资金。资金支付涉及企业经济利益流出,应严格履行授权审批制度。不同责任人应该在授权范围内,审核业务的真实性、金额的准确性,以及申请人提交票据或者证明的合法性,严格监督资金支付。

(3)财务部门收到经过企业授权部门审批签字的相关凭证或证明后,应再次复核业务的真实性、金额的准确性,以及相关票据的齐备性,相关手续的合法性和完整性,并签字确认。

(七)采购业务

采购业务是企业价值链活动中四大辅助活动之一,采购业务主要包括购买物资及支付款项等相关活动。采购业务主要分为采购和付款。

在采购期间要尽量集中采购,避免多头采购或分散采购;建立采购申请制度,设置专门的请购部门,明确请购和审批程序;建立科学的供应商评估和准入制度;企业要建立严格的采购验收制度,对验收过程中出现的异常情况要找出原因并及时处理。

在付款时要严格审核采购预算、合同、相关单据凭证、审批程序等相关内容,严格审查采购发票的真实性、合法性和有效性,审核无误后按照合同规定及时办理付款。涉及大额或长期的预付款项,需定期进行追踪核查。加强对购买、验收、付款业务的会计系统控制,定期与供应商核对往来款项。建立退货管理制度。

(八)资产管理

在现代企业制度下,资产业务内部控制已从如何防范资金挪用、非法占用和实物资产被盗拓展到重点关注资产效能,充分发挥资产资源的物质基础作用。由此产生了《资产管理应用指引》。资产管理主要包括存货、固定资产和无形资产的管理。

1. 存货

在存货管理过程中要明确存货取得、验收入库、原料加工、仓储保管、领用发出、盘点处置等环节的管理要求。

在存货取得过程中要根据各种存货采购间隔期和当前库存,综合考虑企业生产经营计划、市场供求等因素,充分利用信息系统,合理确定存货采购日期和数量,确保存货处于最佳库存状态。

在存货验收过程中,外购存货重点关注合同、发票等原始单据与存货的数量、质量、规格等,保证实物与单据的核对一致;自制存货重点关注产品质量;其他方式重点关注存货来源、质量状况、实际价值是否符合有关合同或协议的约定。

同时要建立存货保管制度,在存货流动过程中办理出入库手续;健全防火、防洪、防盗、防潮、防病虫害和防变质等管理规范；对于代管、代销、暂存、受托加工的存货要单独存放和记录。最后要加强存货的保险投保，建立盘点清查制度。

2. 固定资产

固定资产是企业开展正常的生产经营活动所必需的物资条件，其价值随着企业生产经营活动逐渐转移到产品成本中。固定资产业务流程，通常可以分为取得、验收移交、日常维护、更新改造和淘汰处置等五个环节。在各环节中，要加强监督管理工作，在取得和验收阶段要实施固定的验收制度；在日常使用过程中，要加强固定资产的保养和维护工作，处置固定资产时，价格要公允，并获得有关部门授权。

3. 无形资产

在无形资产管理过程中要加强对品牌、商标、专利、专有技术、土地使用权等无形资产的管理，分类制定无形资产管理办法。加强无形资产权益保护，防范侵权行为和法律风险。无形资产具有保密性质的，应当采取严格保密措施，严防泄露商业秘密。重视品牌建设，打造和培育主业品牌。

（九）销售业务

销售业务是企业出售商品或提供劳务及收取款项等相关活动。

1. 销售

在销售过程中灵活运用折扣、折让、信用、代销和广告宣传等多种策略和营销方式，促进销售目标实现。同时，健全信用档案，关注重要客户资信变动情况。对于境外客户和新开发客户，建立严格的信用保证制度。重大的销售业务谈判，需要吸收财会、法律等专业人员参加，并形成完整的书面记录。审批人员对销售合同草案进行严格审核，重要的销售合同征询法律顾问或专家的意见。销售部门按照经批准的销售合同开具相关销售通知，发货和仓储部门对销售通知进行审核，严格按照所列项目组织发货。

2. 收款

企业要完善应收款项管理制度，销售部门负责应收款项的催收，催收记录（包括往来函电）需要妥善保存；财会部门负责办理资金结算并监督款项回收。严格审查商业票据的真实性和合法性，防止票据欺诈；对已贴现但仍承担收款风险的票据以及逾期票据，进行追索监控和跟踪管理。最后需要加强应收款项坏账管理，对坏账查明原因和明确责任，并严格履行审批程序。对销售业务仅以一个案例加以说明。

【例6-5】 某企业销售环节的内部控制制度为：设立销售部，处理订单、签订合同、执行销售政策和信用政策；销售部经理对30万元以内的赊销业务有权批准，并根据具体情况确定产品售价。由于人手紧张，大宗销售都是由业务员甲与客户谈判并签订合同。没有签订合同的购买方提货的销售业务直接由财务部收款后开具提货单据和发票,客户自行提货;货到付款的业务由销售业务员乙负责赴购买方收款,并将现金或者支票等票据转交财务部。财务部经理保管所有票据,并有权决定应收票据是否贴现。

某月企业发生如下业务:

(1)销售部经理凭某一老客户以前给其留下的良好印象批准向该客户赊销23.4万元的业务,后来该款项迟迟未能收到,财务部证实该企业财务状况恶化,当时已经有数笔货款没有如期支付了。

(2)另一新客户要求签订3年期供货合同,3年中每月末按照市场价格80万元购货,提供下一批货物时清偿上一批货物款项。由于企业销售政策中没有此类情况,销售部经理向总经理请示,总经理当即决定签署该合同。一个月后,该客户未能还款,公司调查发现该客户并无偿还能力。

要求:

(1)说明企业内部控制制度中存在的问题。

(2)证明销售业务的两项操作有何不妥。

具体分析如下。

1. 内部会计控制中的问题

(1)尽管企业销售、发货、财务部门分设,但职责划分仍不合理。

第一,开具提货单应该是销售部门的职责,财务部根据销售部开具的提货单进行收款,但企业规定由财务部开具提货单,容易造成职责分工不明,收款作弊等。

第二,收款是财务部的职责,但规定由销售部业务员赴外地收款,造成同一部门和人员经办整个销售收款业务的过程,同时也违背了销售人员不得接触现款的规定。

(2)由销售部经理根据具体情况确定售价的做法容易造成销售价格失控、销售收入流失,应根据制定好的价目表、折扣政策、付款政策等加以执行。

(3)在进行业务谈判时一般需要两名谈判人员,以增强谈判能力、减少作弊的可能。

(4)财务部经理保管所有的票据并有权决定应收票据贴现的做法违背了票据保管人员与贴现批准人员的相互分离的要求,容易导致贴现行为失去监督。

2. 企业销售业务的操作存在的问题

(1)在决定是否赊销时,应进行客户资信状况的审查,而不是凭个人印象;同时企业应该按客户设置应收账款台账,及时反映与客户债权债务关系,以便于评价客户信用状况,作出正确的销售决策。

(2) 对于企业发生的超过现有销售政策的特殊业务(如本例中的长期供货合同),企业应进行集体决策,避免因决策失误造成损失。本例中总经理当即决定签订合同的做法过于草率,应经过必要的调查。由此可见,企业对客户信用控制太不严格。

(十) 研究与开发

研究与开发旨在有效控制研发风险,提升企业自主创新能力,充分发挥科技的支撑引领作用,促进实现企业发展战略。研究与开发包括立项、研发过程管理、结题验收、研究成果的开发和保护。

在经济全球化背景下,特别是为了抢抓金融危机后的重要发展机遇,企业应坚定不移地走自主创新之路,重视和加强研究与开发,并将相关成果转化为生产力,在竞争中赢得主动权,夺得先机。

(十一) 工程项目

工程项目是指企业自行或者委托其他单位所进行的建造、安装工程。

在工程建造过程中要规范工程立项、招标、造价、建设、验收等环节的工作流程;可行性研究与决策、概预算编制与审核、项目实施与价款支付、竣工决算与审计等不相容职务需要相互分离,以确保工程项目的质量、进度和资金安全。

(十二) 担保业务

担保业务是指企业作为担保人按照公平、自愿、互利的原则与债权人约定,当债务人不履行债务时,依照法律规定和合同协议承担相应法律责任的行为。

企业办理担保业务,一般包括受理申请、调查评估、审批、签订担保合同、进行日常监控等流程。在评估、审批以及监督担保业务时要对担保申请人进行资信调查和风险评估,评估结果应出具书面报告。根据审核批准的担保业务,订立担保合同。担保合同到期时,全面清查用于担保的财产、权利凭证,按照合同约定及时终止担保关系。妥善保管担保合同等原始资料,切实做到担保业务档案完整无缺。具体的担保业务内部控制可以通过以下例子加以说明。

【例6-6】 甲公司有关担保业务的内部控制情况为:由于日常经营活动中担保业务比重比较大,因此专设担保业务部,负责办理担保业务的全过程。2010年,乙公司将其位于繁华商业区的某房地产作为抵押,要求甲公司为乙公司申请的5 000万元银行贷款提供担保。应甲公司的要求,乙公司将该房地产的房屋所有权证、土地使用权证交付甲公司持有。甲公司担保业务部考虑到两份合法证件都在自己手中,应该没有风险,就没有办理抵押登记手续,并决定为贷款行为提供担保。半年后,乙公司经营恶化,资金周转困难,于是以房地产等有关权属证书遗失为由申请补办上述两证,并将该房地产转让给另一企业且办理过户手续。担保的贷款期满时乙企业无力还款,甲企业依法承担担保责任后,在准备处置该抵押物时发现,房地产已经易主。法院审议此案认为,甲公司与乙企业的抵押合同无效,因乙企业破产财产不足以抵偿债务,甲公司净亏损4 000万元。

要求:请问甲公司内部控制存在的问题有哪些?

具体分析如下:

(1) 在岗位设置方面,专门设立担保业务部办理担保业务的全过程,不符合不相容岗位相分离的要求。正确的做法是:担保业务的评估与审批、审批、执行与监督,财产保管与会计记录等岗位应分别设立。另外,内部控制也禁止由一个人或一个部门办理担保业务的全过程。

(2) 重大担保业务应该进行集体决策,但是该公司所有担保业务都由担保业务部门决策,违背了分级授权批准的要求,属于授权不当。

(3) 甲公司在担保业务期间对被担保人的生产经营情况、资金流量等疏于监督,造成了尽管被担保方财务状况恶化,但甲公司没有及时发现并采取措施,这也是担保业务出现了巨大亏损的原因之一。正确的做法是:建立担保业务的检测报告制度,重点加强对被担保单位、被担保项目资金流向的日常检测,定期了解被担保单位的经营管理概况,形成报告。对异常情况应及时要求被担保单位采取有效措施化解风险。

(十三)业务外包

业务外包是指企业利用专业化分工优势,将日常经营中的部分业务委托给本企业以外的专业服务机构或经济组织完成的经营行为,通常包括研发、资信调查、可行性研究、委托加工、物业管理、客户服务、IT服务等。

在业务外包过程中要严格按照业务外包管理制度规定的业务外包范围、方式、条件、程序和实施等内容制定实施方案,避免将核心业务外包,同时确保方案的完整性。在对业务外包实施方案进行审查和评价时,应当着重对比分析该业务项目在自营与外包情况下的风险和收益,确定外包的合理性和可行性。做好与承包方的对接工作,通过培训等方式确保承包方充分了解企业的工作流程和质量要求,从价值链的起点开始控制业务质量。有确凿证据表明承包方存在重大违约行为,导致业务外包合同无法履行的,应及时终止合同。业务外包合同执行完成后需要验收的,组织相关部门或人员对完成的业务外包合同进行验收,出具验收证明。

(十四)财务报告

财务报告是反映企业某一特定日期财务状况和某一会计期间经营成果、现金流量的文件。

1. 财务报告的编制

在编制年度财务报告前,要重点关注会计政策和会计估计,同时进行必要的资产清查、减值测试和债权债务核实。在编制资产负债表过程中要做到内容完整、数字真实、计算准确，不得漏报或者随意进行取舍。在编制利润表时不得随意调整利润的计算、分配方法，编造虚假利润。在编制报表附注时要按照国家统一的会计准则制度编制附注，对报表作出真实、完整、清晰的说明。企业集团编制合并财务报表，应如实反映企业集团的财务状况、经营成果和现金流量。

2. 财务报告的对外提供

企业需要依照法律法规和国家统一的会计准则制度的规定，将财务报告及时对外报送。财务报告编制完成后，由企业负责人、总会计师或分管会计工作的负责人、财会部门负责人签名并盖章。注册会计师及其所在的事务所出具的审计报告，随同财务报告一并提供。对外提供的财务报告需及时整理归档，并按有关规定妥善保存。

3. 财务报告的分析

企业需要定期召开财务分析会议，要求有关部门负责人参加，财务主管或分管会计工作的负责人在财务分析和利用工作中发挥主导作用。通过流动比率、应收账款周转率等指标，分析企业的偿债能力和营运能力。通过净资产增长率、每股收益等指标，分析企业的盈利能力和发展能力。在分析过程中要重点关注现金流量能否保证生产经营过程的正常运行，防止现金短缺或闲置。最后财务分析报告的结果需要及时传递给企业内部有关管理层级，充分发挥财务报告在企业生产经营管理中的重要作用。

（十五）全面预算

全面预算是指企业对一定期间经营活动、投资活动、财务活动等作出的预算安排。企业全面预算业务的基本流程一般包括预算编制、预算执行和预算考核三个阶段。

在预算编制过程中要建立和完善预算编制工作制度，确保预算编制依据合理、程序适当、方法科学，避免预算指标过高或过低；在预算执行过程中以年度预算作为组织、协调各项生产经营活动的基本依据，细分为季度、月度预算，实施分期预算控制，批准下达的预算保持稳定，不得随意调整；在预算考核过程中要建立严格的预算执行考核制度，切实做到有奖有惩、奖惩分明。企业预算执行情况考核工作，坚持公开、公平、公正的原则，考核过程及结果有完整的记录。

（十六）合同管理

为了促进企业加强合同管理，维护企业合法权益，也为了强化内部控制流程，制定《内部控制应用指引——合同管理》。

1. 合同的订立

企业对外发生经济行为，除即时结清方式外，须订立书面合同。在订立过程中按照自愿、公平原则,明确合同双方的权利义务和违约责任,做到条款内容完整,表述严谨准确,相关手续齐备。正式对外订立的合同,由企业法定代表人或由其授权的代理人签名或加盖有关印章。最后要加强合同信息安全保密工作,不得泄露合同订立与履行过程中涉及的商业秘密或国家机密。

2. 合同履行

企业要遵循诚实信用原则,确保合同全面有效履行。建立合同履行情况评估制度,至少于每年年末对合同履行的总体情况和重大合同履行的具体情况进行分析评估。健全合同管理考核与责任追究制度。对合同订立、履行过程中出现的违法违规行为,追究有关机构或人员的责任。

(十七) 内部信息传递

内部信息传递是指内部各管理层级之间通过内部报告形式传递生产经营管理信息的过程。企业在实际操作过程中,应当充分结合自身业务特点和管理要求,构建和优化内部信息传递流程,具有普遍适用性的内部信息传递流程如图6-2所示。

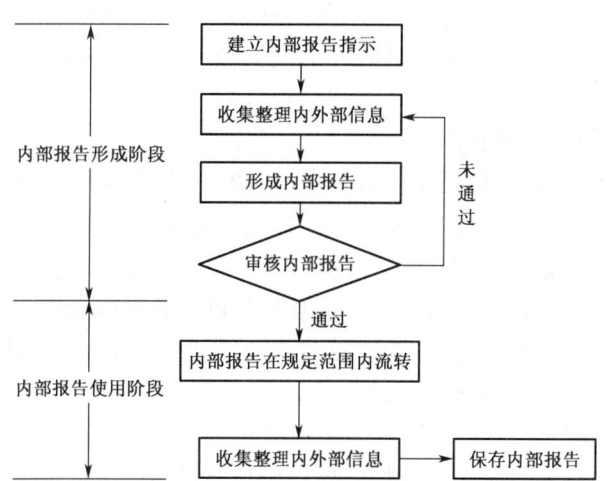

图6-2 具有普遍适用性的内部信息传递流程

内部信息传递包括内部报告的形成和使用。

1. 内部报告的形成

企业应当根据发展战略、风险控制和业绩考核要求,科学规范不同级次内部报告的指标体系,同时,要制定严密的内部报告流程,充分利用信息技术,强化内部报告信息集成和共享,将内部报告纳入企业统一信息平台,构建科学的内部报告网络体系。

2. 内部报告的使用

企业各级管理人员应当充分利用内部报告管理和指导企业的生产经营活动。在进行风险评估时,要有效利用内部报告,准确识别和系统分析企业生产经营活动中的内外部风险,确定风险应对策略,实现对风险的有效控制。对内部报告要采取保密制度,制定保密措施,防止商业机密的泄露。

(十八) 信息系统

信息系统是指企业利用计算机和通信技术,对内部控制进行集成、转化和提升所形成的信息化管理平台。

1. 信息系统的开发

信息系统开发包括自行开发、外购调试、业务外包等方式,各种开发方式有各自的优缺点和适用条件,企业应根据自身实际情况合理选择。

自行开发是企业依托自身力量完成整个开发过程。

外购调试的基本做法是企业购买成熟的商品化软件,通过参数配置和二次开发满足企业需求。

业务外包是指委托其他单位开发信息系统,基本做法是企业将信息系统开发项目外包出去,由专业公司或科研机构负责开发、安装实施,由企业直接使用。

2. 信息系统的运行与维护

信息系统的运行与维护包括日常运行维护、系统变更和安全管理。

日常运行维护的主要内容是企业应制定信息系统使用操作程序、信息管理制度以及各模块子系统的具体操作规范,及时跟踪、发现和解决系统运行中存在的问题,必要时应会同系统开发人员或软硬件供应商共同解决。

系统变更主要是企业需要建立信息系统变更管理流程,信息系统变更应当严格遵照管理流程进行操作。

安全管理主要是为了保证信息的保密性、准确性、完整性。安全管理的措施主要包括:根据业务性质、重要性程度、涉密情况等确定信息系统的安全等级,建立不同等级信息的授权使用制度,综合利用防火墙、路由器等网络设备,漏洞扫描、入侵检测等软件技术以及远程访问安全策略等手段,加强网络安全,防范来自网络的攻击和非法侵入;未经授权,任何人不得接触关键信息设备。

四、企业内部控制评价

为了使企业更好地评价内部控制的设计与运行情况,规范内部控制评价程序和评价报告,揭示和防范风险,根据有关法律法规和《企业内部控制基本规范》,我国于 2010 年 4 月 26 日发布了《企业内部控制评价指引》。

(一) 评价指引的原则

企业内部控制评价指引是指企业董事会或类似权力机构对内部控制的有效性进行全面评价、形成评价结论、出具评价报告的过程。因此,在评价过程中应该至少遵循以下原则:

(1) 全面性原则。评价工作应当包括内部控制的设计与运行,涵盖企业及其所属单位的各种业务和事项。

(2) 重要性原则。评价工作应当在全面评价的基础上,关注重要业务单位、重大业务事项和高风险领域。

(3) 客观性原则。评价工作应当准确地揭示经营管理的风险状况,如实反映内部控制设计与运行的有效性。

(二) 内部控制评价的内容

内部控制评价围绕内部环境、风险评估、控制活动、信息与沟通、内部监督等要素,对内部控制设计与运行情况进行全面评价。在进行全面评价过程中,控制环境和风险管理是内部控制的基础;信息沟通和监督贯穿整个内部控制系统;控制活动是内部控制系统的主要外在表现。

内部环境评价以组织架构、发展战略、人力资源、企业文化、社会责任等应用指引为依据;风险评估机制评价以《企业内部控制基本规范》有关风险评估的要求,以及各项应用指引中所列主要风险为依据,对日常经营管理过程中的风险识别、风险分析、应对策略等进行认定和评价;控制活动评价应对企业各类业务的控制措施与流程的设计有效性和运行有效性进行认定和评价;信息与沟通评价以内部信息传递、财务报告、信息系统等相关应用指引为依据;内部监督评价应当对管理层对于内部监督的基调、监督的有效性及内部控制缺陷认定的科学、客观、合理进行认定和评价,重点关注监事会、审计委员会、内部审计机构等是否在内部控制设计和运行中有效发挥监督作用。

(三) 内部控制评价程序

《企业内部控制评价指引》指出,企业应当按照内部控制评价办法规定的程序,有序开展内部控制评价工作。内部控制评价程序一般包括:制定评价工作方案、组成评价工作组、实施现场测试、认定控制缺陷、汇总评价结果、编报评价报告等环节。

企业可以授权内部审计部门或者专门机构,负责内部控制评价的组织实施工作。同时内部审计部门或者专门机构组成内部控制评价工作组,并且吸收企业内部相关机构熟悉情况的业务骨干参与,内部重要人员对本部门的内部控制评价工作实行回避制度。为了保持内部评价的客观独立,提供内部控制审计服务的会计师事务所,不得同时提供内部控制评价服务。同时在评价过程中要进行现场测试,综合运用个别访谈、调查问卷、专题讨论、穿行测试、实地查验、抽样和比较分析等方法,充分收集被评价单位内部控制设计和运行是否有效的证据,确保评价的公正,准确。

(四) 内部控制缺陷的认定

内部控制缺陷是描述内部控制有效性的一个负向的维度。企业开展内部控制评价,主要工作内容之一就是要找出内部控制缺陷并有针对性地进行整改。

按照影响企业内部控制目标实现的严重程度,内部控制缺陷分为重大缺陷、重要缺陷和一般缺陷。重大缺陷是指一个或多个控制缺陷的组合,可能导致企业严重偏离控制目标。重要缺陷是指一个或多个控制缺陷的组合,其严重程度和经济后果低于重大缺陷,但仍有可能导致企业偏离控制目标。一般缺陷是指除重大缺陷、重要缺陷之外的其他缺陷。

按照内部控制缺陷成因或来源,内部控制缺陷可分为设计缺陷和运行缺陷。设计缺陷是企业缺少为实现控制目标所必需的控制,或现有内部控制设计不适当,即使正常运行也难以实现控制目标。运行缺陷是指有效的内部控制由于运行不当而形成的内部控制缺陷。

按照影响内部控制的具体形式,可以将内部控制缺陷分为财务报告缺陷和非财务报告缺陷。

企业对内部控制缺陷的认定,应以日常监督和专项监督为基础,结合年度内部控制评价,由内部控制评价部门进行综合分析后,由董事会提出内部控制缺陷认定意见。内部控制缺陷初步认定以后要建立评价质量交叉复核制度,评价工作组负责人应当对评价工作底稿进行严格审核。最后内部控制评价部门编制内部控制缺陷认定汇总表,提出认定意见,并以适当形式向董事会、监事会或者经理层报告。重大缺陷由董事会予以最终认定。

(五) 内部控制评价报告

内部控制评价报告要分别对内部环境、风险评估、控制活动、信息与沟通、内部监督等要素进行设计,对内部控制评价过程、内部控制缺陷认定及整改情况、内部控制有效性的结论等相关内容做出披露。内部控制评价报告报经董事会或类似权力机构批准后,对外披露或报送相关部门。内部控制审计报告与内部控制评价报告,须同时对外披露或报送。12月31日为年度内部控制评价报告的基准日,内部控制评价报告须于基准日后4月内报出。

五、企业内部控制审计

(一) 内部控制审计内容

《企业内部控制审计指引》所称内部控制审计,是指会计师事务所接受委托,对特定基准日内部控制设计与运行的有效性进行审计。

《企业内部控制审计指引》着重从审计责任、审计范围、整合审计或独立审计、利用被审计单位人员的工作、审计方法、评价控制缺陷、审计报告出具等方面，就如何做好内部控制审计业务提出明确要求。

审计责任主要是为了建立健全和有效实施内部控制。评价内部控制的有效性是企业董事会的责任，而在实施审计工作的基础上对内部控制的有效性发表审计意见，是注册会计师的责任。注册会计师对内部控制设计与运行的有效性进行测试，获取充分、适当的证据，以同时实现以下目标：①支持其在内部控制审计中对内部控制有效性发表的意见；②支持其在财务报表审计中对控制风险的评估结果。

（二）计划审计工作

在计划审计工作时要评价相关事项对内部控制、财务报表以及审计工作的影响，内部控制的特定领域存在重大缺陷的风险越高，给予该领域的审计关注就越多；与某项控制相关的风险越高，就要更多地对该项控制亲自进行测试。

同时要对企业内部审计人员、内部控制评价人员和其他相关人员的专业胜任能力和客观性进行充分评价，判断是否利用其工作以及可利用的程度，相应减少可能本应由注册会计师执行的工作。但注册会计师应当对发表的审计意见独立承担责任，其责任不因为利用被审计单位的工作而减轻。

（三）实施审计工作

自上而下的方法是注册会计师识别风险、选择拟测试控制的基本思路。注册会计师在实施审计工作时，可以将企业层面控制和业务层面控制的测试结合进行，并且应当评价内部控制是否足以应对舞弊风险。注册会计师应当根据与内部控制相关的风险，确定拟实施审计程序的性质、时间安排和范围，获取充分、适当的证据。自上而下的方法描述了注册会计师在识别风险以及拟测试的控制时的连续思维过程，但并不一定是注册会计师执行审计程序的顺序。

（四）评价控制缺陷

如果某项控制的设计、实施或运行不能及时防止或发现并纠正财务报表错报，则表明内部控制存在缺陷。如果企业缺少用以及时防止或发现并纠正财务报表错报的必要控制，同样表明存在内部控制缺陷。

（五）完成审计工作

完成审计工作后，应当取得经企业签署的书面声明，只有在审计范围没有受到限制时，注册会计师才能对内部控制的有效性形成意见。如果审计范围受到限制，注册会计师需要解除业务约定或出具无法表示意见的内部控制审计报告。

在评价证据时，注册会计师需要查阅本年度与内部控制相关的内部审计报告或类似报告,并评价这些报告中提到的控制缺陷。对于其中的重大缺陷和重要缺陷,应当以书面形式与董事会和经理层沟通。

对于审计的具体流程可以用图示概括,如图6-3所示。

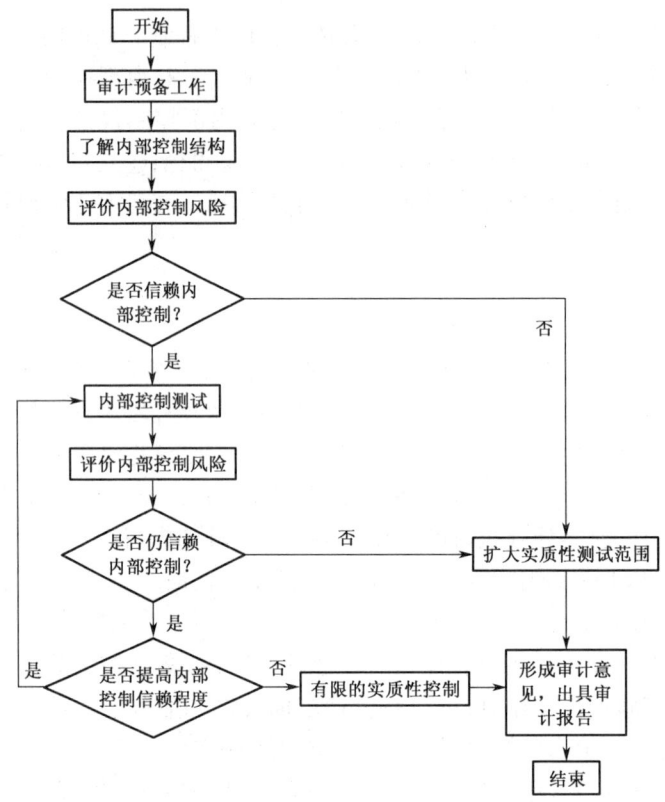

图6-3 审计流程图

第四节 内部控制与公司治理

一、公司治理的概念

公司治理是什么？有一种通俗的回答:"管好管理者。"根据经济合作与发展组织(OECD)于1995年5月正式出台的《OECD公司治理原则》,公司治理内容有:保障股东权益、公平对待股东、利益相关者角色定位、信息披露及透明度以及董事会角色。公司治理是市场他律的机制,是一种权利安排,公司治理的相关法规融入企业内部控制中。

从公司治理的产生与发展来看,可以从狭义和广义两方面去理解它的含义。狭义的公司治理即为内部治理,就是通过一种制度安排,来合理地配置所有者与经营者之间的权利与责任关系。广义的公司治理则不局限于股东对经营者的制衡,它包括内部治理与外部治理的结合,可以说是一种公司治理机制,是一组规范公司相关各方责、权、利的制度安排。与公司治理相关的主要关系人包括:股东、董事会、由总经理领导的经理人员、公司员工、供应商、客户、债权人、政府和社区在内的其他利益相关者。

目前,我国公司治理中存在着很多不合理的因素。企业中的股东、债权人、经理人员等诸多利益相关者的目标并非完全一致,在追求自身利益最大化的过程中有可能会以牺牲另一方的利益为代价,而这种代价表现为不同形式的代理成本,也即所谓的委托—代理问题。因此,为了激励管理层实现最大化投资报酬率、提高经营效率和确保产量长期增长,完善公司治理结构就显得尤为重要。同时,也要通过创造员工、管理层和董事会之间经营活动中的公平、透明度和问责制来确保企业顺应股东和社会的利益。

二、内部控制与公司治理的关系

(一) 内部控制与公司治理的联系

从宏观层面上来看,内部控制可以分为两个方面:一方面是经营者对公司生产经营过程的控制;另一方面是所有者对经营者本身实施的监控。

经营过程的内部控制比较容易建立,因为公司内部各个部门、各个岗位的职责授权与职务划分的相互制衡能够有效执行,同时受到审计委员会、内部审计部门的事前、事中监督,还受到注册会计师的事后监督。而对经营者的监督难度相对较大,因为控制对象是公司高层管理人员以及公司董事,涉及公司法人治理结构是否有效。

公司治理是促使内部控制有效运行的基础和前提,是内部控制有效实施的制度环境;内部控制在公司治理中担当的是监控系统的角色。两者的联系具体体现在:①目标一致性。两者都是为了实现股东财富最大化;②公司治理结构是内部控制的环境前提。建立内部控制的五要素的基石是"控制环境",只有建立完善的法人治理结构,内部控制才能行之有效。

(二) 内部控制与公司治理的区别

公司治理解决的是股东、董事会、经理及监事会之间的权责利划分的控制制度,是一种权利安排,更多的是法律层面的问题。内部控制解决的是管理当局与其下属之间的管理控制关系,其目标是保证会计信息的真实可靠,防止发生舞弊行为。内部控制并不约束最高管理当局本身。

从公司治理与内部控制形成机制来看,都与委托代理有关。但是公司治理是基于所有者与管理者之间的委托代理关系而产生的;内部控制则是基于管理当局与其下属高级管理人员之间、高级管理人员与低阶层管理人员、管理人员与一般员工之间的委托代理关系而产生的。

公司治理与内部控制之间既存在差别,又相互影响。建立健全公司治理,保护投资者特别是中小投资者利益是当前资本市场发展的重大问题;加强内部控制制度的建设是提高企业效率的重要举措。因此,应当将这两个问题统一起来考虑,以促进公司治理结构的完善和内部控制制度的建立。

三、公司治理模式

（一）外部控制型治理模式

外部控制型治理模式又被称为英美模式,英美公司治理结构是这一模式的典型代表。英美模式的主要特征是:①股权至上,股东的利益高于一切;②股权高度分散,流动性强,导致公司的资本结构缺乏稳定性,公司被兼并接管的可能性加大;③公司资金主要来源于证券市场,资本市场发达,机构投资者和个人是公司的主要持股主体,较少依赖金融机构,投资者股权和债权分离现象普遍;④股东缺乏"用手投票"参与公司经营的积极性,主要根据公司获利水平采取"用脚投票"的方式向经营者实施压力;⑤股票期权成为激励经理人员工作的重要手段,经理人员非常关注短期收益,不利于对涉及公司长远利益的投入。

英美公司法人治理结构主要采取单线制,即股东大会下面仅设置董事会,而不设立专门的监督机构。其内部的权利分配是:由公司股东大会选举董事组成董事会,全面负责经营管理事务并进行监督,董事会直接对股东大会负责。

（二）内部控制型治理模式

内部控制型治理模式又称为德日模式。德日模式以日本、德国为典型的银行导向型模式,其主要特征是:①股东通过主银行对公司治理,股东追求长期投资而轻易不转让股权,使公司股权结构比较稳定,市场接管的危险小,避免了恶性兼并带来的资源浪费问题;②经营者激励主要是事业激励(职务晋升、终身雇用、荣誉称号等);③监督主要依赖内部力量。公司经理以及整个公司的行为倾向于长期行为,对公司的长远发展有利;④相互持股的法人股权结构,有助于维系企业间长期稳定的交易关系。

内部控制型治理模式,股权相对集中,股东之间相互持股以及银行对公司持股,股东往往通过银行代替他们行使对公司的监控权。大陆法系国家公司法人治理结构主要采取双线制。

(三) 家族控制型治理模式

由家族所有或经营的企业在全世界企业中占65%~80%,在全球500强中1/3都是或曾经是家族企业。东亚的韩国、新加坡、印度尼西亚、马来西亚、泰国、菲律宾等国和我国的台湾、香港地区最为集中。家族企业,韩国58%,泰国67%,马来西亚和印度尼西亚分别是62%和72%。印度尼西亚的一个家族控制了整个股票市值的16.6%;菲律宾的一个家族控制了整个股票市值的17.1%;中国私营企业中约80%~90%为家族企业。可以认为,家族企业是私营企业普遍采取的一种治理模式。该模式的特点主要是:①所有权与经营权全为一个家族所掌握;②家族掌握着不完全的所有权,但掌握主要经营权;③掌握部分所有权,基本不掌握经营权。

家族控制型治理模式是指家族成员拥有部分或全部资产所有权并可能全部或部分掌握其经营权的企业。

四、公司治理原则

各国企业的实践活动表明,良好的公司治理既需要国家对治理结构要有强制性的法律法规,又应制定与市场环境变化相适应的、具有非约束性和灵活性的公司治理原则。世界各国的公司治理原则主要采用了经济合作与发展组织(OECD)制定的《公司治理结构原则》的内容,其主要内容包括以下五个方面。

(一) 股东权利

公司治理框架应该保护和促进股东权利的行使。保护股东的合法权利是所有高效公司治理体系的基石。为保护股东有参与公司重大事项决定的权利,公司必须事前充分披露有关公司控制权重新配置的所有变动。

(二) 各类股东的平等待遇问题

公司治理框架应该确保所有股东(包括少数股东和外国股东)受到平等对待。当其权利受到侵害时,所有股东应能够获得有效赔偿。禁止内部交易和自我交易行为,董事和管理人员的所有可能影响公司事务的个人物质利益均应披露。

(三) 董事会责任

公司治理框架应该确保董事会对公司的战略指导和对管理层的有效监督,确保董事会履行对公司和股东的受托责任。董事会成员应相对独立于管理层,能对公司业务进行客观评价。具体内容在内部治理中将会具体讲解。

(四) 雇员与其他利益相关者的角色定位

公司治理框架应该确保利益相关者的各项经法律法规而确立的权利,并鼓励公司与利益相关者之间在创造财富和工作岗位以及促进企业财务的持续稳定性等方面展开积极合作。另外,其他因素,诸如公司对环境的认知问题、商业道德问题,也会对公司声誉和成功产生深远影响。

（五）及时的信息披露和公司结构、经营的透明

公司治理框架应该确保及时准确地披露公司所有重要事务的信息,包括财务状况、绩效、所有权和公司的治理状况,并建立有效可实施的、有助于确保决策机制健全的信息披露标准。

从以上几点可以看出,这些原则是建立在不同公司治理结构基础之上的,充分考虑了各个利益相关者在公司治理结构中的作用,认识到一个公司的竞争力和最终成功是利益相关者协同作用的结果,是来自不同资源提供者特别是包括职工在内的贡献。

目前公司治理的热潮席卷了全球,这说明要维护良好的公司治理不仅仅需要法律制度的规范作用,还需要对公司有指导作用的管理实务原则。管理学大师德克鲁有这样一句话:什么叫企业家？企业家就是有能力把资源变成财富的人;什么是企业？企业就是把资源变成财富的一个组织。当前中国企业改革的实践呼唤公司治理的理论创新,并要求制定出更贴近企业治理实践的非约束性和指导性的一般原则。

五、公司治理框架

完整的公司治理体系包括内部治理和外部治理,并由产权和市场两条主线连在一起。具体如图 6-4 所示。

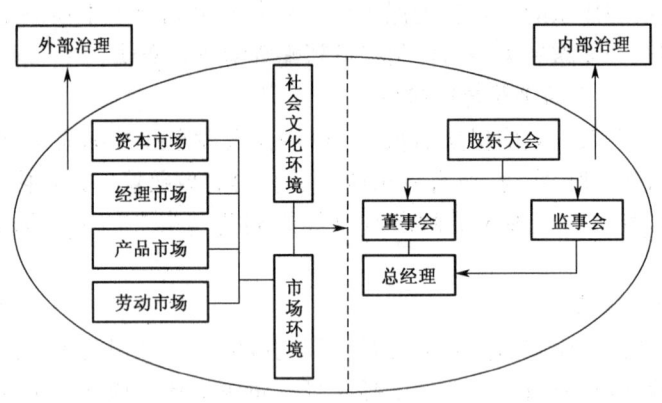

图 6-4 公司治理体系

股东大会、董事会、经理层三者在产权基础上形成的责、权、利关系构成了公司治理的基本框架,也是公司内部组织结构的上层部分。当公司内部的产权安

排和股权结构发生变化时,内部治理结构的运转及功能就可能发生变化。而由资本市场、经理市场、产品市场、劳动力市场构成的市场体系及其对公司影响的有效性,以致一个国家的制度、历史文化传统、法律观念,则是公司的外部治理。它们影响着公司内部治理结构的设计和运转,左右着公司的行为。下面将结合我国公司治理的现状来阐述公司治理的基本框架。

(一)内部治理

1. 股东大会

股东大会是指由全体股东组成的决定公司重大问题的最高权力机构,是股东表达其意志、利益和要求的主要场所和工具。股东大会是针对股份有限公司而言的,对于有限责任公司来说由其全体股东组成的最高权力机构称为股东会。

股东对公司拥有最终决定权,即股权,由于股权的存在,公司必须召开股东大会或股东会。

股东大会的主要职责是:①决定公司的经营方针和投资计划;②选举和更换非由职工代表担任的董事、监事,决定有关董事、监事的报酬事项;③审议批准董事会的报告;④审议批准监事会或者监事的报告;⑤审议批准公司的年度财务预算方案、决算方案;⑥审议批准公司的利润分配方案和弥补亏损方案;⑦对公司增加或者减少注册资本作出决议;⑧对发行公司债券作出决议;⑨对公司合并、分立、解散、清算或者变更公司形式作出决议;⑩修改公司章程;⑪公司章程规定的其他职权。

2. 董事会

董事会是指由股东大会选出的董事组成的负责公司经营管理活动的机构。在股东大会闭会期间,它是公司常设的最高决策机构,也是最高业务执行机构,负责处理公司重大经营管理事项。除股东大会拥有或授予其他机构拥有的权利以外,公司的一切权利由董事会行使或授权行使。

董事一般分为执行董事和非执行董事。一般来说,执行董事是那些全职负责公司管理的人。然而非执行董事是那些从外部引入的有丰富经验的专家,他们基于更加客观的角度对公司做出决策。

实际情况中,执行董事普遍倾向于让更多熟悉公司业务的人进入董事会。

另外有些公司的工会影响力较大时,亦会借由与资方的团体协约或是公司章程内明定由工会推派一定数目的劳工董事(工会董事)进入董事会,以保障劳方的权益。

3. 总经理

总经理是指董事会所委任的公司具体业务的总负责人,他根据董事会的指示对公司的日常经营活动进行全权经营管理。

总经理、董事会与股东大会的职责划分是比较明确的。股东大会是股份公司最高权力机构,董事会是股东大会的常设机构,总经理负责日常事务的处理。股东大会有解聘董事会成员的权力,董事会有解聘总经理的权力,总经理则有任免各职能部门的权力。股东大会可以变更章程,决定资本的增减,决定公司合并和解散。董事会在股东大会确定大政方针之后,做具体的筹划、安排,并提出相应决策,执行股东大会决议。但是公司的具体业务由董事会作出具体决策,由总经理具体执行、推动和监督。

4. 监事会

监事会是由全体监事组成的,对公司业务活动及会计事务等进行监督的机构。监事会也称公司监察委员会,是股份公司法定的必备监督机关,是在股东大会领导下与董事会并列设置,对董事会和总经理行政管理系统行使监督的内部组织。

监事会对股东大会负责,对公司财务以及公司董事、财务总监和董事会秘书等履行职责的合法性进行监督,维护公司及股东的合法权益。

公司应采取措施保障监事的知情权,及时向监事提供必要的信息和资料,以便监事会对公司财务状况和经营管理情况进行有效的监督、检查和评价。总经理应当根据监事会的要求,向监事会报告公司重大合同的签订、执行情况、资金运用情况和盈亏情况。总裁必须保证该报告的真实性。

监事会发现董事、经理和其他高级管理人员存在违反法律、法规或《公司章程》的行为,可以向董事会、股东大会反映,也可以直接向证券监管机构及其他有关部门报告。

对公司的内部治理的分析,请看下面关于国美的股权争夺案例。

【例6-7】 国美股权之争是一场经典的公司治理与股权争夺案例。黄光裕在1987年创办的国美是中国数一数二的家电零售企业。2004年销售额238亿元,在中国所有连锁企业中排名第二。然而2006年控股股东及前任执行董事黄光裕因非法经营罪、内幕交易罪和单位行贿罪被判有期徒刑14年入狱。2008年11月底,陈晓成为国美电器的CEO,并且开始自己的资本操作路径。逐渐与黄光裕走向决裂,包括与家族经营式思维的决裂。

冲突来自2009年国美电器因资金紧缺而引入贝恩资本。港交所资料显示,入股后,贝恩资本持有国美电器股权32.26%,仅次于大股东黄光裕家族,成为第二股东。为对抗贝恩资本,黄光裕通过增持,保持了自己33.98%的持股比例。2010年5月11日,黄光裕夫妇于国美电器召开的股东周年大会上,在12项决议中连续投了5项否决票,导致委任贝恩投资董事总经理竺稼等3名前任董事为非执行董事的议案未能通过。而根据此前签署的协议,如果贝恩投资在国美董事会中失去董事席位,将造成公司违约并须作出赔偿,相关赔偿额高达24亿元。

黄光裕家族是国美的控股股东,陈晓等董事会成员是一些职业经理人。以上出现的冲突是大股东和经理人之间,为了控制公司而出现的股权争夺问题。

要求:请用公司治理的相关知识对国美的股权争夺案进行分析。

具体分析如下:

国美的股权争夺案主要是公司控股股东和高级管理层之间的权衡问题,公司控制权之争仍然遵循香港公司法及公司章程,是一场合法的股权争夺案。

此案是关于家族企业公司治理、董事会与股东会的权力边界、职业经理人信托责任、私人股权基金的再认识。

在我国《公司法》中,股东大会是公司最高权力机构,"执行股东会的决议"是董事会主要职责之一。但我国属于大陆法系,而国美的注册地在百慕大群岛,上市地点在香港,这两地均属于英美法系。而大陆法系讲究"股东会中心制",即董事会只拥有股东会明确授予它的权力;而英美法系则奉行"董事会中心制",即除了股东会保留的,董事会具有一切权力。

国美事件中,在年度股东大会投票形成决议的情况下,董事会以"投票结果并没有真正反映大部分股东的意愿"为由,否决了股东大会相关决议,其依据正是国美电器公司章程中的表述:股东大会授权公司董事会有权在不经股东大会同意的情况下任命公司非执行董事,直至下一届股东大会投票表决。国美董事会的再否决,正是根据英美法系"未明确禁止即合规"的原则。

从以上案例可以看出商业利益的博弈必须充分运用资本市场的规则,依法进行。

再看国美之争的起因。国美的大股东与职业经理人之间的战争,其实质是公众公司的控制权之争,是家族经营方式与现代公司制度之间的碰撞。

黄光裕是国美的创始人,不想控制权旁落。这里就会有创始人和职业经理的职权界限问题。创业者与职业经理人之间不能仅仅靠"情感信任",而应该靠健全的规则形成的"机制信任"来确立相互的权利义务关系,做到授权明确,并有相应的救济渠道,防范其中的法律风险。只有这样,才会真正具有"公司的力量"。

在任何行业,作为创始人的职业经理人与投资人都会出现问题和分歧,为了解决这一矛盾,清晰的责权机制是必不可少的。这就要求公司依据《公司法》重新架构股东与职业经理人的关系,即将股东定位于出资人、监督者,将职业经理人定位于受托人、经营者。

(二)外部治理

外部治理是利益相关者与公司的契约、控制权市场以及经理市场对企业的外部控制和影响。利益相关者共同参与的公司治理机制,如图6-5所示。

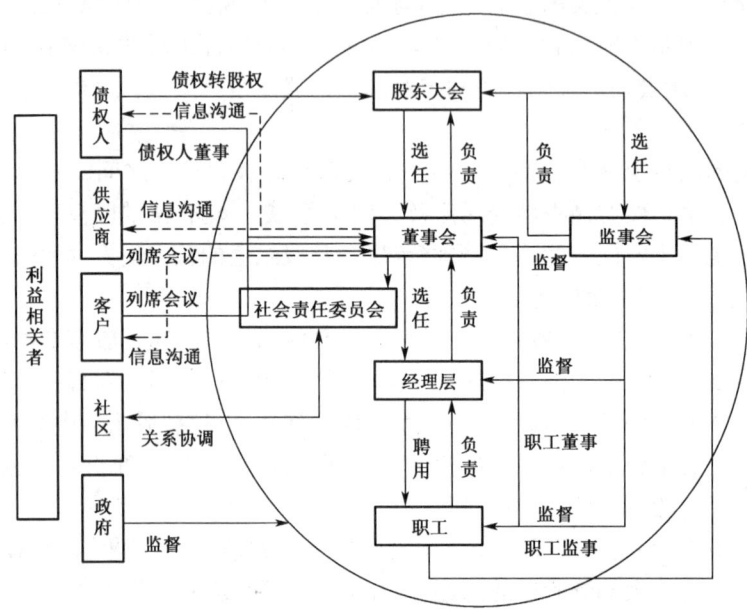

图6-5 利益相关者治理机制模式

1. 债权人

债权人是公司借入资本即债权的所有者。债权的特征主要包括:①债权的义务人(即债务人)必须是特定的;②债权必须要由特定的义务人协助才能实现;③公司债所表示的只是一种债权,债权人无权过问发行者的业务;④公司债收取利息,是公司的固定支出,应在股利之前支付,当公司破产清算时,必须首先偿还公司债;⑤公司债券的持有者(债权人)风险较小,除了获得固定的利息外,到期还可以收回本金。

2. 雇员

员工作为公司重要的资源和人力资产的所有者,应享有所有权。具体地说,应有以下权利:①剩余索取权。公司员工在按劳动合同和其他规定得到工薪报酬的同时,有权以奖金或其他形式参与公司税后利润的分配。②剩余控制权。公司决策对公司员工的切身利益有重大影响,因此员工应享有一部分剩余控制权,一旦某些决策损害自身利益便于及时采取对策。不能背着员工搞暗箱操作。③监督权。公司员工作为内部所有者,了解公司真实情况,掌握真实信息,能有效行使监督职能。④管理权。从人力资产所有者的意义上说,员工是公司的主人之一。因此应享有一定的管理权,如提供合理化建议、自主管理、共同决策等。

3. 客户

客户是公司产品或服务的消费者。客户拥有的权利包括:①安全权。消费者在购买、使用商品和接受服务时享有人身、财产安全不受损害的权利,消费者有权要求经营者提供的商品或服务符合保障人身、财产安全的要求。②知情权。消费决策的作出,一方面取决于其需要;另一方面依赖于其对商品或服务状况的了解,两方面因素的结合,才使消费者与经营者进行交易活动。③自主选择权。消费者享有自主选择商品或服务的权利,也就是说,可以根据自己的需要和意愿选择商品或服务。

4. 供应商

供应商是公司生产经营所需劳动资料和劳动对象即生产资料的供给者,这些生产资料包括:机器设备和工具;厂房、仓库、道路等基础设施;原材料、燃料、动力等。供应商是引致投资者,即他们的投资是由公司的产量或规模决定的,因而与公司休戚相关。

5. 政府

严格说来,政府与其他利益相关者的地位不可同日而语。政府的主要职能是:运用经济、法律等政策和手段调控国民经济运行,维护正常的交易秩序,并站在公正的立场上,调解不同所有者、经营者、管理者、劳动者之间的矛盾和冲突。

6. 社区居民

公司的经营不仅直接影响到所有者、交易者的利益,而且对公司所在社区的居民亦有重大影响:①公司为当地居民提供就业机会,增加居民收入;②公司的生产经营直接影响当地的环境,对居民的身心健康产生影响;③公司的扩张亦会对社区居民带来影响,如公司扩建可能要动迁居民,上新项目或许会带来污染,大量招雇外地工人会加剧当地公共交通、教育、住房、用水、用电、饮食等方面的矛盾,给居民生活带来不便,诸如此类。

练习测试题

一、单项选择题

1. 下面有关内部控制的说法中,错误的是( )。

  A. 内部控制的思想是以风险为导向的控制

  B. 内部控制是控制的一个过程,这个过程是需要全员的参与,包括董事会、管理层、监事会都需要参与进来,但不包括员工

C. 内部控制是一种管理,是对风险的管理
D. 内部控制是一种合理保证

2. 在COSO内部控制框架中,属于其他内部控制因素根基的是（　　）。
   A. 控制环境　　　　　　　　　B. 风险评估
   C. 控制活动　　　　　　　　　D. 信息与沟通、监察

3. 在中国内部控制中,风险评估的程序是（　　）。
   A. 设置目标、风险分析、风险识别、风险应对
   B. 风险分析、设置目标、风险识别、风险应对
   C. 设置目标、风险识别、风险分析、风险应对
   D. 风险识别、设置目标、风险分析、风险应对

4. 在存货管理过程中应注意以下事项,其中错误的是（　　）。
   A. 在存货管理过程中要明确存货取得、验收入库、原料加工、仓储保管、领用发出、盘点处置等环节的管理要求
   B. 在存货取得过程中要根据各种存货采购间隔期和当前库存,综合考虑企业生产经营计划、市场供求等因素,充分利用信息系统,合理确定存货采购日期和数量,确保存货处于最佳库存状态
   C. 在存货验收过程中,主要关注外购重点关注合同、发票等原始单据与存货的数量、质量、规格等核对一致;自制重点关注产品质量;其他方式重点关注存货来源、质量状况、实际价值是否符合有关合同或协议的约定
   D. 对于代管、代销、暂存、受托加工的存货可以存放和记录在一起,最后要加强存货的保险投保,建立盘点清查制度

5. 预算控制的过程包括（　　）。
   A. 编制、审定、执行、考核、奖惩　　　B. 编制、审定、分析、执行、奖惩
   C. 审定、执行、分析、考核、奖惩　　　D. 编制、审定、分析、考核、奖惩

6. （　　）应当对管理层对于内部监督的基调、监督的有效性及内部控制缺陷认定的科学、客观、合理进行认定和评价,并在内部控制设计和运行中有效发挥监督作用。
   A. 内部环境　　　　　　　　　B. 控制活动
   C. 信息与沟通　　　　　　　　D. 内部监督

7. 在审计监督方面,注册会计师的职责不包括（　　）。
   A. 支持其在内部控制审计中对内部控制有效性发表的意见
   B. 对内部控制的有效性负责
   C. 支持其在财务报表审计中对控制风险的评估结果
   D. 实施审计工作的基础上对内部控制的有效性发表审计意见

8. 下列有关人力资源的激励、约束与退出的说法中,不正确的是（　　）。
   A. 在人才使用和培养过程中建立员工培训长效机制,促进全体员工的知识、技能持续更新
   B. 关键岗位员工要强制休假制度,但不需要定期岗位轮换

C. 制定与业绩考核挂钩的薪酬制度,切实做到薪酬安排与员工贡献相协调,体现效率优先,兼顾公平
D. 董事、经理及其他高级管理人员等关键岗位离职应当进行离任审计

9. 关于内部信息传递的表述中,不正确的是( )。
A. 在内部信息传递过程中,对内部报告不需要采取保密制度,制定保密措施
B. 内部信息传递包括内部报告的形成和使用
C. 内部信息传递是指内部各管理层级之间通过内部报告形式传递生产经营管理信息的过程
D. 在进行风险评估时,要有效利用内部报告,准确识别和系统分析企业生产经营活动中的内外部风险,确定风险应对策略,实现对风险的有效控制

10. 采用英美模式的法人治理结构是( )。
A. 家族控制型治理模式   B. 内部控制型治理模式
C. 日德治理型控制模式   D. 外部控制型治理模式

二、多项选择题

1. 内部控制的发展经历了( )。
A. 内部牵制阶段   B. 内部控制制度框架
C. 内部控制结构阶段   D. 内部控制整合框架阶段

2. COSO 内部控制《企业风险管理——整合框架》的要素包括( )。
A. 内部环境
B. 目标设定、事项识别、风险评估、风险反映
C. 控制活动
D. 信息与沟通

3. 控制活动的内容是( )。
A. 不相容职务分离控制、运营分析控制
B. 授权审批控制、财产保护控制
C. 会计系统控制
D. 预算控制和绩效考评控制

4. 在董事会下需要设立的专门委员会是( )。
A. 战略委员会   B. 审计委员会
C. 题名委员会   D. 薪酬与考核委员会

5. 企业文化的内容不包括( )。
A. 积极向上的价值观   B. 体现国家的产业政策
C. 团队协作和风险防范意识   D. 以扩张为导向的产业政策

6. 信息系统的运行与维护包括( )。
A. 日常运行维护   B. 系统变更   C. 运行合格性   D. 安全管理

7. 内部控制评价的原则包括( )。
A. 客观性   B. 全面性   C. 重要性   D. 及时性

8. 按影响内部控制目标实现的严重程度,内部缺陷的分类有( )。
   A. 一般缺陷   B. 严重缺陷   C. 重要缺陷   D. 重大缺陷
9. 内部控制的审计方式有( )。
   A. 整合审计   B. 内部审计   C. 外部审计   D. 独立审计
10. 公司治理分为( )。
    A. 内部治理   B. 环境治理   C. 外部治理   D. 文化治理

三、判断题

1. 授权审批控制要求企业根据常规授权和特别授权的规定,明确各岗位办理业务和事项的权限范围、审批程序和相应责任。( )
2. 战略调整的调整依据是国家的整体经济调整形式,不依赖于行业的技术进步。( )
3. 社会责任主要是企业在经营发展过程中应当履行的社会职责和义务,主要包括安全生产、产品质量、环境保护、资源节约、促进就业、员工权益保护等。( )
4. 负债筹资要重点关注利率风险、筹资成本、偿还能力以及企业的流动性风险。( )
5. 财务报告主要是分析企业的资产负债和利润情况。( )
6. 负责内部控制评价的组织实施工作的部门包括授权的内部审计部门或者授权专门机构。( )
7. 实施审计工作的工作方法是按照自上而下的顺序进行审计。( )
8. 外部治理的利益相关者一般包括:债权人、供应商、客户、社区居民、政府。( )

四、简答题

1. 请简述内部控制的定义及其与风险的关系。
2. 请简述 COSO 内部控制风险管理的八要素。
3. 请简述《内部控制应用指引——资金活动》中的筹资、投资以及营运活动的相关内容。
4. 请简述内部控制缺陷的分类。
5. 请简述公司治理的原则。

五、计算与分析题

习 题 一

(一)目的:利用 COSO 内部控制五要素分析"ST 南方"内部控制情况。

(二)资料:广西南方食品集团股份有限公司 1997 年在深圳证券交易所上市。经营食品业、航空业、城市公用事业、物流业、房地产业等。2004 年 9 月 2 日,广西黑五类集团控股的广西南方投资有限责任公司成为第一大股东。

2007 年 4 月,由于 2005 年、2006 年连续亏损,南方控股被提示退市风险,更名为"ST 南控"。2008 年公司更名为"ST 南方"。公司股票于 2008 年 5 月 19 日起停牌。公司 2008 年、2009 年连续两年经审计的年度净利润为负,公司股票再次被实行"退市风险警示"特别处理。公司 2010 年 11 月 23 日起停牌。公司股票于 2011 年 10 月 27 日起撤销退市风险警示及其他特别处理,公司股票简称由"﹡ST 南方"变更为"南方食品",股票代码不变。但公司股票继续停牌。

针对经营者品行、价值观及能力和公司高层管理人员的薪酬,ST 南方召开 2009 年第一次临时股东大会的前一天,总裁张雄斌表示,公司在 2008 年规定高管工作的重点是南宁管道燃气有限责任公司(下称南管燃气)、平安家园的纠纷,并把高管工资、奖金与这些进展状况相绑定。虽然公司 2008 年亏损,但是公司的董事、监事和高级管理人员 2008 年的年薪较盈利 567 万元的 2007 年反而有所提升。

2008 年发生的"三聚氰胺"事件对整个食品行业的不良影响在 2009 年余波未了,消费者对非主餐食品的消费仍然非常谨慎,这些使公司的食品销售也受到不同程度的影响。在消费信心受到打击的情况下,各竞争对手采取了更为极端的竞争手段来维持、巩固其原有的市场份额,挤占其他厂家的经营资源;同时,新的竞品不断涌现、新的对手纷纷加入到竞争行列,竞争进一步加剧。2011 年上半年,黑芝麻、大米等公司生产所需的原材料采购价格持续攀升,导致公司的产品成本进一步提高,产品的毛利率进一步降低,公司面临巨大的经营压力。与此同时公司研制了新产品。

根据公司的报告资料,2009 年审计委员会由独立董事陈芳、谢凡和董事张雄斌担任委员,2009 年审计委员会对公司定期财务报告等事项进行讨论,并与审计师进行沟通,出具了对财务报告的审核意见。其中张雄斌同时担任了董事会以及审计委员会的成员。"ST 南方"在 2011 年发布的"关于实施《企业内部控制基本规范》工作方案"中对其组织结构描述如下:公司为保障各项工作有序高效开展,使内控工作达到预期目标,公司制订了总体目标,确定了 2011 年 10 月至 2013 年 4 月的分阶段性工作计划。但以上的一系列内部控制措施只是流于形式,并没有真正实施。

该公司 2006 年之前审计师来自大信会计师事务所,2007 年在对"ST 南方"审计时质疑其集体大额负债是刻意做低业绩打压股价,从而为随后的定向增发铺路才是真正动机后,于 3 月 27 日公布年报前,更换了审计机构。2008 年再次临阵换将,在 2009 年 1 月 14 日改聘北京永拓会计师事务所为 2008 年报审计师。特别在深圳鹏城以业务繁忙为由在 2008 年报审计关键时期退出,公司的原控股子公司明秀市场公司连续两年拒绝配合会计师事务所的年度审计。

(三) 要求:请用 COSO 内部控制五要素解释广西南方食品有限公司可能存在的内部控制风险并作相关分析。

习 题 二

(一) 目的:利用内部控制五要素分析中海集团内部控制情况。

(二) 资料:中国海运(集团)总公司(以下简称中海集团)成立于 1997 年 7 月,是以航运为主业的特大型综合性企业集团,在全球 90 多个国家和地区设立公司。

中海集团自 2006 年 6 月起,就曾将所获得的银行短期贷款近 25 亿人民币违规进行股票投资。2007 年被查出,受到银监会通报批评,国资委也在当年对公司予以降分处理的通报。

2008 年 1 月 31 日,中海集团接报,驻韩国釜山公司大约 4 000 万美元(约合人民币 3 亿元)的巨额运费收入及部分投资款,被公司内部人非法截留转移,分成 100 多次逐步挪出公司账户,主要涉案人员中海集团韩国控股的财务部负责人兼审计李克江在逃。此案发生以后,国资委表现出对中央企业内部控制问题的深切忧虑,迅即向包括中海集团、中远集团、五矿集团等多家在海外设有分公司的大型中央企业发出通报,责成其强化内部控制,消除资金失控的隐患。

(三)要求:请用内部控制五要素来探讨中海集团釜山公司的丑闻以及公司随后作出的内部控制的反思。

习 题 三

(一)目的:分析在生产经营过程中是否存在内部控制缺陷。

(二)资料:B公司主要经营太阳能的生产和销售,产品销售以B公司仓库为交货地点。ABC会计师事务所接受委托对B公司的购货与付款循环、生产循环、销售与收款循环的内部控制进行了解、测试与评价。

通过对B公司内部控制的了解,注册会计师对相关的内部控制程序的情况记录如下所示:①对需要购买的已经列入存货清单的,由仓库负责填写请购单,对未列入存货清单的,由相关需求部门填写请购单。每张请购单须由对该类采购支出预算负责的主管人员签字批准。②采购部收到经批准的请购单后,由其职员A进行询价并确定供应商,再由其职员C负责编制和发出预先连续编号的订购单。订购单一式四联,经被授权的采购人员签字后,分别送交供应商、负责验收的部门、提交请购单的部门和负责采购业务结算的应付凭单部门。

(三)要求:针对第①和第②项,假定不考虑其他条件,请逐项判断B公司上述已经存在的内部控制程序在设计上是否存在缺陷。如果存在缺陷,请分别予以指出,并简要说明理由,提出改进建议。

习 题 四

(一)目的:利用内部控制应用指引中的规范分析企业担保业务。

(二)资料:A公司为B房产公司提供担保,由于B房产公司未能按期归还贷款,而A公司连带为其偿还部分贷款。为此,A公司要B房产公司还债并将其诉诸法庭,法院裁定并执行查封了B房产公司部分资产。

2010年9月18日,A公司未履行审批和决策有关程序为B房产公司在银行借款3 000万元提供3年期担保,截至2011年8月21日,B房产公司尚欠1 900万元本金和相应利息。A公司因履行担保义务,代B房产公司归还银行1 100万元,其余未还款项如B房产公司在2011年11月15日前未能归还,A公司还将承担连带责任。

A公司因为B房产公司贷款提供担保发生的代还情况还有:2010年6月18日B房产公司在银行借款的400万元担保,A公司已经代为归还了190万元。A公司还有部分必须代为归还的担保情况存在。

A公司已经于2010年9月18日向人民法院提出诉讼,要求判令B房产公司清偿还债1 100万元和相应利息,同时提出保全申请;2010年11月16日,又提出追加其他还贷和相应利息的诉讼。A公司还提出了相应资产保全的申请。法院已经裁定并执行查封了B房产公司的部分资产。以上问题从根本上找原因是由于A公司内部对担保内部控制缺乏相应的控制。

(三)要求:请对该公司担保案例进行分析。

习 题 五

（一）目的：利用公司治理的相关知识分析案例。

（二）资料：在公司治理结构方面，德国公司有鲜明的特点，即在股东大会、董事会和经理外，还设有监事会，从而实现了所有权、经营权和监督权的相互分离。德国西门子公司是德国乃至欧洲最大的电子电气公司，也是世界十大电子公司之一。

西门子股份公司的前身是 1847 年创建于柏林的西门子-哈尔斯克电报机制造公司，自 1897 年西门子公司由家族公司转变为股份公司以来，一直规定其家族的股票按"一股六票"行使表决权。1966 年正式取名为西门子股份公司，西门子家族拥有西门子股份公司约 10% 的股份。1981 年彼德·冯·西门子退休，伯恩哈德·普莱特纳接班，这是西门子家族在掌管公司近 140 年来第一次将管理权交给非家族成员。

西门子股份公司是德意志银行财团的主干企业，同时又是德意志银行的大股东，西门子公司和德意志银行存在密切的人事和业务关系。在西门子公司的股票表决权中，银行系统拥有的就占 79.83%，而其中德意志银行、德累斯顿银行和商业银行三大银行总和为 35.52%。2001 年 5 月公司股东有 70 余万人。

西门子股份公司设有董事会（又称为理事会）、监事会和股东大会三个领导机构，分别代表着经营权、监督权和所有权。

西门子股份公司的监事会由 22 名监事组成，其中 11 名由股东大会选出，代表股东的利益，另一半由职工代表大会选举产生，代表职工的利益。职工参与制是德国公司的普遍做法，由于公司员工可以实现其参与企业管理的权力，客观上缓和了劳资关系，有利于调动员工的积极性。

监事会是公司的最高决策机构，其主要职责是聘任董事会成员，向董事会提供咨询和同董事会的法律交往中代表公司。

根据《联邦德国股份公司法》的规定，监事会的主要权利包括：任免董事权；董事会成员由监事会任命；连续或延续任命需监事会在期满前作出决议；有重要理由时，监事会有权撤销董事会成员的任命，更换董事会主席等。

（三）要求：通过以上案例，分析德国西门子的公司治理结构模式。

第七章 企业融资风险控制

本章学习要点

了解企业融资与融资风险的基本概念,掌握销售增长率与融资需求的计量,以及各种资本成本的计算,重点掌握资本结构的融资决策,以及资本结构、财务杠杆与财务风险的关系。

第一节 企业融资风险控制概述

一、企业融资的概念及方式

企业融资是指企业从自身生产经营现状及资金运用情况出发,通过各种途径和方式筹措企业生存和发展所必需的资金活动。融资是使企业及其内部各环节之间资金供求由不平衡到平衡的运动过程。企业的资金来源主要包括内源融资和外源融资两个渠道,其中内源融资主要是指企业的自有资金或在生产经营过程中产生的资金,由公司的留存收益及在经营活动中提取的折旧构成。内源融资对企业的资本形成具有原始性、自主性、低成本和抗风险的特点,是企业生存与发展不可或缺的重要组成部分。事实上,在发达的市场经济国家,内源融资是企业首选的融资方式,也是资金的重要来源。同时,在经济日益市场化、全球化和证券化的过程中,外源融资逐步成为获取资金的主要方式,外源融资即企业外部资金的来源部分,是企业将其他经济主体的资本转化为自己的投资的过程。外源融资主要包括银行贷款、发行股票、企业债券等方式。

随着我国金融市场的发展,企业的筹资有多种方式可以选择,企业可以根据自身的实际情况选择合理的方式。我国企业目前的筹资方式主要有以下几种。

(一)吸收直接投资

吸收直接投资是指公司以协议等形式吸收国家、法人、个人和外商等直接投入的资金,是非股份制企业筹集自有资本金的一种基本方式。吸收直接投资有利于企业尽快形成生产能力,降低财务风险,增强企业信誉。但吸收直接投资的资金成本较高,且企业控制权容易分散。

(二) 发行股票

股份制企业通过发行股票的方式筹集资本金。普通股不需要还本,股息也不需要像借款和债券一样定期定额支付,因此风险很低。但采取这一方式筹资会引起原有股东控制权的分散。

(三) 利用留存收益

留存收益是指企业从历年实现的利润中提取或留存于企业的内部积累,它来源于企业的生产经营活动所实现的净利润,包括企业的盈余公积和未分配利润两个部分。企业通过内部积累的方式筹集资金,既有利于减少企业的财务风险,又能够企满足企业的资金需求。利用留存收益筹资是各公司长期采用的一种筹资方式。

(四) 银行借款

银行借款是企业根据借款合同向银行等金融机构贷款而获得的需要还本付息的款项。企业可以在较短时间内取得所需的资金,但企业需要负担固定利息。如果企业不能到期还本付息就会引起企业财务状况的恶化。

(五) 商业信用

商业信用是指企业在正常的经营活动和商品交易中由于延期付款或预收账款等赊销活动所形成的信贷关系。商业信用的优点在于方便和及时。但商业信用一般是由卖方提供给买方,受商品流转方向及生产和商品流转周期的限制,一般只能是短期信用。此外,它还具有分散性和不稳定性等缺点。

(六) 发行公司债券

债券是企业根据法定程序发行的约定在一定时期内还本付息的有价证券。由于债券收益稳定、风险也较小,相对于股票基金,债券基金风险低但回报率也不高,较适合于不愿过多冒险,谋求当期稳定收益的投资者。

(七) 融资租赁

融资租赁又称金融租赁或财务租赁,是指出租人根据承租人对供货人和租赁标的物的需要,由出租人向供货人购买设备,然后在较长的合约期内提供给承租人使用的特殊筹资方式。它的目的是为了融通资金。

在上述筹资方式中,前三种方式筹措的资金为权益资本,后四种方式筹措的资金是债务资本。债务资本的筹集费用和利息可以在所得税前扣除,因此,企业在确定资本结构时必须考虑债务资本的比例,通过举债方式筹集一定的资金,可以获得节税利益。在权益资本筹集过程中,企业应更多地利用留存收益。因为使用企业留存收益所受限制较少,具有更大的灵活性,财务负担和风险都较小。

二、企业融资风险

企业融资风险是指筹资活动中由于不确定因素的存在而使企业不能达到预期融资目标,从而给企业带来损失的风险。融资风险要受经营风险和财务风险的双重影响。经营风险指企业因经营上的原因而导致的未来利润的不确定,它是影响企业最佳资本结构的重要因素。财务风险指全部资金中债务资本比率的变化带来的风险。当债务资本比率较高时,投资者将负担较多的债务成本、经受较多的财务杠杆作用所引起的收益变动的冲击,从而加大财务风险;反之,财务风险就小。一般而言,企业融资风险有以下几种。

1. 信用风险

信用风险是指交易对手未能履行约定契约中的义务而造成经济损失的风险。主要包括两个方面:一是指资金供应者不能按照约定向企业提供资金;二是指由于企业经营状况不佳而造成企业不能按约定还本付息,是企业信用下降的风险。

2. 市场风险

市场风险是指因股市价格、利率、汇率变动以及通货膨胀等因素而导致价值下降等潜在损失的风险。市场风险使企业融资成本增加,效益下降。市场风险贯穿于项目始终。在项目筹划阶段,投资方应做好充分的市场调研和市场预测,减少投资的盲目性。在项目建设和经营阶段,项目应该签订长期的原材料供应协议、商品销售协议等。项目公司还可以争取获得其他项目参与者,如政府或当地产业部门的某种信用支持来分散项目的市场风险。

3. 金融风险

金融风险是一定量金融资产在未来时期内预期收入遭受损失的可能性。对于金融风险的控制主要是运用一些传统的金融工具和新型的金融衍生工具。传统的金融风险在管理上是根据预测的风险,确定项目的资金结构。新型的金融衍生工具可采用远期合同、掉期交易、交叉货币互换等方式。

4. 道德风险

道德风险是指由于信息的不对称性和契约的不完备性,从事经济活动的人为追求自身效用最大化而做出不利于他人的行动。道德风险具有潜在性、长期性、破坏性等特点,企业需要建立适当的监督机制与激励机制来降低道德风险。

5. 政治风险

政治风险是指由于一国局势动荡使经济政策出现重大变化,导致企业融资失败或融资成本上升而遭受损失的风险。企业应广泛搜集和分析影响宏观经济的政治、金融、税收方面的政策,对未来进行政治预测,规避风险。还可以通过向官方机构或商业保险公司投保政治风险,转移和减少这类风险带来的损失。

6. 环境保护风险

环境保护风险是指由于遵循环保法规要求而增加的新资产投入或迫使项目停产等风险。项目投资者应熟悉项目所在国与环境保护有关的法律,在项目的可行性研究中应充分考虑环境保护风险,拟定环境保护计划作为融资前提,并在计划中考虑到未来可能加强的环保管制,以环保立法的变化为基础进行环保评估。

分析企业融资风险有利于增强风险意识,加强风险防范,避免融资风险给企业带来的损失。资本结构是企业筹资决策的核心问题。企业原来的资本结构不合理的,应通过筹资活动,尽量使其趋于合理。企业财务管理的总目标是企业价值的最大化。企业在筹资时,需要确定最佳资本结构。所谓最佳资本结构,应当是使企业价值最大的资本结构,而不能仅以每股盈余的最大化为标准。只有在风险不变的情况下,每股盈余的增长才能带来股价的上升。所以,最佳资本结构应是可使企业价值最大化而非仅每股盈余最大化的资本结构。同时,在这样的资本结构下,企业的综合资金成本也是最低的。

第二节 资本结构与财务杠杆

杠杆的一般形式有经营杠杆、财务杠杆和复合杠杆。公司管理层可以利用财务管理中的几种杠杆,在投融资决策方面做好"度"的把握,并进行相应评估。

一、经营杠杆

(一) 经营风险

经营风险是指由于企业的管理人员在经营管理中出现失误而导致公司收益变动的不确定性。经营风险源于对被审计单位实现目标和战略产生不利影响的重大情况、事项、环境和行动,或源于不恰当的目标和战略。任何企业都存在一定的经营风险。对于正在迅速增长而社会环境又处于迅速变化之中的中国企业界来说,经营风险往往是由多种原因所致。但在一定程度上经营风险是可以控制的。固定成本是影响经营风险的多种因素之一。这里所讲的固定成本或费用分为两类:①经营活动所产生的固定成本或费用,以下简称为固定成本,如固定资产的折旧、职员工资、办公费等;②筹资活动所产生的固定成本或费用,这一部分费用主要是由企业从事筹资活动而产生的,主要体现为债务资本的利息或发行股票应支付的股息。

根据成本性态,在一定营业收入范围内,营业收入的增加一般不会影响固定成本总额,但会降低单位产品固定成本,从而提高单位产品利润,使营业利润增长率大于营业收入增长率;反之,营业收入降低,会使单位产品固定成本升高,从而降低单位产品利润,并使利润下降率大于成本的下降率。所以,产品只有在没有固定成本的条件下,才能使贡献毛利等于经营利润,使利润变动率与营业收入变动率同步增减,但这种情况在现实中是不存在的。

(二) 经营杠杆

经营杠杆原理是指由于固定成本的作用,公司期望收益提高的同时,公司风险也增加的现象,杠杆原理是公司财务管理的重要分析工具,即企业在每个会计期间对所发生的固定成本或费用的利用程度。这样,经营杠杆反映了销售和息税前利润的杠杆关系,是指在企业生产经营中由于固定成本的存在,当营业收入变动时所引起的息税前利润产生更大变动的经济现象。固定成本和营业利润决定了经营杠杆的大小。企业要获得经营杠杆利益,需要承担由此引起的经营杠杆风险。因此管理层必须在经营杠杆利益和风险之间作出权衡。

【例7-1】 ABC公司在营业总额为2 000万~3 000万元以内,固定成本总额为600万元,变动成本率为50%。公司2008—2010年的营业总额分别为2 000万元,2 500万元和3 000万元。则其经营杠杆利益如表7-1所示。

表7-1

ABC公司营业杠杆利益测算表

单位:万元

年份	营业额	营业额增长率(%)	变动成本	固定成本	营业利润	利润增长率(%)
2008	2 000		1 000	600	400	
2009	2 500	25	1 250	600	650	63
2010	3 000	20	1 500	600	900	38

具体分析如下:

由上表可见,ABC公司在营业总额为2 000万~3 000万元的范围内,固定成本总额每年都是600万元,随着营业总额的增长,息税前利润以更快的速度增长。由此可知,由于ABC公司有效地利用了营业杠杆,获得了较高的经营杠杆利益,即息税前利润的增长幅度高于营业总额的增长幅度。

经营杠杆的大小一般用经营杠杆系数表示,即息税前利润的变动倍数相当于销售量变动的倍数。经营杠杆系数可按如下公式计算。

$$DOL = \frac{\Delta EBIT \div EBIT}{\Delta S \div S} \tag{7-1}$$

式中：DOL 表示经营杠杆系数；$EBIT$ 表示变动前息税前利润；$\Delta EBIT$ 表示息税前利润变动额；S 表示变动前营业收入；ΔS 表示营业收入的变动额。

可将上述公式变换如下：

$$EBIT = S \times (1-v) - F$$

$$\Delta EBIT = (S + \Delta S) \times (1-v) - F - EBIT = \Delta S \times (1-v)$$

$$\therefore \Delta EBIT \div EBIT = \Delta S \times (1-v) \div [S \times (1-v) - F]$$

$$\therefore DOL = \frac{EBIT + F}{EBIT} = \frac{S - VC}{S - VC - F}$$

式中：v 表示变动成本率；VC 表示变动成本。

【例 7-2】 某公司销售收入总额为 500 万元，固定成本总额为 100 万元，变动成本率为 60%。计算当销售收入变动 20% 时其息税前利润的变动情况。

具体分析如下：

$$EBIT = 500 \times (1 - 60\%) - 100 = 100$$

$$DOL = \frac{100 + 100}{100} = 2$$

当销售收入增加 20%，即 $\Delta S \div S = 20\%$ 时，息税前利润增加率为：

$$DOL = \frac{\Delta EBIT \div EBIT}{\Delta S \div S} \Rightarrow \Delta EBIT \div EBIT = 2 \times 20\% = 40\%$$

当销售收入减少 20%，即 $\Delta S \div S = -20\%$ 时，息税前利润下降幅度为：

$$\Delta EBIT \div EBIT = 2 \times (-20\%) = -40\%$$

以上计算结果说明，经营杠杆系数对企业经营风险有较大影响，它可以加大需求和成本等不确定因素对息税前利润的影响程度，而且经营杠杆系数越大，对经营杠杆利益的影响越强，经营风险也越大；反之，经营杠杆系数越小，则经营风险也越小。

二、财务杠杆

（一）财务风险

财务风险是指公司财务结构不合理、融资不当使公司可能丧失偿债能力而导致的风险，是企业因筹集资金给财务成果带来的不确定性。主要包括利率风险、再融资风险、财务杠杆效应、汇率风险、购买力风险等。这种风险最终由普通股股东承担。财务风险是客观存在的，企业管理者对财务风险只能采取有效措施来降低风险，而不可能完全消除风险。

负债经营是现代企业应有的经营策略,通过负债经营企业可以弥补自有资金的不足,还可以用借贷资金来实现盈利。但在债务一定的情况下企业支付的利息是固定的,这就加大了税后利润的不确定性。如果公司资金总量中债务比重大,或是公司的资金利润率低于利息率,就会使固定的现金流出量增加,股东的可分配盈利减少,股息下降,使得股票投资的财务风险增加,这样就导致了企业财务风险的增加。

(二) 财务杠杆

债务利益或优先股股息这类固定性融资成本是影响财务风险的基本因素。无论企业营业利润多少,债务利息和优先股的股利都是固定不变的。当息税前利润增大时,每一元盈余所负担的固定财务费用就会相对减少,这能给普通股股东带来更多的盈余,普通股股东每股收益的增长率将大于营业利润的增长率;反之,当息税前利润减小时,每一元盈余所负担的固定财务费用就会相对增加,从而导致普通股每股收益以更快的速度下降。这种由于筹集资本的固定利息费用所引起的普通股每股收益的变动幅度大于息税前利润的变动幅度的现象称为财务杠杆。财务杠杆影响的是企业的税后利润而不是息税前利润。固定性融资成本和息税前利润共同决定了财务杠杆的大小。

财务杠杆系数是指息税前利润的变动引起的普通股每股收益变动的倍数。它可以用来反映财务杠杆的利用程度,评估财务风险的高低。其计算公式如下:

$$DFL = \frac{\Delta EPS \div EPS}{\Delta EBIT \div EBIT} = \frac{EBIT}{EBIT - I} \tag{7-2}$$

式中:DFL 表示财务杠杆系数;$EBIT$ 表示变动前息税前利润;$\Delta EBIT$ 表示息税前利润变动额;EPS 表示变动前普通股每股收益;ΔEPS 表示普通股每股收益的变动额;I 表示债务利息。

【例 7-3】 某公司销售收入总额为 500 万元,固定成本总额为 100 万元,变动成本率为 60%。且公司的长期负债为 100 万元,负债利率为 10%,计算该公司的财务杠杆系数。

具体分析如下:

$$EBIT = 500 \times (1 - 60\%) - 100 = 100$$

$$DFL = \frac{100}{100 - 100 \times 10\%} = 1.11$$

当息税前利润增加 30%,即 $\Delta EBIT \div EBIT = 30\%$ 时,每股收益增加率为:

$$DFL = \frac{\Delta EPS \div EPS}{\Delta EBIT \div EBIT} \Rightarrow \Delta EPS \div EPS = 1.11 \times 30\% = 33\%$$

当息税前利润减少30%,即 $\Delta S \div S = -30\%$ 时,每股收益下降幅度为:

$$\Delta EPS \div EPS = 1.11 \times (-30\%) = -33\%$$

(三) 财务杠杆与风险

自有资金的筹集数量有限,当企业处于扩张时期,自有资金很难完全满足企业的需要。负债筹资速度快,弹性大,适当的借入资金有利于扩大企业的经营规模,提高企业的市场竞争能力。同时,由企业负债而产生的利息可以在税前支付。若经营利润相同,负债经营与无债经营的企业相比,缴纳的所得税较少,即节税效应。所以,债务资本成本与权益资本成本相比较低,负债筹资有利于降低企业的综合资本成本。但是,未来收益的不确定性使借入资金必然承担一部分经营风险,即债务资本的经营风险转嫁给权益资本而形成的财务风险也必定存在;其次,闲置资金的存在也促进的借贷行为的发生。资金只有投入生产过程才能实现增值。如果把一笔资金作为储藏手段保存起来,若不存在通货膨胀,随着时间的推移是不会增值的。所以,企业将闲置资金存入银行以收取利息,由银行贷出投入生产,财务杠杆以及财务风险也将伴随着债务资本而存在。

一般情况下,财务杠杆系数越大,财务杠杆作用就越大,从而风险也越大;反之,财务风险就越小。财务风险存在的实质是由于负债经营使得负债所负担的那一部分经营风险转嫁给了权益资本。如果借入资金的投资收益率大于平均负债利息率,企业则可从杠杆中获益;反之,则会遭受损失。这种不确定性就是杠杆带来的财务风险。从理论上讲,企业财务杠杆系数的高低可以反映财务风险的大小。这里需要指出,负债中包含有息负债和无息负债,财务杠杆只能反映有息负债给企业带来的财务风险而没有反映无息负债,如应付账款的影响。通常情况下,无息负债是正常经营过程中因商业信用产生的,而有息负债是由于融资需要借入的,一般金额比较大,所以是产生财务风险的主要因素。如果存在有息负债,财务杠杆系数大于1,放大了息税前利润的变动对每股盈余的作用。

财务杠杆作用包括两种情况:

第一种情况是在现有主权资本与负债比例不变的情况下,由于息税前收益变动而对所有者权益的影响。

【例 7-4】 某企业资产总额为1 000万元,负债与主权资本比例为40∶60,借款年利率为10%,企业基期息税前收益为325万元。公司计划期的息税前收益由325万元下降到250万元,降幅为30%,假定企业的所得税税率为25%,主权资本收益率将增长多少?

具体分析如下。

计算过程如表7-2所示。

表 7-2

资本收益率计算表

单位:万元

项　　目	基　　期	计　划　期
息税前收益	325	250
息税前收益率	$\frac{325}{1\,000}=32.5\%$	$\frac{250}{1\,000}=25\%$
利息支出	40	40
税前收益	285	210
所得税	71.25	52.5
税后收益	213.75	157.5
主权资本收益率	$\frac{213.75}{600}=35.63\%$	$\frac{157.5}{600}=26.25\%$

从表 7-2 中可以看出,当息税前收益由 325 万元下降到 250 万元时,由于支付的利息是固定不变的,主权资本收益率由 35.63% 下降为 26.25%,这是财务杠杆作用的结果。则:

$$DFL=\frac{\frac{157.5\div1\,000-213.75\div1\,000}{213.75\div1\,000}}{\frac{250-325}{325}}=1.14$$

上式表明,如果该公司的息税前收益以 325 万元为基础,下降 1%,则主权资本收益率下降 1.14%。

第二种情况是在息税前收益不变的情况下,负债比率的变动对资本收益率的影响。假定企业息税前收益一定,且资产收益率大于负债利息率,则提高资本结构中的负债比重,会相应的提高资本收益率;反之,如果资产收益率小于负债利息率,则提高资本结构中的负债比重,会降低资本收益率。上述关系可用公式表达为:

$$\text{税后主权资本收益率}=\text{资产收益率}+\frac{\text{负债}}{\text{主权资本}}\times(\text{资产收益率}-\text{负债利息率}) \qquad (7-3)$$

【例 7-5】 某企业资产总额为 1 000 万元,资产收益率为 30%,负债利率为 10%,所得税税率为 25%,则不同负债比率,其税后主权资本收益率计算如表 7-3 所示。

表 7-3

不同资本结构下的税后资本收益率计算表

单位:万元

项 目	结构 1(60:40)	结构 2(40:60)	结构 3(30:70)	结构 4(20:80)
息税前收益	300	300	300	300
利息率(%)	10	10	10	10
税前收益	240	260	270	280
所得税	60	65	67.5	70
税后收益	180	195	202.5	210
主权资本收益率	$\frac{180}{400}=45\%$	$\frac{195}{600}=32.5\%$	$\frac{202.5}{700}=28.93\%$	$\frac{210}{800}=26.25\%$

所以负债经营可产生杠杆作用,财务杠杆作用既有利益又有风险,企业在筹集资金时,必须在利益和风险间进行权衡,合理安排负债与主权资本的比例关系。

此外,不同的财务杠杆对风险的影响不同。例如,ABC 公司资产总额为 10 000 万元,在了解当前市场的供需状况,估算未来经济状况和销售的基础上,制定出未来销售的概率分布。可能的情况从"极差"(如由于棘手的劳资谈判而引起罢工)到"极好"(未来状况尽如人意)。表 7-4 考虑了可能的几种销售水平,并确定了相应恰当的概率估计。这些数据将用来计算两个基本的风险指标,差异系数(V)和 β。

表 7-4

ABC 公司可能销售水平的预期概率

单位:万元

概 率	0.2	0.5	0.3
销售	5 000	10 000	15 000
固定成本	5 000	5 000	5 000
变动成本(0.2)	1 000	2 000	3 000
总成本	6 000	7 000	8 000
EBIT	−1 000	3 000	7 000
总资产收益率(%)	−10	30	70

如表 7-4 所示,预期的资本收益率及其标准差被用来计算差异系数,其中 P_S 为概率,ROA 为总资产收益率,ROE 为净资产收益率。总资产收益率的差异

系数 $V = \dfrac{\sigma}{\overline{ROA}} = 0.82$，这表明总资产收益很可能丢失，风险较大。在无杠杆情况下，风险指标 V 对于 ROE 和 ROA 来说是一致的。但是，杠杆增大，V 随之扩张，预期的 ROE 也增加。因此预期 ROE 与其波动指标都随杠杆增大而增大。

表 7-5

ABC 公司风险指标的计算

S	P_S (1)	ROA (2)	P_S ROA (1)×(2)	$(ROA - \overline{ROA})$	$(ROA - \overline{ROA})^2$	$P_S(ROA - \overline{ROA})^2$
1	0.2	−0.1	−0.02	−0.44	0.193 6	0.038 72
2	0.5	0.3	0.15	−0.04	0.001 6	0.000 8
3	0.3	0.7	0.21	0.36	0.129 6	0.038 88
			$\overline{ROA} = 0.34$			$\sigma^2 = 0.078\ 4$ $\sigma = 0.28$

上表中：

$\overline{ROA} = 0.2 \times (-0.1) + 0.5 \times 0.3 + 0.3 \times 0.7 = 0.34$

$\sigma^2 = 0.2 \times (-0.1 - 0.34)^2 + 0.5 \times (0.3 - 0.34)^2 + 0.3 \times (0.7 - 0.34)^2 = 0.078\ 4$

$\sigma = \sqrt{0.078\ 4} = 0.28$

基本的风险指标是 β 系数，β 系数是指一个股票的收益相对于市场组合收益的敏感性。股票的风险报酬率以及它所带来的股利和价值增值都与风险有关。对厌恶风险的投资者来说，必须要用更高的期望收益率来补偿他们的风险。形成风险的原因之一是股东所在公司的资本结构中含有负债，因而引起了财务风险。根据资本资产定价模型对杠杆变化的作用做出估计。可以得出杠杆 β 与非杠杆 β 的关系式如下：

$$\beta_L = \beta_u [1 + (B/S)(1-T)] \tag{7-4}$$

式中：β_u 表示公司负债权益比大于 0 的杠杆 β 系数；β_L 表示公司负债权益比为 0 时的杠杆 β 系数；B/S 表示公司负债权益比。

根据以上公式，可以通过计算得出的杠杆 β 和证券市场线，求得要求的期望收益率。从而估计资本结构变化对期望收益率的影响，并分解期望收益率，以确定最佳资本结构。综上所述，财务杠杆可以给企业带来额外的收益，也可能造成额外损失，这是构成财务风险的重要因素。财务杠杆利益是既定财富在投资人和债权人之间的分配，财务风险是经营风险向投资人的转移。所以，财务杠杆的作用既没有增加整个社会的财富,也没有增加整个社会的风险。财务杠杆利益和财务风险是企业资本结构决策的一个重要因素,资本结构决策需要在杠杆利益与其相关的风险之间进行合理的权衡。任何只顾获取财务杠杆利益,无视财务风险而不恰当地使用财务杠杆的做法都是企业财务决策的重大失误,最终将损害投资者得利益。

综上分析,企业管理层应在上述经营杠杆(或财务杠杆)上寻找一个支点,转化为确定合适的固定资产投资规模(或债务筹资规模),使企业的经营杠杆或财务杠杆的利益和风险达到企业可接受的程度,同时降低企业整体经营风险和财务风险。

三、总杠杆

(一)总杠杆系数与风险

总杠杆又称为复合杠杆,是指营业收入的变化对每股收益的影响程度。通过它可看到经营杠杆与财务杠杆之间的相互关系,即为企业综合利用经营杠杆和财务杠杆给企业普通股收益带来的影响。总杠杆系数是反映普通股每股收益变动率相当于营业收入变动率的倍数。其公式如下:

$$DTL = \frac{\Delta EPS \div EPS}{\Delta S \div S} = DOL \times DFL \tag{7-5}$$

【例7-6】 ABC公司目前年销售额1 000万元,变动成本率60%,全部固定成本为200万元(含利息),普通股股数为300万股,该公司目前总资产为500万元,资产负债率40%,目前的平均负债利息率为8%,假设所得税率为25%。该公司拟改变经营计划,追加投资200万元,预计每年固定成本增加100万元(不含利息),同时可以使销售额增加20%,并使变动成本率下降至40%。该公司以提高每股收益的同时降低总杠杆系数作为改进经营计划的标准。

要求:

(1)计算目前的每股收益、利息保障倍数、经营杠杆、财务杠杆和总杠杆系数。

(2)所需资金以追加股本取得,每股发行价2元,计算追加投资后的每股收益、利息保障倍数、经营杠杆、财务杠杆和总杠杆系数,判断应否改变经营计划。

(3)所需资金以10%的利率借入,计算追加投资后的每股收益、利息保障倍数、经营杠杆、财务杠杆和总杠杆系数,判断应否改变经营计划。

具体分析如下:

(1)目前净利润 = (1 000 - 1 000 × 60% - 200) × (1 - 25%) = 150(万元)

每股收益 = 150 ÷ 300 = 0.5(元/股)
目前负债总额 = 500 × 40% = 200(万元)
目前每年利息 = 200 × 8% = 16(万元)
目前每年固定成本 = 200 − 16 = 184(万元)
息税前利润 = 1 000 − 1 000 × 60% − 184 = 216(万元)
利息保障倍数 = 216 ÷ 16 = 13.5
经营杠杆 = (1 000 − 1 000 × 60%) ÷ 216 = 1.85
财务杠杆 = 216 ÷ (216 − 16) = 1.08
总杠杆 = 1.85 × 1.08 = 1.998

(2) 增资后的净利润 = [1 000 × (1 + 20%) × (1 − 40%) − (200 + 100)] × (1 − 25%)
　　　　　　　　　= 315(万元)
增加的股数 = 200 ÷ 2 = 100(万股)
每股收益 = 315 ÷ (300 + 100) = 0.79(元/股)
息税前利润 = 1 200 × (1 − 40%) − (184 + 100) = 436(万元)
利息保障倍数 = 436 ÷ 16 = 27.25
经营杠杆 = [1 200 × (1 − 40%)] ÷ 436 = 1.65
财务杠杆 = 436 ÷ (436 − 16) = 1.04
总杠杆 = 1.65 × 1.04 = 1.72

因为与筹资前相比每股收益提高,总杠杆系数降低,所以应改变经营计划。

(3) 每年增加利息费用 = 200 × 10% = 20(万元)
每股收益 = {[1 000 × (1 + 20%) × (1 − 40%) − (200 + 100 + 20)] × (1 − 25%)}
　　　　　÷ 300 = 1(元/股)
息税前利润 = 1 200 × (1 − 40%) − (184 + 100) = 436(万元)
利息保障倍数 = 436 ÷ (20 + 16) = 12.11
经营杠杆 = (1 200 × 60%) ÷ 436 = 1.65
财务杠杆 = 436 ÷ [436 − (20 + 16)] = 1.09
总杠杆 = 1.65 × 1.09 = 1.8

因为与筹资前相比每股收益提高,总杠杆系数降低,所以应改变经营计划。
　　由于总杠杆作用使普通股每股利润大幅度波动而造成的风险,称为总风险。总风险直接反映了企业的整体风险。在其他因素不变的情况下,总杠杆系数越大,总风险越大;总杠杆系数越小,总风险越小。因此,总杠杆系数对公司管理层具有深远影响。首先,当营业收入变化时,总杠杆系数使公司管理层在一定的成本结构与融资结构下能够对每股收益的影响程度作出判断,即能够估计出营业收入变动对每股收益造成的影响。例如,如果一家公司的总杠杆系数是2,则说明当营业收入每增长(减少)1倍,就会造成每股收益增长(减少)2倍。其次,通过经营杠杆与财务杠杆之间的相互关系,有利于管理层对经营风险与财务风险进行管理,即为了控制某一总杠杆系数,经营杠杆和财务杠杆可以有很多不同的组合。比如,经营杠杆系数较高的公司可以在较低的程度上使用财务杠杆;经营杠杆系数较低的公司可以在较高的程度上使用财务杠杆等等。这有待公司在考虑各相关具体因素之后作出选择。

(二) 总杠杆系数在企业价值评估中的应用

在企业价值评估过程中,需要确定折现率,评估人员可以以政府债券利率和银行储蓄利率为参考依据选择确定无风险报酬率,而风险报酬率的确定相对比较困难,它会因被评估企业所处行业在国民经济中的地位、企业在行业中的地位、企业所处行业的投资风险、企业在未来的经营中可能承担的风险以及国民经济增长率、评估时点等因素的不同而不同。一般有两种基于总杠杆系数确定企业评估折现率的方法和模型。

1. 回归分析法

该方法的思路是利用被评估企业所在行业的样本企业在过去一段时期的收益率和综合杠杆系数,应用最小平方法,进行回归分析,从而建立企业综合杠杆系数与企业收益率之间的关系模型,在此基础上,将被评估企业自身的预期总杠杆系数代入已建立的关系模型,便可得到被评估企业价值评估中的折现率。根据上述思路,可以建立以下数学模型:

$$i = f(DCL) = a + b \times DCL \tag{7-6}$$

式中:a 表示无风险报酬率;b 表示风险系数;i 表示折现率。

上述公式中的样本企业的历史收益率和历史总杠杆系数,可以以上市公司为对象选择确定。这主要是因为上市公司的年度会计报告是公开的,数据较易取得,同时上市公司基本上能代表行业的发展状况。至于 a 和 b 的确定,不妨先建立回归直线的联立方程式:把上述基本模型用 n 个样本值的和的形式来反映,可得:

$$\sum_i i = na + b\sum(DCL) \tag{7-7}$$

再将(7-7)式的左右两边各项用综合杠杆系数 DCL 来加权,可得:

$$\sum i \times (DCL) = a\sum(DCL) + b\sum(DCL)^2 \tag{7-8}$$

把式(7-7)移项化简,即可得:

$$a = \frac{\sum i - b\sum(DCL)}{n} \tag{7-9}$$

把(7-9)式代入(7-8)式并移项化简,可得:

$$b = \frac{n\sum(DCL) \times i - \sum(DCL) \times \sum i}{n\sum(DCL)^2 - (\sum(DCL))^2} \quad (7-10)$$

再根据(7-9)式和(7-10)式,将有关数据代入,先求 b,再求 a,即可确定该关系模型。

2. 比较法

该法的思路是在被评估企业所在行业平均净资产收益率的基础上,将企业预期的综合风险和行业的平均综合风险进行比较,从而调整行业平均净资产收益率来确定企业价值评估的折现率。根据比较法的思路,可以建立以下数学模型:

$$i = R_f + \frac{DCL_i + (R_h - R_f)}{DCL_h} \quad (7-11)$$

式中:R_f 表示无风险资产收益率;R_h 表示企业所在行业平均净资产收益率;DCL_i 表示企业总杠杆系数;DCL_h 表示企业所在行业平均总杠杆系数。

公式中的行业平均净资产收益率和行业平均总杠杆系数可以根据近3年经营比较稳定、营运能力正常的上市公司进行确定。评估人员在掌握企业价值评估折现率的方法和模型的基础上,为了折现率能满足企业价值评估的要求,还应掌握以下几点:企业收益额与折现率口径应相互匹配;折现率的值应是客观的、而非实际的企业投资收益率;折现率应能在收益中补偿或准备补偿企业所有无法避免的风险。总之,评估人员在运用收益法评估企业价值时,对折现率的确定一定要慎重,否则会导致评估的结果不能满足评估目的的要求,从而增大评估机构和评估人员的风险。

四、资本成本

(一)资本成本的概念及构成

资本成本是指企业为筹集和使用资金而付出的代价。资本成本是财务管理中的重要概念。首先,资本成本是企业的投资者对投入企业的资本所要求的收益率;其次,资本成本是投资本项目的机会成本。资本成本的概念广泛运用于企业财务管理的许多方面。对于企业筹资来讲,资本成本是选择资金来源、确定筹资方案的重要依据,企业力求选择资本成本最低的筹资方式。对于企业投资来讲,资本成本是评价投资项目、决定投资取舍的重要标准。资本成本还可用作衡量企业经营成果的尺度,即经营利润率应高于资本成本,否则表明业绩欠佳。

资本成本由资本的筹集成本和使用成本构成。其中,资本的使用成本构成了资本成本的主要部分,这也是降低资本成本的主要方向。

1. 资本的筹集成本

资本的筹集成本是指在资金筹集过程中支付的各项费用,如发行股票、债券支付的印刷费、发行手续费、律师费、资信评估费、公证费、担保费、广告费等。筹集成本一般都属于一次性费用,通常作为所筹资本的一项扣除,它与筹资的次数有关。

2. 资本的使用成本

资本的使用成本是指资本使用人为占用资金所支付的资本使用报酬,如股票的股息、银行借款和债券利息等。相比之下,使用成本是筹资企业经常发生的,它一般与所筹资本的大小及使用时间有关。

在财务管理中,资本成本一般用相对数表示。如借入长期资金即为资金占用费与实际取得资金之间的比率,但是它不简单地等同于利息率,两者之间在含义和数值上是有区别的。资本成本率是指企业在一定时期内使用资本所支付的费用与筹资净额的比率。其一般计算公式如下:

$$资本成本率 = 资本的使用成本 \div (所筹资本总额 - 资本的筹集成本) \quad (7\text{-}12)$$

依据上述公式计算资本成本时,资本成本有多种运用形式。在比较各种筹资方式时,使用的是个别资本成本,如借款资本成本率、债券资本成本率、普通股资本成本率、优先股资本成本率、留存收益资本成本率;进行企业资本结构决策时,则使用综合资本成本率;进行追加筹资结构决策时,则使用边际资本成本率。

(二)资本成本的种类

1. 个别资本成本

个别资本成本是企业各种长期资金的成本。它按性质不同分为债务成本和权益成本,债务成本包括债券成本和长期借款成本,权益成本包括留存收益成本、优先股成本和普通股成本等。个别资本成本是企业选择资金来源、比较各种筹资方式优劣的一个依据。

(1)债券成本。债券成本由企业实际负担的债券利息和发行债券支付的筹资费用组成。发行债券的成本主要包括发行债券的手续费、印刷费、注册费和上市费等。债券成本中的利息在税前支付,具有减税效应,但筹资费用一般较高。同时,由于债券的发行价格受发行时市场价格影响,所以在计算债券成本时,按票面利率确定债券的利息,按发行价格确定债券的筹资金额。一次还本分期付息的借款或债券成本的计算公式如下:

$$K_b = \frac{I_b(1-T)}{B(1-F_b)} \quad (7\text{-}13)$$

式中:K_b 表示债券资本成本;I_b 表示债券年利息;T 表示所得税率;B 表示债券面值;F_b 表示债券筹资费用率。

(2) 长期借款成本。长期借款成本是指使用银行借款需付出的代价。它主要包括借款利息和借款手续费两部分。银行借款成本中的利息也在税前支付,具有减税效应,且借款手续费较低。但从企业角度来讲,银行借款利息计入期间费用,使企业减少利润。因此,企业借款时,既要考虑利息率,也要考虑其借款成本,以使企业举债适度。其计算公式如下:

$$K_l = \frac{I(1-T)}{L(1-f)} \qquad (7-14)$$

式中:K_l 表示长期借款成本;I 表示长期借款利息;T 表示所得税税率;L 表示长期借款总额;f 表示长期借款筹资费用率。

(3) 优先股成本。优先股的股利和发行费用一般是固定的。优先股的股利在税后支付,得不到减税的好处。但优先股可以避免普通股权益稀释的情况。其资本成本率计算公式如下:

$$K_p = \frac{D}{P(1-f)} \qquad (7-15)$$

式中:K_p 表示优先股成本;D 表示按面额计算的优先股股利;P 表示优先股发行价格;f 表示优先股筹资费用率。

(4) 普通股成本。普通股是股份公司为筹集自有资金发给股东证明其投资入股,并按相应比例来分享权力和承担义务的书面凭证,是一种有价证券。普通股没有到期日,不需归还,筹资风险较小,同时可以保持公司经营的灵活性。但普通股筹资成本较高,易稀释原有股东控制权,且普通股股利不固定,如果每年以固定比率 g 增长,根据固定股利增长率模型,其资本成本率公式如下:

$$P \times (1-f) = \frac{D_1}{K_c - g} \Rightarrow K_c = \frac{D_1}{P \times (1-f)} + g \qquad (7-16)$$

式中:K_c 表示普通股成本;D_1 表示普通股第一年股利;P 表示普通股发行价格;g 表示固定股利增长率。

【例 7-7】 某企业普通股股票每股的发行价格为 14 元,筹资费率为 15%,预计第一年年末每股股利为 1 元,预计增长率 5%。则普通股的资本成本率为:

具体分析如下:

$$Kc = \frac{1}{14 \times (1 - 15\%)} + 5\% = 13.4\%$$

(5) 留存收益成本。留存收益是由公司税后净利润形成的,是指股东因未分配股利而丧失对外投资的机会成本。留存收益的成本率就是普通股东要求的投资收益率。留存收益是企业缴纳所得税后形成的,其所有权属于股东。如果企业将留存收益用于再投资所获得的收益低于股东自己进行另一项风险相似的投资的收益率,企业就不应该保留留存收益而应将其分派给股东。其计算公式如下:

$$Ke = \frac{D}{P} + g \tag{7-17}$$

式中:K_e表示留存收益成本。

2. 综合资本成本

综合资本成本率是指一个公司全部长期资本的总成本率,通常是以各种长期资本的比例为权重,对个别资本成本率进行加权平均确定的,故亦称加权平均资本成本率。因此,综合资本成本率是由个别资本成本率和各种长期资本比例这两个因素决定的。在确定公司综合资本成本率时,资本结构或各种资本在全部资本中所占的比例起着决定作用。公司各种资本的比例则取决于各种资本价值的确定。其计算公式如下:

$$K_w = \sum_{i=1}^{n} K_i \times W_i \tag{7-18}$$

式中:K_w表示综合资本成本率;K_i表示第i种资本的个别资本成本率;W_i表示第i种资本在整个资本中所占的比例。

【例 7-8】 某公司的全部长期资本总额为 2 000 万元,其中长期债券 400 万元,优先股 600 万元,普通股 800 万元,保留盈余 200 万元。其中,长期债券利息率为 9%,优先股股息率为 10%,普通股每股市价 20 元,上年每股股利支出 2.5 元,股利增长率为 5%,所得税税率为 25%。

要求:

(1) 计算该公司综合资本成本率是多少?

(2) 若该企业拟增资 500 万元,有 A、B 两个方案可供选择。A 方案:增发长期债券 300 万股,债券年利率为 10%,增发普通股 200 万股,由于企业债务增加,财务风险加大,企业普通股股利每股为 3 元,以后每年增长 6%,普通股市价跌至每股 18 元。B 方案:增发长期债券 200 万元,债券年利率 10%,增发普通股 300 万元,每股股息增加到 3 元,以后每年增长 6%,普通股市价将升至每股 24 元。要求:分别计算 A、B 方案的综合资本成本率,确定最优资金结构。

具体分析如下:

(1) 长期债券的比重 $= \frac{400}{2\ 000} \times 100\% = 20\%$

优先股的比重 $= \frac{600}{2\ 000} \times 100\% = 30\%$

普通股的比重 $= \frac{800}{2\ 000} \times 100\% = 40\%$

留存收益的比重 $= \dfrac{200}{2\,000} \times 100\% = 10\%$

$K_w = 20\% \times 9\% \times (1-25\%) + 30\% \times 10\% + 40\% \times \left(\dfrac{2.5}{20} + 5\%\right)$

$\qquad + 10\% \times \left(\dfrac{2.5}{20} + 5\%\right) = 13.1\%$

(2) A 方案综合资金成本率 $= 9\% \times (1-25\%) \times \dfrac{400}{2\,500} + 10\% \times (1-25\%) \times \dfrac{300}{2\,500}$

$\qquad + 10\% \times \dfrac{600}{2\,500} + \dfrac{800+200}{2\,500} \times \left(\dfrac{3}{18} + 6\%\right)$

$\qquad + \left(\dfrac{3}{24} + 6\%\right) \times \dfrac{200}{2\,500} = 14.93\%$

B 方案综合资金成本率 $= 9\% \times (1-25\%) \times \dfrac{400}{2\,500} + 10\% \times (1-25\%) \times \dfrac{200}{2\,500} + 10\%$

$\qquad \times \dfrac{600}{2\,500} + \left(\dfrac{3}{24} + 6\%\right) \times \dfrac{800+300}{2\,500} + \left(\dfrac{3}{24} + 6\%\right) \times \dfrac{200}{2\,500}$

$\qquad = 13.7\%$

所以 B 方案综合资金成本率更低,为最优资金结构。

各种资本价值的确定基础主要有三种选择:账面价值、市场价值和目标价值。采用目标价值确定资本比例,通常认为能够体现期望的目标资本结构要求。但资本的目标价值难以客观地确定,因此,通常应采用市场价值确定资本比例。在公司筹资实务中,目标价值和市场价值虽然有各自的优点,但因账面价值易于使用,仍有不少公司采用账面价值确定资本比例。

3. 边际资金成本

在企业追加筹资过程中,当筹措的资金超过一定限度时,原来的资本成本就会增加,这就要用到边际资本成本的概念。边际资本成本是指企业追加筹资时,每增加一个单位资金而增加的成本。当企业拟筹资进行某项目投资时,应以边际资本成本作为评价该投资项目可行性的经济指标。

通常地,资本成本率在一定范围内不会改变,而在保持某资金成本的条件下,可以筹集到的资金总限度称为筹资突破点,筹资总额突破点是某种筹资方式的成本分界点与目标资本结构中该种筹资方式所占比重的比值,一旦筹资额超过突破点,就会引起资金成本的变化。在维持原有的资本结构不变的前提下,必然会导致边际资金成本的增加,而且随着新筹措资金的不断增加,边际资金成本也将会不断上升。

边际资金成本采用加权平均法计算。计算边际资金成本可按如下步骤进行:

(1) 确定公司最佳资本结构。
(2) 确定各种筹资方式的资本成本。
(3) 计算筹资总额突破点。
(4) 计算边际资金成本。

【例 7-9】 某企业拥有长期资金 500 万元,其中长期借款 100 万元,优先股 100 万元,普通股 300 万元。由于扩大经营规模的需要,拟筹集新资金。经分析,企业管理层认为筹集新资金后,仍应保持目前的资本结构,计算确定各种边际资本成本。

具体分析如下:

(1) 确定公司最佳资本结构,该企业财务人员认真分析了目前市场状况和企业筹资能力,认为随着公司筹资规模的不断增加,各种筹资成本也会相应增加,详细内容如表 7-6 所示。

表 7-6

不同筹资方式的范围和资本成本

资金种类	目标资本结构(%)	新筹资额	资本成本(%)
长期借款	20	45 000 元以内 45 000~90 000 元 90 000 元以上	3 5 7
优先股	20	200 000 元以内 200 000~400 000 元 400 000 元以上	10 11 12
普通股	60	300 000 元以内 300 000~600 000 元 600 000 元以上	13 14 15

(2) 筹资突破点 = $\dfrac{\text{资本成本分界点}}{\text{该资本在目标资本结构中的比例}}$,计算结果如表 7-7 所示。

表 7-7

筹资总额突破点

资金种类	资本结构(%)	资本成本(%)	新筹资额范围	筹资突破点(元)
长期借款	20	3 5 7	45 000 元以内 45 000~90 000 元 90 000 元以上	45 000÷20%=225 000 90 000÷20%=450 000

(续表)

资金种类	资本结构(%)	资本成本(%)	新筹资额范围	筹资突破点(元)
优先股	20	10 11 12	200 000元以内 200 000~400 000元 400 000元以上	200 000÷20%=1 000 000 400 000÷20%=2 000 000
普通股	60	13 14 15	300 000元以内 300 000~600 000元 600 000元以上	300 000÷60%=500 000 600 000÷60%=1 000 000

(3) 根据上一步计算出的筹资突破点,可以将筹资区间分为0~22.5万元以内、22.5万~45万元、45万~50万元、50万~100万元、100万~200万元。对以上5组筹资总额范围分别计算加权平均资本成本,即可得到各种筹资总额范围的边际资本成本计算结果如表7-8所示。

表7-8

边际资本成本

筹资总额范围	资金种类(%)	资本结构(%)	资本成本(%)	边际资本成本(%)
22.5万元以内	长期借款 优先股 普通股	20 20 60	3 10 13	0.6 2 7.8
22.5万~45万元	长期借款 优先股 普通股	20 20 60	5 10 13	1 2 7.8
45万~50万元	长期借款 优先股 普通股	20 20 60	7 10 13	1.4 2 7.8
50万~100万元	长期借款 优先股 普通股	20 20 60	7 10 14	1.4 2 8.4
100万~200万元	长期借款 优先股 普通股	20 20 60	7 11 15	1.4 2.2 9

资本成本在企业筹资、投资和经营活动过程中都具有重要作用。首先,资本

成本是企业筹资决策的重要依据。企业的资本可以从各种渠道，如银行信贷资金、民间资金、企业资金等来源取得，其筹资的方式也多种多样，如吸收直接投资、发行股票、银行借款等。但不管选择何种渠道，采用哪种方式，主要考虑的因素还是资本成本。通过不同渠道和方式所筹措的资本，将会形成不同的资本结构，由此产生不同的财务风险和资本成本。所以，资本成本也就成了确定最佳资本结构的主要因素之一。随着筹资数量的增加，资本成本将随之变化。当筹资数量增加到增资的成本大于增资的收入时，企业便不能再追加资本。因此，资本成本是限制企业筹资数额的一个重要因素。其次，资本成本是选择投资项目，判断投资项目可行性的重要标准。资本成本实际上是投资者应当取得的最低报酬水平，只有当投资项目的收益高于资本成本的情况下，才值得为之筹措资本；反之，就应该放弃该投资机会。另外，资本成本实质上是投资项目的机会成本，即当资本投资于此项目时，就失去了投资于其他项目获取报酬的机会。在进行投资决策时，必须将这种机会成本作为评价投资方案的依据。此外，资本成本是衡量企业经营成果的基本标准。资本成本是投资项目的最低报酬率，企业任何一项投资必须实现这一最低报酬率，以补偿企业使用资金的成本。如果一定时期的综合资本成本率高于总资产报酬率，就说明企业资本的运用效益差，经营业绩不佳，这就向企业经营者发出信号，必须立即改善经营管理。

（三）杠杆风险与资本成本

资本成本的大小取决于厂商、项目或经营活动的风险。假定 A 购买了一部分有杠杆作用的厂商的普通股，B 购买了相同分量的无杠杆作用的厂商的普通股，同时创造一定数量的自制杠杆作用，其数值与投资于有杠杆作用的厂商股权的 A 所代表的杠杆作用相等。既然从这两笔投资中产生的收益相同，它们投资的市场价值也相同，这样，我们认为这两笔投资的价值彼此相等。这样，在我们所确定的条件下，有杠杆作用的厂商的价值与无杠杆作用的厂商的价值相等。所以在不考虑所得税的情况下，项目价值应为：

$$V = \frac{\overline{X}}{K} \Rightarrow K = K_U = \frac{\overline{X}}{V} \qquad (7\text{-}19)$$

式中：V 表示项目价值；X 表示预期的净营业收益；U 表示无杠杆作用；K 表示资本成本。

上式表明，在不考虑所得税的情况下，任何厂商的资本成本并不决定于其资本构成，而是与其有一定风险等级的净资产组合的贴现率相等。

在考虑所得税的情况下，可分派的收益应该是扣除了企业所得税后的净营业收益。这样，我们可以得出下面这个方程式：

$$V_U = \frac{\overline{X}(1-T)}{K_U} \Rightarrow K_U = \frac{\overline{X}(1-T)}{V_U} \qquad (7-20)$$

由于负债利息的税前列支可以得到税收上的优惠,有杠杆作用的厂商的价值将比无杠杆作用厂商的价值大,其差额为负债(借款)乘以相应的公司所得税率。它说明,股权成本等于无杠杆作用厂商的资本成本加上有杠杆作用厂商资本成本与负债成本的税后差额。在没有所得税的情况下,资本成本加权平均值是个常数;而在有所得税时,资本成本加权平均值随着负债/权益比率的增加而递减。权益资本成本会随着负债比重的增大而递增,其原因是财务杠杆作用的递增导致股东的剩余索取权变动更大,股东要求更高的收益率来补偿他们增加的风险。因为认为负债是无风险的,在有税收时,负债成本是常数,但比在无税收时数值要小。

五、融资风险规避

融资风险管理是有目的地通过计划、组织、协调和控制等管理活动来防止风险损失发生、减小损失发生的可能性及削弱损失的大小和影响程度,同时又要创造条件,促使有利结果出现和扩大,以获取最大利益的过程。融资风险管理应遵循规模适度、结构合理、成本节约、时机得当的原则。

(一)股权融资风险管理

在私募股权投资的过程中,主要风险有信息不对称与委托导致的代理问题和私募股权的投资价值评估问题。上述问题可以通过陈述与保证、违约补救,即调整优先股转换比例、提高投资者的股份比例、投票权或董事会席位转给私募股权投资者、调整或解雇公司管理层等方法来规避。股权风险控制可以通过股份调整来实现,股份调整是指在私募股权投资过程中,调整投资家优先股转换比例或投资家、企业家在公司股份中的比例等所有与股份变动相关的风险控制方法,主要包括反稀释股权法、变现调整法、盈利目标法和分段投资中的股份调整等。

在公开发行股票的情况下,发行时应做好风险防范管理。首先,股票发行规模应与企业实际的资金需要量相符,并考虑发行后企业的资本结构。其次,应按照企业自身的影响力和对发行成本的思考来发行。在资本运营中应从战略角度出发,设置合理的资本结构和公司治理结构;在退市时应掌握市场行情和动态,遵纪守法,真实披露信息。

(二)债务融资风险管理

债务融资通常受负债规模、利息率、期限结构、利率结构、货币经济环境、利率变动、法律环境、政治环境、社会环境等影响。对债务融资风险的防范,可以通过债务融资风险管理责任制度和建立完善的风险预警机制来预防。债务融资风险的控制主要应注意以下几点：

(1) 适度负债规模。

(2) 控制筹资期限结构。

(3) 维护资产流动性。

(4) 合理调度资金。

(5) 建立偿债基金。

(三) 项目融资风险管理

1. 项目风险的种类

项目的风险分析是项目融资的重要基础工作，项目融资中大量工作是围绕"风险"两字展开的，项目融资的全过程就是风险识别、风险评价、风险分摊和风险控制的过程。由于项目融资时间跨度长、涉及方面多，因而其风险也比较大、并且是多种多样的。

根据项目风险在各个阶段的表现形式，可以将风险划分为：信用风险、完工风险、市场风险、生产风险、金融风险、政治风险、法律风险、环境保护风险。从投资者是否能够直接控制项目风险的角度，项目风险分为项目的核心风险和项目的环境风险两类，其中：项目的核心风险也称可控性风险，是指与项目建设和生产经营管理直接有关的风险。核心风险包括完工风险、生产风险、技术风险和部分市场风险。项目的环境风险也称不可控性风险，是指项目的生产经营由于受到超过企业控制范围的经济环境变化的影响而遭受到损失的风险。包括项目的金融风险、项目的部分市场风险和项目的政治风险等。

在项目融资中，除了对项目风险进行分类，还必须对其进行定量分析，因为只有对项目风险做出正确的分析，才能找到限制项目风险的方法和途径，设计出风险分析的融资结构。项目风险分析的基本思路如下：

(1) 确定选用什么样的标准来测定项目的经济强度。

(2) 通过与所选定的标准进行比较，判定各种因素对项目的影响程度。

2. 项目融资中的风险评价指标

项目融资中的风险评价指标主要有项目债务覆盖率、资源收益覆盖率和项目债务承受比率。

项目的债务覆盖率是指项目可用于偿还债务的有效净现金流量与债务偿还责任的比值，分为单一年度债务覆盖率和累计债务覆盖率。单一年度债务覆盖率的计算公式如下：

$$DCR_t = \frac{(CI-CO)_t + RP_t + IE_t + LE_t}{RP_t + IE_t + LE_t} \qquad (7-21)$$

式中：DCR_t 表示债务覆盖率；$(CI-CO)_t$ 表示第 t 年项目净现金流量；RP_t 表示第 t 年到期债务本金；IE_t 表示第 t 年应付债务利息；LE_t 表示第 t 年应付的项目租赁费用。

累计债务覆盖率的公式如下：

$$\sum DCR_t = \frac{\sum_{i=1}^{t}(CI-CO)_t + RP_t + IE_t + LE_t}{RP_t + IE_t + LE_t} \qquad (7-22)$$

对于依赖于某种自然资源（如煤矿、石油、天然气等）的生产型项目，在项目的生产阶段有无足够的资源保证是一个很大的风险因素。因此，对于这类项目的融资，一般要求已经证实的可供项目开采的资源总储量是项目融资期间计划开采资源量的两倍以上，而且还要求任何年份的资源收益覆盖率都要大于 2。资源收益覆盖率其公式如下：

$$RCR_t = \frac{PVNP_t}{OD_t} \qquad (7-23)$$

$$PVNP_t = \sum_{i=1}^{n} \frac{NP_i}{(1+K)^i} \qquad (7-24)$$

式中：RCR_t 表示第 t 年资源收益覆盖率；OD_t 表示第 t 年未偿还的项目债务总额；$PVNP_t$ 表示第 t 年项目未开采的已证实资源储量的现值；n 表示项目的经济寿命期；K 表示贴现率；NP_i 表示项目第 t 年的毛利润，即销售收入与生产成本之差额。

项目债务承受比率是项目现金流量的现值与预期贷款金额的比值。项目债务承受比率的计算公式如下：

$$CR = \frac{PV}{D} \qquad (7-25)$$

式中：CR 表示项目债务承受比率；PV 表示项目在融资期间内采用风险校正贴现率为折现率计算的现金流量的现值；D 表示计划贷款的金额。

六、资本结构

（一）资本结构的基本理论

资本结构是指企业各种资本的价值构成及比例关系，即股权资本与债权资本的比例关系。它反映的是市场经济条件下企业的金融关系，即以资本和信用为纽带，通过投资与借贷构成的股东、债权人和经营者之间相互制约的利益关系。最佳资本结构便是使股东财富最大或股价最大的资本结构,即使公司资本成本最小的资本结构。资本结构在很大程度上决定着企业的偿债和再融资能力,决定着企业未来的盈利能力,是反映企业财务状况的一项重要指标。合理的资本结构可以降低筹资成本,发挥财务杠杆的调节作用,使企业获得更大的自有资金收益率。

1. MM 理论

MM 理论是莫迪格利安尼和默顿·米勒所建立的公司资本结构与市场价值关系模型的简称。美国经济学家莫迪格利安尼和米勒于 1958 年发表的《资本成本、公司财务和投资管理》一书中,提出了最初的 MM 理论,这时的 MM 理论不考虑所得税的影响,得出的结论是企业的总价值不受资本结构的影响,即企业价值与企业是否负债无关,不存在最佳资本结构问题。此后,研究对该理论做出了修正,加入了所得税的因素,由此而得出的结论为:在考虑公司所得税的情况下,由于负债的利息是免税支出,可以降低综合资本成本,增加企业的价值,因此,公司可以通过财务杠杆利益的不断增加,不断降低其资本成本。负债越多,杠杆作用越明显,公司价值越大。因此,企业的资本结构影响企业的总价值,负债经营可以为公司带来税收节约效应。该理论为研究资本结构问题提供了一个有用的起点和分析框架。MM 定理的基本假设有:

第一,资本市场是完美的,即信息是充分的、完全的,不存在交易费用和成本。所有的市场主体均可方便地获取所需要的各种相关信息。

第二,经营风险可以用息税前利润的方差来衡量,且公司具有永续的零增长特征。

第三,投资者都是理性经济人,以收益最大化为投资目标。

第四,投资者对每一公司未来收益和风险具有相同的预期。而且,未来各期预期营业收益的概率分布的期望值与现期的相同。

第五,所有债务都是无风险的。个人和机构都可按照无风险利率无限量地借入资金。

(1) 无税 MM 理论。无企业所得税时 MM 理论指出,如果投资决策与筹资决策相互独立,不考虑所得税和企业破产风险,一个公司所有证券持有者的总风险不会因为资本结构的改变而发生变动。因此,资本结构的选择不会影响公司的总价值。最初的 MM 模型有两个基本命题:

命题一:负债经营企业的价值等同于无负债企业的价值,企业价值与企业资本结构无关。当公司增加债务时,剩余权益的风险变大,权益资本的成本也随之增大,与低成本的债务带来的利益相抵消,因此,公司的价值不受资本结构影响。其公式如下:

$$V_L = \frac{EBIT}{K_W} = V_U = \frac{EBIT}{Ke} \tag{7-26}$$

式中：V_L 表示有负债企业的价值；V_U 表示无负债企业的价值；K_W 表示有负债企业的加权资本成本；K_e 表示无负债企业的权益资本成本。

根据无公司税的 MM 理论，不论公司是否有负债，公司的加权平均资本成本是不变的。低成本的举债利益正好会被股本成本的上升所抵消，所以更多的负债将不增加企业的价值，即一个公司所有证券持有者的总风险不会因为资本结构的改变而发生变动。

因此，无论公司的融资组合如何，公司的总价值必然相同。资本市场套利行为的存在，是该假设重要的支持。套利行为避免了完全替代物在同一市场上出现不同的售价。

命题二：有负债企业的权益资本成本等于处于同一风险等级的无负债企业的权益资本成本再加上风险溢价，其中，风险溢价的多少则视负债融资程度而定。有负债企业的权益资本成本随着财务杠杆的提高而增加。风险报酬是债务与权益资本之比与无负债企业股本成本及债务成本之差的乘积。因为有负债企业的加权平均资本成本与无负债企业资本成本相同，企业的加权资本成本计算公式如下：

$$\frac{E}{E+D}K_e^L + \frac{D}{E+D}K_d = Ke^U \Rightarrow K_e^L = K_e^U + \frac{D}{E}(K_e^U - K_d) \tag{7-27}$$

式中：K_e^L 表示负债企业的权益资本成本；K_e^U 表示无负债企业的权益资本成本；K_d 表示税前债务资本成本；D 表示债务的市场价值；E 表示权益的价值。

在无税条件下，MM 理论的两个命题说明了在资本结构中增加负债并不能增加企业价值，其原因是以低成本借入负债所得到的杠杆收益会被权益资本成本的增加而抵消，最终使有负债与无负债企业的加权资本成本相等，即企业的价值与加权资本成本都不受资本结构的影响。

（2）考虑所得税时的 MM 理论。MM 理论不考虑企业所得税时得出的资本结构的相关结论显然是不符合实际情况的。莫迪格利安尼和米勒于 1963 年对最初的理论进行了修正，考虑了所得税因素后，公司债务资本的优势是负债的利息可以在税前扣除。企业价值会随着负债的杠杆效应增加而增加，因此财务杠杆降低了公司的税后加权平均资金成本。

命题一：有负债企业的价值等于具有相同风险等级的无负债企业的价值加上债务利息抵税收益的现值。我们以套利过程为例，两种投资选择及其所对应的投资额和收益额如表 7-9 所示。

表 7-9

投资决策与收益

决 策	投 资	收 益
A:购买有杠杆作用厂商权益的 α 股权	αE_L	$\alpha(X-K_dD)(1-T)$
B:购买无杠杆作用的 α 股权,借入 $\alpha D(1-T)$	$\alpha E_U - \alpha D(1-T)$	$\alpha(X-K_dD)(1-T)$

各符号含义如下:L 表示有杠杆作用;U 表示无杠杆作用;E 表示普通股的市场价值;D 表示负债的市场价值;K_d 表示负债的资本成本;X 表示净营业收益。

决策 A 是购买一部分具有杠杆作用厂商的普通股,投资于有杠杆作用厂商的股票所获收益为扣除负债利息和税收的收益;决策 B 是购买相同数量的无杠杆作用厂商的普通股,同时通过出卖 $a(1-T)D$ 数量的负债,创造出与投资于有杠杆作用厂商的普通股所代表的杠杆作用相等的"自制杠杆作用",其收益则为扣除"自制借款"的利息后的无杠杆作用厂商税后收入的一部分。两种投资收益相等,因而它们的市场价值也相等。如下所示:

$$aE_L = aE_u - a(1-T)D \Rightarrow E_L + D = E_u + TD \qquad (7-28)$$

另外,有负债公司股东所得到的现金股利应为 $(EBIT-K_dD)(1-T)$,债券持有人收到的利息为 K_dD,因而有负债公司支付给债券持有人及股东的总现金流量为:

$$(EBIT - K_dD)(1-T) + K_dD = EBIT(1-T) + TK_dD \qquad (7-29)$$

因此,有负债公司的价值等于股东所获现金流量和债权人所获现金流量分别折现的现值之和,所以有负债公司的价值 V_L 为:

$$V_L = E_L + B = \frac{EBIT(1-T)}{K_e^U} + \frac{TK_dD}{K_e^L} = V_U + TD \qquad (7-30)$$

上述公式揭示出有杠杆作用的厂商的价值将比无杠杆作用厂商的价值大,其差额为负债乘以相应的公司所得税率。由于负债利息的税前列支,可以得到税收上的优惠,从而增加了企业的价值。且企业价值随着企业负债比例的提高而提高。

命题二:既然普通股的价值与扣除负债价值后的有杠杆作用的厂商的价值相等,那么,就可以预知杠杆作用决策对普通股的市场行为的影响。由此可以引出 MM 命题二,由于税收并未改变风险状况,所以随着杠杆作用的增加,企业的财务风险也相应增加,权益收益率也随之增大。假定企业是非成长性永续股利模型,企业所有现金流量都作为股利支付,因此,流入企业的现金流量等于权益

人从企业获得的现金流量,即有:

$$V_U K_e^U + TDK_d = DK_d + EK_e^L \Rightarrow K_e^L = \frac{V_U K_e^u + TDK_d - DK_d}{E} \quad (7-31)$$

由于对存在负债的杠杆企业而言,企业资产的全部价值应和对应的权益恒等,又有:

$$V_U + TD = D + E \Rightarrow V_U = E + (1-T)D \quad (7-32)$$

$$\therefore K_e^L = K_e^U + \frac{D}{E}(K_e^U - K_d) \times (1-T) \quad (7-33)$$

(7-33)式中,有债务企业的权益资本成本等于相同风险等级的无负债企业的权益资本成本加上与以市值计算的债务与权益成比例的风险报酬,且风险报酬取决于企业的债务比例以及所得税税率。它说明,股权成本与负债股权比率呈线性增加,财务杠杆作用越大,股权的成本越大,股东承担了更大的风险。

此外,也可以用加权平均资本成本来表示有负债企业利息抵税收益。有负债企业的加权平均资本成本与债务筹资比例呈反比例关系,它的计算公式如下:

$$Kw^T = \frac{E}{E+D}K_e^L + \frac{D}{E+D}K_d(1-T) \quad (7-34)$$

在一定杠杆水平上,加权平均资本成本就是厂商必须赚取的资产收益,以增加股东的财富。公司负债越多,避税收益越大,公司的价值也就越大。因此,原始的 MM 模型经过加入公司所得税调整后,可以得出结论:税收的存在是资本市场不完善的重要表现,而资本市场不完善时,资本结构的改变就会影响公司的价值,也就是说公司的价值和资金成本随着资本结构的变化而变化,有杠杆的公司的价值会超过无杠杆公司的价值,即负债公司的价值会超过无负债公司的价值,负债越多,这个差异越大,当负债达到100%时,公司价值最大。

【例 7-10】 假设某公司要开办一个新的部门,新部门的业务与公司的主营业务面临不同的系统风险。我们可以将新业务与具有相似经营风险且只单纯经营这种业务的其他企业进行对比。

(1) 假设有两家可比企业与 A 公司的新业务部门具有可比性,并具有下列特征:

表 7-10

两家可比企业资本结构

企 业	股权资本成本(%)	债务税前资本成本(%)	债务与价值比率(%)
可比企业 1	10.0	6.0	40
可比企业 2	8.0	5.0	20

(2) 新项目的债务筹资与股权筹资额相等,预期借债税前成本为 7%。
(3) 公司所得税税率为 25%。
(4) 计算每家可比企业的无负债资本成本。
具体分析如下:
(1) 可比企业 1:$K_w^0 = 0.6 \times 10\% + 0.4 \times 6\% = 8.4\%$

可比企业 2:$K_w^0 = 0.8 \times 8\% + 0.2 \times 5\% = 7.4\%$

(2) 根据这两家可比企业,估计 A 公司新业务的无负债资本成本:

$$\text{新业务无负债资本成本} = \frac{8.4\% + 7.4\%}{2} = 7.9\%$$

(3) 计算新项目的股权资本成本:

$$K_e^L = K_e^U + \frac{D}{E}(K_e^U - K_d) = 7.9\% + \frac{0.5}{0.5} \times (7.9\% - 7\%) = 8.8\%$$

(4) 计算项目的税后加权平均资本成本:

$$K_w^T = \frac{E}{E+D} K_e^L + \frac{D}{E+D} K_d (1-T) = 0.5 \times 8.8\% + 0.5 \times 7\% \times (1-25\%)$$
$$= 7.03\%$$

在存在个人所得税的条件下,企业还将对个人的股利征税。设对公司股利所得征收的个人所得税率为 T_s,个人利息税率为 T_d。公司的总现金流量应为股东的税后所得与债权人税后所得之和。其公式如下:

$$\text{总现金流量} = (EBIT - K_d D) \times (1-T)(1-T_s) - K_d D \times (1-T_d)$$
$$= EBIT \times (1-T) \times (1-T_s) + K_d D \times (1-T_d)$$
$$\times \left[1 - \frac{(1-T)(1-T_s)}{1-T_d} \right] \quad (7-35)$$

式中第一项的现值即为无杠杆公司价值,第二项 $K_d(1-T_d)$ 为债权人税后所得,其价值为 $D \times \left[1 - \frac{(1-T)(1-T_s)}{1-T_d} \right]$,所以公司的价值为:

$$V_L = V_U + D \times \left[1 - \frac{(1-T)(1-T_s)}{1-T_d} \right] \quad (7-36)$$

当权益分配的所得税率与个人利息收入的所得税率相同时,个人所得税的引入不影响公司的估价公式。而当权益分配的所得税率小于个人利息收入的所得税率时,公司较低的所得税刚好被较高的个人所得税所抵消,则此时的财务杠杆并未带来任何收益。

2. 优序融资理论

20世纪70年代以后,对信息不对称现象的研究逐渐渗透到各个经济学研究分支领域,信息经济学、博弈论、不对称信息研究得到重大发展和突破。众多学者也开始从不对称信息的角度来研究企业融资问题。这些理论试图通过信息不对称理论中的"信号"、"动机"、"激励"等概念,从企业"内部因素"来展开对企业融资问题的分析,将早期和现代企业融资理论中的平衡问题转化为结构或制度设计问题,为企业融资理论研究开辟了新的研究方向。

在信息不对称的条件下,如果外部投资者掌握的关于企业资产价值的信息比企业管理层掌握的少,那么企业权益的市场价值就可能被错误的定价。当企业股票价值被低估时,管理层将避免增发新股,而采取其他的融资方式筹集资金,如内部融资或发行债券;而在企业股票价值被高估的情况下,管理层将尽量通过增发新股为新项目融资,让新的股东分担投资风险。因此,优序融资理论认为企业在筹集资本的过程中,遵循着先内源融资后外源融资的基本顺序,即企业的筹资优序模式首先是内部筹资,在需要外源融资时,按照风险程序差异,优先考虑债权融资,不足时再考虑权益融资。

虽然债务筹资优于股权筹资,由于企业所得税的节税利益,负债筹资可以增加企业的价值,即负债越多,企业价值增加越多,这是负债的第一种效应;但是,财务危机成本期望值的现值和代理成本的现值会导致企业价值的下降,即负债越多,企业价值减少额越大,这是负债的第二种效应。由于上述两种效应相抵消,企业应适度负债。优序融资理论还认为公司不会有一个一贯的最佳资本结构,公司应不断选择对管理层产生最低干预的融资方法。

3. 权衡理论

含公司税的MM理论认为,债务公司提供了税收优惠。然而,对债务进行还本付息也是公司的责任,如果公司经营不善而导致未能履行对债权人的承诺或者出现偿债困难,就会陷入财务困境,财务困境会使公司的经营变得更加困难,甚至导致公司破产。假如投资者知道公司的负债经营会使其陷入财务困境这一情况,那么他们就会变得很担心,而这一担心马上又会引起公司股票价格的波动,在考虑财务困境的情况下,公司价值由三部分组成,即:

$$公司价值 = 完全权益融资的公司价值 + 利息节税收益的现值 - 财务困境成本的现值 \qquad (7\text{-}37)$$

企业陷入财务困境后引发的成本分为直接成本与间接成本。直接成本是指企业因破产、进行清算或重组所发生的法律费用和管理费用等。间接成本是指财务困境所引发企业资信状况恶化以及持续经营能力下降而导致的企业价值损失,具体表现为企业客户、供应商、员工的流失,投资者的警觉与谨慎导致的融资成本增加,被迫接受保全他人利益的交易条款等。

所谓权衡理论,就是强调在平衡债务利息的抵税收益与财务困境成本的基础上,实现企业价值最大化时的最佳资本结构。此时所确定的债务比率是债务抵税收益的边际价值等于增加的财务困境成本的现值。由于债务利息的抵税收益,负债增加会增加企业的价值。随着债务比率的增加,财务困境成本的现值也增加。在初期阶段,债务抵税收益起主导作用;当债务抵税收益与财务困境成本相平衡,企业价值达到最大,此时的债务与权益比率即为最佳资本结构;超过这一点,财务困境的不利影响超过抵税收益,企业价值甚至可能加速下降。总的看来,资本结构的权衡理论说明了适度负债比率的合理性。如果企业负债过多,则必须通过发行股票,限制现金股利或者变卖资产来筹集资金以调整资本结构。

基于修正的 MM 理论的命题,有负债企业的价值是无负债企业价值加上抵税收益的现值,再减去财务困境成本的现值。其表达式为:

$$V_L = V_U + 利息抵税 - 财务困境成本 \qquad (7-38)$$

虽然在现实财务管理实践中,很难根据权衡模型准确计算出公司的最佳资本结构,但它确实揭示了一些变量之间的相互关系,理清了财务管理人员的思路。具体地说,权衡模型主要说明了以下一些财务变量之间的关系:

(1) 所得税税率高的企业应多负债,而所得税税率低的企业应少负债。

(2) 经营风险大(即资产回报率的均方差大)的企业应少负债,而经营风险小的企业应多负债。

(3) 固定资产份额大的企业,其财务危机成本较低,应多负债;而无形资产份额大的企业,其财务危机成本较高,应少负债。

(二) 最佳资本结构的确定方法

1. 融资无差异点分析法(EBIT-EPS 分析法)

最佳资本结构是指企业在一定时期内,筹措的资本的加权平均资本成本最低,企业的价值达到最大化的资本结构。它应是企业的目标资本结构。

负债的偿还能力是建立在未来盈利能力基础之上的。研究资本结构,不能脱离企业的盈利能力,企业的盈利能力一般用息税前利润(EBIT)表示。负债筹资是通过杠杆作用来增加财富的,同时,确定资本结构不能不考虑它对股东财富的影响,股东财富用每股收益(EPS)来表示。EBIT-EPS 分析法也称每股收益无差异点分析法,它是将企业的盈利能力与负债对股东财富的影响结合起来,去分析资金结构与每股利润之间的关系,进而确定合理的资金结构的方法,是利用息税前利润和每股收益之间的关系来确定最优资金结构的方法。根据这一分析方法,可以分析判断在什么样的息税前利润水平下适于采用何种资金结构,这种方法确定的最佳资本结构亦即每股收益最大的资金结构。所谓每股收益无差异点,是指负债与权益两种方式下每股收益相等时的息税前利润点,因此,在每股收益无差别点的两侧,我们就可以确定是采用债务融资还是采用股权融资,依据就是哪种融资方式下的 EPS 更高。

由于每股收益的计算公式如下:

$$EPS = \frac{(EBIT - I) \times (1 - T) - D_P}{N} \quad (7\text{-}39)$$

式中:$EBIT$ 表示息税前利润;I 表示负债利息;D_P 表示优先股股利;T 表示公司所得税率;N 表示普通股股数。

当不同筹资方案在某一息税前利润水平下的每股收益相等时,有如下公式:

$$\frac{(EBIT^* - I_1) \times (1 - T) - D_{P1}}{N_1} = \frac{(EBIT^* - I_2) \times (1 - T) - D_{P2}}{N_2} \quad (7\text{-}40)$$

式中:$EBIT^*$ 表示每股收益无差异点时的营业利润;I_i 表示第 i 种融资方式下的年利息支出;D_{Pi} 表示第 i 种融资方式下的优先股股利;N_i 表示第 i 种融资方式下的流通在外普通股股数。

上式解出的息税前利润就是每股收益无差别点。如果预期的息税前利润大于每股收益无差别点的息税前利润,则运用负债筹资方式;反之,如果预期的息税前利润小于每股收益无差别点的息税前利润,则运用权益筹资方式。

【例7-11】 某企业目前已有 1 000 万元长期资本,均为普通股,面值为 10 元/股。现企业希望再实现 500 万元的长期资本融资以满足扩大经营规模的需要。有三种融资方案可供选择:

方案一:全部通过年利率为 10% 的长期债券融资;

方案二:全部通过年利率为 12% 的优先股融资;

方案三:全部依靠发行普通股筹资,按照目前的股价,需增发 50 万股新股。

假设企业所得税税率为 25%。

要求:

(1) 计算方案一和方案二的每股收益无差别点。

(2) 计算方案一和方案三的每股收益无差别点。

(3) 计算方案二和方案三的每股收益无差别点。

(4) 假设企业尚未对融资后的收益水平进行预测,且不考虑风险因素,请指出企业在不同的盈利水平下应当作出的决策。

(5) 假设企业预期融资后息税前利润为 200 万元,请进行融资方案的选择。

具体分析如下：
(1) 计算方案一和方案二的每股收益无差别点。

$$\frac{(EBIT^* - 500 \times 10\%) \times (1 - 25\%)}{100} = \frac{EBIT^* \times (1 - 25\%) - 500 \times 12\%}{100}$$

该方程无解，说明方案一和方案二的 EPS 线平行。
(2) 计算方案一和方案三的每股收益无差别点。

$$\frac{(EBIT - 500 \times 10\%) \times (1 - 25\%)}{100} = \frac{EBIT \times (1 - 25\%)}{150}$$

解得：$EBIT = 150$（万元）
(3) 计算方案二和方案三的每股收益无差别点。

$$\frac{EBIT \times (1 - 25\%) - 500 \times 12\%}{100} = \frac{EBIT \times (1 - 25\%)}{150}$$

解得：$EBIT = 240$（万元）

(4) 作出 EBIT-EPS 分析图如下：
EBIT-EPS 分析法用图示进行分析更为简单，只要在以息税前利润为横坐标和以每股收益为纵坐标的坐标图上，画出不同筹资方式下的 EPS 线，其交点所对应的 EBIT 和 EPS 所决定的资本结构就是最优资本结构。从图7-1 可以看出，当 EBIT 大于 150 万元时，负债融资的 EPS 大于普通股融资的 EPS，则应进行长期债券融资；反之，当 EBIT 小于 150 万元时，普通股

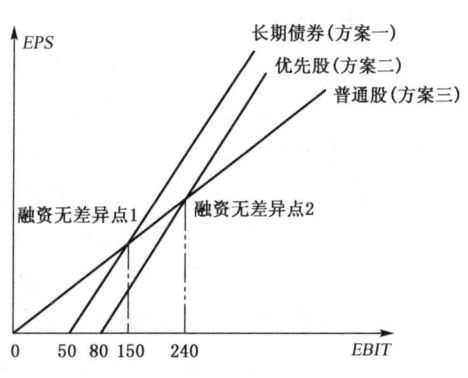

图 7-1　EBIT-EPS 分析图

融资的 EPS 大于负债融资的 EPS，则应进行普通股融资。而 EBIT 等于 150 元时，两种筹资方式的 EPS 相等，则理论上两种融资方式是等效的。而当 EBIT 小于 240 万元时，企业应选择普通股融资可获得更高的收益；反之，则应选择优先股筹集资金。而当 EBIT 为 240 万元时，通过发行普通股和优先股筹集资金对 EPS 没有影响。

(5) 融资后息税前利润为 200 万元时，应当选择长期债券融资，此时每股收益最高。

2. 资本成本比较法
在企业考虑的筹资方案有两种时，可用无差异点分析法，但筹资方案在三种

或三种以上,就需要用资本成本比较法。无论用哪种方法,都不能当作绝对的判别标准,应结合因素分析法综合考虑,以便使资金结构趋于最佳。资本成本比较法是指测算可供选择的不同筹资方案的综合资本成本率,并以此为标准确定最佳资本结构的方法。资本成本比较法要求选择在适度财务风险下综合资本成本率最低的方案。其程序包括:

(1) 拟定几个筹资方案。
(2) 确定各方案的资本结构。
(3) 计算各方案的加权资本成本。
(4) 通过比较,选择加权平均资本成本最低的结构为最优资本结构。

企业资本结构决策,分为初次利用债务筹资和追加筹资两种情况。前者称为初始资本结构决策,后者称为追加资本结构决策。资本成本比较法将资本成本的高低,作为选择最佳资本结构的唯一标准,简单实用,因而常常被采用。但这种方法只比较了各组融资方案的资本成本,而没有考虑不同融资方案的财务风险因素差异,在实际计算中有时也难以确定各种融资方式的资本成本。

3. 企业价值分析法

上述方法都没有考虑风险因素,实际上随着每股收益的增长,企业风险也会增大。公司的最佳资本结构应当是可使公司的总价值最高,而不一定是每股收益最大的资本结构。同时,在公司总价值最大的资本结构下公司的资本成本也一定是最低的。公司价值分析法也称比较公司价值法,是指在充分反映财务风险的前提下,通过计算和比较各种资金结构下公司的市场总价值来确定最佳资本结构的方法。最佳资本结构亦即公司市场价值最大的资金结构,企业价值分析法应综合考虑资本成本和财务风险对企业价值的影响。由于企业价值分析法全面考虑了资本成本和财务风险对公司价值的影响,以公司价值最大化作为确定最优资本结构的目标,符合现代公司财务管理的基本目标。

一般地,企业价值分析法的基本原理包括以下几个步骤:

第一,测算公司价值。根据资本结构理论的有关假设,公司价值实际上是其未来现金流量的现值。相应地,债券和股票的价值都应按其未来现金流量进行折现。公司的市场总价值 V 等于股票的市场价值 E 与债券的价值 D 之和。

$$V = E + D \tag{7-41}$$

假设公司的债务全部是长期债务,分期付息,到期还本,不考虑筹资费用。那么,长期债务的账面价值就等于面值。同时,设公司在未来的持续经营过程中,每年的净利润相等,股东要求的回报率不变,那么,公司股票的价值就是公司在未来每年给股东派发的现金股利按照股东所要求的必要报酬率折合成的现值。则股票的市场价值为：

$$E = \frac{(EBIT - I) \times (1 - T) - D_P}{K_e} \tag{7-42}$$

式中：E 表示股票市场价值；$EBIT$ 表示息税前利润；I 表示年利息额；T 表示所得税税率；D_P 表示优先股股利；K_e 表示普通股资金成本率。

第二，测算公司资本成本率。根据前述假定，在公司的总资本只包括长期债券和普通股的情况下，公司的综合资本成本就是长期债券资本成本和普通股资本成本的加权平均数。其中，普通股资金成本率可用资本资产定价模型计算，即第三章(3-17)式：

$$K_e = R_f + \beta(R_m - R_f)$$

然后根据市场价值权数即可计算公司的加权平均资本成本。以公司价值最大化为标准比较确定公司的最佳资本结构，加权平均资金成本计算公式如下：

$$K_w = K_d(1-T) \times \frac{D}{V} + K_e \times \frac{E}{V} \tag{7-43}$$

式中：K_w 表示加权平均资金成本；K_d 表示税前债务资本成本。

第三，公司最佳资本结构的测算与判断。分别测算不同资本结构下的公司价值和综合资本成本，选择公司价值最大、综合资本成本最低的资本结构作为企业最优的资本结构。

【例7-12】 某公司的资本目前全部由发行普通股取得，其有关资料如表7-11所示。

表7-11

公司相关数据资料

息税前利润(元)	400 000
股权成本(%)	20
普通股股数(股)	100 000
所得税税率(%)	25

公司准备按6%的利率发行债券500 000元，用发行债券所得资金以每股10元的价格回购部分发行在外的普通股。因发行债券，预计公司股权成本将上升到25%。该公司预期未来息税前利润具有可持续性，且预备将全部税后利润用于发放股利。

要求：

(1) 计算回购股票前、后该公司的每股收益。
(2) 计算回购股票前、后该公司的股权价值、实体价值和每股价值。
(3) 该公司应否发行债券回购股票,为什么?
(4) 假设 B 公司预期息税前利润的概率分布如表 7-12 所示。

表 7-12
B 公司预期息税前利润的概率分布

概　　率	息税前利润(元)
0.1	20 000
0.2	60 000
0.4	200 000
0.2	500 000
0.1	800 000

按照这一概率分布,计算回购股票后的息税前利润不足以支付债券利息的可能性。

具体分析如下:

(1) 回购股票前每股收益 = $\dfrac{400\,000 \times (1-25\%)}{100\,000}$ = 3(元)

回购的股票股数 = 500 000 ÷ 10 = 50 000(股)

回购股票后每股收益 = $\dfrac{(400\,000 - 500\,000 \times 6\%) \times (1-25\%)}{100\,000 - 50\,000}$ = 5.55(元)

(2) 回购股票前实体价值 = 回购股票前股权价值 = $\dfrac{400\,000 \times (1-25\%)}{20\%}$

= 1 500 000(元)

每股价值 = 1 500 000 ÷ 100 000 = 15(元)

回购股票后股权价值 = $\dfrac{(400\,000 - 500\,000 \times 6\%) \times (1-25\%)}{25\%}$ = 1 110 000(元)

实体价值 = 1 110 000 + 500 000 = 1 610 000(元)

每股价值 = 1 110 000 ÷ (100 000 - 50 000) = 22.2(元)

(3) 因为回购股票后公司的实体价值大于回购股票前公司的实体价值,故应当发行债券回购股票。

(4) 回购股票后债券年利息 = 500 000 × 6% = 30 000(元)

因为只有息税前利润为 20 000 元时,息税前利润不足以支付债券利息,因此息税前利润不足支付债券利息的概率为0.1。

4. 偿债能力与资本结构

公司补偿固定支出的现金能力称为现金偿债能力。当企业采用有固定支出的融资方式时，公司发行的证券数额越大，偿还期越短，公司的债务本息、优先股股利等固定支出越高。所以在选择资本结构时，应首先分析用来偿还固定支出的预期现金流量。公司的现金流量越多，偿债能力就越强；当现金流量无力偿还这些支出时，将导致财务困境。

现金偿债能力的衡量指标主要有已获利息倍数和债务偿还比例。这些比率并没有确定的衡量标准，它取决于公司经营风险的大小。公司的经营风险越大，公司不能偿还债务的可能性就越大，公司的财务风险也越大。

(三) 项目折现率的确定

综合资本成本是由风险和资本结构共同决定的。使用企业当前的平均资本成本作为新项目的折现率应具备两个条件：一是项目的风险与企业当前资产的平均风险相同。比如，处于传统行业的企业进入新兴的高科技行业，显然风险差异很大，不宜使用当前的资本成本作为项目折现率。二是公司继续采用相同的资本结构为新项目筹资。在等风险假设和资本结构不变假设明显不能成立时，不能使用企业当前的平均资本成本作为新项目的折现率。

当等风险假设与资本结构假设均不满足时，项目折现率的确定可采用类比法，也称为"替代公司法"，即寻找一个经营业务与待评估项目类似的上市企业，以该上市企业的β推算项目的β值。运用类比法，应该注意替代公司的资本结构已经反映在其β值中，如果替代企业的资本结构与项目所在企业的资本结构显著不同，那么，在估计项目的β值时，应该针对资本结构差异作出相应的调整。

调整的基本步骤如下：

(1) 寻找一个经营业务与待评估项目与目标企业可比的上市公司的$\beta_{权益}$。

(2) 计算可比上市公司的$\beta_{资产}$，$\beta_{资产}$是假设全部用权益资本融资的β值，此时股东权益的风险与资产的风险相同，股东只承担经营风险即资产的风险。可比企业的β系数为β权益，其包含了资本结构因素，因此，需要首先将其财务杠杆卸载，计算出β资产。卸载后的β资产，与目标企业的β资产是相同的。其公式如下：

$$\beta_{资产} = 可比公司 \beta_{权益} \div \left[1 + (1 - 所得税税率) \times \frac{负债}{权益}\right] \qquad (7-44)$$

(3) 加载目标企业财务杠杆，即根据目标企业的资本结构，将β资产调整为目标企业的贝塔权益。计算目标企业的β值：

$$\text{目标企业的 } \beta_{\text{权益}} = \text{可比公司 } \beta_{\text{资产}} \times \left[1 + (1 - \text{所得税税率}) \times \frac{\text{负债}}{\text{权益}}\right] \quad (7\text{-}45)$$

(4) 根据得出的目标企业的 β 权益计算股东要求的报酬率。如果使用股权现金流量法计算净现值，折现率就用股东要求的报酬率；

$$\text{要求的报酬率} = \text{无风险利率} + \beta_{\text{资产}} \times \text{风险溢价} \quad (7\text{-}46)$$

(5) 计算目标企业的加权平均资本成本，根据资本资产定价模式可以计算出权益资本成本，根据债务资本成本、资本结构计算出加权平均资本成本。如果使用实体现金流量法计算净现值，还需要计算加权平均成本：

$$\begin{aligned}\text{加权平均成本} = &\text{负债成本} \times (1 - \text{所得税税率}) \times (\text{负债} \div \text{资本}) \\ &+ \text{权益成本} \times (\text{权益} \div \text{资本})\end{aligned} \quad (7\text{-}47)$$

当满足等风险假设但不满足资本结构不变的假设情况下折现率的确定，如果企业进行的投资项目与原有经营业务一致，但资本结构发生变化，此时仍然可以运用类比法的原理来确定新项目的折现率。具体步骤如下：

(1) 运用公司资本结构调整前的 β 权益，卸载财务杠杆，确定 β 资产。

(2) 加载新的财务杠杆，确定新的 β 权益。

(3) 运用新的 β 权益计算资本成本。

当满足资本结构不变假设但不满足等风险假设时直接使用替代公司的 β 权益作为项目所在公司的 β 权益，不需要卸载和加载财务杠杆。

【例 7-13】 某公司正在考虑改变它的资本结构，有关资料如下：

(1) 公司目前债务的账面价值 1 000 万元，利息率为 5%，债务的市场价值与账面价值相同；普通股 4 000 万股，每股价格 1 元，所有者权益账面金额 4 000 万元（与市价相同）；该公司的所得税率为 25%。

(2) 公司将保持现有的资产规模和资产息税前利润率。为了提高企业价值，该公司拟改变资本结构，举借新的债务，替换旧的债务并回购部分普通股。可供选择的资本结构调整方案有两个：①举借新债务的总额为 2 000 万元，预计利息率为 6%；②举借新债务的总额为 3 000 万元，预计利息率为 7%。

(3) 假设当前资本市场上无风险利率为 4%，市场风险溢价为 5%，目前的权益资本成本为 10%。

要求：

(1) 计算该公司目前的 β 系数。

(2) 计算该公司无负债的 β 系数和无负债的权益成本（提示：根据账面价值的权重调整 β 系数，下同）。

(3) 计算两种资本结构调整方案的权益 β 系数、权益成本。

具体分析如下：

(1) 根据资本资产定价模型有：
$$10\% = 4\% + \beta \times 5\%$$
$$\therefore \beta = 1.2$$

(2) $\beta_{资产} = 1.2 \div [1+(1-25\%)\times(1\div4)] = 1.01$
$K = 4\% + 1.01 \times 5\% = 9.05\%$

(3) 举借新债务总额为 2 000 万元时，权益总额为 3 000 万元，此时产权比率为 2/3：
$$\beta_{权益} = 1.01 \times [1+(1-25\%)\times(2\div3)] = 1.515$$
$$K = 4\% + 1.515 \times 5\% = 11.58\%$$

举借债务总额为 3 000 万元时，权益总额为 2 000 万元，此时产权比率为 3/2：
$$\beta_{权益} = 1.01 \times [1+(1-25\%)\times(3\div2)] = 2.15$$
$$K = 4\% + 2.15 \times 5\% = 11.18\% = 14.75\%$$

第三节 销售增长率与融资需求

一、销售增长的概念及方式

销售增长率是指企业本年销售增长额与上年销售额之间的比率，反映销售的增减变动情况，是评价企业成长状况和发展能力的重要指标。由于销售增长通常会引起存货等资产的增长。所以，销售增长越多，需要的资金越多。从资金来源上看，企业增长的实现方式有依靠外部资金增长，依靠内部资金增长和平衡增长三种。

未来销售的增长率可以用来衡量公司的每股盈利在杠杆的作用下可能扩张的程度。如果销售和利润的增长率达年 8%～10%，在有限固定支出的条件下，债务融资将会扩张股票持有人的收益。但同时，一个销售和利润迅速增长的公司，其普通股的价格也会上涨，这有利于股权融资。公司必须从在高股价状况下扩展股权的利益与利用杠杆的利益间作出选择。

二、外部融资

(一) 销售百分比法

外源融资是指吸收其他经济主体的储蓄，以转化为自己投资的过程。随着技术的进步和生产规模的扩大,单纯依靠内源融资已很难满足企业的资金需求,外源融资已逐渐成为企业获得资金的重要方式。但只有当内源融资仍无法满足企业资金需要时,企业才会转向外源融资。外源融资方式主要包括:银行贷款、发行股票、企业债券等,此外,企业之间的商业信用、融资租赁在一定意义上说也属于外源融资的范围。

可以通过销售百分比法来计算外部融资需求,销售百分比法是指依据特定销售额(当期或预测数)的百分比或售价的一定比率决定公司的资金需求。它是以资金与销售额的比率为基础,预计企业筹资需要量的方法。这种方法假设企业某些资产和负债项目与销售收入之间存在一个稳定的百分比关系,且企业的销售收入及销售净利率是可估计的。销售百分比法的增量模型是指根据销售的增加额预计资产、负债和所有者权益的增加额,然后确定外部融资需求。其步骤如下。

1. 确定销售百分比

销售额与资产负债表有关项目的百分比可以根据上年有关数据确定。确定时要注意区分哪些资产、负债项目直接随销售额的变动而变动,哪些资产、负债项目不随销售额的变动而变动,即注意区分变动与非变动性项目。

2. 计算预测期的资产、负债和所有者权益等项目的金额

根据基期的有关销售百分比和预测期收入额,分别计算预测期的资产、负债和所有者权益数额。与销售额无关的项目金额按基期金额计算,留存收益项目的预测金额按基期金额加上新增留存收益金额预计。

3. 计算留存收益的增加额

根据预测期销售收入额、净利率和留存收益率或股利支付率计算预测期留存收益的增加额。

4. 根据销售增加量确定融资需求

销售增长会带来融资需求的增加,假设两者呈正比例变化,两者之间有稳定的百分比,则销售额每增加1元需要追加的外部融资额可称为"外部融资额占销售增长的百分比"。其计算方法是直接根据外部融资需求的计算公式:

$$\begin{aligned}外部融资需求 &= 资产增加 - 负债自然增加 - 留存收益增加 \\ &= 资产销售百分比 \times 新增销售额 - 负债销售百分比 \times 新增销售额 \\ &\quad - 计划销售净利率 \times 预计销售额 \times (1 - 股利支付率)\end{aligned} \quad (7-48)$$

该公式的假设条件为可以动用的金融资产为0,资产销售百分比和负债销售百分比保持不变。两边同时除以"新增销售额",可得:

$$外部融资销售增长比 = 经营资产的销售百分比 - 经营负债的销售百分比 \\ - 预计销售净利率 \times \left(\frac{1+增长率}{增长率}\right) \times (1-股利支付率) \quad (7-49)$$

外部融资额＝外部融资销售增长比×销售增长额 (7-50)

如果存在通货膨胀,则应将销售增长率调整为销售额的名义增长率。因此,在存在通货膨胀的情况下,需要注意销售额的名义增长率的计算。其公式如下:

$$预计收入 = 单价 \times (1+通货膨胀率) \times 销量 \times (1+销量增长率)$$
$$= 基期销售收入 \times (1+通货膨胀率)(1+销量增长率)$$

$$销售额名义增长率 = \frac{预期销售收入 - 基期销售收入}{基期销售收入}$$
$$= (1+通货膨胀率)(1+销量增长率) - 1 \quad (7-51)$$

应注意掌握外部融资需求的多少,不仅取决于销售的增长,还要看股利支付率和销售净利率。股利支付率越高,外部融资需求越大;销售净利率越大,外部融资需求越少。

【例7-14】 某公司上年销售收入为2 000万元,本年计划销售收入为3 000万元,销售增长率为50%。假设经营资产销售百分比为60%,经营负债销售百分比为6%,计划销售净利率为5%,股利支付率为30%。

要求:

(1) 计算外部融资销售增长比。
(2) 计算外部融资额。
(3) 如果销售增长200万元,计算外部融资销售增长比和外部融资额。
(4) 预计明年通货膨胀率为10%,公司销量增长5%,要求计算外部融资销售增长比和外部融资额。

具体分析如下:

(1) 外部融资销售增长比 $= 60\% - 6\% - 5\% \times \frac{50\% + 1}{50\%} \times (1 - 30\%) = 0.435$

(2) 外部融资额 $= 1\,000 \times 0.435 = 435(万元)$

(3) 外部融资销售增长比 $= 60\% - 6\% - 5\% \times \frac{\frac{200}{2\,000} + 1}{\frac{200}{2\,000}} \times (1 - 30\%) = 0.155$

外部融资额 $= 200 \times 0.155 = 31(万元)$

(4) 销售额名义增长率 $= (1 + 10\%) \times (1 + 5\%) - 1 = 15.5\%$

外部融资销售增长比 $= 60\% - 6\% - 5\% \times \frac{1 + 15.5\%}{15.5\%} \times (1 - 30\%) = 27.9\%$

外部融资额 $= 2\,000 \times 15.5\% \times 27.9\% = 86.49(万元)$

由此可以看出,销售增长不一定导致外部融资的增加,可能是内部留存收益增加额足以满足融资总需求。如果计算出来的外部融资销售增长比为负值,说明企业有剩余资金,根据剩余资金情况,企业可用以调整股利政策,以增加股利或者进行短期投资。通货膨胀会导致现金流转不平衡,产生外部融资需求。

(二) 资产负债表比率变动情况下的增长率

销售百分比法假设经营资产或负债与销售收入成正比例关系,即经营性资产或负债与销售收入同比率增长。但该假设对以下这些项目则并不成立。

1. 规模经济

规模经济是指由于生产专业化水平的提高等原因,使企业的单位成本下降,从而形成企业的长期平均成本随着产量的增加而递减的经济。许多资产都存在规模经济效应,当规模经济效应产生时,各项比率将随企业规模的增长发生变化。例如,为减少短缺成本,企业必须保持存货的最低存量(也称安全存量或保险储备)。这就使得存货与销售收入之间的直线不再通过原点而是有一定的截距,但实际上两者更经常地表现为非线性关系。

2. 整批购置资产

整批购置资产是指随销售收入的增长呈阶梯式增长的这类资产在一定销售收入范围内保持不变,当销售收入超过一定限度时,它会突然跳跃到一个新的水平,然后,在销售收入增长的一定限度内又保持不变,直至另一个新的跳跃为止。整批购置资产对不同销售水平下的固定资产/销售收入比率有重大影响,从而影响筹资需求量。

当企业经营达到了现有资产能支持的最大限度,销售收入稍有增长都需要将资产规模扩大一倍,所以很小的预期销售增长都需要大额融资支持。

3. 预测错误导致的过量资产

当企业进行下一年预测时,必须认识到即使不增加存货,销售也还有增长空间。只有当销售增长超过其增长空间时,才需要为增加的存货额外融资。在特定时期,实际的资产/销售收入比率可能与计划相差很大。

如果以上三种情况中任意一种出现,经营资产或负债与销售收入的比率都将不稳定,就应采用其他方法(如回归分析法、超额生产能力调整法等)预测外部融资额。其中,回归分析法是利用数理统计原理,对大量的统计数据进行数学处理,并确定某项资产和销售之间定量关系,建立一个相关性较好的回归方程,并加以外推,用于预测的统计分析方法。超额生产能力调整法是当某项资产存在过量生产能力时,销售收入可增长至负荷销售水平而不用增加任何该项资产,但销售一旦超过负荷销售水平就需增加该资产。

(三) 销售百分比法模型的修正

销售百分比法使管理当局考虑成本、售价与单位劳动之间的关系,有利于稳定市场竞争。但销售百分比法错误地认为预算的编列是依据资金的有无,而非视市场的机会而定,且不鼓励特殊时期为扭转销量而不断变动预算,对于长期规划也会造成不利的影响。而且在选择特定百分比方面,除了过去的经验及竞争者的做法,并没有任何合理的基础。为了使销售百分比法能够更好地适应复杂多变的经济环境,使之预测的资金需要量更加接近实际的需要,应对模型进行修正:

(1) 将敏感项目与销售额之间的关系定义为线性关系。资产负债表的各项目可以划分为敏感项目与非敏感项目,凡是随销售变动而变动并呈现一定比例关系的项目,称为敏感项目;凡不随销售变动而变动的项目,称为非敏感项目。敏感项目在短时期内随销售的变动而发生成比例变动,呈线性假设,即:

$$y = ax + b$$

式中:x 表示销售额;y 表示敏感项目金额;a、b 表示待定参数。

对于基期 a、b 的确定方式有两个(以存货为例):一是根据前几期(至少三期以上)的销售额和存货的占用情况来进行一元线性回归;二是财务人员根据经验来判断存货中有多少属于与销售无关的安全储备,这就是 b 值;然后根据 b 值来计算 a 值。

(2) 对于非敏感项目可用 $y=ax+b$ 来表示,只不过 $a=0$,考虑非敏感项目对资金的需求的影响,对于可预见的大额的非敏感项目的变化要予以反映。

(3) 要根据实际掌握的情况对预测期的资产负债表各项目的参数 a、b 以及敏感项目和非敏感项目的划分进行重新调整。要考虑未使用折旧、无形资产及递延资产摊销额对内部资金来源的影响。

(4) 对于不确定条件下的销售预测,可以根据不同的销售额进行多种水平的资金需求量预测,通过引入概率方法,计算企业期望资金需求量。通过企业预测期可能的销售额及相应的概率,可求出相应的资金需要量,这样可以提供多种预测结果供决策选择。

三、内含增长率

增加内部留存收益是销售增长引起的资金需求增长的途径之一,如果不能或不打算从外部融资,则只能靠内部积累。内含增长率就是指在公司完全不对外融资的情况下,其预测增长率的最高水平。由于公司的成长必须伴随额外资金的注入,因此从内含增长率可以看出:仅利用留存收益来支付所需增加的资产时,公司最多能有多大的成长空间。设外部融资额为零,则有:

外部融资需求 = 资产销售百分比×新增销售额 − 负债销售百分比×新增销售额

$$-\text{计划销售净利率} \times \text{预计销售额} \times (1-\text{股利支付率}) = 0 \quad (7\text{-}52)$$

又由于预计销售额 ＝ 基期销售额 ＋ 新增销售额，根据上式计算可求得新增销售额，然后再根据销售增长率＝新增销售额÷基期销售额，即可求得内含增长率。

或

外部融资销售增长比＝ 经营资产的销售百分比－经营负债的销售百分比

$$-\text{预计销售净利率} \times \frac{1+\text{增长率}}{\text{增长率}} \times (1-\text{股利支付率})$$
$$= 0 \quad (7\text{-}53)$$

亦可求得相同结果。

当实际增长率等于内含增长率时，外部融资需求为零；当实际增长率大于内含增长率时，外部融资需求为正数；当实际增长率小于内含增长率时，外部融资需求为负数。

【例 7-15】 某公司具有以下的财务比率：资产与销售收入之比为 1.2，负债与销售收入之比为 0.4；销售净利率为 10％，股利支付率为 30％，该公司去年的销售额为 300 万元，假设这些比率在未来均会保持不变，并且所有的资产和负债都会随销售的增加而同时增加，则该公司销售增长到什么程度，才无须向外筹资？

具体分析如下：

∵ 外部融资需求 $= 1.2 - 0.4 - 10\% \times \frac{1+\text{增长率}}{\text{增长率}} \times (1-30\%) = 0$

∴ 内含增长率 $= 9.6\%$

∴ 当增长率为 9.6％ 时，不需要向外界筹措资金

练 习 测 试 题

一、单项选择题

1. 某公司股票筹资费率为 3％，预计第一年股利为每股 2 元，股利年增长率为 4％，据目前的市价计算出的股票资本成本为 20％，则该股票目前的市价为（　　）元。
   A. 12.89　　　　B. 20.51　　　　C. 15.02　　　　D. 10.56

2. 以下说法中，不正确的是（　　）。
   A. 项目的资本成本是公司投资于资本支出所要求的最低报酬率
   B. 不同资本来源的资本成本不同
   C. 权益投资者的报酬来自股利和股价上升两个方面
   D. 一个公司资本成本的高低，取决于两个因素：无风险报酬率和经营风险溢价

3. 某企业的预计的资本结构中,产权比率为2/5,债务税前资本成本为10%。目前市场上的无风险报酬率为6%,市场上所有股票的平均收益率为10%,公司股票的β系数为1.2,所得税税率为25%,则加权平均资本成本为( )。
   A. 12% B. 9.86% C. 11% D. 10%
4. 某企业销售收入为500万元,变动成本率为30%,固定成本为80万元(其中利息10万元),则经营杠杆系数为( )。
   A. 2.334 B. 0.843 C. 1.594 D. 1.875
5. 某企业借入资本和权益资本的比例为1:1,则该企业( )。
   A. 只有经营风险
   B. 既有经营风险又有财务风险
   C. 只有财务风险
   D. 没有风险,因为经营风险和财务风险可以相互抵消
6. 甲企业上年的资产总额为500万元,资产负债率30%,负债利息率6%,固定成本为60万元,优先股股利为10万元,所得税税率为25%,根据这些资料计算出的财务杠杆系数为2,则边际贡献为( )万元。
   A. 100 B. 204.67 C. 104.67 D. 150.48
7. 根据财务分析师对某公司的分析,该公司无杠杆企业的价值为1 000万元,利息抵税可以为公司带来100万元的额外收益现值,财务困境成本现值为50万元,债务的代理成本现值和代理收益现值分别为20万元和30万元,那么,根据资本结构的权衡理论,该公司有杠杆企业的价值为( )万元。
   A. 2 050 B. 2 000 C. 1 130 D. 1 050
8. 某企业预计2010年经营资产增加500万元,经营负债增加100万元,留存收益增加200万元,销售增加1 000万元,可以动用的金融资产为0,则外部融资销售增长比为( )。
   A. 30% B. 20% C. 10% D. 25%
9. 预计明年通货膨胀率15%,公司销量增长20%,则销售额的名义增长率为( )。
   A. 8% B. 11% C. 20% D. 45%
10. 采用销售百分比法预测资金需要量时,下列项目中被视为不随销售收入的变动而变动的是( )。
    A. 现金 B. 应付账款 C. 公司债券 D. 存货

二、多项选择题

1. 下列说法中,正确的有( )。
   A. 与投资活动有关的资本成本称为项目的资本成本
   B. 资本成本既与公司的筹资活动有关也与公司的投资活动有关
   C. 与筹资活动有关的资本成本称为公司的资本成本
   D. 资本成本是企业需要实际支付的成本
2. 在计算加权平均资本成本时,需要解决的两个主要问题是( )。

A. 各种筹资来源的手续费
B. 各种外部环境的影响
C. 确定某一种要素的成本
D. 确定公司总资本结构中各要素的权重

3. 在边际贡献大于固定成本的情况下,下列措施中,会导致总杠杆系数降低的有(   )。
   A. 增加产品销量
   B. 提高产品单价
   C. 提高资产负债率
   D. 节约固定成本支出

4. 某公司本年的销售量为 200 万件,售价为 20 元/件,单位变动成本 10 元,总固定成本为 100 万元,优先股股息为 60 万元,利息费用为 50 万元,所得税税率为 25%。下列说法中,正确的有(   )。
   A. 据此计算得出的经营杠杆系数为 1.05
   B. 据此计算得出的财务杠杆系数为 1.08
   C. 据此计算得出的总杠杆系数为 1.27
   D. 据此计算得出的盈亏平衡点为 2.5 万件

5. 若 4 个财务比率均不变,在保持资本结构的前提下,同时筹集权益资金和增加借款,其结果是销售增长 15%,则(   )。
   A. 税后利润增长 15%
   B. 股利增长 15%
   C. 权益净利率增长 15%
   D. 总资产增长 15%

6. 在"内含增长率"条件下,正确的说法是(   )。
   A. 财务风险降低
   B. 假设不增加借款
   C. 资产负债率会下降
   D. 假设不增发新股

7. 某企业只生产甲产品,销售单价为 50 元,单位变动成本为 10 元,年固定成本总额为 40 万元,2010 年的销售量为 2 万件。下列说法中,正确的有(   )。
   A. 盈亏平衡点的销售量为 1 万件
   B. 销售量为 2 万件时的经营杠杆系数为 2
   C. 如果 2011 年营业收入 10%,则息税前利润增加 20%
   D. 2010 年的息税前利润为 15 万元

8. 关于经营杠杆系数,下列说法中,正确的有(   )。
   A. 如果生产单一产品,经营杠杆系数和安全边际率互为倒数
   B. 经营杠杆系数表示经营风险程度
   C. 边际贡献与固定成本相等时,经营杠杆系数趋近于无穷小
   D. 盈亏临界点销售量越小,经营杠杆系数越大

9. 下列关于资本结构理论的表述中,正确的有(   )。
   A. 根据 MM 理论,当存在企业所得税时,企业负债比例越高,企业价值越小
   B. 根据权衡理论,平衡债务利息的抵税收益与财务困境成本是确定最优资本结构的基础

C. 基于修正的 MM 理论的命题,有负债企业的价值是无负债企业价值加上抵税收益的现值,再减去财务困境成本的现值。

D. 根据优序融资理论,当存在外部融资需求时,企业倾向于债务融资而不是股权融资

10. 一个公司资本成本的高低,取决于( )。
    A. 财务风险溢价   B. 项目风险
    C. 无风险报酬率   D. 经营风险溢价

11. 下列关于资本成本的说法中,正确的有( )。
    A. 公司的资本成本是各种资本要素成本的加权平均数
    B. 公司的经营风险和财务风险大,则项目的资本成本也就较高
    C. 项目资本成本是投资所要求的最低报酬率
    D. 项目资本成本等于公司资本成本

三、判断题

1. 其他条件不变的情况下,企业财务风险大,投资者要求的预期报酬率就高,企业筹资的资本成本相应就大。( )

2. 筹资渠道解决的是资金来源问题,筹资方式解决的是通过何方式取得资金的问题,它们之间不存在对应关系。( )

3. 经营杠杆能够扩大市场和生产等不确定性因素对利润变动的影响。( )

4. 在资产组合中,单项资产 β 系数不尽相同,通过替换资产组合中的资产或改变资产组合中不同资产的价值比例,可能改变该组合的风险大小。( )

5. 企业采用不附加追索权的应收账款转让方式筹资时,如果应收账款发生坏账,其坏账风险必须由本企业承担。( )

6. 代理理论认为,高支付率的股利政策有助于降低企业的代理成本,但同时也会增加企业的外部融资成本。( )

四、简答题

1. 简述经营杠杆系数、财务杠杆系数、复合杠杆系数的财务概念与计算方法。
2. 简述资本结构的决策方法。如何调整资本结构为最优资本结构?
3. 修正后的 MM 理论的基本内容是什么?
4. 财务杠杆与经营杠杆有何异同。
5. 简述销售百分比法。

五、计算与分析题

习 题 一

(一)目的:练习利息抵税价值的计算。

(二)资料:ABC 公司预期明年产生的自由现金流量为 500 万元,此后自由现金流量每年按 2％的比率增长。公司的权益资本成本为 20％,债务税前资本成本为 10％,公司所得税税率为 25％。

(三)要求:如果公司维持 0.5 的目标债务与权益比率,债务利息抵税的价值是多少?

习 题 二

（一）目的：练习经营杠杆系数、财务杠杆系数、复合杠杆系数的计算。

（二）资料：某公司2010年的财务杠杆系数为1.5，净利润为6 000 000元，所得税税率为40%。该公司全年固定成本总额为15 000 000元。

（三）要求：

(1) 2000年税前利润总额和利息总额。

(2) 2000年经营杠杆系数和复合杠杆系数。

习 题 三

（一）目的：练习经营杠杆系数、财务杠杆系数、复合杠杆系数的计算。

（二）资料：某企业2011年资本总额为4 000万元，其中负债资本和权益资本的比率为45∶55，负债资本利率为12%。该企业年销售量为5 600千克，每千克销售单价为1万元，固定成本为640万元，变动成本率为60%。

（三）要求：计算该企业的经营杠杆系数、财务杠杆系数和复合杠杆系数。

习 题 四

（一）目的：练习综合资本成本的计算。

（二）资料：某公司2011年的全部长期资本总额为2 000万元，其中长期借款500万元，长期债券600万元占，普通股800万元，保留盈余100万元。假设其个别资本成本率分别是5%，6%，7%，8%。

（三）要求：该公司综合资本成本率是多少？

习 题 五

（一）目的：练习边际资金成本的计算。

（二）资料：某公司拥有长期资金4 000万元，其中长期借款1 000万元，普通股3 000万元，该资本结构为公司理想的目标结构。公司拟筹集新的资金2 000万元，并维持目前的资本结构，随筹额增加，各种资金成本的变化如表7-13所示。

表7-13

各资金成本的变化

资金类型	新筹资额	资金成本(%)
长期借款	400万元及以下	4
	400万元以上	6
普通股	600万元及以下	10
	600万元以上	12

（三）要求：计算各筹资总额分界点及相应各筹资范围的边际资金成本。

习 题 六

（一）目的：练习运用每股收益无差别点法确定最佳筹资方案。

（二）资料：某公司目前的资本结构为：总资本500万元，其中债务资本200万元（年利息

20万元),普通股资本300万元(300万股,面值1元,市价5元)。企业由于有一个较好的新投资项目,需要追加筹资200万元,有两种筹资方案:

甲方案:增发普通股100万股,每股发行价2元。

乙方案:向银行取得长期借款200万元,利息率15%。

根据财务人员测算,追加筹资后销售额可望达到1 000万元,变动成本率60%,固定成本100万元,所得税税率25%,不考虑筹资费用因素。

(三)要求:运用每股收益无差异点分析法,选择最佳筹资方案。

习 题 七

(一)目的:练习利用比较资本成本法进行融资决策。

(二)资料:企业2010年年初资金结构如下:资本总额2 000万元,其中:长期债券400万元,优先股200万元,其余为普通股。另外,长期债券利息率为8%,优先股股息率为10%,普通股市价为20元,第一年每股股利支出2.5元,股利年增长率为5%,所得税税率假设为25%。

(三)要求:

(1)计算该企业年初综合资金成本率。

(2)如该企业拟增资500万元,现有甲、乙两个方案可供选择。甲方案:增发长期债券300万元,债券年利率为10%,增发普通股200万元,由于企业债务增加,财务风险加大,企业普通股每股股利为3元,以后每年增长6%,普通股市价将跌至每股18元。乙方案:增发长期债券200万元,债券年利息率为10%,增发普通股300万元,每股股利增加到3元,以后每年增长6%,普通股市价升至每股24元。分别计算两个方案的资金综合成本率,确定最优资金结构(假设各方案均无筹资费用)。

习 题 八

(一)目的:练习利用贝塔系数测算项目加权平均资本成本。

(二)资料:W公司是广东的一家从事生物工程的上市公司,适用的企业所得税税率为25%。该公司目前资产负债率为30%,负债的平均利率为8%,β为2。该公司拟在无锡投资设立一分公司,亦从事生物工程。同时,W公司打算借设立分公司之机,对公司资本结构进行调整,将公司资产负债率提高到50%。假设调整前后债务的利率一致。已知目前国库券的利率为4%,市场平均风险收益率为6%。

(三)要求:

(1)计算W公司目前的加权平均资本成本。

(2)计算W公司调整资本结构后的加权平均资本成本。

习 题 九

(一)目的:练习杠杆系数及盈亏平衡点的计算。

(二)资料:某公司是一个生产和销售通讯器材的股份公司。假设该公司适用的所得税税率为25%。对于明年的预算出现三种意见:

第一方案:维持目前的生产和财务政策。预计销售45 000件,售价为250元/件,单位变动成本为200元,固定成本为100万元(不含利息)。公司的资本结构为400万元负债(利息率5%),普通股20万股。

第二方案:更新设备并用负债筹资。预计更新设备需投资600万元,生产和销售量不会变化,但单位变动成本将降低至150元/件,固定成本将增加至200万元(不含利息)。借款筹资600万元,预计新增借款的利率为6.25%。

第三方案:更新设备并用股权筹资。更新设备的情况与第二方案相同,不同的只是用发行新的普通股筹资。预计新股发行价为每股30元,需要发行20万股,以筹集600万元资金。

(三) 要求:
(1) 计算三个方案下的每股收益、经营杠杆、财务杠杆和总杠杆。
(2) 计算第二方案和第三方案每股收益相等的销售量。
(3) 计算三个方案下,每股收益为零的销售量。
(4) 根据上述结果分析:哪个方案的风险最大?哪个方案的报酬最高?如果公司销售量下降至20 000件,第二和第三方案哪一个更好些?请分别说明理由。

习 题 十

(一) 目的:练习销售增长与融资需求的相关计算。

(二) 资料:某公司上年销售收入为3 000万元,本年计划销售收入为4 000万元,销售增长率为33.33%。假设经营资产销售百分比为66.67%,经营负债销售百分比为6.17%,计划销售净利率为4.5%,股利支付率为30%。

(三) 要求:
(1) 分别计算外部融资销售增长比、外部融资额。
(2) 如果销售增长500万元(即销售增长率为16.7%,)计算外部融资销售增长比和外部融资额。
(3) 如果销售增长5%,分别计算外部融资销售增长比、外部融资额;此时企业应采取何种融资管理政策?

第八章 企业投资风险管理

本章学习要点

了解企业投资风险的概念、投资风险控制的意义;掌握项目投资评估的基本方法,证券投资的风险管理方法,以及项目特有风险与系统风险的处置;重点掌握初始期、经营期、处置期项目现金流量的计算,以及项目风险处置的一般方法。

第一节 企业投资风险管理概述

一、企业投资风险的基本概念及来源

投资风险是指对未来投资收益的不确定性,在投资中可能会遭受收益损失、甚至本金损失的风险,它也是一种经营风险。例如,企业在项目投资中,可能面临由于决策错误而导致严重亏损、资不抵债的后果。又如,企业在证券投资中,可能面临债券不能按时收回本息、股票被套等问题。引发投资风险的主要原因有以下几个方面:

(1) 投资决策机制不健全,责任不明,造成投资决策的随意性、主观性、盲目性和独断性。

(2) 企业为了能够争取到项目的立项,故意把可行性研究报告做成"可批性报告",有些项目审批部门从地方利益出发,没有从严把关,从而造成重复建设、盲目建设,使项目建成投产后没有市场,企业处于亏损状态。

(3) 缺乏风险意识,盲目追求"热门"产业。一些企业在某些行业处于最"热门"的时候才决定进入,结果投资后行业转向低迷,企业深陷其中,进退两难。

(4) 对项目仅侧重于技术可行性的研究,对经济可行性的论证不够重视,对投资成本及项目建成后的成本费用和效益测算不准确。从而根据过于乐观的经济估算做出错误的决策。

二、企业投资风险控制的意义

投资决策对于公司的生存与发展是至关重要的,一个重大投资项目的失败

往往就是公司由兴旺转向衰败的转折点，一项资产投资所产生收益必须要超过金融市场能够提供的直接收益，投资者才会选择投资，否则，投资者不如直接投资于金融市场。投资项目的报酬率超过资本成本时，企业的价值将增加，反之亦然。当投资项目的风险与公司现有资产的平均系统风险不同时，则需要衡量项目本身的风险。所以确定项目的资本成本，可作为比较与评价决策备选方案的标准。因此，在市场经济条件下，企业应该非常注重投资决策的效果。

改革开放以来，一方面，在市场经济的条件下，我国参与国际竞争，投资业务发展迅猛，取得了一定的成绩；另一方面，由于投资具有高投入性、不可逆转性、经营的长期性、环境的多变性以及条件特殊性等特点，投资管理在实际运作过程中会面临着一系列未知的风险。当前，为适应市场经济发展的需要，我们应当加强全过程的投资风险管理，有效地防范和规避投资风险，以实现预期的投资价值与投资效益。

总之，随着中国经济与世界经济的日益紧密结合，投资也越来越显著地发挥出对中国经济增长的贡献作用。我国企业应借鉴发达国家企业财务管理的先进经验，不断完善、加强投资风险管理的体制建设，尽量降低投资风险，促进我国经济的快速发展。

第二节 项目现金流量分析

一、现金流量与风险管理

风险管理是指在一个有风险的环境里如何把风险减至最低的管理过程。当企业面临市场开放、产品创新等问题时，并伴随经营风险的增加，均会使变化波动程度有所加大。良好的风险管理系统有助于降低决策错误的概率，尽量避免出现损失的可能性，从而提高企业本身的附加价值。

风险管理的重要内容之一是选择风险管理的标准。其能促使企业应用成本与效益原则将所拥有的风险管理资源达到最佳配置，从而使税后净现金流量最大化、潜在和实际的损失最小化。现金流量是投资项目在其计算期内各项现金流入量与现金流出量的统称，是评价投资方案是否可行时必须考虑的重要指标。

项目投资中的现金具有广义现金的概念，不仅包括各种货币资金，而且包括项目需要投入的企业拥有的非货币资源的变现价值，如：一个项目需要使用原有厂房、设备和材料等，则相关的现金流量是它们的变现价值，而不是账面价值。一般而言，在对投资项目进行评价时，财务人员往往会更重视现金流量，而不是会计收益，主要理由为：

(1) 现金流量体现货币时间价值,而利润不考虑现金收付的时间。

(2) 现金流量更客观,利润建立在权责发生制的基础上,一定程度上受存货计价、费用摊派和折旧计提方式影响,而现金流量采用收付实现制,不受这些人为因素的影响。

(3) 现金流量考虑了投资的实际效果,利润仅反映某一会计期间的"应计现金流量",而不是实际的现金流量。有利润的年份不一定有多余的现金用于其他项目的再投资。所以在投资分析中,现金流量的状况比企业盈亏的状况更为重要。

(4) 在整个投资有效年限内,项目所实现的利润总额与现金流量的总量是相等的。

二、预计现金流量应考虑的因素

在评估资本项目时,我们往往只关心那些直接由项目产生的增量现金流量,即由于接受该项目而直接引起的公司总现金流量的变化。因为增量现金流量,是需要在资本预算中予以衡量,否则就与资本决策无关。下面我们就增量现金流量确定中的一些特殊问题进行讨论:

(1) 所有项目的现金流量都是税后现金流量。

(2) 沉没成本。沉没成本不是增量成本,因而不能包括在分析中。沉没成本指过去已经发生的,无法由现在或将来的任何决策改变的成本。例如,某公司计划在某地设立一个配送中心。请了一个咨询公司为这个项目做可行性研究,研究费用是 100 000 元。不管新的配送中心是否最终成立,这笔成本已经发生,因而不能包括在该资本项目的分析中。

(3) 机会成本。机会成本是指在投资决策中,从多种方案中选取最优方案而放弃次优方案所丧失的潜在收益。例如,某公司有一块适合建造配送中心的土地。那么,是否因为该土地不再需要有成本支出,就不需要包括在资本的预算分析中呢?答案是否定的。因为如果出售该土地,可得到 1 500 万元的税后收入,那么该土地的机会成本就是 1 500 万元。注意,这里的 1 500 万元是市场价格,而不是初始购置价。

(4) 外部效应。外部效应是指对公司其他部门的影响。外部效应很难数量化,不过绝不能因此而忽视这一因素。

(5) 运输和安装成本。购置一项新的固定资产时,必然伴随一大笔运输和安装成本。这些成本可计入资产成本。同时,购买价格及包括运输和安装成本在内的任何附加费用都应该包括在固定资产原价中。但应注意,折旧是非现金费用,因此每年确认折旧费用时不会有现金流出。但折旧也属于费用,因而会影响公司的应税收入和纳税额。纳税额则属于现金流量。

(6) 通货膨胀。通货膨胀是一个持久性的问题,因而应该反映在资本预算决策中,否则计算出的净现值和内部收益率都会偏低。因而在现金流量预期中应该考虑通胀预期。收入和成本预期都要考虑通胀因素,因而在最终的净现金流量中,现金流量也能得到反映。因为资本市场的融资成本由投资者决定,因此在考虑投资资金的必要回报率时,投资者已经考虑了通胀因素,所以进行资本决策时不需要对必要投资回报率进行通胀调整。

三、现金流量的计算

具体来说,风险管理人员在应用现金流量分析时需按以下步骤进行工作:

(1) 分析每一方案,包括提出的每一项风险管理方法是怎样影响该企业的现金流入和流出的。

(2) 计算方案的净现金流量的现值,即净现值。

(3) 根据各自的净现值和收益率评价方案的优劣。

根据各个时期的不同,与项目投资有关的现金流量一般由三部分构成:项目投资建设期的初始现金流量,项目建成投产使用期的经营现金流量和项目到期报废处置期的终结现金流量。

(一) 初始现金流量

初始现金流量是指项目开始实施到正式投产前这段时间所发生的现金流量,其特点是大多都是现金流出量,而现金流入量则很少(只有少量的残值变价收入),甚至可能没有。因此,在整个建设期期间内的净现金流量为负数。初始现金流量通常包括投资在固定资产上的资金和投资在流动资产上的资金两部分。

初始现金流量的具体内容包括:

(1) 固定资产上的原始投资。包括固定资产的买价或建造成本、运输成本和安装成本等。

(2) 与固定资产相配套的流动资产投资。包括对现金、材料、在产品等流动资产的投资,这部分流动资金一般在项目结束时将全部收回,其不受所得税的影响。

(3) 其他投资费用。包括与固定资产投资有关的职工培训费、注册费、谈判费等。

(4) 原有固定资产的变价收入。原有固定资产的变价收入,指固定资产重置、旧设备出售的净现金流量。如果是资本重置项目,则还要包括废旧资产的处置费用、出售收入及相关的税收效应。

初始现金流量的计算,见如下的关系式:

$$初始现金净流量 = -(货币性资本性支出 + 营运资本投资)$$

如果涉及项目利用企业现有的"非货币性资源",则需要考虑非货币性资源的机会成本。比如,某项目需要利用企业的旧设备,已知旧设备的账面价值为1 000万元,变现价值800万元,所得税税率为25%。则由此产生的现金流出为：800+(1 000-800)×25%=850(万元)。如果非货币性资源的用途是唯一的,比如项目需要使用企业现有的旧厂房,如不使用将闲置的话,则不需做以上考虑。

(二)经营现金流量

经营现金流量是指项目投入使用后,在其使用年限内由于生产经营而发生的现金流入量与现金流出量,因这段时间项目已经投产并且产生投资效益,故净现金流量通常为正。计算经营现金流量的重要意义在于：只有在短期内就能产生足够的经营现金流量的项目,才是真正的具有高成长性的项目。经营现金流量主要包括现金流入量、现金流出量和现金净流量三个部分。

1. 现金流入量

经营期的现金流入量是指由于投资项目的实施而引起的现金收入量的增加或现金支出量的减少,主要是项目投产后的营业现金收入。

2. 现金流出量

现金流出量是指由于项目的实施所引起的现金支出的增加或现金收入的减少,是与项目有关的现金支出和应缴纳的税款等。

3. 净现金流量

净现金流量是指在一定期间内现金流入量与流出量之差。这里的"一定期间"一般指一年或者项目有效期。具体计算如(8-1)式所示。

$$净现金流量 = 现金流入量 - 现金流出量 \quad (8\text{-}1)$$

由(8-1)式可得：

$$\begin{aligned}经营净现金流量 &= 营业收入 - 付现成本 - 所得税\\ &= 税后收入 - 税后付现成本 + 折旧与摊销 \times 所得税率\\ &= 收入 \times (1-税率) - 付现成本 \times (1-税率)\\ &\quad + 折旧摊销 \times 税率 \quad (8\text{-}2)\end{aligned}$$

式中：收入为现销收入,付现成本为需用现金支付的成本,且付现成本=营业成本-折旧。所以(8-2)式可以转换为如下的(8-3)式。

$$经营净现金流量 = 税后利润 + 折旧 \quad (8\text{-}3)$$

如果一个企业没有稳定的经营现金流量做保障,企业的现金流迟早会趋于枯竭。同时,经营现金流量最能体现企业持续经营能力和未来发展前景。因此,如何能够使企业营业现金流量达到最大,是企业投资决策过程中重点把握的关键。

(三)终结现金流量

终结现金流量是指当项目终止时发生的现金流量,即当固定资产因报废或技术落后等原因,公司不再继续使用,而将其清理处置所发生的现金收支。主要包括:一是固定资产的变价收入或残值收入;二是回收的流动资金;三是清理固定资产而发生的清理费用等现金流出量,以及清理固定资产时因账面价值与处置价值的不同而产生的税收处理问题。

【例 8-1】 某公司正在研制一种特殊功能的计算机。公司拟在 2010 年年初开始投资,有关投资的信息有以下方面:市场部预测,若单价 2 000 元,年销量可达 20 000 台;销售额达 4 000 万元;工程部预测,若正式生产该种计算机需购厂房一幢成本为 1 000 万元,该建筑款项可在 2010 年 12 月 31 日付款,该幢建筑的折旧期为 20 年,按直线折旧法折旧。项目所需要设备必须在 2010 年年末购进并安装好,并同时付清设备款,设备购入及安装成本为 600 万元,有效使用年项目初始需净营运资本 400 万元,也需在 2010 年 12 月 31 日投入。该项目的预期经济寿命为 4 年,项目结束时,建筑物的预期市场价为 700 万元,账面值为 800 万元,设备市价为 200 万元,账面价值 120 万元。生产部门预计变动制造成本将为销售额的 60%,固定成本(包括折旧)为每年 500 万元。该公司的所得税税率为 25%,资本成本为 12%。为便于资本预算决策,公司假定经营现金流量产生于每年年末。该厂将于 2011 年 1 月 1 日开始运营,第一项经营现金流量将发生于 2011 年 12 月 31 日。

要求:计算与项目相关的增量现金流量。

具体分析如下:

(1)预测项目所需要的现金流出量及发生时间,见表 8-1。

表 8-1

生产该种计算机初始现金流出量

单位:万元

厂房、建筑物	1 000
设备	600
营运资本净增量	400
初始现金流出量	2 000

(2)估计年度增量现金流量,如表 8-2 所示。

表 8-2

增量现金流量

单位:万元

项　　目	2011 年	2012 年	2013 年	2014 年
销售收入	4 000	4 000	4 000	4 000
变动成本(销售的 60%)	2 400	2 400	2 400	2 400
固定成本	500	500	500	500
其中:折旧建筑物	50	50	50	50
折旧设备	120	120	120	120
税前收益	1 100	1 100	1 100	1 100
税金(25%)	275	275	275	275
净收益	825	825	825	825
折旧收回	170	170	170	170
经营产生的现金流(入)量	995	995	995	995

(3) 计算项目现金流量,见表 8-3。

表 8-3

项目现金流量

单位:万元

项　　目	建　筑　物	设　备
初始成本	1 000	600
2014 年残值(市场)	700	200
2014 年账面价值	800	120
资本利得(损失)	−100	80
税金(25%)	−25	20
净残值	725	180

由于期末净营运资本收回 600 万元,期末净残值为 905 万元,所以期末增量现金流入量 1 505 万元(600+905)。

从以上分析中我们可以看出,该项目预期的增量现金流量的计算,如表 8-4 所示。

表 8-4

项目预期的增量现金流量

单位:万元

年　限	0	1	2	3	4
净现金流量	−2 000	995	995	995	2 500

第三节 项目投资风险管理

一、投资项目评估的基本方法

风险投资项目评价的基本原理是:风险投资项目的收益率超过资本成本时,企业的价值将增加;反之,风险投资项目的收益率小于资本成本时,企业的价值将减少。对风险投资项目评价时使用的指标分为两类:一类为非贴现指标,即不考虑货币的时间价值,包括静态回收期和平均收益率;另一类为贴现指标,也称动态指标,这种指标主要的特征是考虑到不同时点的货币有不同的价值。贴现指标主要包括净现值,动态回收期,内含报酬率,现值指数。

(一)非贴现分析法

1. 回收期法

回收期是指投资引起的现金流入累计到与投资相等所需要的时间。它代表收回投资所需要的年限。回收年限越短,方案越有利。回收期的计算分两种情况:在原始投资一次支出,每年现金净流量相等时,其公式如下:

$$\text{回收期} = \text{原始投资额} \div \text{每年现金净流入量}(NCF) \qquad (8\text{-}4)$$

如果现金流入量每年不等,或原始投资是分几年投入的,则可使下式成立的 n 为回收期:

$$\sum_{k=0}^{n} I_k = \sum_{k=0}^{n} O_k \qquad (8\text{-}5)$$

回收期法简单,并且容易被决策人所理解,可以大体上衡量项目的流动性和风险。但它忽视了时间价值,把不同时间的货币收支看成是等效的;而且没有考虑回收期以后的收益。从而促使公司接受短期项目,放弃有战略意义的长期项目。因此,目前评价投资方案优劣时,只把它作为一种辅助方法使用。

【例8-2】 投资8 000万元,寿命期3年,每年现金流入分别为1 000万元,6 000万元、5 000万元,具体数据见表8-5。

表8-5

该投资相关数据

单位:万元

项 目	0	1	2	3
原始投资	(8 000)			
现金流入		1 000	6 000	5 000
未收回投资		7 000	1 000	−4 000

要求:计算该项目的回收期。
具体分析如下:

$$回收期 = 2 + 1\,000 \div 5\,000 = 2.2(年)$$

2. 平均收益率法

平均收益率法是年平均净收益与投资额的比率。它在计算时使用会计报表上的数据,以及普通会计的收益和成本。其公式如下:

$$会计收益率 = \frac{年平均净收益}{原始投资额} \tag{8-6}$$

平均收益率法是一种衡量盈利性的简单方法,使用的概念易于理解,平均收益率法用财务报告的数据,容易取得,且考虑了整个项目寿命期的全部利润。该方法揭示了采纳一个项目后财务报表将如何变化,使经理人员知道业绩的预期,也便于项目的日后评估。但该方法使用账面收益而非现金流量,忽视了折旧对现金流量的影响,忽视了净收益的时间分布对于项目经济价值的影响。因此它适合于中小企业对项目投资的评价。

(二) 贴现分析法

1. 动态回收期法

为了克服回收期法不考虑时间价值的缺点,人们提出了动态回收期法。动态回收期是指在考虑资金时间价值的情况下以项目现金流量流入抵偿全部投资所需要的时间,也被称为折现回收期。

2. 净现值法

(1) 常用净现值法。净现值,是指特定项目未来现金流入的现值与未来现金流出的现值之间的差额。净现值法是评价投资方案的一种方法。该方法是利用未来现金流入的现值与净现金投资量算出净现值,然后根据净现值的大小来评价投资方案。净现值为正值,说明该方案可实现的收益率大于使用的折现率,投资方案是可以接受的;净现值是负值,表明进行该投资不但不会增加公司的价值,反而会降低公司的价值,投资方案就是不可接受的。净现值越大,投资方案越好。

还应注意,投资是通过现期的资金投放而在未来获得回报的资本运营活动。而未来的整个运营过程中,存在着难以预测的干扰因素,包括企业内部因素和外部环境的不确定因素,因而造成损失,不能获得预期收益,这种客观存在的风险称作投资风险。在存在风险下的投资方案评价,应根据风险的大小,调整贴现率,再利用调整后的贴现率,计算净现值,再利用净现值法对存在风险的投资方案进行评价。其中,调整后的贴现率为调整前的贴现率与风险补偿率之和。计算净现值的公式如下：

$$NPV = \sum_{i=1}^{n} \frac{NCF_i}{(1+r)^i} - I \tag{8-7}$$

式中：NPV 表示净现值；NCF_i 表示第 i 年年末现金净流量；r 表示投资项目的必要收益率；I 表示初始投资额。

净现值法所依据的原理是假设预计的现金流入在年末肯定可以实现，并把原始投资看成是按预定贴现率借入的。当净现值为正数时偿还本息后该项目仍有剩余的收益，当净现值为零时偿还本息后一无所获，当净现值为负数时该项目收益不足以偿还本息。

【例 8-3】 企业资本成本为 10%，某项目的现金流量如表 8-6 所示。

表 8-6

项目现金流量

年　　份	0	1	2	3
现金流量	(9 000)	1 200	6 000	6 000

要求：计算该项目的净现值，并评价此方案的可行性。

具体分析如下：

$$\begin{aligned}净现值 &= (1\,200 \times 0.909\,1 + 6\,000 \times 0.826\,4 + 6\,000 \times 0.751\,3) - 9\,000 \\ &= 1\,557.12(万元)\end{aligned}$$

该项目的净现值是正数，说明此投资方案可行。

净现值法是一种比较科学也比较简便的投资方案评价方法，具有广泛的适用性，它充分考虑了货币的时间价值因素和项目的风险因素，反映了该投资项目在其整个经济年限内的总效益，这是它的最大的优势。但是净现值反映的是一个项目按现金流量计量的净收益现值，它是金额的绝对数指标，在比较投资额不同的项目时有一定的局限性，它能用于独立方案之间的比较，但不能反映出方案本身的报酬率。此外，净现值法应用的主要问题是如何确定贴现率，一种办法是根据资金成本来确定；另一种办法是根据企业要求的最低资金利润率来确定。

（2）调整现金流量折现模型的净现值法。决定企业投资价值的关键因素是企业未来现金流量、资本成本以及时间。按照未来现金流量含义的不同，现金流量折现模型可分为实体现金流量模型和股权现金流量模型。

实体现金流量是企业全部现金流入扣除成本费用和必要的投资后的剩余部分，它是企业一定期间可以提供给所有投资人的税后现金流量。它以企业实体为背景，确定项目对企业现金流量的影响，以企业的加权平均资本成本为折现率。加权平均资本成本是与企业现金流量匹配的风险投资的必要报酬率,由企业的资本结构所决定。这部分内容曾在第五章已经述及,其具体公式如下:

$$实体自由现金流量 = 息前税后营业利润 - 净投资$$

其中: $$净投资 = 总投资 - 折旧摊销$$

$$净现值 = \frac{实体现金流量}{实体加权平均资本成本} - 原始投资$$

股权现金流量是实体现金流量扣除对债权人负债后剩余的部分,有多少股权现金流量作为股利分配给股东,它取决于企业的筹资和股利分配政策。股权现金流量以股东为背景,确定项目对股东现金流量的影响,以股东要求的报酬率为折现率。其净现值如下式所示。

$$净现值 = \frac{股权现金流量}{股东要求的收益率} - 股东投资$$

以上两种方法计算的净现值没有实质区别。如果实体现金流量折现后为零,则股权现金流量折现后也为零;如果实体现金流量折现后为正值,股权现金流量折现后也为正值。由于股利分配有较大的不确定性,所以股权现金流量的风险比实体现金流量大,它包含了公司的财务风险。实体现金流量不包含财务风险,比股东的现金流量的风险小。实务中股权现金流量很少使用。因为股东要求的报酬率不但受经营风险的影响,而且受财务杠杆的影响,估计起来十分困难。应把投资和筹资分开考虑,首先评估项目本身的价值而不管筹资的方式如何,如果投资项目有正的净现值,再去处理筹资的细节问题。

还应注意,使用企业当前的资本成本作为项目的资本成本时,项目的风险与企业当前资产的平均风险相同,且公司继续采用相同的资本结构为新项目筹资。比如,处于传统行业的企业进入新兴的高科技行业,显然风险差异很大,不宜使用当前的资本成本作为项目折现率。在等风险假设和资本结构不变假设明显不能成立时,不能使用企业当前的平均资本成本作为新项目的折现率。

3. 现值指数法

现值指数法是通过计算比较现值指数指标判断决策方案好坏的方法。所谓现值指数是指未来收益的现值总额和初始投资现值总额之比,其实质是每一元初始投资所能获取的未来收益的现值额。现值指数法根据某一投资方案的现值指数是否大于1来确定方案是否可行,如果现值指数大于1,则方案可行;如果现值指数小于1,则方案不可行;现值指数大的方案优于现值指数小的方案。其公式如下:

$$PI = \frac{\sum_{i=1}^{n} \frac{NCF_i}{(1+r)^i}}{I} = \frac{NPV}{I} + 1 \tag{8-8}$$

式中：PI 表示现值指数。

现值指数是相对数指标，反映投资的效率。可以用于投资规模不同的方案之间的比较。此外，净现值法和现值指数法虽然考虑了时间价值，可以说明投资项目的报酬率高于或低于资本成本，但没有揭示项目本身可以达到的报酬率是多少。

4. 内含报酬率法

内含报酬率是指能够使未来现金流入量现值等于未来现金流出量现值的折现率，或者说是使投资项目净现值为 0 的折现率。内含报酬率法（IRR 法）是用内含报酬率来评价项目投资的财务效益的方法。如果方案的内含报酬率法高于贴现率，则方案可行；反之，则方案不可行。内含报酬率的计算，一般情况下需要采用逐步测试法，特殊情况下，可以直接利用年金现值表来确定。逐步测试法就是要通过逐步测试找到一个能够使净现值大于 0，另一个使净现值小于 0 的两个最接近的折现率，然后结合内插法计算内含报酬率。内含报酬率（IRR）的计算公式如下：

$$\sum_{i=1}^{n} \frac{NCF_i}{(1+IRR)^i} - I = 0 \tag{8-9}$$

内含报酬率法充分考虑了货币的时间价值，能反映投资项目的真实报酬率，且其概念简单明了，易于理解。但内部收益率法的计算复杂，当现金流量出现不规则变动时，出现多重内部收益率时，限制了内部收益率的运用。

【例 8-4】 假定某公司有甲、乙两种固定资产投资方案。甲、乙方案的一次性投资总额均为 300 000 元，有效使用期均为 5 年。但甲方案期末无残值，乙方案期末残值 5 000 元。又假定资金成本为 14%，各方案的有关现金净流量的资料如表 8-7 所示。

表 8-7

各方案的现金净流量资料表

单位：万元

年份	甲方案			乙方案		
	净利	折旧	NCF 合计	净利	折旧	NCF 合计
1	6	5.8	11.8	8	5.9	13.9
2	6	5.8	11.8	7	5.9	12.9

(续表)

年份	甲方案			乙方案		
	净利	折旧	NCF 合计	净利	折旧	NCF 合计
3	6	5.8	11.8	6	5.9	11.9
4	6	5.8	11.8	5	5.9	10.9
5	6	5.8	11.8	3	5.9	8.9
合计	30	29	59	29	29.5	58.5

要求:试分别采用净现值法、现值指数法、内含报酬率法,分析应该选择哪个投资方案为优?

具体分析如下:

(1) 净现值法分析:

甲方案未来报酬的总现值 = (118 000 × 3.433) = 405 094(元)

甲方案的净现值(NPV) = 405 094 − 300 000 = 105 094(元)

乙方案未来报酬的总现值 = (139 000 × 0.877 + 129 000 × 0.769 + 119 000 × 0.675
  + 109 000 × 0.592 + 89 000 × 0.519 + 5 000 × 0.519)
  = 414 743(元)

乙方案的净现值(NPV) = 414 743 − 300 000 = 114 743(元)

因为甲、乙方案的净现值都大于 0,说明均可行,但乙方案的净现值高于甲方案,所以应该选择乙方案为最优方案。

(2) 现值指数法分析:

$$PI_{甲} = \frac{405\,094}{300\,000} = 1.350 > 1(可行)$$

$$PI_{乙} = \frac{414\,743}{300\,000} = 1.382 > 1(可行)$$

因为甲、乙方案的现值指数都大于 1,说明均可行,但乙方案的现值指数高于甲方案,所以应该选择乙方案为最优方案。

(3) 内含报酬率法:

$$甲方案的年金现值系数 = \frac{原投资金额}{平均每年\,NCF} = \frac{300\,000}{118\,000} = 2.542$$

$$甲方案的内含报酬率(IRR) = 27\% + \frac{2.542 - 2.582\,7}{2.532 - 2.582\,7} \times (28\% - 27\%)$$

$$= 27.8\% > 14\%(资本成本)$$

乙方案：由于每年现金净流量是不相等的，故先估计一个折现率，若为32%，先进行第一次测试，如表8-8所示。

表8-8

内含报酬率法第一次测试表

单位：元

年　　次	每年NCF	复利现值系数	现　　值
1	139 000	0.758	105 362
2	129 000	0.574	74 046
3	119 000	0.435	51 765
4	109 000	0.329	35 861
5	89 000	0.250	22 250
5年的NCF折成现值之和			289 284
第5年年末的残值折成现值＝5 000×0.25			1 250
未来报酬的总现值			290 534
原投资额			300 000
净现值			－9 466

净现值为负数，说明应降低折现率再进行测算，现用28%进行第二次测试。如表8-9所示。

表8-9

内含报酬率法第二次测试表

单位：元

年　　次	每年NCF	复利现值系数	现　　值
1	139 000	0.781	108 559
2	129 000	0.610	78 690
3	119 000	0.477	56 763
4	109 000	0.373	40 657
5	89 000	0.291	25 899
5年的NCF折成现值之和			310 568
第5年年末的残值折成现值＝5 000×0.291			1 455
未来报酬的总现值			312 023
原投资额			300 000
净现值			12 023

$$乙方案的内含报酬率(IRR) = 28\% + \frac{12\,023 - 0}{12\,023 - (-9\,466)} \times 4\%$$
$$= 30.24\% > 14\%(可行)$$

因为甲、乙两个投资方案的内含报酬率均超过了资金成本14%,因此它们都是可以接受的方案。但就各个方案的获利水平来说,乙方案的内含报酬率较高,应选为最优方案。

决策结论:从净现值法、现值指数法、内含报酬率法的综合计算结果分析,应选择乙方案为最优方案。

(三)互斥项目的评价

在评价一组投资项目时,我们必须先确定这些项目是独立型方案,还是互斥型方案。独立型方案是指方案之间相互不存在排斥性,即在多方案之间,在条件允许的情况下(如资金条件),可以选择多个有利的方案,即多方案可以同时存在。而互斥型方案是指方案之间相互具有排斥性,即在多个方案之间只能选择其中之一,其余方案均须放弃,不允许同时存在。

面对互斥项目,即接受一个项目就必须放弃另一个项目的情况。仅仅评估哪一个项目可以接受是不够的,它们都有正的净现值。我们现在需要知道哪一个更好些。采用内部收益率评价互斥项目时,往往与净现值法所得结论相反,这两种方法出现矛盾的原因在于隐含的复利率不同。内部收益率法隐含着资金按内部收益率计算复利。而净现值法则暗含按照作为贴现率的必要收益率来计算复利。

一般认为,如果项目的寿命期相同,在互斥项目评价中,宜采用净现值法。这是因为,边际资本成本是最合适的再投资收益率,也是进行复利计算的依据。如果项目的寿命期不同,则有两种方法:共同年限法和等额年金法。

共同年限法的原理是假设投资项目可以在终止时进行重置,通过重置使两个项目达到相同的年限,然后比较其净现值。共同年限法比较直观,易于理解,但共同年限法比较期的时间可能很长,例如一个项目8年,另一个项目7年,就需要以56年作为比较期。也难以预计技术进步和通货膨胀的变化。等额年金法是计算寿命期不同的项目的净现值的平均值,比较净现值的平均值,选择净现值的平均值较大的方案。假设项目可以无限重置,并且每次都在该项目的终止期,等额年金的资本化就是项目的净现值。等额年金法与共同年限法都没有考虑重置成本的上升和竞争使项目利润下降的情况。

(四)限量决策问题

在一个特定期间内,比如一年,可用来投资的资金有预算限额约束或限制时,就会出现资本限量决策问题。在资本有限量约束的条件下,公司尽量选择获利能力最高的投资方案组合。一般的做法是将全部项目排列出不同的组合,每个组合的投资需要不超过资本总量,计算各项目的净现值以及各组合的净现值合计值,选择净现值最大的组合作为采纳的项目。在受到资本限量约束下进行决策的关键在于,一定期间的资本支出受到预算上限的严格限制,而不管有多少有利的投资机会。

(五)通货膨胀的影响

通货膨胀风险是指由于通货膨胀因素使银行成本增加或实际收益减少的可能性。通货膨胀是指在一定时期内,物价水平持续、普遍上涨的经济现象。通货膨胀会导致货币购买力下降,从而影响项目投资价值。通货膨胀对资本预算的影响表现在两个方面:一是影响现金流量的估计;二是影响资本成本的估计。通货膨胀风险的具体表现如下:

(1)在通货膨胀时期,存款利率通常会相应提高,从而直接加大银行的筹资成本。

(2)在通货膨胀情况下,物价普遍上涨,社会经济运行秩序混乱,企业生产经营的外部条件恶化,证券市场也难免深受其害,所以购买力风险是难以回避的。

(3)在通货膨胀条件下,随着商品价格的上涨,证券价格也会上涨,投资者的货币收入有所增加,会使他们忽视通货膨胀风险的存在,并产生一种货币幻觉。

(4)由于货币贬值,货币购买力水平下降,投资者的实际收益不仅没有增加,反而有所减少。

通货膨胀还会使银行资产的实际收益下降。如果企业对未来现金流量的预测是基于预算年度的价格水平,并去除了通货膨胀的影响,那么这种现金流量称为实际现金流量。包含了通货膨胀影响的现金流量就是名义现金流量。两者的关系为:

$$名义现金流量 = 实际现金流量 \times (1 + 通货膨胀率)^n \qquad (8-10)$$

式中:n 表示相对于基期的期数。

名义现金流量用名义资本成本进行折现,实际现金流量用实际资本成本进行折现。两种方法计算得到的净现值是一样的。而名义资本成本率包含了通货膨胀率的影响,名义资本成本率与实际资本成本率之间的关系为:

$$1 + r_{名义} = (1 + r_{实际}) \times (1 + 通货膨胀率) \qquad (8-11)$$

通货膨胀率越高,资产实际收益率越低,当通货膨胀率高于资产名义收益率时,资产实际收益率即为负数,资产的实际购买力反而下降了。所以,只有当名义收益率大于通货膨胀率时,投资者才有实际收益。从资产角度看,通货膨胀对银行来说是一种"无形税收"。一般来讲,可通过计算实际收益率来分析购买力风险。

通货膨胀风险对不同证券的影响是不相同的。最容易受其损害的是固定收益证券,如优先股、债券。因为它们的名义收益率是固定的,当通货膨胀率升高时,其实际收益率就会明显下降,所以,固定利息率和股息率的证券购买力风险较大。同样是债券,长期债券的通货膨胀风险又要比短期债券大,相比之下,浮动利率债券或保值贴补债券的通货膨胀风险较小。对普通股股票来说,通货膨胀风险相对较小。当发生通货膨胀时,由于公司产品价格的上涨,股份公司的名义收益会增加,特别是当公司产品价格的上涨幅度大于生产费用的涨幅时,公司净盈利增加,此时股息会增加,股票价格也会随之提高,普通股股东可得到较高收益,可部分减轻通货膨胀带来的损失。但需要指出的是,通货膨胀风险对不同股票的影响是不同的。

【例8-5】 某公司研制成功一台新产品,现在需要决定是否大规模投产,有关资料如下:

(1)公司的销售部门预计,如果每台定价2万元,销售量每年可以达到10 000台;销售量不会逐年上升,但价格可以每年提高2%。生产部门预计,变动制造成本每台1万元,每年增加2%;不含折旧费的固定制造成本每年2 000万元,每年增加1%。新业务将在2012年1月1日开始,假设经营现金流发生在每年年底。

(2)为生产该产品,需要添置一台生产设备,预计其购置成本为3 000万元。该设备可以在2011年年底以前安装完毕,并在2011年年底支付设备购置款。该设备按税法规定折旧年限为5年,净残值率为5%;经济寿命为4年,4年后即2011年年底该项设备的市场价值预计为300万元。如果决定投产该产品,公司将可以连续经营4年,预计不会出现提前中止的情况。

(3)生产该产品所需的厂房可以用6 000万元购买,在2006年年底付款并交付使用。该厂房按税法规定折旧年限为20年,净残值率5%。4年后该厂房的市场价值预计为5 000万元。

(4)生产该产品需要的净营运资本随销售额的变化而变化,预计为销售额的10%。假设这些净营运资本在年初投入,项目结束时收回。

(5)公司的所得税税率为25%。

(6)该项目的成功概率很大,风险水平与企业平均风险相同,可以使用公司的加权平均资本成本10%作为折现率。新项目的销售额与公司当前的销售额相比只占较小份额,并且公司每年有若干新项目投入生产,因此该项目万一失败不会危及整个公司的生存。

要求：

(1) 计算项目的初始投资总额，包括与项目有关的固定资产购置支出以及净营运资本增加额。

(2) 分别计算厂房和设备的年折旧额以及第 4 年年末的账面价值（提示：折旧按年提取，投入使用当年提取全年折旧）。

(3) 分别计算第 4 年年末处置厂房和设备引起的税后净现金流量。

(4) 计算各年项目现金净流量以及项目的净现值和回收期。

具体分析如下：

(1) 计算项目的初始投资总额（设备投资 3 000 万元；厂房投资 6 000 万元）：

$$营运资本投资 = 2 \times 10\,000 \times 10\% = 2\,000(万元)$$

$$初始投资总额 = 3\,000 + 6\,000 + 2\,000 = 11\,000(万元)$$

(2) 计算厂房和设备的年折旧额以及第 4 年年末的账面价值：

$$设备的年折旧额 = 3\,000 \times (1 - 5\%) \div 5 = 570(万元)$$

$$厂房的年折旧额 = 6\,000 \times (1 - 5\%) \div 20 = 285(万元)$$

$$第\,4\,年年末设备的账面价值 = 3\,000 - 570 \times 4 = 720(万元)$$

$$第\,4\,年年末厂房的账面价值 = 6\,000 - 285 \times 4 = 4\,860(万元)$$

(3) 计算税后净现金流量（处置厂房和设备）：

$$第\,4\,年年末处置设备引起的税后净现金流量 = 300 + (720 - 300) \times 25\%$$
$$= 405(万元)$$

$$第\,4\,年年末处置厂房引起的税后净现金流量 = 5\,000 - (5\,000 - 4\,860) \times 25\%$$
$$= 4\,965(万元)$$

(4) 各年项目现金净流量以及项目的净现值和回收期（见表 8-10）：

表 8-10

各年项目的净现值和回收期

金额单位：万元

年　　度	0	1	2	3	4
设备厂房投资	9 000				
收入		20 000	20 400	20 808	21 224.16
税后收入		15 000	15 300	15 606	15 918.12
变动成本		10 000	10 200	10 404	10 612.08

(续表)

年　　度	0	1	2	3	4
固定成本(不含折旧)		2 000	2 020	2 040.2	2 060.6
付现成本		12 000	12 220	12 444.2	12 672.68
税后付现成本		9 000	9 165	9 333.15	9 504.51
折旧		855	855	855	855
折旧抵税		641.25	641.25	641.25	641.25
营业现金毛流量		6 641.25	6 776.25	6 914.1	7 054.86
该年需要的净营运资本		2 000	2 040	2 080.8	2 122.416
净营运资本投资	2 000	40	40.8	41.616	
收回的净营运资本					2 122.416
营业现金净流量		6 601.25	6 735.45	6 872.48	9 177.28
处置固定资产现金净流量					5 370 (405＋4 965)
项目现金净流量	－11 000	6 601.25	6 735.45	6 872.48	14 547.28
折现系数	1	0.909 1	0.826 4	0.751 3	0.683 0
项目净现金流量现值	－11 000	6 001.2	5 566.18	5 163.29	9 935.79
合计	15 666.46				
累计现金净流量	－11 000	－4 398.75	2 336.7		
回收期(年)	1＋4 398.75÷6 735.45＝1.65				

二、资本预算中的项目风险

项目风险是指可能导致项目损失的不确定性，项目风险管理是为了最好地达到项目的目标，而识别、分配、应对项目生命周期内风险的科学与艺术，是一种综合性的管理活动。项目风险管理是在项目进行的全过程中，对于影响项目的进程、效率、效益、目标等一系列不确定因素的管理，包括对外部环境因素与内部因素的管理，也包括对主观因素与客观因素、理性因素与感性因素的管理。项目风险管理的内涵体现在如下三个方面。

1. 全过程管理

项目风险管理既不是在项目实施前对于影响项目的不确定因素的简单罗列与事先判断，以及建立在此基础上的硬性的、条条框框的项目风险管理对策；也不是在项目进行过程中,当实际的项目风险发生时的危机管理以及应变对策;更不是纯粹的项目风险发生后的补救方案设计与事后经验总结,而是对于项目风险全过程的管理。项目风险的全过程管理,要求项目风险管理者能够审时度势、高瞻远瞩,通过有效的风险识别,实现对项目风险的预警和控制,要求项目管理者能够临危不乱、坦然面对,通过有效的风险管理工具或风险处理方法,对项目运行过程中产生的风险进行分散、分摊或分割,要求项目风险管理者能够在项目风险发生后,采取有效的应对措施并能够总结经验教训,对项目风险管理工作进行改进。

2. 全员管理

项目风险的全员管理并不仅仅是对于项目运行全部参与方或参与人员的管理,而是要求所有的人员均能够参与项目风险的管理。项目风险管理绝不仅仅是项目风险管理职能部门的事情。项目管理风险不仅包括对政治、经济、社会、文化、制度等外部环境中的不确定性因素的管理,还包括项目自身在其计划、组织、协调等过程中所产生的不确定因素的管理。对于后者而言,人为的主观影响成分较大。项目风险管理既是对项目全部参与方(人员)的管理,同时也是全员共同参与对项目风险的管理。

3. 全要素集成管理

从项目风险管理所追求的现实目标或项目风险管理所需解决的根本问题,其主要涉及项目工期、造价以及质量三方面的问题。可见,项目风险管理的过程是一个在可能的条件下追求项目工期最短、造价最低、质量最优的多目标决策过程,且项目风险管理不能仅满足于对单一目标的追求。这是由于项目的工期、造价与质量是三个直接关联和相互作用的相关要素。项目工期的提前或滞后将直接影响造价的高低,项目质量的优劣与项目工程造价直接相关,同样,项目的工期与质量的波动受造价因素的影响。由此不难得出,项目风险管理是对工期、造价以及质量的全要素集成管理。

在项目分析中,要确定项目的必要回报率是否应该与公司的平均必要回报率相同,首先应该考虑三种单独的不同类型的项目风险。这三种风险分别如下。

1. 特有风险

特有风险是指项目本身的风险,即不考虑该项目对公司其他部分的影响时的风险。它可以用项目预期收益率的波动性来衡量。当我们孤立地考察并度量每个研究开发项目自身特有的风险时,它们无疑都具有高度的风险。但从投资组合角度看,将这些高风险项目组合在一起后,单个项目的大部分风险可以在企业内部分散掉,此时,企业的整体风险会低于单个研究开发项目的风险,或者说,单个研究开发项目并不一定会增加企业的整体风险。因此,项目自身的特有风险不宜作为项目资本预算的风险度量。

2. 公司风险

项目的公司风险是指项目给公司带来的风险。它不考虑风险的各个组成部分，即不管是系统风险还是非系统风险；也不考虑项目对股东个人分散化的影响。项目的公司风险可以用项目对于公司未来收入不确定的影响大小来衡量。如果一个新项目的风险比公司现有资产的平均风险大，采纳该项目会增加公司未来收益的不确定性，该项目对于投资人来说具有公司风险。考虑到新项目特有的风险可以通过与企业内部其他项目的组合分散掉一部分风险，因此应着重考察新项目对企业现有项目组合的整体风险可能产生的增量。这个增量不是项目的全部特有风险，而是扣除已被分散化后的剩余部分。

3. 市场风险

项目的市场风险是指新项目给股东带来的风险，这里的股东是指投资于许多公司，其投资风险已被完全分散化的股东。从股东角度来看，项目特有风险被公司资产多样化分散后的剩余的公司风险中，有一部分可能被股东的资产多样化组合分散掉，从而只剩下任何多样化组合都不能分散的系统风险。从资产组合及资本资产定价理论角度看，度量新项目资本预算的风险时，不应考虑新项目实施对企业现有风险水平可能产生的全部增减影响，因为企业股东可以通过构造一个证券组合，来消除单个股权的大部分风险。所以，唯一影响股东预期收益的是项目的系统风险。

总体而言，成功的项目风险管理既是一门艺术又是一门科学。一方面，项目风险管理有助于确定项目范围以及最优项目。项目风险管理从风险的周期性、规律性、预控性等多个角度，对于项目风险的识别机制、分散机制、分摊机制、转移机制等进行全面的分析，从而在项目选择范围内选择出最优项目。另一方面，项目风险管理有助于改进已选项目的效益与效率。项目风险管理是一个动态反复、适时修正、持续改进的过程，因此当风险伴随着项目的推进而出现时，项目风险管理能够不断跟踪风险从而影响项目运行的轨迹，并通过有效的程序或手段进行纠正。比如，通过风险识别策略对于风险征兆或信号进行有效识别，防患于未然；发挥风险分散机制，对于多个风险项目进行协调控制，充分利用项目间的协同效应；运用风险分摊策略，在项目的合作各方之间，通过资源共享、要素互补等方式有效分摊风险；运用风险转移机制，在必要的时候通过转让、出售等方式退出项目运作以转移风险。此外，项目的风险与收益在一定程度上具有正相关性，但项目风险同样与项目可能遭受的损失或可能增加的成本相对应。项目风险管理在改进已选项目的同时，也是对成本损失或不确定性的降低，这等于是提高了项目运行的效率与效益。

三、项目风险处置的一般方法

在未来现金流量不确定的情况下,对项目风险的处置有两种方法:一是调整现金流量法;二是风险调整贴现率法。前者是缩小净现值模型的分子,使净现值减小;后者是扩大净现值模型的分母,其结果也是使净现值减小。

(一)调整现金流量法

调整现金流量法是指把不确定的现金流量调整为确定的现金流量,然后使用无风险的报酬率作为折现率计算净现值。由于调整后的现金流量中已考虑了风险因素,必将小于调整前的现金流量。所以可以通过用较小的现金流量来计算有关评价指标,以达到谨慎决策的目的。风险调整现金流量法的基本思想是:先对投资项目进行风险分析,按风险程度对各项目的未来现金流量进行调整,然后再据此对长期投资决策方案进行评价。其具体方法常用的有现金流量概率法和肯定当量系数法。调整现金流量法的具体操作步骤如下:

(1)根据投资项目或方案年现金净流量的标准离差率,借助对照表确定等值系数,确定等值系数是不确定的1元现金流量期望值相当于使投资者满意的确定的金额的系数,它可以把各年不确定的现金流量换算为确定的现金流量。

(2)根据确定等值系数对投资项目或方案不确定的年现金净流量进行调整,计算其确定的年现金净流量。

(3)根据投资项目或方案确定的年现金净流量,利用净现值的计算公式,计算投资项目或方案的净现值。

(4)根据净现值法的决策标准,对投资项目或方案的可行性与优劣作出评价与选择。

$$NPV = \sum_{i=1}^{n} \frac{\alpha_i \times NCF_i}{(1+r_f)^i} - I \qquad (8-12)$$

$$\alpha_i = \frac{\text{肯定的现金流量}}{\text{不肯定的现金流量期望值}} \qquad (8-13)$$

式中:α_i 表示第 i 年现金流量的确定等值系数,它在 0~1 之间;r_f 表示风险的贴现率;NCF_i 表示第 i 年预期现金净流量。

风险调整现金流量法可以根据各年的不同的风险程度分别采用不同的肯定当量系数。但是如何合理确定当量系数是个难题。为了防止应决策者偏好不同而造成决策失误,有些企业根据标准离差率来确定肯定当量系数。因为标准离差率是衡量风险大小的一个很好的指标,因而,用它来确定肯定当量系数是合理的。标准离差率与肯定当量系数的经验对照关系如表 8-11 所示。

表 8-11

标准离差率与肯定当量系数的经验关系表

标准离差率	肯定当量系数
0.00~0.07	1
0.08~0.15	0.9
0.16~0.23	0.8
0.24~0.32	0.7
0.33~0.42	0.6
0.43~0.54	0.5
0.55~0.70	0.4
…	…

(二) 风险调整折现率法

风险调整折现率法是根据项目现金流量的分布形态所表现的风险程度来调整应用期望现金流量进行折现的折现率,求解项目的净现值,进而判断资本预算项目的可行性。对于高风险项目采用较高的贴现率去计算净现值,然后根据净现值法的规则来选择方案。

1. 根据风险报酬率模型来调整贴现率

关于风险报酬率模型,根据第三章(3-6)式:

$$K = i + b \times Q$$

式中:K 表示项目的预期收益率;i 表示无风险收益率;b_j 表示项目的风险报酬系数;Q 表示项目的标准离差率风险程度。

上式中,假设 i、b_j 为已知,需要确定 K 值,关键是求出 Q_j 值。对第 t 年($t=1,2,\cdots,n$)不确定的现金流量,依据随机变量分布的状况 NCF_{ti} 以及出现的概率 p_i,可利用第三章所阐述的计算步骤,分别计算其均值 $\bar{E}_{tNCF}$ 及标准差 σ_t:

$$\bar{E}_{tNCF} = \sum_{i=1}^{k} NCF_{ti} \times p_i$$

$$\sigma_t = \sqrt{\sum_{i=1}^{k}(NCF_{ti} - \bar{E}_{tNCF})^2 P_i}$$

对每期的标准差 σ_t,均值 $\bar{E}_{tNCF}$ 按照现值规则,转换到现时 0 点的标准差 σ_0,均值 $\bar{E}_{0NCF}$:

$$\sigma_0 = \sqrt{\sum_{i=1}^{n}\left(\frac{\sigma_t}{(1+K_f)^t}\right)^2}$$

$$\overline{E}_{0NCF} = \sum_{t=1}^{n}\frac{\overline{E}_{tNCF}}{(1+K_f)^t}$$

将标准差转换为标准离差率(Q), 则:

$$Q = \frac{\sigma_0}{\overline{E}_{0NCF}}$$

最后,我们可以根据每期的期望现金流量,以及风险调整贴现率计算风险调整后的项目净现值:

$$NPV = \sum_{i=1}^{n}\frac{\overline{Et}}{(1+K_j)^t} - I$$

【例8-6】 某公司打算投资一项目,初始投资额为40 000元,项目有效期为3年,无风险收益率为6%,风险报酬系数为0.15,项目有效期内现金流量如表8-12所示。

表8-12

项目现金流量

项　目	第1年			第2年			第3年		
状况	好	正常	差	好	正常	差	好	正常	差
概率(%)	30	40	30	20	60	20	30	50	20
现金流量(元)	20 000	10 000	−5 000	40 000	30 000	−10 000	20 000	15 000	−10 000

确定项目是否可行。
具体分析如下:
方法一:风险调整折现率法
第1年的现金流量的期望值和方差为:

$$\overline{E}_1 = 0.3 \times 20\,000 + 0.4 \times 10\,000 - 0.3 \times 5\,000 = 8\,500(元)$$

$$\sigma_1^2 = 0.3 \times 11\,500^2 + 0.4 \times 1\,500^2 + 0.3 \times (-3\,500)^2 = 44\,250\,000(元)$$

第2年的现金流量的期望值和方差为:

$$\overline{E}_2 = 0.2 \times 40\,000 + 0.6 \times 30\,000 - 0.2 \times 10\,000 = 24\,000(元)$$

$$\sigma_2^2 = 0.2 \times 16\,000^2 + 0.6 \times 6\,000^2 + 0.2 \times 14\,000^2 = 112\,000\,000(元)$$

第 3 年的现金流量的期望值和方差为：

$$\bar{E}_3 = 0.3 \times 20\,000 + 0.5 \times 15\,000 - 0.2 \times 10\,000 = 11\,500(元)$$

$$\sigma_3^2 = 0.3 \times 8\,500^2 + 0.4 \times 3\,500^2 + 0.3 \times (-1\,500)^2 = 27\,250\,000(元)$$

$$\therefore \bar{E}_0 = \frac{8\,500}{1.06} + \frac{24\,000}{1.06^2} + \frac{11\,500}{1.06^3} = 39\,034.4(元)$$

$$\sigma_0 = \sqrt{\frac{44\,250\,000}{1.06^2} + \frac{112\,000\,000}{1.06^4} + \frac{27\,250\,000}{1.06^6}} = 12\,137.01(元)$$

$$\therefore Q = \frac{12\,137.01}{39\,034.4} = 0.31$$

所以，项目要求的必要收益率 K_j 为：

$$K_j = 6\% + 0.15 \times 0.31 = 10.65\%$$

$$\therefore NPV = \frac{8\,500}{1.106\,5} + \frac{24\,000}{1.106\,5^2} + \frac{11\,500}{1.106\,5^3} - 40\,000 = -4\,227.01(元)$$

根据计算结果，经过风险调整后的项目净现值小于 0，所以项目不可行。

方法二：调整现金流量法

∵ 项目各年现金流入的变化系数：

$$Q_1 = \frac{\sigma_1}{\bar{E}_1} = \frac{6\,652.07}{8\,500} = 0.78$$

$$Q_2 = \frac{\sigma_2}{\bar{E}_2} = \frac{10\,583.01}{24\,000} = 0.44$$

$$Q_3 = \frac{\sigma_3}{\bar{E}_3} = \frac{5\,220.15}{11\,500} = 0.45$$

∴ 查表可知，各年肯定当量系数：

$$\alpha_1 = 0.3, \alpha_2 = 0.5, \alpha_3 = 0.5$$

∴ 项目的净现值 $NPV = \dfrac{0.3 \times 8\,500}{1.06} + \dfrac{0.5 \times 24\,000}{1.06^2} + \dfrac{0.5 \times 11\,500}{1.06^3} - 40\,000$

$$= -22\,086.57(元)$$

根据计算结果，项目净现值小于 0，所以项目不可行。

2. 应用资本资产定价模型确定折现率

根据第三章(3-17)式，可知资本资产定价模型为：

$$K_e = R_f + \beta(R_m - R_f)$$

β_j 数据的获得要费些周折，既可以应用企业所在行业的经验数据，也可以利用公开的证券市场信息资料。风险调整贴现率法的优点是比较符合逻辑，广泛使用；在竞争的市场环境中，每种项目效益在将来不同的经济状态下会发生变化,风险调整贴现率法能够通过调整项目在不同经济状态下的现金流贴现率,及时反映并规避市场风险。但风险调整贴现率法把时间价值和风险价值混在一起,并据此对现金流量进行折现,意味着风险随时间的推移而加大,夸大了远期风险。同时,项目投资往往是期初投入,寿命期内收回,难以计算各年的必要回报率。传统的风险调整贴现率法在运用时假定各年的必要回报率均一致,这样的处理并不合理。确定性等值系数法充分考虑了未来现金流量分布的不同特征进行风险调整。所以,如果未来现金流量分布较为均衡时,则两种方法均可选用。如果未来现金流量分布不规则,则宜选择调整现金流量法,不宜使用风险调整贴现率法。

四、项目特有风险的处置方法

衡量项目个体风险的方法主要有四种:敏感分析法、情景分析法、决策树法和模拟分析法。

(一)敏感性分析法

投资项目的敏感性分析,是假定其他变量不变的情况下,测试当一个不确定性因素发生一定幅度的变化时可导致决策评价指标值(如 NPV)的变化幅度,以了解各种因素的变化对预期目标的影响程度。进行敏感性分析的目的是让决策者预见到:各项预期参数值(如售价、销量、成本等)在多大范围内变动不会影响结论的有效性,超过一定的范围,则原来的结论就需要进行修正。投资项目敏感性分析的一般步骤包括:

(1)确定敏感度分析指标。
(2)选取需要分析的不确定因素,并设定这些因素的变动范围。
(3)调整现金流量。
(4)列出敏感分析表或画出敏感分析图,找出最敏感的参数。

【例 8-7】 某公司拟投产一个新产品,有两个生产项目 A 和 B。A 项目的投资 3 000 万元,B 项目的投资 3 500 万元,有关的经营现金流量见表所示。目前估计项目的资本成本为 10%。

表 8-13
各个项目的现金流量

金额单位:万元

项目 A(资本成本 10%)	现金流入	折现系数(10%)	现值
第 1 年年末 1 000		0.909 1	909.1
第 2 年年末 4 000		0.826 4	3 305.6
现金流入现值 4 214.7			
原始投资 3 000			
净现值 1 214.7			

(续表)

项目 A(资本成本 12%)		折现系数(12%)	
第 1 年年末　1 000　0.892 9　892.9			
第 2 年年末　4 000　0.797 2　3 188.8			
现金流入现值 4 081.7			
原始投资　3 000			
净现值 1 081.7			
项目 B(资本成本 10%)		折现系数(10%)	
第 1 年年末　4 000　0.909 1　3 636.4			
第 2 年年末　1 000　0.826 4　826.4			
现金流入现值　4 462.8			
原始投资 3 500			
净现值 962.8			
项目 B(资本成本 12%)		折现系数(12%)	
第 1 年年末　4 000　0.892 9　3 571.6			
第 2 年年末　1 000　0.797 2　797.2			
现金流入现值　4 368.8			
原始投资 3 500			
净现值 868.8			

具体分析如下：

(1) 计算两个项目的基准净现值：A 为 1 214.7 万元，B 为 962.8 万元。

(2) 假设资本成本提高到 12%(提高 20%)，重新计算净现值，A 为 1 081.7 万元，B 为 868.8 万元。

(3) 计算净现值变动百分比：A 为 10.9%，B 为 9.76%。

(4) 结论：资本成本上升时两个项目的净现值均下降了，净现值下降的幅度均小于资本成本增加的幅度，不是很敏感；A 项目净现值下降的幅度比 B 项目大，对资本成本的变动 A 更敏感，或者说从资本成本的角度看 B 的风险大。

敏感性分析方法计算过程简单，也易于理解。在进行敏感性分析时，只允许一个变量发生变动，而假设其他变量保持不变，但在现实世界中这些变量通常是相互关联的，会一起发生变动。此外，该分析方法每次测定一个变量对净现值的影响，只能提供一系列分析结果，但是没有给出每一个数值发生的可能性。

(二) 情景分析法

在敏感性分析中，我们是在假定其他因素不变的情况下，考虑一个因素的变动影响决策评价指标的程度。现实不可能仅是单一因素变动，可能同时存在多个因素的变动。这是就要考虑应用情景分析法。情景分析是结合环境的实际状况，综合考虑两种以上的因素共同影响决策评价指标值的一种评估项目风险的方法。

情景分析法就是企业从自身角度出发,通过综合分析整个行业环境甚至社会环境,评估和分析自身以及竞争对手的核心竞争力,进而制定相应决策。由于每一组对环境的描述都最终会产生一个相应的决策,因此情景分析主要是用在分析环境和形成决策两个方面。由于情景分析法重点考虑的是将来的变化,因此能够帮助企业很好地处理未来的不确定性因素。尤其是在战略预警方面,能够很好地提高企业或组织的战略适应能力。同时,企业持续的情景分析还可以为企业情报部门提供大量的环境市场参数,而这些参数又可以为企业提供多方面的帮助,例如可以帮助企业发现自身的机会、威胁、优势和劣势等。

情景分析法适用于资金密集、产品和技术开发的前导期长、战略调整所需投入大、风险高的产业,如石油、钢铁等产业;还适用于不确定因素太多,无法进行唯一准确预测的情况,如制药业、金融业,以及相关的股市等。但情景分析法只考虑有限的几种状态下的净现值,实际上有无限多的情景和可能结果;且情景分析法估计三种情景出现的概率有一定的主观性,需要经验和判断能力。情景分析法是为了提高企业、公共部门或者其他组织对未来的适应性和发展力,因此分析的一个前提是要对分析的对象有一个清晰的认识。例如对于公司,首先要了解的就是公司的战略目标、组织定位等,还有一个容易被忽视但却非常重要的因素就是组织的文化,这关系了到每个组织个体价值观与集体认同方面。如果不了解这些,就从整体的角度出发进行分析,很可能通过情景分析得到的一个看似非常好的战略,但可能会变得不切实际,或者效果并不见得好。

(三)决策树法

在企业管理实践中,常遇到若干个可行性方案制订出来了,分析一下企业内、外部环境,大部分条件是已知的,但还存在一定的不确定因素。每个方案的执行都可能出现几种结果,各种结果的出现有一定的概率,企业决策存在着一定的胜算,也存在着一定的风险。这时,决策的标准只能是期望值,即各种状态下的加权平均值。这种依次连续决策的问题可以用一种树型决策网络来表达和求解,这种树型决策方法称为决策树法。用决策树法从决策点引出的第一分枝表示一个可供选择的方案,从状态点引出的每一分枝表示一种可能发生的状态。在状态分枝线上所标的数值表示该状态可能发生的概率,每一状态分枝线末端的数值为相应的损益值。再根据各种状态发生的概率及相应的损益值分别计算每一方案的损益期望值,并将其标在相应的状态点上,就可以直观地判断出应该选择哪个方案。依次连续决策利用了概率论的原理,并且利用一种树形图作为分析工具。如果一个决策树只在树的根部有一个决策点,则称为单级决策;若一个决策不仅在树的根部有决策点,而且在树的中间也有决策点,则称为多级决策。其具体步骤如下：

(1) 绘制决策树图。从左到右的顺序画决策树图，此过程本身就是对决策问题的再分析过程。

(2) 按从右到左的顺序计算各方案的期望值，并将结果写在相应方案节点上方。期望值的计算是从右到左沿着决策树的反方向进行计算的。

(3) 对比各方案的期望值的大小，进行剪枝优选。

人们对未来可能会遇到好几种不同的情况。每种情况均有出现的可能，人们目前无法确知，但是可以根据以前的资料来推断各种自然状态出现的概率。在这样的条件下，人们计算的各种方案在未来的经济效果只能是考虑到各种自然状态出现的概率的期望值，与未来的实际收益不会完全相等。

【例 8-8】 假定某公司准备生产一种新产品，但其销路没有十分把握，通过大量的市场调查，提出三种生产方案，有关资料如表 8-14 所示。

表 8-14

三种方案利润

生产方案(吨)	最乐观的预期利润(元)	最可能的预期利润(元)	最悲观的预期利润(元)
30 000	210 000	170 000	160 000
50 000	250 000	220 000	150 000
60 000	300 000	180 000	130 000
概　率	0.3	0.6	0.1

要求：通过概率分析，评价上述三种产量方案的优劣。

具体分析如下：

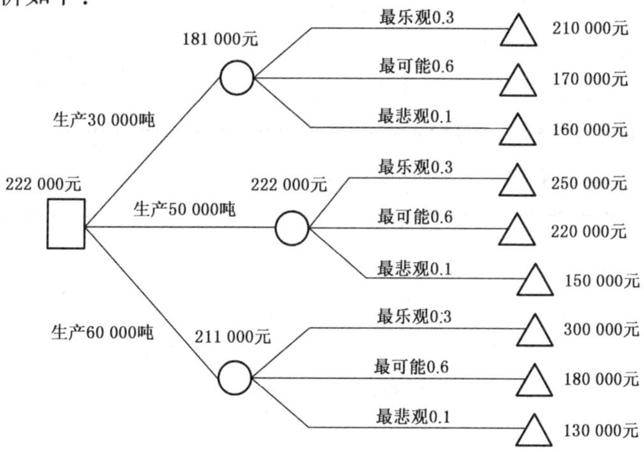

图 8-1　决策树分析图

图 8-1 中：

生产 30 000 吨可获预期利润＝210 000×0.3+170 000×0.6+160 000×0.1
　　　　　　　　　　　　＝181 000(元)

生产 50 000 吨可获预期利润＝250 000×0.3+220 000×0.6+150 000×0.1
　　　　　　　　　　　　＝222 000(元)

生产 60 000 吨可获预期利润＝300 000×0.3+180 000×0.6+130 000×0.1
　　　　　　　　　　　　＝211 000(元)

以上计算分析结果可见：公司每年生产 50 000 吨的方案最优，可获最大预期利润 222 000 元，生产 60 000 吨为次之，生产 30 000 吨最差。

(四) 模拟分析法

模拟分析法是一种根据场景变化的概率来推算、调整现金流的方法，要求较高的技术和大量的计算，通常需要借助计算机来完成，具有复杂和准确的特点。模拟分析使用计算机输入所有影响项目收益的基本参数，然后模拟项目运作的过程，最终得出投资项目净现值或内含报酬率的概率分布。模拟分析方法实际上就是对敏感性分析的发展。模拟过程通常需要先对投资项目建立一个模型，即确定项目净现值与基本变量之间的关系。基本变量包括收入、单价、单位变动成本等。然后给出基本变量的概率分布，从关键变量的概率分布中随机选取变量的数值，并计算不同情境下的净现值，重复以上步骤直至得到项目净现值的具有代表性的概率分布为止。最后评估项目净现值的概率分布。模拟分析反映了项目的特有风险，但基本变量的概率信息难以取得。

【例 8-9】 甲公司是一个钢铁企业，现找到一个投资机会，利用乙公司的技术生产汽车零件，并将零件出售给乙公司。

(1) 预计该项目需固定资产投资 800 万元，可以持续 5 年。会计部门估计每年固定成本为(不含折旧)40 万元，变动成本是每件 180 元。固定资产折旧采用直线法，折旧年限为 5 年，估计净残值为 50 万元。营销部门估计各年销售量均为 40 000 件。B 公司可以接受 250 元/件的价格。生产部门估计需要 250 万元的净营运资本投资。

(2) 甲和乙均为上市公司，甲公司的贝塔系数为 0.8，资产负债率为 50%；乙公司的贝塔系数为 1.2，资产负债率为 30%。

(3) 甲公司不打算改变当前的资本结构。目前的借款利率为 8%。

(4) 无风险资产报酬率为 4%，市场组合的预期报酬率为 9%。

(5) 为简化计算，假设没有所得税。

要求：

(1) 计算评价该项目使用的折现率。

(2) 计算项目的净现值。

(3) 假如预计的固定成本和变动成本、固定资产残值、净营运资本和单价只在正负 10% 以内是准确的,这个项目最差情景下的净现值是多少。

(4) 分别计算利润为 0、营业现金流量为 0、净现值为 0 的年销售量。

具体分析如下:

(1) 运用可比公司法确定项目折现率,将乙公司的 β 权益转换为无负债的 β 资产:

$$\beta_{资产} = \frac{1.2}{1 \div 0.7} = 0.84$$

将无负债的 β 值转换为甲公司含有负债的股东权益 β 值:

$\beta_{权益} = 0.84 \times (1 \div 0.5) = 1.2$

甲公司的权益资本成本 $= 4\% + 1.2 \times (9\% - 4\%) = 10\%$

评价该项目使用的折现率 = 加权平均资本成本 $= 8\% \times 0.5 + 10\% \times 0.5 = 9\%$

(2) 计算项目的净现值,如表 8-15 所示。

表 8-15

项目净现值

单位:元

时间	0	1	2	3	4	5	合计
投资	-8 000 000						-8 000 000
营运资金	-2 500 000						-2 500 000
营业收入		10 000 000	10 000 000	10 000 000	10 000 000	10 000 000	50 000 000
变动成本		7 200 000	7 200 000	7 200 000	7 200 000	7 200 000	36 000 000
付现固定成本		400 000	400 000	400 000	400 000	400 000	2 000 000
营业现金毛流量		2 400 000	2 400 000	2 400 000	2 400 000	2 400 000	12 000 000
回收残值						500 000	500 000
回收营运资金						2 500 000	2 500 000
现金净流量	-10 500 000	2 400 000	2 400 000	2 400 000	2 400 000	5 400 000	4 500 000
折现系数(10%)	1.000 0	0.909 1	0.826 4	0.751 3	0.683 0	0.620 9	
净现值	-10 500 000	2 181 840	1 983 360	1 803 120	1 639 200	3 352 860	460 380

(3) 最差情境下的固定成本 $= 40 \times (1 + 10\%) = 44$(万元)

最差情境下的单位变动成本 $= 180 \times (1 + 10\%) = 198$(元)

最差情境下的固定资产的残值 $= 50 \times (1 - 10\%) = 45$(万元)

最差情境下的净营运资本 $= 250 \times (1 + 10\%) = 275$(万元)

最差情境下的单价 $= 250 \times (1 - 10\%) = 225$(元)

计算结果如表 8-16 所示。

表 8-16

项目最差情景下的净现值

单位:元

时间	0	1	2	3	4	5	合计
投资	-8 000 000						-8 000 000
营运资金	-2 750 000						-2 750 000
收入		9 000 000	9 000 000	9 000 000	9 000 000	9 000 000	45 000 000
变动成本		7 920 000	7 920 000	7 920 000	7 920 000	7 920 000	39 600 000
付现固定成本		440 000	440 000	440 000	440 000	440 000	2 200 000
营业现金毛流量		640 000	640 000	640 000	640 000	640 000	3 200 000
回收残值						450 000	
回收营运资金						2 750 000	
现金净流量	-10 750 000	640 000	640 000	640 000	640 000	3 840 000	-4 350 000
折现系数(10%)	1.000 0	0.909 1	0.826 4	0.751 3	0.683 0	0.620 9	
净现值	-10 750 000	581 824	528 896	480 832	437 120	2 384 256	-6 337 072

(4) 设利润为 0 的销售量为 x,则由"利润＝收入－变动成本－固定成本＝0"可以得出:

$$250x - 180x - [400\,000 + (8\,000\,000 - 500\,000) \div 5] = 0$$
$$X = 27\,142(件)$$

设营业现金流量为 0 的销售量为 y,则由"收入－付现成本＝0"可以得出:

$$250y - 180y - 400\,000 = 0$$
$$y = 5\,714(件)$$

设净现值为 0 的营业现金流量为 A,则:

$$A \times 3.790\,8 + 3\,000\,000 \times 0.620\,9 - 10\,500\,000 = 0$$
$$A = 2\,278\,490.03(元)$$

再计算净现值为 0 的销售量,设为 z,则:

$$250z - 180z - 400\,000 = 2\,278\,490.03$$
$$z = 38\,264(件)$$

五、固定资产更新决策分析

固定资产更新改造是指以新的固定资产替换到期报废的旧的固定资产,或以新的技术装备对原有的技术装备进行改造。这是实现以内涵式生产为主的扩大再生产的重要方式。固定资产更新决策就是在继续使用旧设备和购置新设备之间进行选择。固定资产更新决策涉及固定资产的现金流量分析、固定资产的平均年成本、固定资产的经济寿命三个方面的内容,同时要考虑所得税的影响。

固定资产的现金流量分析可以按照现金流量计算的一般原理进行计算分析。由于固定资产更新决策中往往假定设备的更换不改变企业的生产能力,因而固定资产更新的现金流量表现为发生购置支出、节约成本支出,而不增加企业的现金流入。由于没有现金流入,无法计算净现值和内含报酬率。因此,在固定资产更新决策中,往往通过比较不同方案的成本进行决策。但由于新旧设备的使用年限可能不同,这种成本比较不能是总成本的比较,而只能通过比较平均年成本进行决策。

固定资产的平均年成本是指该资产引起的现金流出的年平均值。平均年成本法把继续使用旧设备和购置新设备看成是两个互斥方案,并且假定将来设备再更换时可以按原来的平均年成本找到可代替的设备。如果不考虑时间价值,它是未来使用年限内现金流出总额与使用年限的比值;如果考虑时间价值,它是未来使用年限内现金流出总现值与年金现值系数的比值,即平均每年的现金流出。固定资产的经济寿命就是固定资产平均年成本最低的使用年限,也就是使持有成本与运行成本相等时的使用年限。通过平均年成本的计算,以成本孰低为原则选择最优方案。这种方法解决的主要是不能计算完整现金流量,从而不能计算净现值或其他指标的问题。主要适用于固定资产更新改造决策,但不限于固定资产更新决策。

1. 不考虑货币的时间价值

$$平均年成本 = 投资方案的现金流出总额 \div 使用年限 \qquad (8-14)$$

2. 考虑货币的时间价值

$$\begin{aligned}平均年成本 &= 投资方案的现金流出总现值 \div 年金现值系数 \\ &= 原始投资额 \div 年金现值系数 + 年运行成本 - 残值净收入 \div 年金终值系数 \\ &= (原始投资额 - 残值净收入) \div 年金现值系数 \\ &\quad + 残值净收入 \times 年利率 + 年运行成本 \qquad (8\text{-}15)\end{aligned}$$

(8-15)式是将残值从原始投资额中减去,视同每年承担相应的利息,然后与净投资年摊销额及年运行成本总计,求出每年的平均成本。固定资产残值净收入是一项现金流入,而且是 N 年后的流入,而(8-15)式将它视为现在的现金流入,减少了现在的现金流出摊销额,等于企业无偿占有了一笔资金。对于这笔资金,需要支付一笔名义上的费用,这一费用等同于按照贴现率计算的利息。

使用平均年成本法时应注意,平均年成本法是把继续使用旧设备和购置新设备看成是两个互斥的方案,而不是一个更换设备的特定方案。且平均年成本法的假设前提是将来设备再更换时,可以按原来的平均年成本找到可代替的设备。另外,如果存在所得税,还应该考虑所得税对现金流量的影响。

【例 8-10】 某公司正面临设备的选择决策。它可以购买 10 台甲设备,每台价格 6 000 元,且预计每台设备每年末支付的修理费为 1 000 元。甲设备将于第 4 年年末更换,预计无残值收入。另一个选择是购买 10 台乙设备来完成同样的工作,每台价格 5 000 元,每台每年末支付的修理费用分别为 2 000 元、3 000 元、3 200 元。乙设备需于 3 年后更换,在第 3 年年末预计有 300 元/台的残值变现收入。该公司此项投资的机会成本为 10%;所得税税率为 25%,税法规定的该类设备折旧年限为 3 年,残值率为 10%。判断应购买哪一种设备。

具体分析如下:

甲设备:设备投资(第 0 年) = 6 000(元)

第 1~4 年每年税后修理费 = 1 000 × (1 − 25%) = 750(元)

第 1~3 年每年折旧抵税 = $\left(6\,000 \times \dfrac{1-10\%}{3}\right) \times 25\% = 450$(元)

残值损失减税 = 600 × 25% = 150(元)

现金流出的总现值 = 6 000 + 750 × (P/A, 10%, 4) − 450 × (P/A, 10%, 3)
   − 150 × (P/F, 10%, 4) = 7 155.87(元)

平均年成本 = 7 155.87 ÷ (P/F, 10%, 4) = 2 257.44(元)

10 台设备的平均年成本 = 2 257.44 × 10 = 22 574.4(元)

乙设备:设备投资 = 5 000(元)

第 1~3 年每年折旧抵税 = [5 000 × (1 − 0.1) ÷ 3] × 25% = 375(元)

残值流入 = 300(元)

现金流出总现值 = 5 000 + 2 000 × (1 − 25%) × (P/F, 10%, 1) + 3 000 × (1 −
   25%) × (P/F, 10%, 2) + 3 200 × (1 − 25%) × (P/F, 10%,
   3) − 375 × (P/F, 10%, 3) − 300 × (P/F, 10%, 3)
   = 9 519.04

平均年成本 = 9 519.04 ÷ (P/A, 10%, 3) = 3 827.67

10 台设备的平均年成本 = 3 827.67 × 10 = 38 276.7(元)

所以,甲设备的平均年成本较低,应当购置甲设备。

对于继续使用旧设备的方案来说,其初始现金流量的金额,其实就是出售旧设备所获得的现金净流入,一般包括旧设备变现价值和旧设备变现损失减税或变现收益纳税两部分。残值相关现金流量包括实际残值收入和实际残值收入与税法残值不一致对所得税的影响两部分。

第四节 证券投资风险管理

一、证券投资特点

有价证券,是指标有票面金额,证明持有人有权按期取得一定收入并可自由转让和买卖的所有权或债权凭证。有价证券是虚拟资本的一种形式,它本身没价值,但有价格。有价证券有以下特点:

(1) 产权性,拥有证券就意味着财产的占有、使用、收益和处置的权利。

(2) 收益性,持有证券本身可以获得一定数额的收益,这是投资者转让资本使用权的回报。

(3) 流通性,又称变现性,证券的流动性是通过承兑、贴现、交易实现的。

(4) 风险性,证券持有者面临着预期投资收益不能实现,甚至使本金也受到损失的可能。

证券投资风险是指投资者在证券投资过程中遭受损失或达不到预期收益率的可能性。证券投资风险主要来源于证券发行主体的变现风险、违约风险以及证券市场的利率风险和通货膨胀风险等。证券投资风险就其性质而言,可分为系统性风险和非系统性风险。系统性风险是指由于全局性事件引起的投资收益变动的不确定性。系统风险对所有公司、企业、证券投资者和证券种类均产生影响,因而通过多样化投资不能抵消这样的风险,所以又称为不可分散风险或不可多样化风险。非系统风险是指由非全局性事件引起的投资收益率变动的不确定性。在现实生活中,各个公司的经营状况会受其自身因素(如决策失误、新产品研制的失败)的影响,这些因素跟其他企业没有什么关系,只会造成个别公司证券收益率的变动,不会影响其他公司的证券收益率,它是某个行业或公司遭受的风险。由于一种或几种证券收益率的非系统性变动跟其他证券收益率的变动没有内在的、必然的联系,因而可以通过证券多样化方式来消除这类风险,所以又被称为可分散的风险或可多样化风险。风险衡量就是要准确地计算投资者的收益和本金遭受损失的可能性大小。

对未来收益的不确定性,一般我们可以通过两种方法来进行考虑:一是根据概率分布事先确定时期 t 内的价格、现金流量和收益。二是假定价格、现金流量和收益都是随机变量,这些随机变量在时期 t 内可能取得几个可能的结果(也许是无限个可能结果)中的一些,而且它们的实际值是事先不能确定的。

二、股票投资风险

(一) 股票定价原理

股票是代表股东权利的一种凭证,当这种权利在某一时点前后发生变化时,股票的价格自然也会变动。一旦投资入股,股东便不能从股份公司抽回本金,因此,股票是一种无期投资,或称永久投资,且股息红利不固定,一般视公司的经营情况而定,所以股票的风险较大。

根据收入资本化原理,任何资产的内在价值是由该资产在未来预期可得的现金流量所决定。不管投资者购入股票后永久持有,还是在未来某一时期卖掉,股票的内在价值都可以用以下公式来决定,该模型常常被称为股息折现模型。

$$P = \sum_{t=1}^{\infty} \frac{D_t}{(1+k)^t} \tag{8-16}$$

式中:P 表示资产的内在价值;D_t 表示股票在 t 时期的预期股息;k 表示现金流在某种风险水平下的适当的贴现率。

根据对股息增长率的不同假设,股息折现模型可以分为零增长模型、常数增长模型和多元增长模型。零增长模型假定各时期股息固定不变,股息增长率 g 等于零。见下列公式:

$$P = \frac{D_1}{k} \tag{8-17}$$

常数增长模型又称为戈登模型,该模型有三个假定:股息的支付在时间上是永久的;各期的股息增长率恒等于常数 g;模型中的折现率大于股息增长率,即 $k > g$。根据上述三个条件,可以得到常数增长模型为:

$$P = \frac{D_0(1+g)}{k-g} \tag{8-18}$$

多元增长模型是较为普遍地被用来确定普通股票内在价值的股息折现模型。该模型假设股息的变动在开始一段时间内并没有特定的模式可以预测,但在某时点 T 以后,股利按不变的比例 g 增长。计算公式如下:

$$P = \sum_{t=1}^{T} \frac{D_0(1+g_1)^t}{(1+k)^t} + \frac{D_T(1+g_2)}{(k-g_2)(1+k)^T} \tag{8-19}$$

(二) 股票投资风险控制

股票投资风险指实际获得收益低于预期收益的可能性。股票投资的系统风险主要包括购买力风险、利率风险、市场风险以及宏观经济、社会政治、外汇变动等因素造成股票市场波动等,股票投资的非系统风险主要包括经营风险、财务风险、流动性风险等。股票投资风险具有明显的两重性,即它的存在是客观的、绝对的,又是主观的、相对的;它既是不可以完全避免的,又是可以控制的。投资者对股票风险的控制就是针对风险的这两重性,运用一系列投资策略和技术手段把承受风险的成本降到最低限度。风险控制的目标包括确定风险控制的具体对象和风险控制的程度两层涵义。投资者如何确定自己的目标取决于自己的主观投资动机,也决定于股票的客观属性。在对风险控制的目标作出选择之后,接下来要确定风险控制的原则。根据人们多年积累的经验,控制风险可以遵循四大原则,即回避风险、减少风险、留置风险和分散风险。

投资者确定了风险控制的目标与风险控制原则后,就应当依据既定的原则制定一套具体的风险控制计划以便减少行为的盲目性,确保控制风险的目标得以实现。风险控制计划与投资计划通常是合并在一起的。有了如何更多地赚取收益的计划,就有了如何更少地承受风险的方案。投资计划是落实风险控制原则和实现风险控制目标的必要条件,同时,它又受后两者制约。现有的投资计划具体形式虽然很多,但大体上可以归为三类:一是趋势投资计划;二是公式投资计划;三是保本或停损投资计划。趋势投资计划是一种长期的投资计划,适用于长期投资者。这种投资计划认为投资者在一种市场趋势形成时,应保持自己的投资地位,等到主要趋势逆转的讯号出现时,再改变投资地位,市场主要趋势不断变动,投资者可以顺势而动,以取得长期投资收益。公式投资计划这是一种按照定式投资的计划,它遵循减少风险、分散风险和转移风险等风险控制原则,利用不同种类股票的短期市场价格波动控制风险,获取收益;公式投资计划具体有等级投资计划、平均成本投资计划、固定金额投资计划、固定比率投资计划、可变比率投资计划等。这些计划的基本原理主要都是把资金分为两部分,即进取性投资和保护性投资。前者投资于价格波动比较大的股票,其收益率一般比较高,风险也比较大;后者投资于股价比较稳定的股票或投资基金,收益平稳,风险也比较低。保本或停损投资计划是投资者在股市前途莫测、股价动荡不定时,为了避免或减轻投资本金损失,遵循留置风险的原则所采取的一类投资计划。那么,具体对风险如何防范,有下列方法:

(1) 分散风险。如果手中有一笔暂时不用的、金额又不算大的现金,你又能承受其投资可能带来得损失,那可以选择那些高收益的股票进行投资;如果你掌握的是一大笔损失不得的巨额现金,那最好采取分散投资的方法来降低风险。证券投资,尤其是股票投资不仅要对不同的公司分散投资,而且这些不同的公司也不宜都是同行业的或相邻行业的,最好是有一部分或都是不同行业的,因为共同的经济环境会对同行业的企业和相邻行业的企业带来相同的影响,如果投资选择的是同行业或相邻行业的不同企业,也达不到分散风险的目的。只有不同行业、不相关的企业才有可能此损彼益,从而能有效地分散风险。此外,证券投资者还应根据投资的不同目的而分散自己的投资时间,以将风险分散在不同阶段上。在不能预测股票淡旺程度的情况下,应把投资或收回投资的时间拉长,不急于向股市注入资本或抽回资金,用数月或更长的时间来完成此项购入或卖出计划,以降低风险程度。

(2) 回避市场风险。应对每种股票价位变动的历史数据进行详细的分析,从中了解其循环变动的规律,了解收益的持续增长能力。以股价变化的历史数据为基础,算出标准误差,并以此为选择买卖时机的一般标准,当股价低于标准误差下限时,可以购进股票,当股价高于标准误差上限时,最好把手头的股票卖掉。还要正确地判定当时经济状况在兴衰循环中所处的地位,把握好投资期限。

(3) 防范经营风险。在购买股票前,要认真分析有关投资对象,即某企业或公司的财务报告,研究它现在的经营情况以及在竞争中的地位和以往的盈利情况趋势。如果把能保持收益持续增长、发展计划切实可行的企业当作股票投资对象,而和那些经营状况不良的企业或公司保持一定的投资距离,就能较好地防范经营风险。如果能深入分析有关企业或公司的经营材料,并不为表面现象所动,看出它的破绽和隐患,并作出冷静的判断,则可基本上回避经营风险。

(4) 避开购买力风险。在通货膨胀期内,应留意市场上价格上涨幅度高的商品,从生产该类商品的企业中挑选出获利水平和能力高的企业来。当通货膨胀率异常高时,应把保值作为首要因素,如果能购买到保值产品的股票,则可避开通货膨胀带来的购买力风险。

(5) 避免利率风险。尽量了解企业营运资金中自有成分的比例,利率升高时,会给借款较多的企业或公司造成较大困难,从而殃及股票价格,而利率的升降对那些借款较少、自有资金较多的企业或公司影响不大。因而,利率升高时,一般要少买或不买借款较多的企业股票,利率波动变化趋势不确定时,应优先购买那些自有资金较多企业的股票,这样就可基本上避免利率风险。

(三) 公司成长机会对投资风险控制的影响

如果一家公司没有任何新的投资计划,当年投资只是弥补资产的正常折旧损耗,公司资产规模不会扩大,每股盈余就维持在一个原来的水准。由于公司资产规模并未扩大,公司也就没有必要保留任何盈余作为购置资产所需的资本支出。此时,企业当年的盈余全部作为股利发放,因而有:

$$P = \frac{D_1}{k} = \frac{EPS_1}{k} \tag{8-20}$$

式中:EPS 表示每股收益。

一般来说,公司的盈余并不会全部作为股利发放,而是将一部分盈余留存企业作为投资的来源。若公司决定每期保留固定比率的盈余作为资本支出的来源,由于资本支出是用于购置固定或无形资产,只要每期都有成长机会,公司资产必然会持续增加。此时,只要股东权益的收益率维持不变,股利所得成长率和盈余成长率相同,股票价格就可利用固定股利增长率模型决定:

$$P' = \frac{EPS_1(1+g)}{k-g} \qquad (8-21)$$

由于公司每期保留固定比率的盈余用于资本支出,资产规模逐期扩大,股利所得自然会有所增长,P 和 P' 的差异就是反映股利增长对股价的影响。成长机会对股价的影响亦称之为成长机会的净现值($NPVGO$):

$$NPVGO = \frac{EPS_1(1+g)}{k-g} - \frac{EPS_1}{k} \Rightarrow NPVGO = \frac{EPS_1 \times b \times (ROE-k)}{k \times (k-g)} \qquad (8-22)$$

成长机会净现值为正的投资风险较小,成长机会净现值为正的前提是保留盈余的收益率必须大于市场资本估价率。当公司在未来有新的投资机会时,我们可以通过未来所有投资计划净现值的计算得出成长机会净现值。所以,公司固定股利增长来自于有增长机会的持续投资。

三、债券投资风险

债券投资是投资者通过购买各种债券进行的对外投资,它是证券投资的一个重要组成部分。一般来说,债券按其发行主体的不同,分为政府债券、金融债券和公司债券。债券投资风险指影响债券市场价格变动及其实际收益率的因素变化所导致的投资者实际收益发生变化的可能性。债券投资的风险是普遍存在的。与债券投资相关的所有风险称为总风险,总风险可分为可分散风险和不可分散风险。债券的市场价格以及实际收益率受许多因素影响,这些因素的变化,都有可能使投资者的实际利益发生变化,从而使投资行为产生各种风险。债券投资者的投资风险主要由利率风险、购买力风险、信用风险、收回风险、突发事件风险等构成。

1. 利率风险

利率风险是指利率的变动导致债券价格与收益率发生变动的风险。当市场利率上升时,债券价格下跌,使债券持有者的资本遭受损失。因此,投资者购买的债券离到期日越长,则利率变动的可能性越大,其利率风险也相对越大。

2. 购买力风险

因为债券发行者在协议中承诺付给债券持有人的利息或本金的偿还,都是事先议定的固定金额,此金额不会因通货膨胀而有所增加。由于通货膨胀的发生,债券持有人从投资债券中所收到的金钱的实际购买力越来越低,甚至有可能低于原来投资金额的购买力。通货膨胀剥夺了债券持有者的收益,而债券的发行者则从中大获其利。

3. 信用风险

其主要表现在企业债券的投资中,企业由于各种原因,存在着不能完全履行其责任的风险。企业发行债券以后,其营运成绩、财务状况都直接反应在债券的市场价格上,一旦企业走向衰退之路时,大众的第一个反应是股价下跌,接着,企业债券持有人担心企业在亏损状态下,无法在债券到期时履行契约,按规定支付本息,债券持有者便开始卖出其持有的公司债券,债券市场价格也逐渐下跌。

4. 收回风险

一些债券在发行时规定了发行者可提前收回债券的条款,这就有可能发生债券在一个不利于债权人的时刻被债务人收回的风险。当市场利率一旦低于债券利率时,收回债券对发行公司有利,这种状况使债券持有人面临着不对称风险,即在债券价格下降时承担了利率升高的所有负担,但在利率降低,债券价格升高时却没能得收到价格升高的好处。

5. 突发事件风险

它是由于突发事件使发行债券的机构还本付息的能力发生了重大的事先没有料到的风险。这些突发事件包括突发的自然灾害和意外事故等,例如,一场重大的事故会极大地损害有关公司还本付息的能力。

与股票投资者相比,债券受利率风险的影响比股票大。原因在于:债券是一种法定的契约,大多数债券的票面利率是固定不变的,因而这种固定收入易受到利率变化的影响;而股票股利由于受公司的财务状况和经营状况前景的强烈影响,使得利率风险对其影响相对较低。债券投资者所蒙受的财务风险要小一些,因为债券投资者是债权人,在发行者分配和破产时的财产分配方面有优于股票持有者的权利。从现实情况看,证券投资的风险往往出自投资者本身的错误决策和投资行为,主要表现有:错误地判断证券的质量和投资收益率;盲目地进行证券的买卖交易活动,随风随潮进行证券买卖;错误地判断买卖时机,错过买卖的最佳时点等。

防范证券投资风险的前提条件,是投资者的正确投资决策及采取正确有效的投资行为。面对债券投资过程中可能会遇到的各种风险,投资者应认真加以对待,利用各种方法和手段去了解风险、识别风险,寻找风险产生的原因,然后制定风险管理的原则和策略,运用各种技巧和手段去规避风险、转嫁风险,减少风险损失,力求获取最大收益。首先,在投资之前,应通过各种途径,充分了解和掌握各种信息,从宏观和微观两方面去分析投资对象可能带来的各种风险。其次,还应制定各种能够规避风险的投资策略,使债券投资期限梯型化,债券投资种类分散化,债券投资期限短期化。此外,还可以运用各种有效的投资方法和技巧,可以利用国债期货交易进行套期保值,并准确进行投资收益的计算,以此作为投资决策的依据。国债期货套期保值交易对规避国债投资中的利率风险十分有效。国债期货交易是指投资者在金融市场上买入或卖出国债现货的同时,相应地作一笔同类型债券的远期交易,然后灵活地运用空头和多头交易技巧,在适当的时候对两笔交易进行对冲,用期货交易的盈亏抵补或部分抵补相关期限内现货买卖的盈亏,从而达到规避或减少国债投资利率风险的目的。

四、证券投资风险的评估

评估证券投资风险有以下几种方法。

（一）价差法

价差法将风险与股票价格的波动联系起来。股价上升迅速的股票往往也可能急剧下降,因此,涨和跌两个方向的波动是判断股票风险的最主要和最简单的指标。价差较大的股票,说明其价格波动较为剧烈,投资风险也较大。价差可按年度、季度、月度等单位衡量。价差率反映某种股票价格变化的波动程度。

$$价差率 = \frac{最高价 - 最低价}{(最高价 + 最低价) \div 2} \quad (8-23)$$

式中,最高价和最低价分别表示某种股价在一定时期内达到的最高价位和最低价位。价差率越大,表明风险越大;反之越小。

（二）市盈率

市盈率是最常用来评估股价水平是否合理的指标之一,是以企业收益作为衡量股票投资价值的尺度,投资者可以据此考察投资价值的变动和风险程度。市盈率越低,代表投资者能够以较低价格购入股票以取得回报。一般来说,该指标值越大,表明风险越大,投资价值越低;反之,则风险越小,投资价值越大。其公式如下：

$$市盈率 = \frac{每股市价}{每股盈利} \quad (8-24)$$

（三）β 系数法

β 系数法测算的是单项证券投资的系统风险。β 系数也称为贝塔系数,是一种风险指数,是表示某股票的报酬率与市场上所有股票的报酬率的关系的曲线的斜率,β 系数衡量某股票对市场变动的敏感性,是一种评估证券系统性风险的工具,用以度量一种证券或一个投资证券组合相对总体市场的波动性。β系数是反映某种证券风险与整个市场投资风险关系程度的指标。

$$\beta = \frac{某种证券的预期收益 - 该期收益中非风险部分}{整个市场证券组合的预期收益 - 基期收益中非风险部分} \quad (8-25)$$

β系数越大,风险越大;β系数越小,风险越小。如果一个股票的价格和市场的价格波动性是一致的,那么这个股票的β值就是1。如果一个股票的β是1.5,就意味着当市场上升10%时,该股票价格则上升15%;而市场下降10%时,股票的价格亦会下降15%。

(四) 标准离差法

证券风险是预期收益与实际收益之间的离差。证券投资的预期收益变动的可能性和变动幅度,可以借助概率分布和标准差的概念来描述。标准差是各数据偏离平均数的距离,它用σ表示。标准差通过某种证券自身收益的波动幅度来反映其风险。标准差也可以用于衡量证券市场的整体风险。把整个证券市场的标准差与个别证券的标准差相比较,可以判断每一家公司证券的风险程度。标准差越大,表明该种股票价格波动幅度越大,其风险越大。

【例 8-11】 以下两种股票投资的组合方案,见表 8-17、表 8-18。

表 8-17

股票组合 1

股票种类	成本(元)	β系数
A 股票	15 000	0.6
B 股票	25 000	2
C 股票	80 000	1.5
合　计	120 000	

表 8-18

股票组合 2

股票种类	成本(元)	β系数
A 股票	50 000	0.6
B 股票	10 000	2
C 股票	60 000	1.16
合　计	120 000	

要求:试分析这两种股票组合的投资风险。

具体分析如下:

$$组合1\beta系数 = \frac{15\,000 \times 0.6 + 25\,000 \times 2 + 80\,000 \times 1.5}{15\,000 + 25\,000 + 80\,000} = 1.49$$

$$组合2\beta系数 = \frac{50\,000 \times 0.6 + 10\,000 \times 2 + 60\,000 \times 1.16}{50\,000 + 10\,000 + 60\,000} = 0.997$$

根据组合理论,第一种投资组合的β系数大于1,表明按照这种组合进行的投资所承受的风险大于市场的总风险,因而不是理想的组合,应加以调整。第二种投资组合的β系数约等于1,即投资风险接近于市场总风险,是理想的组合。

练习测试题

一、单项选择题

1. 某企业为提高生产效率,降低生产成本而进行一项投资用以改造旧设备,预计每年的折旧额将因此而增加3 000元,但税前付现成本每年可节约5 000元。如果所得税税率为25%,每年现金净流量将( )。
   A. 增加1 000元　　　　　　　　B. 增加4 500元
   C. 增加6 370元　　　　　　　　D. 增加5 030元

2. 下列表述中,不正确的是( )。
   A. 风险调整折现率法把时间价值和风险价值混在一起,并据此对现金流量进行贴现
   B. 调整现金流量法可以和净现值法结合使用
   C. 调整现金流量法用风险报酬率作为折现率计算净现值
   D. 调整现金流量法的主要困难是确定合理的当量系数

3. 某公司年末正在考虑出售现有的一台闲置设备。该设备于8年前以60 000元购入,税法规定的折旧年限为10年,按直线法计提折旧,预计净残值率为10%;目前可以按13 000元价格卖出,假设所得税税率25%,卖出现有设备对本期现金流量的影响是( )。
   A. 减少13 080元　　　　　　　　B. 增加12 000元
   C. 增加13 950元　　　　　　　　D. 增加13 200元

4. 在投资项目风险的处置方法中,可能会夸大远期现金流量风险的方法是( )。
   A. 调整现金流量法　　　　　　　B. 风险调整折现率法
   C. 净现值法　　　　　　　　　　D. 内含报酬率法

5. 某项目的现金流出现值合计为200万元,获利指数为1.2,则净现值为( )万元。
   A. 20　　　　B. 40　　　　C. 50　　　　D. 100

6. A企业投资20万元购入一台设备,无其他投资,没有建设期,预计使用年限为20年,无残值。项目的折现率是10%,设备投产后预计每年可获得净利22 549元,则该投

资的动态投资回收期为( )年。

A. 10　　　　　B. 3　　　　　C. 6　　　　　D. 8

7. 甲公司有一投资方案,已知如下资料:$NCF_0 = -20\,000$,$NCF_1 = 5\,000$,$NCF_2 = 10\,000$,$NCF_3 = 12\,000$,其中折旧费 $3\,000$,则该投资方案的会计收益率为( )。

A. 35%　　　　B. 30%　　　　C. 25%　　　　D. 20%

8. A企业投资20万元购入一台设备,无其他投资,没有建设期,预计使用年限为20年,无残值。设备投产后预计每年可获得净利3万元,则该投资的静态投资回收期为( )年。

A. 6　　　　　B. 3　　　　　C. 4　　　　　D. 5

9. 在进行资本投资评价时,下列说法中,正确的是( )。

A. 当新项目的风险与企业现有资产的风险相同时,就可以使用企业当前的资本成本作为项目的折现率

B. 只有当企业投资项目的收益率超过资本成本时,才能为股东创造财富

C. 增加债务会降低加权平均资本成本

D. 不能用股东要求的报酬率去折现股东现金流量

10. 关于投资项目风险处置的调整现金流量法,下列说法中,不正确的是( )。

A. 折现率不包括非系统性风险,但包括系统性风险

B. 现金流量的风险越大,肯定当量系数就越小

C. 投资者越偏好风险,肯定当量系数就越大

D. 通常肯定当量系数的确定与未来现金流量的标准差有关

11. 初始现金流量中不包括( )。

A. 购置新资产的支出　　　　　B. 额外的资本性支出

C. 经营收入的增加　　　　　　D. 净营运资本的增加

12. 某项目的生产经营期为5年,设备原值为10万元,预计净残值收入 $3\,000$ 元,税法规定的折旧年限为4年,税法预计的净残值为 $5\,000$ 元,直线法计提折旧,所得税税率为25%,设备使用5年后报废时,收回营运资金 $2\,000$ 元,则终结点现金净流量为( )元。

A. 4 000　　　　B. 8 000　　　　C. 5 500　　　　D. 5 900

二、多项选择题

1. 对于风险调整折现率法,下列说法中,正确的有( )。

A. 它把时间价值和风险价值区别开来,并据此对现金流量进行贴现

B. 它把时间价值和风险价值混在一起,并据此对现金流量进行贴现

C. 它意味着风险随时间的推移而加大

D. 它是用调整净现值公式分子的办法来考虑风险的

2. 计算投资项目的净现值可以采用实体现金流量法或股权现金流量法。关于这两种方法的下列表述中,正确的有( )。

A. 计算实体现金流量和股权现金流量的净现值,应当采用相同的折现率

B. 如果数据的假设相同,两种方法对项目的评价结论是一致的
C. 实体现金流量比股东的现金流量风险小
D. 股权现金流量不受项目筹资结构变化的影响

3. 衡量项目特有风险的主要方法有(　　)。
   A. 敏感分析　　　B. 因素分析　　　C. 模拟分析　　　D. 情景分析

4. 所谓增量现金流量,是指接受或拒绝某一个投资项目时,企业总现金流量因此发生的变动。只有那些由于采纳某个项目引起的现金流入增加额,才是该项目的现金流入。其中的现金包括(　　)。
   A. 应收账款　　　　　　　　　　B. 各种货币资金
   C. 需要投入的现有非货币资源的变现价值　D. 投资额

5. 投资决策评价动态指标主要包括(　　)。
   A. 净现值　　　B. 会计收益率　　　C. 回收期　　　D. 内含报酬率

6. 下列关于营业现金流量的计算公式中,正确的有(　　)。
   A. 营业现金流量＝营业收入－付现成本－所得税
   B. 营业现金流量＝税后净利润＋折旧
   C. 营业现金流量＝税后收入－税后付现成本
   D. 营业现金流量＝收入×(1－所得税税率)－付现成本×(1－所得税税率)＋折旧×所得税税率

7. 对于调整现金流量法,下列说法中,不正确的有(　　)。
   A. 对时间价值和风险价值分别进行调整
   B. 对时间价值和风险价值同时进行调整
   C. 会夸大远期现金流量的风险
   D. 折现率中考虑了风险

8. 下列说法中,正确的有(　　)。
   A. 当项目静态投资回收期大于基准回收期时,该项目在财务上是可行的
   B. 净现值法具有广泛的适用性,在理论上也比其他方法更完善
   C. 只要净现值为正,就意味着其能为公司带来财富
   D. 净现值法所依据的原理是,假设原始投资是按资本成本借入的,当净现值为正数时偿还本息后该项目仍有剩余的收益,当净现值为零时偿还本息后一无所获,当净现值为负数时该项目收益不足以偿还本金

9. 下列说法中,正确的有(　　)。
   A. 动态投资回收期法考虑了时间价值
   B. 回收期法考虑了回收期以后的现金流
   C. 会计收益率法在计算时使用的是利润表的数据
   D. 回收期法可以大体上衡量项目的流动性和风险

10. 计量投资方案的增量现金流量时,需要考虑(　　)。
    A. 重置成本　　　B. 差额成本　　　C. 账面成本　　　D. 未来成本

11. 投资决策的非财务因素需要关注的主要问题包括（　　）。
    A. 投资决策使用的信息是否充分和可靠
    B. 企业是否有足够的人力资源成功实施项目
    C. 项目对于现有的经理人员、职工、顾客有什么影响，他们是否欢迎
    D. 企业是否能够及时、足额筹集到项目所需要的资金

三、判断题

1. 投资项目的经营成本不应包括运营期间固定资产折旧费、无形资产摊销费和财务费用。（　　）
2. 投资项目的所得税前净现金流量不受融资方案和所得税政策变化的影响，它是全面反映投资项目本身财务盈利能力的基础数据。（　　）
3. 根据项目投资的理论，在各类投资项目中，运营期现金流出量中都包括固定资产投资。（　　）
4. 据项目投资理论，完整工业项目运营期某年的所得税前净现金流量等于该年的自由现金流量。（　　）
5. 在投资项目的主要类型中，通常会增加企业的经营现金流入的项目是扩张性项目。（　　）
6. 因为涉及的时间长，资本预算必须考虑货币的时间价值。（　　）

四、简答题

1. 为什么在项目资本预算时利用的是项目产生的预期现金流量而不是预期利润？
2. 现金流量包括哪几个组成部分？
3. 净现值法与内含报酬率法的异同。
4. 风险调整贴现率法通过什么方式来消除不确定性所带来的影响？
5. 风险调整贴现率法与调整现金流量法的异同。

五、计算与分析题

习 题 一

（一）目的：练习投资项目净现金流量的计算。

（二）资料：锦祥公司有一投资项目，需投资 120 000 元，按直线法计提折旧，使用寿命 10 年，期末净残值 6 000 元，投产后每年可获营业利润 20 000 元，所得税税率为 25%。项目建设期 1 年，1 年完工后投产。年初投入接入资金 120 000 元，发生资本化利息 12 000 元，完工后投入流动资金 10 000 元，流动资金于终结点一次收回。

（三）要求：计算项目的净现金流量。

习 题 二

（一）目的：练习投资项目净现值与内含报酬率的计算。

（二）资料：某公司拟购置一项固定资产，需投资 540 万元，使用期 10 年，残值 40 万元，每年可以为企业增加税后利润 52 万元，公司按直线法计提折旧，公司资本成本为 12%。

（三）要求：
（1）计算各年的净现金流量。

(2) 用净现值法评价该投资项目是否可行。
(3) 用内含报酬率法评价该投资项目是否可行。

习 题 三

(一) 目的:练习评估投资项目基本指标的计算。
(二) 资料:某企业拟进行一项固定资产投资,该项目的部分现金流量表如表 8-19 所示。

表 8-19

项目的部分现金流量表

单位:万元

项　　目	初　始　期		经　营　期			
	0	1	2	3	4	5
净现金流量	−800	−200	100	500	B	1 000
累计净现金流量	−800	−1 000	−900	A	100	1 100
折现净现金流量	−800	−180	C	430	260	600

(三) 要求:
(1) 计算表中用 A,B,C 的数值。
(2) 计算或确定下列指标:①净现值;②包括初始期的动态投资回收期;③原始投资以及原始投资现值;④获利指数。

习 题 四

(一) 目的:练习购置设备决策的平均年成本的计算。
(二) 资料:某公司正面临设备的选择决策。它可以购买 8 台 A 型设备,每台价格 5 000 元。A 型设备将于第 4 年年末更换,预计无残值收入。另一个选择是购买 10 台 B 型设备来完成同样的工作,每台价格 3 000 元。B 型设备需于 3 年后更换,在第 3 年年末预计有 300 元/台的残值变现收入。该公司此项投资的机会成本为 10%;所得税税率为 25%,税法规定的该类设备折旧年限为 3 年,残值率为 10%;预计选定设备型号后,公司将长期使用该种设备,更新时不会随意改变设备型号,以便与其他作业环节协调。
(三) 要求:分别计算采用 A、B 设备的平均年成本,并据此判断应购买哪一种设备。

习 题 五

(一) 目的:练习固定资产更新改造情况下项目净现值的计算。
(二) 资料:某企业使用现有生产设备每年实现的销售收入为 3 700 万元,每年付现成本为 3 000 万元。该企业准备引进一台设备,买价为 800 万元。购得此项设备后本企业扩大了生产规模,每年销售收入预计增加到 4 800 万元,每年付现成本增加到 3 500 万元。根据市场趋势调查,企业所产产品尚可在市场销售 10 年,10 年后拟转产。转产时进口设备残值预计可以 50 万元在国内售出。如现决定实施此项技术改造方案,现有设备可以 400 万元作价售出,如果 10 年后出售,则售价为 20 万元。按照税法规定,新设备的年折旧额为 120 万元,折旧年限为 6 年,残值为 80 万元;旧设备的折旧年限为 15 年,目前已经使用了 3 年,年折旧额为 50 万元,旧设备原值为 700 万元。企业要求的投资报酬率为 8%,企业适用的所得税税率为 25%。

(三)要求:

(1) 计算继续使用旧设备项目的净现值。

(2) 计算使用新设备的项目净现值。

(3) 分析评价此项技术改造方案是否有利。

习 题 六

(一)目的:练习考虑通货膨胀情况的项目净现值计算。

(二)资料:假设某项目的实际现金流量如表 8-20 所示,名义资本成本为 10%,预计 1 年内的通货膨胀率为 6%。

表 8-20

项目的实际现金流量

时　间	第 0 年	第 1 年	第 2 年	第 3 年
实际现金流量	−100	40	60	40

(三)要求:求该项目的净现值。

习 题 七

(一)目的:练习用风险调整折现率法和调整现金流量法确定最优投资方案。

(二)资料:某公司的国库券利息率为 10%,风险报酬率为 0.1,有关资料如表 8-21 所示。

表 8-21

3 个投资方案的现金流量及概率

年次	A 方案		B 方案		C 方案	
	现金流量	概率(%)	现金流量	概率(%)	现金流量	概率(%)
0	(8 000)	1	(4 000)	1	(2 000)	1
1	5 000 4 000 2 000	0.4 0.4 0.2				
2	4 000 6 000 3 000	0.3 0.5 0.2	2 000 2 200 1 500	0.3 0.4 0.3		
3	3 000 2 000 1 500	0.25 0.6 0.15	3 000 5 000 4 000	0.2 0.5 0.3	4 000 5 000 8 000	0.15 0.7 0.15

(三)要求:确定最优投资方案。

习 题 八

(一)目的:练习固定资产更新决策分析。

(二)资料:某公司正在研究是否更新现有的计算机系统。现有系统是5年前购置的,目前仍可使用,但功能已显落后。如果想长期使用,需要在未来第2年年末进行一次升级,估计需要支出3 000元,升级后可再使用4年。报废时残值收入为零。若目前出售可以取得收入1 200元。预计新系统购置成本为60 000元,可使用6年,6年后残值变现收入为1 000元。为了使现有人员能够顺利使用新系统,在购置时需要进行一次培训,预计支出5 000元,新系统不但可以完成现有系统的全部工作,还可以增加处理市场信息的功能。增加市场信息处理功能可使公司每年增加销售收入40 000元,节约营运成本15 000元,该系统的运行需要增加一名计算机专业人员预计工资支出每年30 000元;市场信息处理费每年4 500元。专业人员估计该系统第3年末需要更新软件,预计支出4 000元。

假设按照税法规定,对计算机系统可采用双倍余额递减法计提折旧,折旧年限为5年,期末残值为零。该公司适用的所得税税率为25%,预计公司每年有足够的盈利,可以获得折旧等成本抵税的利益,公司等风险投资的必要报酬率为10%(税后)。

为简化计算,假设折旧费按年计提,每年收入、支出在年底发生。

(三)要求:

(1)计算更新方案的零时点现金流量合计。

(2)计算折旧抵税的现值。

(3)判断是否应购置新设备。

习 题 九

(一)目的:练习项目必要收益率的计算。

(二)资料:某公司是一家钢铁生产企业。最近公司准备投资建设一个汽车制造厂。公司财务人员对三家已经上市的汽车生产企业甲、乙、丙进行了分析,相关财务数据如表8-22所示。

表8-22

甲、乙、丙相关财务数据

项 目	甲	乙	丙
$\beta_{权益}$	1.1	1.2	1.3
债务资本(%)	40	50	60
权益资本(%)	60	50	40

公司税前债务资本成本为10%,预计继续增加借款不会发生明显变化,公司所得税税率为25%。公司目标资本结构是权益资本60%,债务资本40%,公司投资项目评价采用实体现金流量法。当前的无风险收益率为6%,平均收益率为10%。

(三)要求:计算评价汽车制造厂建设项目的必要收益率。

习 题 十

（一）目的：练习决策树法的应用。

（二）资料：某工厂将洗衣机1 000台销售给A公司时，曾约定该机售给用户后，负责保修1年。该工厂对洗衣机保修工作的进行，有三个方案可供选择：①委托甲机器修理厂承包全部维修业务，维修次数不限，为期1年，共需一次支付修理费14 000元。②委托乙机器修理厂承包维修业务，但乙工厂言明1年内只能接受维修1 000次，共需一次支付修理费10 000元，若超过1 000次，每增加一次需另付修理费5元。③委托丙机器修理厂承包维修业务，但乙工厂约定1年内只能接受维修1 500次，共需一次支付修理费12 000元，若超过1 600次，每增加一次需另付修理费6元。

假定该厂根据过去的经验及当前产品质量的实际情况，估计今后1年内可能出现维修的次数及其发生的概率如表8-23所示。

表8-23

预计维修的次数及其发生的概率

事件（维修次数）	估计事件发生的概率
1 000次以下	0.4
1 300次以下	0.3
1 500次	0.2
2 000次	0.1
合　计	1

（三）要求：通过计算，说明哪种方案为最优方案。

习 题 十 一

（一）目的：练习股票的预期收益率及价格的计算。

（二）资料：资本市场的无风险收益率为3%，市场风险溢价为6%。现市场有股票A，其贝塔系数为1.2，当前该股票的市场价格为30元，最近一期的股利为1元，该股票股利的固定增长率为6%。

（三）要求：如果市场最终实现均衡，则市场上的股票价格将会如何运行。

第九章 企业营运风险管理

本章学习要点

了解企业营运风险的相关概念与原则,以及现金预算、利润表预算、资产负债表预算的内容与模式;掌握营运资本、营运资本来源、营运资本所需的财务概念,以及长短期投筹资匹配政策;重点掌握净现金、营运资本指标的运算与分析,各种营运风险管理策略,以及现金、存货、应收账款的风险管理方法。

第一节 营运资本管理概述

一、营运资本相关概念

(一)流动资产

流动资产在周转过程中,从货币形态开始,依次改变其形态,最后又回到货币形态(货币资金→储备资金、固定资金→生产资金→成品资金→货币资金),各种形态的资金与生产流通紧密结合,周转速度快,变现能力强。加强对流动资产业务的管理,有利于确定流动资产业务的合法性、合规性,有利于检查流动资产业务账务处理的正确性,揭露其存在的弊端,提高流动资产的使用效益。

流动资产日常管理的主要内容包括现金管理、存货管理和应收账款管理等。

流动资产具有以下形态:流动资产占用形态具有变动性;流动资产占用数量具有波动性;流动资产循环与生产经营周期具有一致性。因此在流动资产管理过程中要做到以下几个方面的内容:资产的流动性和资产的收益性相结合;资产管理和资金管理相结合;资金使用和物资运动相结合。

(二)流动负债

流动负债是指需要在1年或者超过1年的一个营业周期内偿还的债务。流动负债又称短期融资,具有成本低、偿还期限短的特点,必须认真进行管理,否则,将使企业承受较大的风险。

流动负债的日常管理主要包括短期借款、应付票据、应付账款等管理。

流动负债是为了控制机构组织资源的使用,管理者经常推迟短期负债的偿付,这使得资源可以留在机构内部用来获取信息或是提供服务。

流动负债具有以下特点:筹资成本较低,筹资数额比较大,容易取得,可以提高企业信誉和知名度;风险比较大,弹性比较小,发行条件比较严格。因此,企业要根据自身经营情况,同时结合整个行业的市场状况,作出合理的筹资决策。

(三)营运资本

营运资本,从会计的角度看,是指流动资产与流动负债的净额。如果流动资产等于流动负债,则占用在流动资产上的资金是由流动负债融资;如果流动资产大于流动负债,则与此相对应的"净流动资产"要以长期负债或所有者权益的一定份额作为其资金来源。会计上不强调流动资产与流动负债的关系,而只是用它们的差额来反映一个企业的偿债能力。在这种情况下,不利于财务人员对营运资本的认识和管理。

从财务角度看,营运资本应该是流动资产与流动负债关系的总和,在这里"总和"不是数额的加总,而是关系的反映,这有利于财务人员意识到,对营运资本的管理要注意流动资产与流动负债这两个方面的问题。

二、营运资本管理原则

企业的营运资本在全部资本中占有相当大的比重,而且周转期短,形态易变,所以是企业财务管理工作的一项重要内容。实证研究也表明,财务经理的大量时间都用于营运风险的管理。企业进行营运风险的管理,必须遵循以下原则。

(一)认真分析生产经营状况,合理确定营运资本的需要数量

企业营运资本的需要数量与企业生产经营活动有直接关系。当企业产销两旺时,流动资产会不断增加,流动负债也会相应增加;而当企业产销量不断减少时,流动资产和流动负债都会相应减少。因此,企业财务人员应认真分析生产经营状况,采用一定的方法预测营运资本的需要数量,以便合理使用营运资本。

(二)有效控制营运资本成本,挖掘资本潜力

在营运资本管理中,必须正确处理"保证生产经营需要"和"节约、合理使用资本"两者之间的关系。要在保证生产经营需要的前提下,遵守勤俭节约的原则,挖掘资本潜力,精打细算地使用资本。

(三)加速营运资本周转,提高资本的利用效益

在其他因素不变的情况下,加速营运资本的周转,也就相应地提高了资本的利用效益。因此,企业要千方百计地加速存货和应收账款等流动资产的周转,以便用有限的资本,取得最优的经济效益。

(四) 合理安排流动资产与流动负债的比例关系,保证企业有足够的短期偿债能力

流动资产、流动负债以及两者之间的关系能较好地反映企业的短期偿债能力。流动负债是在短期内需要偿还的债务,而流动资产则是在短期内可以转化为现金的资产。因此,如果一个企业的流动资产比较多,流动负债比较少,说明企业的短期偿债能力较强;反之,则说明短期偿债能力较弱。但如果企业的流动资产太多,流动负债太少,也并不是正常现象。这可能是因流动资产闲置、流动负债利用不足所致。根据惯例,流动资产是流动负债的 2 倍是比较合理的。因此,在营运资本风险管理中,要合理安排流动资产和流动负债的比例关系,以便既节约使用资本,又保证企业有足够的偿债能力。

第二节 营运风险管理策略

一、净现金风险管理

(一) 营运资本所需

一家企业在运转中的资金需求包括:生产和营运工具(厂房、机器、设备、办公室、复印机等);库存(原材料、在产品、成品、货物等);给予客户应收款等。

营运资本所需是企业的一种短期资金所需,因为通常短期资金用途要大于短期资金来源。

营运资本所需主要是企业短期营运所需要的资金,具体需要资金的活动包括:购货、生产、放债等。

$$营运资本所需 = 短期资金用途 - 短期资金来源 \quad (9-1)$$
$$= (应收 + 存货 + 其他流动资产) - (应付 + 其他流动负债) \quad (9-2)$$

(二) 营运资本来源

一家企业在运转中的资金来源包括:股东所投入的资金(当初投入的资金、没有分配的利润);银行的中长期借款等。

营运资本来源是企业的一种长期资金来源,因为通常长期资金用途要小于长期资金来源。它的用途主要是提供了企业短期营运所需要资金的来源。

$$营运资本来源 = 长期资金来源 - 长期资金用途 \quad (9-3)$$
$$= (所有者权益 + 长期借款) - (固定资产净值) \quad (9-4)$$

(三) 净现金

净现金只是一种结果,它代表了营运资本来源和营运资本所需两者之间的

差额,是一种风险导向指标。一般而言,净现金大于0,表明企业运营处于相对安全区间;净现金小于0,企业营运处于风险发生区间;净现金等于0时,企业营运处于安全与风险的临界点。净现金的公式如下所示:

$$净现金 = 现金 - 短期借款 \qquad (9-5)$$

$$净现金 = 营运资本来源 - 营运资本所需 \qquad (9-6)$$

上述内容我们分别讨论了营运资本的需要和来源。有效的营运风险管理要求通过分析净现金,来研究营运资本需要和来源之间的共同作用,并且需要分析它们对企业盈利能力和风险的综合影响。净现金的层次分析图如图9-1所示。

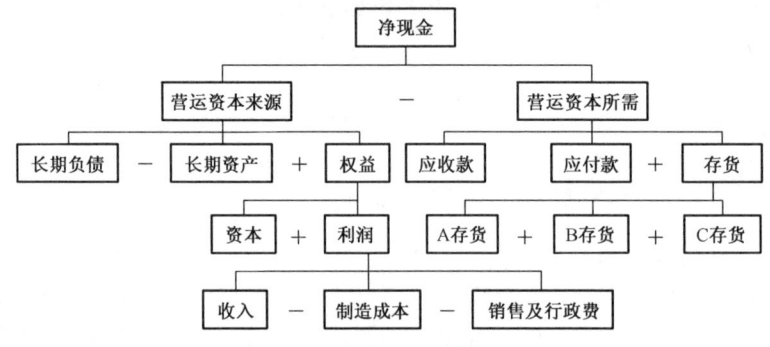

图9-1 净现金的层次分析图

（四）净现金的风险管理

1. 长短期投融资组合

一般而言,短期融资用于短期投资、长期融资用于长期投资型组合,是折中型企业所为;长期融资用于短期投资、长期融资用于长期投资型组合,是保守型企业所为;短期融资用于短期投资、短期融资用于长期投资型组合,是风险型企业所为。风险型企业的资金周转危机主要是由于资金链断裂引起的,我们可进一步分析其典型类型的特征,具体如下图所示。

图9-2为管理不佳型。虽然其营运资金来源是能够支持营业额上升趋势的,但由于管理不善导致营运资金占用过大,资源配置也可能不合理。

图9-3为发展过快型。虽然其营运资金所需能够与营业额的上升趋势保持一致,但由于扩张过度导致营运资金来源不能够持续支持营业额的上升。

图9-4为错误财务政策型。虽然其营运资金所需能够与营业额的上升趋势保持一致,但由于错误的融资政策导致营运资金来源中途突呈锐减趋势。

图9-5为盈利危机型。虽然其营运资金所需能够与营业额的上升趋势保持一致,但由于营运资金来源呈反向递减趋势而导致盈利危机。

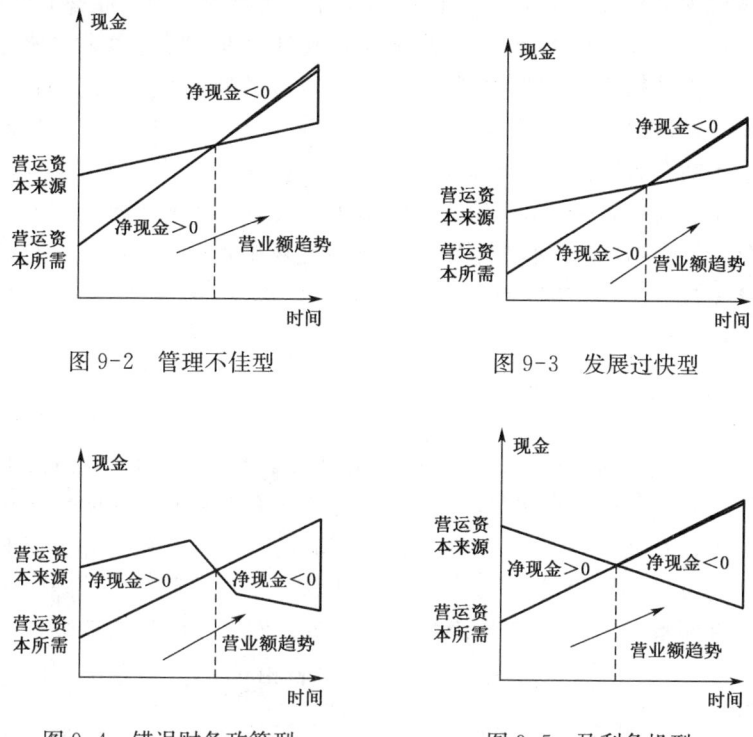

图 9-2 管理不佳型　　　　　图 9-3 发展过快型

图 9-4 错误财务政策型　　　图 9-5 盈利危机型

2. 净现金不足的原因

以上所讲的投融资组合之所以会产生风险,主要有以下几个方面的原因。

(1) 流动性不足引发的资金链断裂。为增加流动负债用于购建长期资产,企业运用杠杆效应,大量举债银行短期借款,虽能在一定程度上满足购置长期资产的资金需求,但造成企业偿债能力下降,极易引发流动性风险;为增加流动负债弥补营运资金不足,企业用借入的短期资金来填充营运资金,造成流动负债增加而引发流动性风险。

(2) 投资失误引发的资金链断裂。企业由于投资失误,无法取得投资回报而给企业带来的风险。投资风险产生的原因有投资项目资金需求超过预算;投资项目不能按期投产,导致投入资金被吞噬而以失败告终。投资失误产生的后果:一方面增加了企业的偿债风险;另一方面连累了企业的主营业务。

(3) 相关方损失产生连带风险引发的资金链断裂。企业在与其他企业开展担保、借贷以及存款业务过程中,因对方内部发生重大损失而受到牵连,从而引发的资金链风险。

(4) 营运资金不足引发的资金链断裂。由于存货增加、收款延迟、付款提前等原因造成现金周转速度减缓。此时,若企业没有足够的现金储备或借款额度,就缺乏增量资金补充投入,而原有的存量资金却因周转缓慢而无法满足企业日常生产经营活动的需要;销售规模扩张过快,以超过其财务资源允许的业务量进行经营,导致过度交易,从而形成营运资金不足;营运资金被长期占用,企业的营运资金因不能在短期内形成收益而使现金流入存在长期滞后效应。

(5)信用风险引发的资金链断裂。由于非人为的客观情况发生了不可预见性的变化,造成应收账款无法收回,形成突发性坏账风险;企业为适应市场竞争,采用过度宽松的信用政策大量赊销,虽能在一定程度上扩大市场份额,但也潜伏着引发信用风险的危机。

二、营运资本风险管理

图9-1将上文所讲的勾稽关系用层次分析法表示,我们可以清楚地看出净现金主要和营运资本的来源和所需有关,而营运资本的来源和所需又和资产负债表的各项目有关。其中,营运资本的来源中权益项目又和权益的资本以及获得的利润有关。对于利润又可以反映到利润表中,通过提高收入,降低成本费用等来提高利润水平,因此对于以上的图表分解我们又可以将营运资本与权益的各种报表相联系,具体情况下面将作进一步的说明。

(一)营运资本与经营性现金流量关系

在企业的运营过程中,营运资本所需项目可以将现金流量表、资产负债表、利润表串联起来,具体如图9-6所示。

$EBITDA$ 是对公司经营层考核的重要指标。剔除了税、投资项目、筹资项目、折旧和摊销等经营层一般不可控的项目。

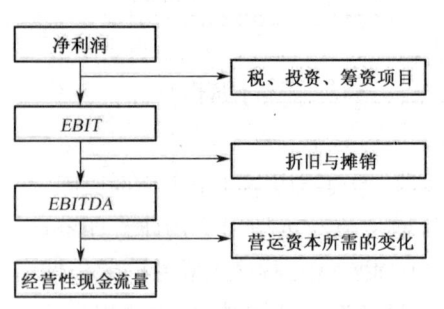

图9-6 营运资本与经营性现金流量关系

$$经营性现金净流量 = EBITDA - 营运资本所需的增加 \qquad (9-7)$$

从上述公式就可以看出要管理好现金流需要注意两个方面:一方面是企业需要通过业务挣取利润;另一方面要管理好营运资本所需的增加,才可能将企业的利润变为实实在在的现金。

(二)营运资本风险管理的关键因素

营运资本的关键因素是营运资本管理中的收入、利润、周转、结构以及风险和报酬的关系。

收入是营运资本管理的起点，企业的一切经营活动都是为了获取收入，是管理好营运资本和现金流的第一大因素。利润（$EBITDA$）是企业管理层日常管理的核心目标，一样是营运资本和现金流管理的重要因素，与周转和结构是并列的。当然收入、利润、周转和结构是可以发生相互冲突的，所以企业就要按实际情况对营运资本管理在收益与风险之间寻找平衡点。周转是指企业的营运资本从现金投入生产经营开始，到最终转化为现金的过程。在其他因素不变的情况下，加速营运资本的周转，也就相应地提高了资本的利用效果。因此，企业要千方百计地加速存货和应收账款等流动资产的周转，以便用有限的资本，取得最优的经济效益。结构是指企业的筹资结构和投资结构，以下将具体讲解结构的重要作用。

三、营运资本投资、筹资政策

企业在生产经营过程中通常需要占用短期资金，这些短期资金包括：现金、应收账款、存货。而企业的短期资金来源包括银行短期借款、各种应付账款。同时企业也要占用长期资金，具体包括：固定资产、长期资产、长期投资。长期资金来源包括长期借款、股东投资。下面将分别介绍投融资政策。

（一）营运资本投资

1. 流动资产的盈利与风险

流动资产结构性管理的目的，在于确定一个既能维持企业的正常生产经营活动，又能在减少或不增加风险的前提下，给企业带来尽可能多利润的流动资本水平。一般而言，流动资产的盈利能力低于固定资产。

首先，制造性企业中的厂房、设备等固定资产作为劳动资料（生产手段），通过人作用于原材料、辅助材料、燃料等劳动对象，可以给企业生产在产品、产成品。通过产品的销售或转化为现金、有价证券，或转化为应收账款，收回的价值大于生产与销售中的资本耗费，就会给企业带来利润，因而固定资产可视为再生产过程中的盈利性资产。与此相联系，流动资产也是企业生产经营中必不可少的，但除有价证券外，现金、应收账款、存货等流动资产只是为企业再生产活动的正常进行提供必要的条件，它们本身并不具有直接的盈利性。

其次，依据盈利与风险对应原则，一项资产的风险越小，其预期报酬也就越低。由于流动资产比固定资产更易于变现，其潜亏的可能性（风险性）小于固定资产。其报酬率自然也低于固定资产。因此，对流动资产进行结构性的管理，企业财务经理人员必须在盈利性与风险性之间进行全面的权衡并作出合理的选择。

2. 营运资本投资策略的报酬与风险

一般而言，一个公司的流动资产占全部资产的比例越大，则在流动负债保持不变的情况下，其净营运资本越多，其支付到期债务的能力越强，风险也就越小。

此外,在某一特定的销售水平下,流动资产所占比例越大,其冻结或近于闲置在流动资产上的资本也越多,其利润自然低于将这些资本投资于固定资产。因而,其盈利能力也就越低。相反,流动资产占全部资产的比例越小,则企业的盈利能力越大,而风险也越大。

3. 营运资本投资水平的优化选择

最优的营运资本投资水平,也就是预期能使股东财富最大化的水平。这一水平应为多种因素共同作用的结果。它们包括:销售水平和现金流动的变动性,经营杠杆和财务杠杆等。因此,并不存在一种对所有企业都是最优的单一营运资本投资策略。各企业应根据其自身的具体情况,结合其对风险态度,慎重选择能使股东财富最大化的,适合企业具体情况的营运资本投资策略。

(1) 配合型流动资产投资政策。流动资产的最优投资规模,取决于持有成本和短缺成本总计的最小化。企业持有成本随投资规模而增加,短缺成本随投资规模而减少,在两者相等时达到最佳的投资规模。适中的营运资本投资政策,就是按照预期的流动资产周转天数、销售额及其增长,成本水平和通货膨胀等因素确定的最优投资规模,安排流动资产投资。

(2) 保守型流动资产投资政策。保守型的流动资产投资政策,就是企业持有较多的现金和有价证券,充足的存货,提供给客户宽松的付款条件并保持较高的应收账款水平。保守型的流动资产投资政策,表现为安排较高的流动资产÷收入比率。

这种政策需要较多的流动资产投资,承担较大的流动资产持有成本,主要是资金的机会成本,有时还包括其他的持有成本。但是,充足的现金、存货和宽松的信用条件,使企业中断经营的风险很小,其短缺成本较小。

(3) 激进型流动资产投资政策。激进型的投资政策就是公司持有尽可能低的现金和小额的有价证券;在存货上作少量的投资;严格采用销售信用政策或者禁止赊销。激进型的流动资产投资政策,表现为较低的流动资产÷收入比率。这种政策虽然可以使公司节约资金的机会成本,但公司承担的风险较大,特别是经营中断的风险。

(二) 营运资本筹资

由于预期现金流动很难与债务到期及其数量保持协调一致,这就要求流动负债的结构性管理要把重点放在负债到期结构问题上,即在允许现金流动波动的前提下,我们在负债到期结构上应保持多大的安全边际。这一问题的解决,也有赖于盈利能力与风险之间的权衡、选择。

1. 长期筹资、短期筹资来源的风险与成本

负债筹资根据其到期时间的长短可分为短期筹资与长期筹资两类。短期

筹资与长期筹资所涉及的风险差异,将导致不同的利息成本。根据利率的期限结构理论,一个公司负债的到期日越长,其筹资成本就越高。表现为两个方面:

首先,由于长期筹资相对于短期筹资而言,比较缺乏弹性,因而,长期筹资的实际成本通常高于短期筹资成本。

其次,长期筹资在债务存在期限内,即使在公司不需要资本的时候,也必须支付利息;而短期筹资则会使公司在资本的使用上具有弹性。如果公司的资本需要有季节性,则采用短期筹资方式,便可使公司随着资本需要量的减少而逐渐偿还负债,并由此而不必支付不必要的利息。

长短期筹资不仅成本不同,它的风险也不相同。借款人与贷款人对长、短期负债的相对风险态度是不同的。就贷款人而言,贷款期限越长,风险也就越大;但对借款人而言,情况刚好相反。

一般而言,一个公司的债务到期日越短,其不能偿付本金与利息的风险就越大;反之,如其他情况不变,则到期日愈长,该公司的筹资风险就越小。其理由主要表现为两个方面:

首先,公司有可能因现金流量不足,而难于偿还到期债务。当公司的债务到期,它要么按借款偿付计划如期偿付,要么安排新的借款以偿还到期债务。然而,由于短期借款的到期日比较短,公司很有可能因各种意外事件的干扰而难于取得所需资本;同时,贷款人又不愿更新契约。由此,使公司需经常重筹负债资本,其不能取得必要资本的风险也就越大。

其次,短期筹资的利息成本具有不确定性。长期负债筹资,其利息成本在整个资本使用期内基本稳定。而短期筹资在一次借款偿还后,下次再借款的利息成本究竟是多少也难以知道,其利率在各个时期波动较大。由此而可能加重公司税后利润的波动。

2. 不同筹资计划的盈利能力与风险的选择

如前所述,长、短期负债的盈利能力与风险各不相同。这就要求在进行流动负债的结构性管理时,对其盈利能力与风险进行权衡和选择,以确定出既能使风险最小,又能使企业盈利能力最大化的流动负债结构。

企业流动负债水平的变动对盈利能力与风险选择的影响,可用流动负债占全部资产的比率来表示,这一比率可以反映出在企业的全部资产中流动负债筹资的百分比。

假定企业的总资产保持不变,则流动负债占总资产比率的提高,将使企业的盈利能力和风险同时提高。这是因为,流动负债占总资产比率的提高,意味着短期筹资多于长期筹资,而应付账款、应付票据以及其他应付款等短期负债的成本远低于长期筹资,导致企业筹资成本的下降,将使其利润提高。而在假定企业的流动资产不变的情况下,企业的净营运资本将随流动负债的增加而减少,而净营运资本的减少意味着企业财务风险的增加。

另外,这一策略实际上因短期负债大于长期负债而缩短了企业的债务到期结构。更多的负债将在短期内到期,从而使用于偿还到期债务的现金流量的负担增大。由此造成企业陷入无力清偿的风险也就更大;相反,流动负债占总资产的比率下降,使企业大部分资产通过成本更高的长期资本筹措,从而将使企业的盈利能力下降。相应地,企业的财务风险也将因流动负债的减少,引起净营运资本的减少而下降。其结果是,延长了企业负债的到期结构,减轻了短期负债的负担,从而减少了企业的清偿风险。这就使企业财务经理面临一个重要的抉择——企业的流动负债以占全部资产多大的比例为宜?

同流动资产的结构性管理一样。企业可以确定多种不同的流动负债结构性管理政策。但总括起来主要有折中、保守、激进三大类型的政策可供选择。不同的政策,其盈利能力和风险各不相同。

3. 流动负债结构的优化选择

与营运资本投资决策一样,没有一种对所有企业都是最优化的长、短期负债组合。在选择能使股东财富最大化的筹资政策时,企业的财务经理人员必须考虑其他各种因素,如企业销售及现金流动的变动对企业价值的影响等。每一个企业只有在根据不同负债结构的报酬和全面估量的基础上,结合企业对风险的态度,对各有关因素的利害、得失进行综合权衡,才能较合理确定该企业最优的负债结构。

4. 不同的筹资组合

一个企业所需要的资本,可以用短期资本来筹集,也可用长期资本来筹集。短期资本主要是指企业的流动负债;长期资本包括长期负债和所有者权益。企业资本总额中短期资本和长期资本各自占有的比例,称为企业的筹资组合。筹资组合,是属于营运资本管理政策的重要内容。其中,流动资产的筹资结构,可以用经营性流动资产中长期筹资来源的比重来衡量,该比重称为易变现率。公式如下所示:

$$易变现率 = \frac{(权益 + 长期债务 + 经营性流动负债) - 长期资产}{经营性流动资产} \tag{9-8}$$

(1)折中型筹资政策。折中型筹资政策的特点是对于临时性流动资产,运用临时性负债筹集资金满足其资金需要;对于永久性资产,运用长期负债、自发性负债和权益资本筹集资金满足其资金需要。

折中型筹资政策要求企业临时负债筹资计划严密,实现现金流动与预期安排相一致。在季节性低谷时,企业除了自发性负债外没有其他流动负债;只有在临时性流动资产的需求高峰期,才举借各种临时性债务。其筹资政策如图9-7所示。

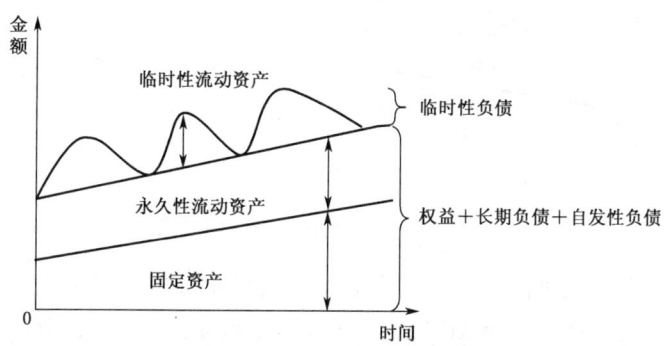

图 9-7 折中型筹资政策

折中型筹资政策的基本思想是将资产与负债的期间相配合,以降低企业不能偿还到期债务的风险和尽可能降低债务的资本成本。但是,事实上由于资产使用寿命的不确定性,往往达不到资产与负债的完全配合。因此,该种政策是一种理想的、有较高资金使用要求的营运资本政策,管理者应该充分考虑这种不确定性的影响。

【例 9-1】 某企业在生产经营的淡季,需占用 300 万元的流动资产和 500 万元的固定资产,在生产经营的高峰期,会额外增加 200 万元的季节性存货需求。若无论如何经营淡季和经营旺季企业的权益资本、长期负债和自发性负债的筹资额始终保持为 800 万元,其余靠短期借款调节余缺。

要求:判断该企业采取的是哪种营运资本筹资政策,并计算其在营业高峰期和营业低谷时的易变现率。

企业采取的是折中型筹资政策。

$$营业高峰期易变现率 = \frac{800-500}{300+200} = 60\%$$

$$营业低谷期易变现率 = \frac{800-500}{300} = 100\%$$

(2) 激进型筹资政策。激进型筹资政策的特点是临时性负债不但融通临时性流动资产的资金需要,还解决部分永久性资产的资金需要。激进型筹资政策下临时性负债在企业全部资金来源中所占比重大于折中型筹资政策。如图 9-8 所示。

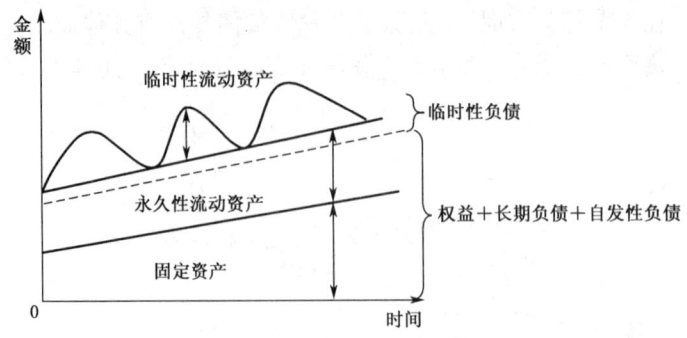

图 9-8 激进型筹资政策

一方面,由于临时性负债的资本成本一般低于长期负债和权益资金的资本成本,而激进型筹资政策下临时性负债所占比重较大,所以企业的资本成本较低。另一方面,为了满足永久性资产的长期资金需要,企业必然要在临时性负债到期后重新举债或申请债务延期,这样便会更为经常地举债和还债,从而加大筹资困难和风险;还可能面临由于短期负债利率的变动而增加企业资本成本的风险。所以管理者在运用激进型筹资政策时要充分考虑到它是一种收益性和风险性均较高的营运资金筹资政策。

【例 9-2】 沿用[例 9-1],某企业在生产经营的淡季,需占用 300 万元的流动资产和 500 万元的固定资产,在生产经营的高峰期,会额外增加 200 万元的季节性存货需求。若无论如何经营淡季和经营旺季企业的权益资本、长期负债和自发性负债的筹资额始终保持为 700 万元,其余靠短期借款调节余缺。

要求:判断该企业采取的是哪种营运资本筹资政策,并计算其在营业高峰期和营业低谷时的易变现率。

企业采取的是激进型筹资政策。

$$营业高峰期易变现率 = \frac{700-500}{300+200} = 40\%$$

$$营业低谷期易变现率 = \frac{700-500}{300} = 66.67\%$$

(3) 保守型筹资政策。保守型筹资政策的特点是临时性负债只融通部分临时性流动资产的资金需要,另一部分临时性流动资产和永久性资产,则由长期负债、自发性负债和权益资本作为资金来源。

与折中型筹资政策相比,保守型筹资政策下临时性负债占企业全部资金来源的比例较小。一方面,由于临时性负债所占比重较小,所以企业无法偿还到期债务的风险较低,同时蒙受短期利率变动损失的风险也较低;另一方面,企业会因长期负债资本成本高于临时性负债的资本成本,以及经营淡季时仍需负担长期负债利息,从而降低企业的收益。因此,保守型筹资政策是一种风险性和收益性均较低的营运资金筹集政策,如图9-9所示。

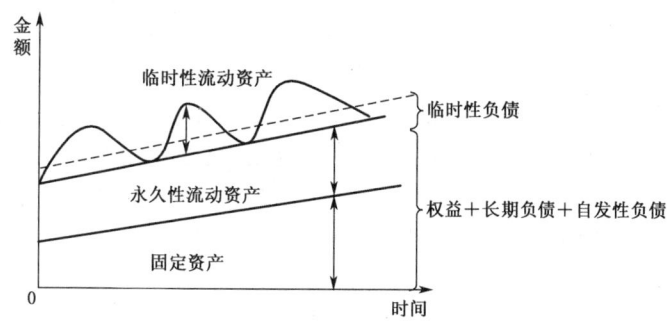

图 9-9　保守型筹资政策

一般地说,如果管理者能够驾驭资金的使用,采用收益和风险配合得较为适中的折中型筹资政策是最有利的。

【例 9-3】　沿用[例 9-1],某企业在生产经营的淡季,需占用 300 万元的流动资产和 500 万元的固定资产,在生产经营的高峰期,会额外增加 200 万元的季节性存货需求。若无论如何经营淡季和经营旺季企业的权益资本、长期负债和自发性负债的筹资额始终保持为 850 万元,其余靠短期借款调节余缺。

要求:判断该企业采取的是哪种营运资本筹资政策,并计算其在营业高峰期和营业低谷时的易变现率。

企业采取的是保守型筹资政策。

$$营业高峰期易变现率 = \frac{850-500}{300+200} = 70\%$$

$$营业低谷期易变现率 = \frac{850-500}{300} = 116.67\%$$

5. 不同的筹资组合对企业报酬和风险的影响

不同的筹资组合也可以影响企业的报酬和风险。在资本总额不变的情况下,短期资本筹资增加,可导致报酬的增加。也就是说,由于较多地使用了成本较低的短期资本,企业的利润会增加。但此时如果流动资产的水准保持不变,则流动负债的增加会使流动比率下降,短期偿债能力减弱,增加企业的财务风险。现举例说明不同筹资组合对企业风险和报酬的影响。

【例 9-4】　设企业的息税前收益为 250 万元,流动负债利率为 7%,长期负债利息率为 10%,所得税税率 25%。若企业在资产状况不变、息税前收益不变的情况下改变其筹资组合,增加短期资金比例,减小长期资金比例,则企业股东的收益与风险状况的变化如表 9-1 所示。

表 9-1

筹资策略组合

项 目	激进型	保守型	稳健型
(1) 流动资产	400	400	400
(2) 固定资产	600	600	600
(3) 资产总额	1 000	1 000	1 000
(4) 流动负债(7%)	400	300	200
(5) 长期负债(10%)	200	300	400
(6) 负债总额	600	600	600
(7) 股东权益	400	400	400
(8) 负债与股东权益合计	1 000	1 000	1 000
(9) 预计息税前收益	250	250	250
(10) 利息费用			
短期负债	28	21	14
长期负债	20	30	40
(11) 税前利润	202	199	196
(12) 所得税(25%)	50.5	49.75	49
(13) 税后利润	151.5	149.25	147
(14) 股东权益收益率(%)	37.88	37.31	36.75
(15) 净营运资产	0	100	200
(16) 流动比率	1	1.33	2

从表 9-1 中的结果中不难看出,由于激进型筹资组合的资本成本较低,故在息税前收益不变的情况下,其税后利润由稳健型筹资组合的 147 万元增加至 151.5 万元,股东权益收益率也由 36.75% 上升到 37.88%,但流动比率从 2 下降到 1,表明公司短期偿债能力下降,财务风险增大。因此,企业需要根据自己的风险承受能力和经营效率以及公司股东的要求平衡收益与风险之间的关系,选择合适的投资组合。

从以上的计算题也可以看出对营运资本进行有效的管理,财务人员首先要保证企业生产经营活动有充足的偿债能力。企业的偿债能力一般根据其履行到期短期债务责任的能力来衡量。流动比率和净营运资本是构成衡量企业整体偿债能力的两个基本指标。其中,前一个指标比较适用于不同企业之间偿债能力的比较分析;如果企业的资产和财务结构在各期间内保持不变,则净营运资本这个指标更适用于同一企业不同时期的偿债能力的比较,而不适用于不同企业之间的比较。

同时，从计算结果也可以看出不同类型的筹资组合的股东权益收益率也是不一样的。激进型的筹资组合提高股东回报率高，加速企业的扩张但是风险较高，特别是现在我国的融资环境较紧张。

四、营运资本风险与收益的权衡

一般来说，公司在流动资产上的投资越多，其营运资产的流动性就越强，公司所承担的财务风险就越小。为了减少企业财务风险，公司一般会增加资产的流动性，即加大对现金或有价证券的追加投资。这时就需要在增加资产的流动性与增加收益之间进行权衡，因为虽然流动资产增加了但流动资产的收益率通常很低甚至有的流动资产根本没有收益，但减少流动资产又会降低整体收益率，反之亦然。这就需要考虑营运资本的风险与收益的权衡问题。虽然公司增加在流动资产的现金和存货上的投资，可以使公司减少因为生产中断、存货不足而失去客户和不能按时偿还债务的可能性。但是，随着公司投资的增加，公司利润并不一定会相应增加，而恰恰相反公司的投资收益会降低。

同样，公司采用流动负债还是长期负债也会涉及风险与收益的权衡问题。如果其他条件不变，那么公司使用的短期债务越多，公司流动性风险就会越大。但使用短期负债却可以为公司提供一些看得见的好处，比如短期负债的实际资金成本低于长期负债，同时也为公司提供了一种灵活的融资方式。但是如果公司由于某种原因筹措短期资金有困难或是所需要资金的期限比预计要长，那么使用短期融资就会因"短资长用"而出现大麻烦，公司可以使用长期负债来减少流动性风险。但因长期融资的资金成本较高，公司的投资收益会有所降低。

第三节 企业营运资产的风险控制

一、现金风险控制

现金风险一方面是企业持有的现金不能应付日常经营活动开支，导致企业经营受阻，蒙受损失，或是不能及时抓住获利机会而另为筹集资金付出额外开支；另一方面是指企业持有过多现金造成现金闲置的情况。也就是说在现金管理过程中存在着现金短缺风险、现金闲置风险、现金丢失与流失风险。

现金是企业日常生产经营的血液，不能随意出现短缺、闲置等情况。现金风险防范手段包括科学制定现金收支预算、最佳现金持有量、建立完善的内部控制制度。

（一）科学制定现金收支预算

现金收支预算包括现金收入预算、现金支出预算、净现金流量和现金余额安排。具体内容将在第四节的财务预算中讲解。

（二）合理确定最佳现金持有量

企业保持足够的现金余额，对于降低或避免经营风险和财务风险是十分必要的。同时，现金又是一种非盈利性资产，持有量过多，势必造成现金管理成本的上升，也会降低资金的获利能力。因此，如何在现金的流动性和收益性之间作出合理的选择，是我们企业现金管理的基本目标。由于现金管理的基本目标是在现金资产的盈利性与流动性之间作出抉择，也就是要采用一定的方法找到一个最佳现金持有量，这一现金持有量既能满足流动性要求，又能满足盈利性的期望。下面介绍三种常用的确定最佳现金持有量的方法。

1. 因素分析法

因素分析法是根据企业上年现金实际占用额以及本年有关因素的变动情况，对不合理的现金占用进行调整，从而确定最佳现金持有量的一种方法。这种方法在实际工作中具有较强的实用性，而且比较简便易行。一般来说，现金持有量与企业的业务量呈正比关系，业务量增加，现金需要量也会随之增加。因此，因素分析法可按以下计算公式表示：

$$最佳现金持有量 = （上年现金平均占用额 － 不合理占用额） \times （1 \pm 预计业务量变动百分比） \quad (9-9)$$

【例 9-5】 某公司 2011 年的现金实际平均日占用额为 10 万元，经分析其中不合理的现金占用为 1 万元。2012 年预计公司销售额可比 2011 年增长 20%。

要求：利用因素分析法确定该公司 2012 年的最佳现金持有量。

根据因素分析法的计算公式，该公司 2012 年的最佳现金持有量为：

$$最佳现金持有量 = (10 - 1) \times (1 + 20\%) = 10.8（万元）$$

2. 鲍曼模型

鲍曼第一次将机会成本与交易成本结合在一起，提出了现金管理的正式模型。该模型可以用来确定目标现金余额，提高现金的使用效率，避免产生现金多余或现金短缺的现象。鲍曼模型中现金的构成要素如图 9-10 所示。

在图 9-10 中，总成本最低的现金持有量，可以用鲍曼模型求出，公式如下：

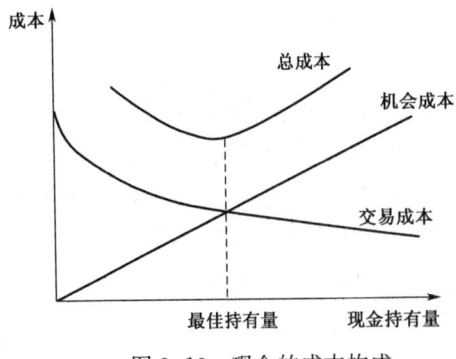

图 9-10 现金的成本构成

机会成本 = $(C \div 2) \times K$ (9-10)

交易成本 = $(T \div C) \times F$ (9-11)

总成本 = 机会成本 + 交易成本 = $(C \div 2) \times K + (T \div C) \times F$ (9-12)

最佳现金持有量:
$$C^* = \sqrt{\frac{2 \times T \times F}{K}}$$ (9-13)

最小相关总成本:
$$TC = \sqrt{2 \times T \times F \times K}$$ (9-14)

式中:F 表示出售证券以补充现金的固定成本;T 表示在相关的计划周期(例如 1 年)内交易的现金总需要量;K 表示持有现金的机会成本(即有价证券的利率);C 表示现金持有量。

【例 9-6】 某公司现金收支平衡,预计全年(按 360 天计算)现金需要量为 240 000 元,现金与有价证券的转换成本为每次 400 元,有价证券月利率为 1%。现财务主任打算将现金余额保持在 50 000 元。

要求:①计算最佳现金持有量;②计算最佳现金持有量下的全年现金管理最佳转换成本、最佳持有成本和最低相关总成本;③计算最佳现金持有量下的全年有价证券转换次数和有价证券交易间隔期;④财务主任的建议是否合理。

(1) 最佳现金持有量:$C^* = \sqrt{\dfrac{2 \times T \times F}{K}} = \sqrt{\dfrac{2 \times 240\ 000 \times 400}{12\%}} = 40\ 000(元)$

(2) 全年现金转换成本 = $(T/C) \times F = (240\ 000 \div 40\ 000) \times 400 = 2\ 400(元)$

全年现金持有机会成本 = $(C/2) \times K = (40\ 000 \div 2) \times 12\% = 2\ 400(元)$

最小相关总成本:$TC = \sqrt{2 \times T \times F \times K} = \sqrt{2 \times 240\ 000 \times 400 \times 12\%} = 4\ 800(元)$

(3) 转换次数 = $240\ 000 \div 40\ 000 = 6(次)$

有价证券交易间隔期 = $360 \div 6 = 60(天)$

(4) 财务主任的建议不合理。

3. 米勒-奥尔模型

鲍曼模型可能是最简单、最直观的确定最佳现金持有量的模型,但是它假定的是现金量是离散的、确定的。而米勒-奥尔模型中现金流却是随机波动的,当现金达到控制上限时,用现金购入有价证券,使现金持有量下降;当现金达到控制下限时,则抛售有价证券换得现金,使现金持有量回升,如图 9-11 所示。

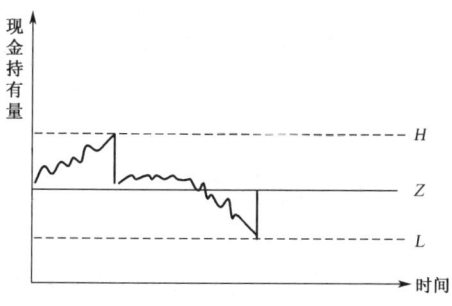

图 9-11 现金持有量的米勒-奥尔模式

对于图 9-11 中的现金上下限 H 和 L 的计算公式如下所示：

$$Z = \sqrt[3]{3F\sigma^2 \div 4K} + L \tag{9-15}$$

$$H = 3Z - 2L \tag{9-16}$$

式中：Z 表示目标现金余额,现金返回点；F 表示固定交易成本；K 表示以每日为基础计算的机会成本；σ^2 表示每日现金流入与现金流出的方差；H 表示控制上线；L 表示控制下线。

仅以一例来说明米勒-奥尔模型。

【例 9-7】 假设某公司根据现金流动性要求和有关补偿性余额的协议,该公司的最低现金余额为 20 000 元,有价证券年利率为 10%,每次证券转化的交易成本为 250 元。公司每日现金余额波动的可能情况见表 9-2。

表 9-2

现金余额波动概率

概　率	现金余额(元)
0.2	15 000
0.5	35 000
0.3	100 000

如果一年按 360 天计算,利用米勒-奥尔模型。

要求：

(1) 计算最优现金返回线和现金存量的上线(计算结果保留两位小数)。

(2) 若此时现金余额为 25 万元,应如何调整现金。

(3) 若此时现金余额为 30 万元,应如何调整现金。

具体分析如下：

(1) 现金余额期望值 = $0.2 \times 15\ 000 + 0.5 \times 35\ 000 + 0.3 \times 100\ 000 = 50\ 500$(元)

每日现金流量标准差：

$\sigma = \sqrt{(15\ 000 - 50\ 500)^2 \times 0.2 + (35\ 000 - 50\ 500)^2 \times 0.5 + (100\ 000 - 50\ 500)^2 \times 0.3}$
$= 33\ 275.37$(元)

最优现金返回线：

$$Z = \sqrt[3]{3F\sigma^2 \div 4K} + L = \sqrt[3]{\frac{3 \times 250 \times 33\ 275.37^2}{4 \times (10\% \div 360)}} + 20\ 000 = 11\ 0750.67(元)$$

现金存量上线 = $3Z - 2L = 3 \times 110\ 750.67 - 2 \times 20\ 000 = 292\ 252.02$(元)

(2) 当现金余额为 25 万元时,不进行现金调整。

(3) 当现金余额为 30 万元时,应投资 7 747.98 元(300 000－292 252.02)于有价证券。

(三) 建立完善的内部控制制度

企业在确定了最佳现金持有量后,还应采取各种措施,加强现金的日常管理,以保证现金的安全、完整,最大限度地发挥其效用。这主要体现在对于企业现金的内部控制制度上。

建立完善的内部控制制度主要包括收款内部控制、付款内部控制、现金收支凭证的控制和"钱账分管"制度(即企业的会计和出纳分设)。

1. 现金回收管理的症结所在是回收时间

如何缩短收现时间,加速资金周转是现金回收管理要解决的问题。其中,企业应根据成本与收益比较原则选用适当的方法加速账款的收回。加快收回企业账款的方法主要有以下几种:

(1) 锁箱法。企业在各主要城市开设收取支票的专用邮箱,分设存款账户,客户将支票投寄入邮箱,当地银行在授权下定期开箱收取支票。

优点:省去账款回收中先将支票交给企业的程序,银行收到支票可直接转账。

缺点:管理成本高,增加邮箱管理的劳务费。

(2) 银行业务集中法。企业在主要业务城市开立收款中心,指定一家开户行为集中银行,集中办理收款业务。

优点:节省了客户支票到企业再到银行的中间周转时间,加速了收款过程。

缺点:多处设立收款中心,增加了相关费用。

企业应在权衡利弊得失的基础上,作出采用银行业务集中法的决策,这需要计算分散收账收益净额。

分散收账收益净额＝(分散收账前应收账款投资额－分散收账后应收账款投资额)
　　　　　　　　×企业综合资金成本率－因增设收账中心每年增加的费用额　(9-17)

锁箱法与银行业务集中法其出发点都在于缩短收款时间,简化收款程序,两者有异曲同工之妙。

2. 现金支出管理的症结所在是支出时间

反其道而行之,站在支付方的角度,企业当然越晚支出现金越好,但前提是不能有损企业信誉。因此现金支出的管理重心应放在如何延缓付款时间上。企业可以通过一些合法、合理的手段,结合资金到账和转出之间的时间差,合理的延缓款项的支付。如推迟支付应付账款。一般情况下,对方收取时会给企业留

下信用期限,企业可以在不影响信誉情况下,推迟支付时间。下面介绍几种方式:

(1) 采用汇票付款。汇票支付结算方式存在一个承付期的过程,企业可利用这段承付期延缓付款时间。

(2) 合理利用"浮流量"。现金浮流量是企业现金账户与银行存款账户之间的差额。这是由于(广义上的现金)账款回收程序中的时间差距造成的。企业应合理预测现金浮流量,有效利用时间差,提高现金的使用效率。

(3) 利用信用。要想合理控制现金支付,企业必须拥有一定的商业信用基础,否则难以躲过讨债人的"追杀",这里强调的是有一定信用才会有合理的支付。

并不是每一家企业都能做到按时付款,企业也可以采用"分期付款"的办法。如果你和客户是一种长期往来关系,在你出现现金困难时,客户还是可以理解的,但拒绝支付又不加说明,你对客户的尊重和信用就大打折扣,假定要分阶段支付就一定要照约定的计划办,而不能失信于客户。分期支付既用在延期支付中,也用在商家设定的购物计划中。

(4) 先小款再大额:在支付过期中,企业也可以先支付一些较小额度、零星的账单。以免过多客户来打扰,留下几个关系好的大客户再协商支付方式。

(5) 外包加工减少资金固化:一个生产企业的元器件、零部件的采购,员工的工资、保险、生产线的维护、升级等占用多少流动资金,外包就能省出多少流动资金。

3. 企业闲置现金的去向

在企业资金周转时,难免会有闲置资金,有时是现金收入多于计划,有时是现金支出少于计划,有时也许是资金已经安排好了用途,但还未开始加大利用。在资金周转时,如何运用闲置资金也是应考虑的问题,闲置资金可以选择的一些运用途径主要有:

(1) 投资做点"短、平、快"的生意。这种做法有很大的危险性。商场如战场,"短、平、快"的项目一般利润不会太高,亏本也很正常。而且最大的风险是"快"字出了问题,本来很快可以收回的投资一拖再拖,很久收不回来,这会使短期投资也变成长期投资,充裕的资金变成资金不足,轻松的资金周转变成困难的资金周转。

(2) 存定期存款。这种方法获利较低,波动性不大。急需用钱提前支取时有利息损失,若用存单抵押贷款也会损失利息,明明有钱,却因存定期取不出,要用较高的利率向银行贷款,从利息角度看,这更不合算,因为贷款利率远远高于存款利率。

(3) 购买股票。这种方法的缺点是风险大。因为企业毕竟不是证券公司,企业炒股并不是赚钱的正途。众所周知有时炒股会拖累整个企业的发展。

(4) 购买房地产。这种方法的缺点也是很鲜明的,购买房地产需要复杂的专业知识和法律知识,且房地产所占用的一般均是巨额款项。房地产不容易变成现金,无法应付紧急状况的支出。

(5) 企业间借贷。这个借贷市场的利率一般较高,但因为企业不是银行,也没有放贷的专业知识,所以企业最好不要同企业有借贷往来。与银行借贷款才是正途,因为高利贷一般均伴随着高风险,因而抵制不住诱惑的企业(其实个人也一样)容易上当受骗,得不偿失。对于企业来说,短期安全可靠的资金运用方法就是购买债券。

二、存货风险控制

存货管理风险是指企业由于缺乏存货管理意识、管理机制导致的存货周转缓慢、存货损失重大等现象的风险。存货损失主要包括直接经济损失、间接经济损失、存货缺失风险、丢失与流失风险。

企业保持一定量的存货对于其进行正常生产来说是至关重要的,但如何确定最优库存量是一个比较棘手的问题。存货太多,造成产成品及用以对外销售的半成品积压,占用企业资金不能及时变现,风险较高;存货太少又可能导致原料供应不及时,影响企业的正常生产,严重时可能造成对客户的违约,影响企业的信誉;因原材料采购缺少有序安排、材料库存阶段坏损、生产产品所需零部件之间的数量比率不准确、生产过程中的半成品缺少管理等原因而造成损失浪费,资金沉淀,增加管理成本。

规避存货风险的方法包括做好存货规划、加强存货控制、建立分级归口制度、加强内部控制制度。

(一) 做好存货规划

企业合理存货资金的计算方法包括比例计算法、周转期计算法。

1. 比例计算法

$$存货资金数额 = 计划年度商品销售收入总额 \times 计划销售收入存货资金率 \quad (9-18)$$

2. 周转期计算法

周转期计算法又称"定额天数计算法"。是根据各种物资的每天平均周转额和它的周转期即完成一次周转所需要的天数,来计算流动资金定额的方法。其计算公式如下:

$$资金数额 = 平均每天周转额 \times 资金周转日数 \quad (9-19)$$

式中每天平均周转额即每天平均垫支的流动资金数额。它直接影响流动资金定额的多少。每天平均垫支的流动资金数额越大,流动资金占用就越多;反之,流动资金占用就少。周转期即资金从投入周转到完成一次周转所需要的天数,周转期短,占用流动资金就少;反之,流动资金占用就多。周转期计算法是核定流动资金定额的基本方法。原材料、在产品、产成品等资金项目,一般都可采用这种计算方法。它的优点是计算比较准确,缺点是计算比较复杂、费时。

(二) 建立分级归口制度

根据存货管理和资金管理相结合的原则,每项存货资金由哪个部门使用,就归哪个部门管理。对各归口的管理部门存货资金计划指标进行分解,分配给所属单位或个人,层层落实,实行分级管理。

(三) 加强内部控制制度

加强内部控制制度,包括购货、验收、发货、永续盘存制。存货管理内部控制的相关内容在第六章已经进行过介绍。这里主要讲解存货管理过程中的供应链模式。

这种模式是供应方在满足需求方要求时能做到在正确的地点、正确的时间有足够数量的合适商品。需求方的库存是在不断的补充中形成的,对需求方而言,库存数量非常趋近于零,它满足了供应链上需求方的少批量、多批次、多品种的采购。这种模式在理论上是可以实现"零库存"的。

(四) 加强存货控制

1. 存货定量控制法

存货定量控制法是指以相对固定的订货点(预定的最少的库存标准)和经济订货量为基础组织订货和控制日常库存的存货管理方法。如图 9-12 所示。

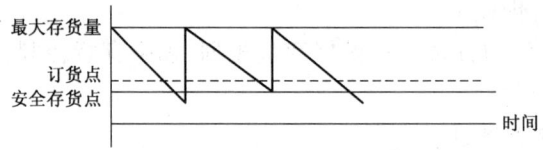

图 9-12 存货定量控制法

定期订货控制可用下列公式表示:

$$目标库存量 = (供应间隔期 + 订购期间) \times 平均每日需用量 + 保险储备量 \quad (9-20)$$

$$每次订货数量 = 目标库存量 - (实际库存量 + 订货余数) \quad (9-21)$$

2. 重点管理控制法

重点管理控制法也称为 ABC 控制法,是一种统计分类方法。该方法通过科学的分析,把存货的各个项目按其金额大小划分为重点和一般,然后采用不同的方法,对重点项目实行严格控制,制定具体的措施,对一般的项目进行常规控制。在企业运用重点控制管理法时,一般将各种存货按其销售额的大小和一定的标准划分为 A、B、C 三类。其中 A 类最重要,B 类次之,C 类又次之。A 类存货品种、数量小而价值大,占用资金多,要严格按预定的数量、时点组织订货,尽量使实际库存处于较低水平,保持存货成本最优。B 类存货,其品种、数量和占用资金数量都处于"中间"状态,对其控制不必像 A 类存货那样严格,但也不宜过于宽松。C 类存货品种、数量多但占用资金少,一般用定量法控制即可。在实际工作中通常的做法是集中采购、适当增大保险储备、采用定量订货控制法。

3. 经济订货量模型

存货的成本包括:取得成本,用 TC_a 来表示,储存成本,用 TC_c 来表示以及缺货成本,用 TC_s 来表示。具体公式如下所示:

$$TC_a = F_1 + D/Q \times K + DU \tag{9-22}$$

$$TC_c = F_2 + Q/2 \times K_c \tag{9-23}$$

总成本:
$$TC = TC_a + TC_c + TC_s \tag{9-24}$$

式中:F_1 表示订货固定成本;F_2 表示固定储存成本;D 表示年需求总量;Q 表示一次采购量;K 表示单次订货成本;U 表示单位采购成本;K_c 表示单位储存成本。

按照存货管理的目的,需要通过合理的进货批量和进货时间,使存货总成本最低,这个批量叫做经济订货量或经济批量。有了经济订货量,可以很容易地找出最适宜的进货时间。存货经济订货批量模型的公式如下所示:

确定条件下的存货管理:

最佳经济订货批量:
$$Q^* = \sqrt{\frac{2KD}{K_c}} \tag{9-25}$$

经济订货批量下的存货相关总成本:
$$TC(Q^*) = \sqrt{2KDK_c} \tag{9-26}$$

最佳经济订货次数:
$$N^* = \frac{D}{Q^*} \tag{9-27}$$

最佳订货周期:
$$t^* = \frac{1}{N^*} \tag{9-28}$$

经济订货量占用资金:
$$I^* = \frac{Q^*}{2} \times U \tag{9-29}$$

接下来看一个确定条件下的存货管理的经济订货批量模型的应用。

【例 9-8】 某企业每年需耗费 A 材料 44 000 件,单位材料年存储成本 18 元,平均每次订货费用为 165.68 元,A 材料全年平均单价为 220 元。假定不存在数量折扣,不会出现陆续到货和缺货的现象。

要求:

(1) 计算 A 材料的经济订货批量。

(2) 计算 A 材料年度最佳订货批数。

(3) 计算 A 材料的相关订货成本。

(4) 计算 A 材料的相关存储成本。

(5) 计算 A 材料经济订货批量平均占用资金。

具体分析如下:

(1) A 材料的经济订货批量:$Q^* = \sqrt{\dfrac{2KD}{K_C}} = \sqrt{\dfrac{2 \times 44\,000 \times 165.68}{18}} = 900$(件)

(2) A 材料年度最佳订货批数:$N^* = \dfrac{D}{Q^*} = \dfrac{44\,000}{900} = 48.89$(次)

(3) A 材料的相关订货成本 $= 48.89 \times 165.68 = 8\,100$(元)

(4) A 材料的相关存储成本 $= \dfrac{900}{2} \times 18 = 8\,100$(元)

(5) A 材料经济订货批量平均占用资金:$I^* = \dfrac{Q^*}{2} \times U = \dfrac{220 \times 900}{2} = 99\,000$(元)

4. 不确定条件下的存货管理

经济订货量的基本模型是在确定条件下建立的,但现实生活中会出现各种不确定条件。为使模型更接近于实际情况,具有较高的可用性,需要改进模型。

(1) 存在订货提前期:

$$R = L \times D \tag{9-30}$$

式中:R 表示再订货点;L 表示交货时间;D 表示每日需求量。

(2) 存货陆续供应和使用:

设每日送货量为 P,存货每日耗用量为 d。

经济订货量: $\qquad Q^* = \sqrt{\dfrac{2KD}{K_C} \times \dfrac{P}{P-d}} \tag{9-31}$

存货相关总成本: $\qquad TC(Q^*) = \sqrt{2KDK_C \left(1 - \dfrac{d}{P}\right)} \tag{9-32}$

经济订货量占用资金: $\qquad I^* = \dfrac{Q^*}{2} \times U \times \left(1 - \dfrac{d}{P}\right) \tag{9-33}$

对于以上的存货管理模式,主要是为了控制存货管理的风险,具体例子如下:

【例 9-9】 某企业生产中使用的 A 标准件既可以自制也可以外购。若自制,单位成本为 5 元,每次生产准备成本 450 元,日产量 45 件;若外购,购入价格是单位自制成本的 2 倍,一次订货成本 25 元。A 标准件全年共需耗用 7 000 件,储存变动成本为标准件价格的 10%,假设 1 年有 360 天。

要求:
(1) 企业自制还是外购。
(2) 企业外购与自制的平均存货占用资金为多少。(保留整数)。

具体分析如下:

(1) 自制:

$$Q^* = \sqrt{\frac{2KD}{K_C} \cdot \frac{P}{P-d}} = \sqrt{\frac{2 \times 450 \times 7\,000}{5 \times 10\%} \times \frac{45}{45-19}} = 4\,670(件)$$

$$TC(Q^*) = \sqrt{2KDK_C} = \sqrt{2 \times 450 \times 7\,000 \times 5 \times 10\% \times \frac{45-19}{45}} = 1\,349(元)$$

$$TC = 7\,000 \times 5 + 1\,349 = 36\,349(元)$$

外购:

$$Q^* = \sqrt{\frac{2KD}{K_C}} = \sqrt{\frac{2 \times 25 \times 7\,000}{5 \times 2 \times 10\%}} = 592(件)$$

$$TC(Q^*) = \sqrt{2KDK_C} = \sqrt{2 \times 25 \times 7\,000 \times 5 \times 10\% \times 2} = 592(元)$$

$$TC = 7\,000 \times 5 \times 2 + 592 = 70\,592(元)$$

因为外购总成本大于自制总成本,所以企业应自制 A 标准件。

(2) 自制:

$$存货平均占用资金 = \frac{4\,670}{2} \times \left(1 - \frac{19}{45}\right) \times 5 = 6\,746(元)$$

外购:

$$存货平均占用资金 = \frac{592}{2} \times 2 \times 5 = 2\,960(元)$$

(3) 保险储备:

设与保险储备有关的总成本为 $TC(S, B)$,缺货成本为 CS,保险储备成本为 CB,则:

$$TC(S, B) = CS + CB$$

设单位缺货成本为 KU,一次订货缺货量为 S,年订货次数为 N,保险储备量为 B,单位存货成本为 KC,则:

$$CS = KU \times S \times N \tag{9-34}$$

$$CB = B \times KC \tag{9-35}$$

$$TC(S, B) = KU \times S \times N + B \times KC \tag{9-36}$$

接下来看一个保险储备的例子。

【例 9-10】 某公司有关 A 材料的相关资料如下：

A 材料年需用量 3 600 件,每日送货量为 40 件,每日耗用量为 10 件,单位 20 元。一次订货成本 30 元,单位储存变动成本为 2 元。求经济订货量和在此批量下的总成本。

假定 A 材料单位缺货成本为 5 元,每日耗用量、订货批数及全年需要量同上,交货时间的天数及其概率分布如表 9-3 所示。

表 9-3

交货时间的天数及其概率分布

交货天数(天)	13	14	15	16	17
概率(%)	10	15	50	15	10

求企业最合理的保险储备量。

经济订货量：$Q^* = \sqrt{\dfrac{2KD}{K_C} \times \dfrac{P}{P-d}} = \sqrt{\dfrac{2 \times 30 \times 3\,600}{2} \times \dfrac{40}{40-10}} = 379.47(件)$

存货相关总成本：$TC(Q^*) = \sqrt{2KDK_C\left(1-\dfrac{d}{P}\right)} = \sqrt{2 \times 30 \times 3\,600 \times 2 \times \left(1-\dfrac{10}{40}\right)}$
$= 569.21(元)$

交货时间与材料需用量及概率对应关系,可以列成表 9-4。

表 9-4

交货时间、材料需用量及概率对应关系

交货天数(天)	13	14	15	16	17
材料需用量(件)	13×10=130	14×10=140	15×10=150	16×10=160	17×10=170
概率(%)	10	15	50	15	10

第一,不设保险储备时：

再订货点 = 130×10% + 140×15% + 150×50% + 160×15% + 170×10%
= 150(件)

缺货的期望值 $S(0) = (160-150) \times 15\% + (170-150) \times 10\% = 3.5(件)$

$TC(S, B) = KU \times S \times N + B \times KC = 5 \times 3.5 \times (3\,600 \div 379.47) + 0 \times 2$
$= 166.02(元)$

第二,保险储备 $B=10$ 时:

再订货点 $=150+10=160$(件)

缺货的期望值 $S(10)=(170-160)\times 10\%=1$(件)

$TC(S,B)=KU\times S\times N+B\times KC=5\times 1\times(3\,600/379.47)+10\times 2$
$=67.43$(元)

第三,保险储备 $B=20$ 时:

再订货点 $=150+20=170$(件)

缺货的期望值 $S(20)=0$(件)

$TC(S,B)=KU\times S\times N+B\times KC=20\times 2=40$(元)

由以上计算可知,保险储备为 20 件时,总成本最低,相应的再订货点应为 170 件。

三、应收账款风险控制

应收账款风险是指由于企业应收账款所引起的坏账损失、资金成本和管理成本的增加。应收账款的风险与应收账款的规模成同比例增长,企业利用商业信用实现的销售额越大,承受的应收账款风险就越高。因此应收账款风险主要包括坏账损失风险、机会成本增加风险、管理成本增加风险。

企业应收账款余额不断增加,一方面使流动资金出现短缺;另一方面又迫使企业不得不举债经营。为了维持经营,企业在高负债率经营的情况下,以大量举债为生,此举不仅增加了企业的财务费用,致使经济效益下降,而且也使企业迈向了资不抵债的边缘。

因此,对应收账款还应进行有效风险控制,增强风险意识,制定防范措施。这些措施是现代企业经营与财务管理的一项重要内容。

应收账款风险规避方法包括信用调查、合理确定信用政策、加强内部控制制度等。

(一)加强信用调查

应收账款的风险综合起来讲其实就是信用风险。为有效控制应收账款回收周期,企业应加强应收账款的信用政策管理。因此,企业在进行赊销前,必须首先对客户进行信用调查。

一般而言,企业对哪些客户信用销售,给他们的信用条件应松还是紧,这要看客户的信誉和实力。对客户的信用评价标准为 5C,包括:①资本(capital):客户的财务实力、总资产和股东权益的大小;②品质(character):客户的信誉、过去付款的记录和债务偿还的情况;③条件(condition):当前客户付款的经济环境,客户过去在经济萧条时能否付清货款;④能力(capacity):客户流动资产的数量、性质以及流动负债的组成;⑤抵押(collateral):客户为得到信用而提供的可作为抵押品的资产。

对客户的信用调查主要用到以下两种方法:信用评分和营运资产分析模型。

1. 信用评分

$$某客户信用等级评价分数 = 速动比率 \times A + 已获利息倍数 \times B + 权益乘数 \times C + 投资收益率 \times D + 应收账款周转率 \times E \quad (9-37)$$

采用该法首先要判断哪些因素可能影响客户的偿债能力,到底选用多少个因素指标由分析者根据历史经验和实际情况来确定。其中 A、B、C、D、E 为客户偿债能力的重要程度的数值。影响程度越大,取值越大,最终信用得分越高,也就是说明客户信用质量越好。

按以上公式:信用评分>60,信用良好;信用评分=40~60,为平均风险;信用评分<40,信用风险大。

2. 营运资产分析模型

营运资产分析模型在计算客户的信用限额方面具有非常实用的价值。该模型的计算分两个步骤:营运资产计算和资产负债表比率计算。

(1) 营运资产计算。该模型首先提出考察的指标是营运资产,经此作为衡量客户规模的尺度,这一指标与销售营业额无关,只同客户的净流动资产和账面价值有关。

(2) 营运资产的计算公式是:营运资产=(营运资本+净资产)÷2   (9-38)

其中,营运资本=流动资产-流动负债,净资产即为企业自有资本或股东权益。

该模型公式在营运资产的计算上,不仅考虑了客户当前的偿债能力,而且还考虑客户的净资产实力。用这两个方面的综合平均值来衡量客户风险具有很大的功效。因为从信用管理的角度看,仅考虑客户的流动资本和流动负债情况,还不足以反映客户的真正资本实力,净资产是保障客户信用的另一个重要指标。

(3) 资产负债表比率计算。营运资产模型可以运用第四章中所阐述内容加以分析。这里分别用 $X1$、$X2$、$X3$、$X4$ 代表相关的财务比率。

$$流动比率(X1) = 流动资产 \div 流动负债$$

$$速动比率(X2) = (流动资产 - 存货) \div 流动负债$$

$$短期债务净资产比率(X3) = 流动负债 \div 净资产$$

$$债务净资产比率(X4) = 负债总额 \div 净资产$$

$$评估值 = X1 + X2 - X3 - X4$$

$X1$ 和 $X2$ 衡量公司的资产流动性；$X1$ 和 $X2$ 越大，说明资产的流动性越好，用于偿付债务的资金越充足。

$X3$ 和 $X4$ 衡量公司的资本结构；$X3$ 和 $X4$ 越大，表明企业负债水平越高，债务人的权益得到保障的可能性越小，风险越高。

由此可见，评估值综合考虑了资产流动性和负债水平两个最能反映企业偿债能力的因素。评估值越大，表示企业的财务状况越好，风险越小。同时，针对不同风险程度下的评估值，确定了一个比例。按照该比例和营运资产可以计算出信用额度。

表 9-5

营运资产百分比等级

评 估 值	风险程度	营运资产比例(%)
≤-4.6	高	0
-4.59～-3.9	高	2.5
-3.89～-3.2	高	5.0
-3.19～-2.5	较高	7.5
-2.49～-1.8	较高	10.0
-1.79～-1.1	较高	12.5
-1.09～-0.4	有限	15.0
-0.39～0.3	有限	17.5
0.31～1	有限	20.0
>1.0	低	25.0

从表 9-5 可以看出，对评估值越小（即信用风险越大）的企业，营运资产分析模型给予其越小的营运资产比例作为计算赊销额度的依据。

由于不同的行业具有完全不同的特征，营运资产百分比等级应该根据不同的行业特征进行调整，以适应不同的情况。每个企业应该根据自己的销售政策以及企业自身赊销的总体水平来调整，并由此确定营运资产百分比等级。

在此，我们以两家中国上市公司：ABC 股份有限公司和 XYZ 股份有限公司的数据来应用营运资产分析模型。

【例 9-11】 ABC 股份有限公司和 XYZ 股份有限公司 2010 年 12 月 31 日的合并报表如表 9-6、表 9-7 所示。

表 9-6

ABC 公司和 XYZ 公司的主要数据

金额单位:元

财务指标	ABC 股份有限公司	XYZ 股份有限公司
流动资产	2 288 670 532.19	696 411 362.96
存货	513 842 147.88	195 416 835.68
流动负债	1 341 867 856.10	635 388 995.48
负债总额	1 384 301 757.03	638 473 321.83
所有者权益	1 859 676 310.33	373 154 262.56
总资产	3 450 893 999.82	1 025 868 566.23

要求:分析 ABC 公司和 XYZ 公司的信用状况,并分别计算其信用额度。

表 9-7

ABC 公司和 XYZ 公司的计算指标

金额单位:元

财务指标/比率	ABC 股份有限公司	XYZ 股份有限公司
营运资本	946 802 676.09	61 022 367.48
营运资产	1 403 239 493.21	217 088 315.02
流动资产/流动负债	1.71	1.1
速动资产/流动负债	1.32	0.79
流动负债/所有者权益	0.72	1.7
负债总额/所有者权益	0.74	1.71
评估值	1.57	−1.52
风险	低	较高
对应比率	25%	12.50%
计算信用额度	350 809 873.30	27 136 039.38

由以上计算可知,ABC 股份有限公司的风险低,计算所得的信用额度约为 3.5 亿元人民币。XYZ 股份有限公司的风险较高,计算所得的信用额度约为 2 700 万元。

(二)合理确定信用政策

信用标准是企业同意向客户提供商业信用而提出的基本要求。通常以预期的坏账损失率来作为判断标准。总的原则是只要商业信用的增加成本低于扩大销售增加的收益,企业就应进一步提供信用。

信用条件是指企业要求客户支付赊销款项的条件,包括信用期限、折扣期限和现金折扣。

1. 信用期限

信用期限是指企业允许客户从购货到支付货款的时间限定。例如,若某企业允许顾客在购货后30天内付款,则信用期为30天。一般而言,企业延长信用期限可以在一定程度上扩大销售,从而增加毛利。但信用期限的不恰当会给企业带来营运风险:①平均收款期延长会增加机会成本;②平均收款期延长会增加坏账损失和收账费用。

2. 现金折扣和折扣期限

许多企业为了加速资金周转,及时收回货款,减少坏账损失,往往在延长信用期限的同时,采取一定的优惠政策,即在规定的时间内提前付款的客户可按销售收入的一定比率享受折扣。以此来减少应收账款的占用资金和时间,减少营运资产的风险。折扣的表示通常采用如"5/10,3/20,n/30"这样的符号来表示。当企业给予顾客某种现金折扣时,应当考虑折扣所能带来的收益和成本孰高孰低,权衡利弊,抉择决断。以下以一例题说明。

【例 9-12】 某企业预测的年度赊销净额为 1 800 万元,其信用条件是"n/15",变动成本率为 60%,资金成本率(或有价证券利息率)为 10%。假设企业收账政策不变,固定成本总额不变;该企业准备了三个信用条件的备选方案:A:维持"n/15"的信用条件;B:将信用条件放宽到"n/45";C:将信用条件放宽到"n/60"。为各种备选方案估计的赊销水平、坏账百分比和收账费用等有关数据如表9-8所示。

表 9-8

信用条件备选方案数据

单位:万元

项　　目	A("n/15")	B("n/45")	C("n/60")
年赊销额(S)	1 800	1 980	2 160
应收账款周转率(v)(360/信用期)	24	8	6
应收账款平均余额(S/v)	75	247.5	360
维持赊销业务所需资金(CF)(60%×S/v)	45	148.5	216
坏账率(BR)(%)	2	3	5
坏账损失($S×BR$)	36	59.4	108
收账费用	15	25	30

根据以上资料,可按信用决策过程的要求计算相关的项目数据。计算步骤和过程如表9-9所示。

表9-9

信用决策计算表

单位:万元

项　　目	A("n/15")	B("n/45")	C("n/60")
年赊销额(S)	1 800	1 980	2 160
变动成本(VC)(S×60%)	1 080	1 188	1 296
信用成本前收益	720	792	864
信用成本:			
应收账款机会成本(CF×10%)	4.5	14.85	21.6
坏账损失	36	59.4	108
收账费用	15	25	30
小计	55.5	99.25	159.6
信用成本后收益	664.5	692.75	704.4

根据上述计算结果,在这三种方案中,C方案("n/60")的获利数最大,故而在其他条件不变的情况下,应以C方案最佳。

【例9-13】 按[例9-12],如果企业选择了C方案,但为了加速应收账款的回收,决定将赊销条件改为"2/10,1/20,n/60"(D方案),估计约有60%的客户(按赊销额计算)会利用2%的现金折扣,15%的客户将利用1%的现金折扣。坏账损失降为2%,收账费用降为20万元,赊销额达到2 400万元。

根据以上资料,有关指标可计算为:

应收账款周转期 = 60%×10+15%×20+25%×60 = 24(天)

应收账款周转率 = 360÷24 = 15(次)

应收账款平均余额 = 2 400÷15 = 160(万元)

维持赊销业务所需的资金 = 160×60% = 96(万元)

应收账款机会成本 = 96×10% = 9.6(万元)

坏账损失 = 2 400×2% = 48(万元)

现金折扣 = 2 400×(2%×60%+1%×15%) = 32.4(万元)

D方案的信用前收益 = 2 400×(1−60%)−32.4 = 927.6(万元)

D方案的信用后收益 = 927.6−(9.6+48+20) = 850(万元)

D方案的信用后收益为850万元,较C方案的信用后收益704.4万元多出

145.6万元,因而企业应该选用 D 方案作为最佳方案选择。

3. 收账政策

收账政策是指当客户违反信用条件,拖欠甚至拒付款时企业所采取的收账政策与措施。企业对于拖欠的应收账款,无论采取何种方式进行催收,都需要付出一定的代价,承担一定的风险。一般而言,企业加强收账管理,及早收回货款,可以减少坏账损失,减少应收账款上的资金占用,但会增加收账费用。因此,为了权衡坏账损失和收账费用,控制营运资产风险,企业需要定期编制应收账款账龄分析表,对不同的信用期的应收账款采取相应的收账政策和措施。

【例9-14】 某公司是一个商业企业,由于目前的信用政策过于严厉,虽能控制风险但不利于扩大销售,且收账费用较高,该公司正在研究修改现行的政策。现有甲、乙两个放宽信用政策的备选方案,有关数据如表 9-10 所示。

表 9-10

甲、乙信用政策备选方案

金额单位:万元

项　　目	现行政策	甲方案	乙方案
信用政策	"n/40"	"n/60"	"2/10, n/90"
年销售额	2 500	2 700	2 800
收账费用	35	25	15
所有账户的平均收账期(个月)	1.5	2	3
所有账户的坏账损失率(%)	1.5	2	2.5

已知该公司的销售毛利率为 25%,存货周转天数始终保持 72 天不变(按销售成本确定的),若投资要求的最低报酬率为 10%。坏账损失率是指预计年度坏账损失和销售额的百分比。假设不考虑所得税的影响。

要求:

(1) 与原方案相比较,计算甲方案增加的税前收益;

(2) 与原方案相比较,计算乙方案增加的税前收益;

(3) 应否改变现行的收账政策,如果要改变应选择甲方案还是乙方案?

具体分析如下:

由于存货周转率 = 360÷72 = 5(次)

存货平均余额 = 销售成本÷存货周转率

则:原存货平均余额 = (2 500×75%)÷5 = 375(万元)

方案甲存货平均余额 = (2 700×75%)÷5 = 405(万元)

方案乙存货平均余额 = (2 800×75%)÷5 = 420(万元)

(1) 甲方案的具体计算如表 9-11 所示。

表 9-11

甲方案的具体计算过程

单位:万元

项 目	现行政策	甲方案	增加额
销售额	2 500	2 700	200
毛利	2 500×25％=625	2 700×25％=675	50
应收账款占用资金应计利息	2 500÷360×45×75％ ×10％=23.44	2 700÷360×60×75％ ×10％=33.75	10.31
存货占用资金应计利息	375×10％=37.5	405×10％=40.5	3
坏账损失	2 500×1.5％=37.5	2 700×2％=54	16.5
收账费用	35	25	－10
税前收益	491.56	521.75	30.19

(2) 乙方案的具体计算如表 9-12 所示。

表 9-12

乙方案的具体计算过程

单位:万元

项 目	现行政策	乙方案	增加额
销售额	2 500	2 800	300
毛利	2 500×25％=625	2 800×25％=700	75
应收账款占用资金应计利息	2 500÷360×45×75％ ×10％=23.44	2 800÷360×90×75％ ×10％=52.5	29.06
存货占用资金应计利息	375×10％=37.5	420×10％=42	4.5
坏账损失	2 500×1.5％=37.5	2 800×2.5％=70	32.5
收账费用	35	15	－20
税前收益	491.56	520.5	28.94

(3) 通过计算分析,应该选择甲方案。

4. 信用条件备选方案的评价

虽然企业在信用管理政策中已对可接受的信用风险水平作了规定,但由于企业的经营环境经常发生变化,就需要对信用管理政策进行调整,并对备选方案进行认真评价,以此来控制营运资产的风险。

坏账政策是指信用条件被违反时,企业采取的坏账政策。一般来说,客户在超过企业允许拖欠的期限之后,企业应先发函通知对方,若无效果可以打电话催收或派人员登门催收。如果客户确有困难,可以商谈延期支付的办法。一旦以上各项措施实施都没有作用,那就只好采取最后的措施——诉诸法律。

5. 信用报告

进行信用风险分析的依据是信用报告。企业可以从信用评估公司或行业协会得到有关客户信用资料,编制成商业信用报告。信用报告一般包括:①资产负债表及利润表摘要;②主要财务比率及其发展趋势的信息;③从供应商处得到的客户付款期限记录;④客户公司实际经营状况的描述;⑤客户公司的信用风险等级。

(三)加强内部控制制度

对于应收账款的内部控制主要需要做到以下的业务流程。如图9-13所示。

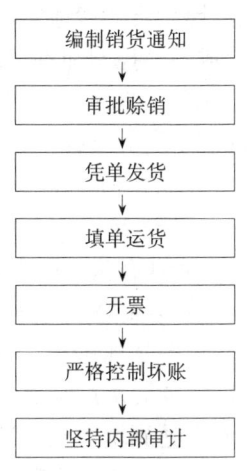

图9-13 应收账款流程图

四、营运资产风险控制效率

通过对现金、存货以及应收账款风险控制的讲解,我们认识到营运资产贯穿于企业经营活动全过程,对任何企业来说,事前的资产管理不可能准确无误,营运资产涉及面广、不确定因素复杂分散、且具有潜伏性和累计性。在变化万端的竞争环境中,需要考量企业的整体协调性与抗风险能力。同时,企业存续期内营运资金的需要量波动频繁,企业不可能永远持有充足的资金量,加之外界偶发因素影响,营运资产风险控制就显得尤为重要。

第四节 企业财务预算

财务预算是一系列专门反映企业未来一定预算期内预计财务状况、经营成果,以及现金收支等价值指标的各种预算的总称,具体包括现金预算、预计利润表、预计资产负债表和预计现金流量表等内容。

由于预算是建立在一系列的预测和假定的基础上的,而企业经营环境的不确定性和竞争性给企业经营带来风险。因此,在财务预算管理体系中引入风险管理机制,在预算编制和预算执行中进行风险规避,对于提高企业管理绩效是至关重要的。企业的财务预算体系本身就是一个风险控制体系,财务预算可以初步揭示下一月份、季度、年度的预算经营风险和财务风险。

一、进行财务预算的原因

财务预算可以根据市场信息情况,同时结合企业内部组织及运行体制要求,有计划、有步骤地实施财务对策,以便使财务管理从目前的被动应付和机械账转变成超前控制和科学理财。制定和执行财务预算的过程,其实就是企业不断用量化的工具使自己拥有的经济资源、自身的经营环境以及企业的发展目标保持动态平衡的过程。通过财务预算,可以有效地预防企业在以后的运作过程中可能出现的财务风险。具体风险体现在以下两个方面。

(一) 防止资金的收回风险

企业在进行财务预算时,要针对企业的资金回收所面临的财务风险加强企业对应收账款时间上的安排,以及对现金流量的影响的预算。如果公司财务状况不佳,坏账的损失率很高,现金流动状况不好,那么财务预算就应当减少各项开支,同时借助预算机制与管理机制相结合的方法来加强对应收账款的有效收回,以达到增大现金流量的目的,避免因流动资金不足而带来的财务风险。

(二) 防止投资和筹资风险

对于防范企业的筹资风险和投资风险来说,关键在于能否处理好资金的结构问题。一般来说,如果企业流动资产过剩,企业流动性较好,那么企业资产的盈利能力就会降低;如果企业短期负债的资本成本较低,那么企业相应的财务风险就相对较大。因此,在进行财务预算时,要根据企业的实际业务状况来安排资金的使用,要在风险与收益之间权衡作出决策。

例如,若公司没有最近到期的负债,并且公司的盈利状况和现金流动状况较好,就可以适当提高公司的负债比率来降低企业财务成本,提高公司净资产收益率;如果公司近期的负债即将到期的较多,那么在编制现金预算时,就要考虑尽可能减少一些可以缓期的支出,同时加强应收账款的回收,推迟较大项目的资金投放。

这样就可以通过编制财务预算,充分利用企业自有资金,降低资金持有成本,进一步提高资金的使用效率,促进企业的资本结构合理化,提高企业投资的谨慎性。从而避免企业出现资金沉淀、负债过大、盲目投资等情况而给企业带来的财务风险。

二、财务预算的方法

(一) 固定预算与弹性预算

固定预算又称静态预算,是把企业预算期的业务量固定在某一预计水平上,以此为基础来确定其他项目预计数的预算方法。

弹性预算是固定预算的对称,它是以预算期可预见的不同业务量水平为基础,反映不同情况的一种预算编制方法。

固定预算与弹性预算的主要区别:固定预算是针对某一特定业务量编制的,弹性预算是针对一系列可能达到的预计业务量水平编制的。

(二)增量预算和零基预算

增量预算是指在基期成本费用水平的基础上,结合预算期业务量水平及有关降低成本的措施,通过调整原有关成本费用项目而编制预算的方法。

零基预算,或称零底预算,是指在编制预算时,对于所有的预算支出以零为基础,不考虑其以往情况如何,从实际需要与可能出发,研究分析各项预算费用开支是否必要合理,进行综合平衡,从而确定预算费用。

增量预算与零基预算的区别:增量预算是以基期成本费用水平为基础,零基预算是一切从零开始。相比之下,增量预算较易编制,但容易造成预算冗余,从而不能很好地控制一些不必要发生的费用。零基预算能对环境变化做出较快反应,能够紧密地复核成本状况,但耗时巨大,参加预算工作的人员先要进行培训,并且需要全员参与。

(三)定期预算和滚动预算

定期预算就是以会计年度为单位编制的各类预算。采用定期预算法编制预算,保证预算期间与会计期间在时期上配比,便于依据会计报告的数据与预算的比较,考核和评价预算的执行结果。但不便于前后各个期间的预算衔接,不能适应连续不断的业务活动过程的预算管理。

滚动预算是指按照"近细远粗"的原则,根据上一期的预算完成情况,调整和具体编制下一期预算,并将编制预算的时期逐期连续滚动向前推移,使预算总是保持一定的时间幅度。简单地说,就是根据上一期的预算指标完成情况,调整和具体编制下一期预算,并将预算期连续滚动向前推移的一种预算编制方法。滚动预算按其预算编制和滚动的时间单位不同可分为逐月滚动预算、逐季滚动预算和混合滚动预算三种方式。滚动预算的长期计划、短期安排,使预算能适时反映实际经营状况,从而增强了预算的指导作用。

定期预算与滚动预算的区别:定期预算一般以会计年度为单位定期编制,滚动预算不将预算期与会计年度挂钩,而是连续不断向前滚动,始终保持一定期间。

三、企业生命周期各阶段的预算模式

从财务理论的角度看,财务预算仅包括现金预算和预计财务报表两部分,财务预算作为全面预算体系中的最后环节,可以从价值方面总括地反映经营期特

种决策预算与业务预算的结果,使预算执行情况一目了然。但是,财务预算的编制大多以经营预算、资本预算的编制为基础,在实务中各种预算往往保持着紧密的联系和数据上的勾稽关系。因此,介绍财务预算需要联系经营预算、资本预算等。那么,企业在生命周期各阶段的财务预算应该采取什么形式?本节将会具体讲解。

(一)企业初创期

企业初创期的主要特点是,企业承担着相应的实体投资风险。实体投资风险主要体现在高额的投资支出和投资回收的不确定性。基于此,初创期的预算模式应当和企业预算管理所要解决的主要矛盾相协调,由此形成资本预算为核心的模式。具体内容如图 9-14 所示。

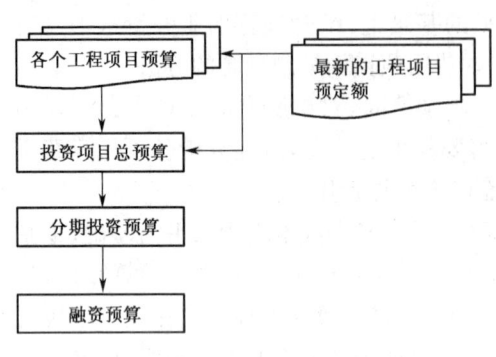

图 9-14 初创期预算模式

从图 9-14 中可以看出,在公司初创时期,保证预算的可靠性,并且使分期投资预算与融资预算保持时间上的衔接是预算制定工作的关键;同时,在工程施工中,还应进行全程财务监督。

(二)企业成长期

企业在成长期同样承担着财务风险和经营风险。财务风险依然体现在高额的负债以及偿还能力的不确定性。经营风险体现在新服务、新产品的市场效果和高额成本支出的不确定性。成长期的预算模式应当服从企业预算管理所要解决的销售问题,因此而形成以销售为基础的预算模式,如图 9-15 所示。

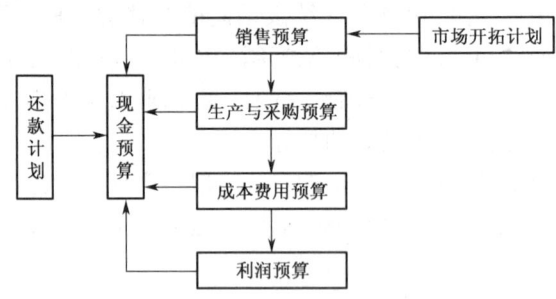

图 9-15 成长期预算模式

从图 9-15 中可以看出,在企业的成长阶段,保证预算的可靠性,同时使经营现金净流量能够满足到期债务的支付是预算制定工作的关键。

(三)企业成熟期

成熟期的企业主要面临着提高收益的问题。需要通过各种方式挖掘生产潜力和降低成本费用，以此来提高企业的目标利润。其中，降低成本费用包括降低生产成本、各项管理费用和财务费用以及销售费用等。因此，很多企业在发展成熟阶段采用以成本控制为基础，以获取利润为目标的预算模式，如图9-16所示。

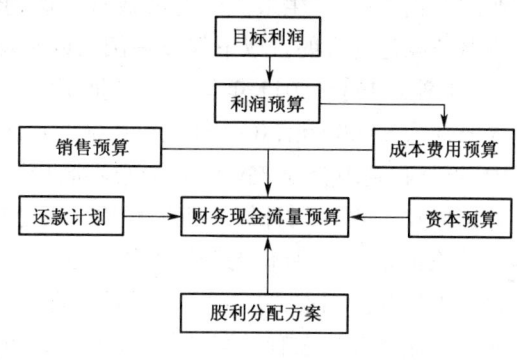

图 9-16　成熟期预算模式

在成熟期，企业的盈利水平和现金净流量水平都有所提高，在现金流量预算有了比较宽松的环境下，企业应当对股东作出相应的投资回报，以此满足股东对公司的期望值。

(四)企业衰退期

企业在衰退期，市场份额降低，销售收入呈现负增长的现象，一些项目呈现半停产，甚至停产状态。财务上出现了资金使用不当的情况，衰退期的企业预算往往以现金流量为中心，如图9-17所示。

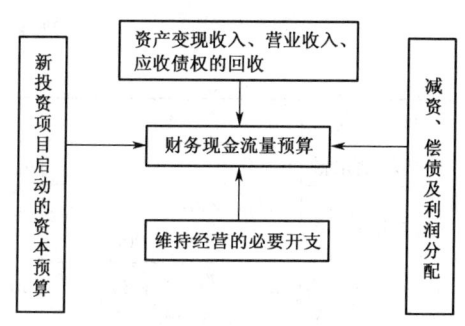

图 9-17　衰退期预算模式

如图9-17所示，企业在衰退期主要是处理好债务债权问题，防止资金流失和闲置，使企业的现金流保持在适当的水平。

四、财务预算的内容

(一)现金预算

现金预算是对企业未来各期现金收入和现金支出的规划。在市场经济条件下，企业面临着各种各样的风险，而其中对企业影响最大的则属支付风险，这种风险是由企业未来现金流量的不确定性与债务到期日之间的矛盾引起的。许多企业正是没有处理好两者之间的关系，从而影响了企业的正常生产经营活动，甚至于破产，"德隆神话"的破灭即是一典型案例。通过编制科学、合理的现金预算并加以落实，可以有效地加强财务人员调度资金的能力，使资金按照最有利于企业的方式流动,产生最大的经济效益。达到增强企业竞争力、树立企业信誉、回避财务风险的目的。以下仅以一例来说明现金预算的重要性。

【例 9-15】 2011年某制造企业3月末余额为6 000元,3~7月份的销售收入分别为30 000元、40 000元、50 000元、60 000元、70 000元,每月销售收入中,当月收到现金60%,下月收到现金40%。各月直接材料采购成本按下一个月销售收入的50%计算。所采购款于当月支付现金60%,下月支付现金40%。预计该企业2~5月份的制造费用分别为5 000元、5 500元、5 200元,每月制造费用中包括折旧费500元。预计该企业4月份购置固定资产,需要现金14 000元。企业在3月末有长期借款30 000元,年利息率为7.5%。该企业现金不足时向银行申请短期借款(为1 000元的整数倍);现金有多余时归还银行借款(为1 000元的整数倍)。借款在期初,还款在期末,年借款利率为6%。预计该企业期末现金余额的定额范围是4 000~5 000元,长期借款利息每季度末支付一次,短期借款利息还本时支付,编制现金流量表,如表9-13所示。

表9-13

现金流量表

单位:元

月　　份	4	5	6
期初现金余额	6 000	4 500	4 347.5
经营现金收入	40 000×60%+30 000×40%=36 000	50 000×60%+40 000×40%=46 000	60 000×60%+50 000×40%=56 000
直接材料采购支出	25 000×60%+20 000×40%=23 000	30 000×60%+25 000×40%=28 000	35 000×60%+30 000×40%=33 000
制造费用支出	5 000-500=4 500	5 500-500=5 000	5 200-500=4 700
购置固定资产	14 000		
现金余缺	6 000+36 000-23 000-4 500-14 000=500	4 550+46 000-28 000-5 000=17 500	4 417.5+56 000-33 000-4 700=22 647.5
向银行借款	4 000		
归还银行借款		4 000+9 000=13 000	18 000
支付借款利息		40+112.5=152.5	393.75
期末现金余额	4 500	4 347.5	4 253.75

通过以上现金流量表的编制,可以看出预期的收入与支出,预测未来时期企业对到期债务的直接偿付能力,使财务管理部门能够在现金短缺来临之前安排筹资,从而避免了在债务到期时因无法偿债而影响企业的信誉。

就短期而言,企业能否维持下去,并不完全取决于是否盈利,而取决于是否有足够现金用于各种支出。准确的现金流量预算,可以为企业提供预警信号,使经营者能够及早采取措施,为企业以后融资减少阻力,避免企业被迫"拆东墙补西墙",在高利率条件下举借新的债务的风险。

(二) 预计利润表

预计利润表是对已经编制的经营预算进行汇总,以反映预算财务成果。同现金预算一样,销售预算是编制预计利润表的关键,它决定企业的生产以及各项成本消耗。预计利润表是在销售预算、生产预算、采购预算、直接人工预算、制造费用预算、产品成本预算、期末存货预算、销售费用、财务费用、管理费用预算的基础上编制而成的。

(三) 预计资产负债表

预计资产负债表可以根据现金预算以及预计利润表中的有关数据填列出来,也可以与预计利润表一样,根据历史的财务比例以及与预期销售收入的关系计算得到。

预计资产负债表的编制成功,标志着企业财务预算编制工作已经完成。为了检验预计财务报表的编制质量,可以对比企业预测资金需用量(销售百分比法)时,所编制的预计财务报表的相关数据,通过比较,检查财务报表是否存在问题,以便于及时调整。

(四) 财务预算的调整

由于财务预算有过多的人为因素干扰,并非实际数据。因此在实际执行过程中,会与实际结果出现偏差。为此必须要对财务预算进行调整,特别是对现金预算的调整,因为预计利润表和预计资产负债表是以现金预算为基础的。

考虑到实际结果与预算之间出现的偏差,增加编制现金预算是比较理想的,例如编制现金预算可以借助计算机电子表格的运算能力,改变某些条件后可以得到与之相应的现金预算结果,而且过程是非常容易的。经过多次模拟预算,我们可以得到一系列未考虑筹资的期末现金余额分布。这样就可以避免当实际业务量与预计业务量水平偏差较大时,企业措手不及。

因此,为了实事求是地进行预算,同时尽可能减少由于实际偏离预算而产生的各种风险和损失,企业应当最大限度地保证预算的准确性。

练习测试题

一、单项选择题

1. 流动资产的日常管理的主要内容不包括(　　)。

A. 现金管理　　　　B. 商誉管理　　　　C. 存货管理　　　　D. 应收账款管理

2. 营运资本所需要项目不可以将(　　)联系起来。
   A. 现金流量表　　　　　　　　B. 资产负债表
   C. 所有者权益变动表　　　　　D. 利润表

3. 营运资本的关键因素包括(　　)。
   A. 周转、结构、收入、利润、风险、报酬　　B. 周转、收入、利润、风险、报酬
   C. 结构、收入、利润、风险、报酬　　　　　D. 周转、结构、收入、风险、报酬

4. 企业采取保守的营运资本投资政策,产生的结果是(　　)。
   A. 收益性较高,资金流动性较低　　B. 资金流动性较低,风险较低
   C. 收益性较高,风险较低　　　　　D. 收益性较高,资金流动性较高

5. 保守型企业采取的投融资政策特点是(　　)。
   A. 短期融资只用于短期投资　　　　　　　　B. 长期融资用于短期投资和短期投资
   C. 长期融资用于长期投资和短期投资　　　　D. 短期融资用于短期投资和长期投资

6. 某企业采用米勒-奥尔模型对现金持有量进行控制,当现金持有额达到上限时,企业要投资10万元于有价证券,企业认为无论何时其现金余额均不能低于2万元。若企业目前的现金余额为17万元,则需要投资有价证券(　　)万元。
   A. 5　　　　　　B. 7　　　　　　C. 10　　　　　　D. 15

7. 某公司持有有价证券的平均年利率为5%,公司的现金最低持有量为1 500元,现金余额的最优返回线为8 000元。如果公司现有现金20 000元,根据米勒-奥尔模型,此时应当投资于有价证券的金额是(　　)元。
   A. 0　　　　　　B. 6 500　　　　　　C. 12 000　　　　　　D. 18 500

8. 信用评价5C模型中,(　　)是指客户的财务实力、总资产和股东权益的大小。
   A. 条件　　　　　B. 能力　　　　　C. 品质　　　　　D. 资本

9. 企业对客户的信用调查不包括(　　)。
   A. 客户的品质和偿债能力
   B. 客户产品占有的市场份额
   C. 客户的资本与获利能力
   D. 客户为获得信用可能提供的抵押资产、社会经济情况对客户偿债能力的影响

10. 把企业预算期的业务量固定在某一预计水平上,以此为基础来确定其他项目预计数的预算方法是(　　)。
    A. 固定预算　　　　B. 弹性预算　　　　C. 增量预算　　　　D. 零基预算

二、多项选择题

1. 流动负债的特点错误的是(　　)。
   A. 筹资成本较低,筹资数额比较大　　B. 不容易取得
   C. 发行条件宽松　　　　　　　　　　D. 风险比较大,弹性比较小

2. 营运资本所需和(　　)因素有关。
   A. 应付账款　　　　B. 应收账款　　　　C. 权益　　　　D. 存货

3. 企业的净现金为( )。
   A. 长期资本－长期资产 B. 流动资产－流动负债
   C. 营运资本来源－营运资本所需 D. 现金－短期借款
4. 保守的流动资产投资政策的特点是( )。
   A. 较低的流动资产/收入比率 B. 承担较大的流动资产持有成本
   C. 短缺成本较小 D. 风险较大
5. 某企业在生产经营淡季流动资产为500万元,长期资产为500万元,在生产经营旺季流动资产为700万元,长期资产为500万元。企业的长期负债、自发性负债和权益资本可提供的资金为900万元。则下列表述中,正确的有( )。
   A. 在经营旺季的易变现率为57.14% B. 该企业采用的是激进型筹资政策
   C. 该企业采用的是保守型筹资政策 D. 该企业采用的是折中型筹资政策
6. 为了提高现金使用效率,企业应当( )。
   A. 使用现金浮流量 B. 力争现金流入和现金流出的同步
   C. 推迟应付账款的支付 D. 缩短应收账款的时间
7. 下列有关存货控制决策的表述中,正确的有( )。
   A. 在确定条件情况下的存货管理模型,最佳经济订货量是能使订货相关成本为 $\sqrt{2KDK_C}$ 的情况
   B. 在计算经济订货批量时,如果考虑订货提前期,则应在按经济订货量基本模型计算出订货批量的基础上,再加上订货提前期天数与每日存货消耗量的乘积,才能求出符合实际的最佳订货批量
   C. 在年需要量确定的情况下,经济订货批量越大,进货间隔期越长
   D. 如果现金供应量不充足,即使满足有关的基本假设条件,也不能利用经济订货量的基本模型
8. 使用信用评分来衡量客户的信用水平时,评分指数有( )。
   A. 速动比率和应收账款周转率 B. 已获利息倍数
   C. 权益乘数 D. 投资收益率
9. 放弃现金折扣的成本受折扣百分比、折扣期和信用期的影响。下列各项中,使放弃现金折扣成本提高的情况有( )。
   A. 信用期、折扣期不变,折扣百分比提高
   B. 折扣期、折扣百分比不变,信用期延长
   C. 折扣百分比不变,信用期和折扣期等量延长
   D. 折扣百分比、信用期不变,折扣期延长
10. 企业的预算方法包括( )。
    A. 固定预算与变动预算 B. 定期预算和滚动预算
    C. 增量预算和零基预算 D. 固定预算与弹性预算

三、判断题

1. 企业营运资本的来源是长期长期资金减去长期资金来源用途的差额。( )

2. 折中型企业一般会将短期融资用于短期投资、长期融资用于长期投资型组合。（   ）

3. 营运资产分析模型在计算客户的信用限额方面具有理论价值但是却不具有实用的价值。（   ）

4. 应收账款风险是指由于企业应收账款所引起的坏账损失、资金成本和管理成本的增加。（   ）

5. 滚动预算就是根据上一期的预算指标完成情况，调整和具体编制下一期预算，并将预算期连续滚动向前推移的一种预算编制方法。（   ）

6. 预计资产负债表可以根据现金预算以及预计利润表中的有关数据填列出来，但是不可以根据历史的财务比例以及与预期销售收入的关系来计算。（   ）

四、简答题

1. 请阐述企业营运风险管理的原则。
2. 简述企业营运资本筹资政策和投资政策的相关内容。
3. 请简述现金收回管理中锁箱法和银行业务集中法的优缺点。
4. 简述存货中的重点控制法。
5. 企业进行财务预算的方法包括哪些。

五、计算与分析题

习 题 一

（一）目的：练习利用鲍曼模型计算最佳现金持有量。

（二）资料：某公司现金收支平衡，预计全年（按 360 天计算）现金需要量为 360 000 元，现金与有价证券的转换成本为每次 600 元，有价证券月利率为 1%。现财务主任打算将现金余额保持在 50 000 元。

（三）要求：

（1）计算最佳现金持有量。

（2）计算最佳现金持有量下的全年现金管理最佳转换成本、最佳持有成本和最低相关总成本。

（3）计算最佳现金持有量下的全年有价证券转换次数和有价证券交易间隔期。

（4）财务主任的建议是否合理。

习 题 二

（一）目的：练习利用因素法计算最佳现金持有量。

（二）资料：某公司 2010 年的现金实际平均日占用额为 30 万元，经分析其中不合理的现金占用 2 万元。2012 年预计公司销售额可比 2010 年增长 30%。

（三）要求：利用因素分析法确定该公司 2012 年的最佳现金持有量。

习 题 三

（一）目的：练习利用最佳订货量模型计算存货相关指标。

（二）资料：某公司每年需用某种材料 4 500 件，每次订货成本为 200 元，每件材料的年储存成本为 2 元，该种材料的采购价为 15 元/件，一次订货量在 2 500 件以上时可获得 2.5% 的折扣，在 4 000 件以上时可获得 6% 的折扣。

(三) 要求:

(1) 公司每次采购多少时成本最低。

(2) 若企业最佳安全储备量为 500 件,再订货点为 1 040 件,假设 1 年工作 50 周,每周工作 5 天,则企业订货至到货的时间为多少天。

(3) 公司存货平均资金占用为多少。

习 题 四

(一) 目的:练习利用营运资产计算模型分析企业信用状况。

(二) 资料:现假设有两家公司 A 和 B,利用营运资产分析模型对这两家 2010 年的信用情况进行分析。这两家公司的具体数据如表 9-14 所示。

表 9-14

公司的有关数据

单位:万元

财 务 指 标	A 公司	B 公司
流动资产	3 000	800
存货	200	300
流动负债	1 500	700
负债总额	2 000	900
所有者权益	3 000	1 000
总资产	5 000	1 900

(三) 要求:

(1) 通过计算求出 A、B 两家公司的信用状况。

(2) A、B 公司的信用额度各为多少。

习 题 五

(一) 目的:练习应收账款信用折扣、收账政策的计算与分析。

(二) 资料:某企业预测的年度赊销收入净额为 1 500 万元,其信用条件是"n/30",变动成本率为 70%,资金成本率(或有价证券利息率)为 15%,坏账损失为 40 万元,收账费用为 25 万元。假设企业收账政策不变,固定成本总额不变。若企业为了加速应收账款的回收,决定将赊销条件改为"2/15,1/25,n/60",年赊销额比原来增加 20%,估计约有 60% 的客户(按赊销额计算)会利用 2% 的折扣;20% 的客户将利用 1% 的折扣。坏账损失为 50 万元,收账费用为 20 万元。

(三) 要求:分别计算改变信用条件前后方案的净收益,并作出评价。

习 题 六

(一) 目的:练习利用成本效益法分析企业应收账款信用政策方案。

(二) 资料:ABC 公司是一个商业企业。现行的信用政策是 40 天内全额付款,赊销额平均占销售额的 80%,其余部分为立即付款购买。目前的应收账款周转天数为 50 天(假设 1 年为360天,根据赊销额和应收账款期末余额计算,下同)。总经理今年1月初提出,将信用政策改为55天内全额付款,改变信用政策后,预期总销售额可增加25%,赊销比例增加到85%,其余部分为立即付现购买。预计应收账款周转天数延长到65天。改变信用政策预计不会影响存货周转率和销售成本率(目前销货成本占销售额的60%)。工资由目前的每年250万元增加到300万元。除工资以外的营业费用和管理费用目前为每年300万元,预计不会因信用政策改变而变化。上年年末的资产负债表如表9-15。

表9-15

资产负债表

编制单位:ABC公司　　　　　200×年12月31日　　　　　　　单位:万元

资　产	金　额	负债和所有者权益	金　额
现金	200	应付账款	90
应收账款	500	银行借款	650
存货	550	实收资本	1 500
固定资产	1 000	未分配利润	10
资产总计	2 260	负债和所有者权益总计	2 260

(三)要求:假设该投资要求的必要报酬率为8%,问公司应否改变信用政策。

第十章　财务诊断与财务战略管理

本章学习要点

了解财务诊断的定义、特征、分类等相关概念,以及财务诊断的具体实施步骤;掌握企业财务战略各个阶段——导入期、成长期、成熟期、衰退期所面临的财务问题;重点掌握企业生命周期各阶段所遭受经营风险与财务风险不同搭配的影响,以及基于风险控制视角的财务战略管理。

第一节　财务诊断管理

财务诊断是针对企业的财务经营状况而进行的全面调查分析,通过一系列的方法,找出企业在财务风险管理方面的问题,并提出相应的改进措施,指导改善企业财务风险管理的过程。财务诊断既是企业诊断的重要组成部分,也是企业财务风险管理的重要环节。财务诊断是一种改进我国企业财务风险管理的先进的、科学的方法,它克服了财务分析的一般化、公式化等缺陷,是财务分析的深化和发展,具有科学性、广泛性和实用性。开展财务诊断,有利于提高企业财务风险管理水平以及提升企业价值。

一、财务诊断的特征

(一) 相对独立性

所谓相对独立性,是指财务诊断机构的人员,与企业财务部门处于平等地位,行政上不受企业的制约和干预,以保证财务诊断结论客观公正。即使是企业自我诊断人员,也必须摆脱行政干预和传统习惯势力的约束,处于超然地位,独立地行使诊断职责。财务诊断人员的独立性是确保诊断程序客观公正与有效的前提。财务诊断人员一般只有建议权,而无决策权和执行权,所提出的诊断结论和措施须经企业批准后方能实施。

(二) 自主性与自愿性

企业是否进行财务诊断？如何进行财务诊断？聘请何人进行财务诊断？这些问题都是由企业自主决定,任何单位不得强制企业进行。同时,财务诊断机构和人员是否接受诊断课题,也有其自主决定而不受其他单位干预,也就是说财务诊断能否进行,取决于诊断者和被诊断者的双方自愿。财务诊断结论和措施方案,不是指令性提案,企业是否采纳实施,取决于企业对措施方案的评价,因而财务诊断结论和措施方案对双方没有严格的约束力和承担责任的义务。

(三)客观性和科学性

财务诊断有一套严格科学的程序与方法,诊断过程中必须始终贯彻科学程序和方法,并有序地实施。财务诊断的客观性是科学性的前提,而财务诊断的科学性则是诊断措施有效性的保证。财务诊断失去针对性和有效性,企业就不可能接受诊断结论与改进措施,因而也就谈不上诊断成果。

(四)保密性

财务诊断过程中,涉及企业大量的财务信息和资料,财务诊断人员对企业优势和存在的问题了如指掌。因此,保密性是财务诊断的重要特征,也是财务诊断人员的职业道德要求。商品经济中,如果财务诊断人员不讲职业道德,随意透露企业财务秘密,将给企业带来损失。因此,财务诊断是一项保密性极强的工作。

(五)重要性和艰巨性

财务诊断不同于一般的诊断,因为企业各方面存在的问题都会在财务资料中得到反映,也就是说,企业财务"症状"与原因不是单一的因果关系,而是呈现多元的复杂关系。同时,企业财务诊断没有固定的标准可供参照,同样的病症但治疗措施和方案却可以不尽相同,必须因地因时因行业而异。因此,财务诊断十分复杂,需要经过艰苦努力才能予以正确诊断和治疗。

(六)服务性

财务诊断的目的是为了发现和解决企业财务系统和财务活动存在的风险问题,其主要作用是为企业当好顾问和参谋。由于财务诊断人员只有建议权而无决策权和执行权,因而,从本质上说,财务诊断工作是一种服务性工作。作为服务性工作,财务诊断人员自然应取得报酬,这在企业外部诊断中就比较明显。

二、财务诊断分类

(一)按诊断的主体分类分为内部诊断和外部诊断

内部诊断,又称为自我诊断,就是企业开展对自身的财务活动进行诊断。自我诊断,由于情况了解,业务熟悉,能较快地找出问题和解决问题,并且,还有利于保守企业的秘密。因此,对于大企业来说,由于自身诊断能力较强,除特殊情况外,一般都会选择自我诊断。但是对于一些中小企业来说,由于自身能力不足,会使诊断效果受到限制,所以,中小企业诊断往往需要求助于外部。外部诊断是由企业外部人员进行的诊断。外部诊断又可以分为关系诊断和第三者诊断。关系诊断是指母公司对自有公司或者合作公司的诊断,或者银行对其借贷对象进行的诊断,这都是对相关企业进行的外部诊断。由于关系者比较了解受诊企业的情况,具有适应情况进行诊断的好处,但是也容易受到利害关系的制约,使诊断情况出现失真现象。所谓第三者诊断,是由于对其业务关系的第三者进行诊断。由于第三者与企业没有利害关系,能站在客观的立场上,提出公正的意见和建议。但是第三者诊断,对企业的情况不熟悉,在一定程度上会影响诊断的效果,但这可以通过细致深入的工作进行必要的补救。内部诊断和外部诊断各有利弊,因此,在开展财务诊断的活动中,要视具体情况作具体分析,灵活运用。

(二)按诊断内容范围分类分为综合诊断和单项诊断

综合诊断是对一个企业一定时期的全部财务活动进行的诊断,诊断的内容主要包括资金筹集的诊断、资金运用的诊断、成本的诊断、利润的诊断和财务报表的诊断。综合诊断是在全面系统地了解企业的财务状况的基础上,找出企业财务活动和财务管理存在的风险问题,分析问题形成的原因,提出概括性的改进建议和措施。综合诊断的特点是涉及面广,内容多,诊断的时间较长。单项诊断的是对企业财务活动中的某一方面或某一项目进行的诊断,如只对流动资金运用中的存货或者销售债权进行诊断。单项诊断一般是根据财务风险管理的要求,针对企业财务活动中存在的某一些关键性问题或者薄弱环节进行深入的调查研究,查明问题形成的原因,提出解决问题的方案或措施。单项诊断的特点是范围小、内容少、时间短、诊断力量集中、收效快。

(三)按诊断时间分类分为定期诊断和不定期诊断

定期诊断就是固定地对企业一定时期的财务活动进行的诊断。定期诊断在内容上和时间上具有连续性,可以比较,探求规律性的因素,从而揭示企业财务状况、经营成果与现金流量的增减变化以及发展趋势。不定期诊断就是没有固定的时间,而是结合财务风险管理的需要及时地抓住几个突出问题,进行分析研究,提出解决的办法,促进财务风险管理工作的顺利进行。

三、财务诊断的实施步骤

(一)资料准备

资料是财务诊断的依据,只有完整准确的资料,才能反映出企业存在的问题,也只有对资料进行充分的分析,才能得出正确的诊断结果。一般而言,财务诊断需要的相关资料有:

(1)当前的经济形势以及以后的发展趋势。了解宏观经济发展情况的信息,才能说明企业面临的社会、经济环境,这有利于我们掌握企业未来的经营前景。

(2)行业状况。了解企业所处行业的重要性、行业主要产品和经营生产的特点、技术和投资周期、产业结构特点以及对经济形势的敏感程度、市场主要产品和行业发展前景、产业技术开发潜力等，这些能给我们的财务诊断提供必要的辅助资料。结合企业产品、技术、市场状况，可以分析企业的发展能力。

（3）企业内部数据。企业历年来的财务报表数据和经营状况数据，如市场占有率、销售政策、产品品种、有关的其他预测数据。这是我们进行财务诊断的核心材料。在掌握了上述这些资料的同时还必须了解企业目前的现状。如该企业是处在一个发展前景很好产业，还是处在一个正在衰退的产业？其营业收入在最近几年的增长情况怎样？利润增长率、资产盈利率、资本金获利率各为多少、近几年变化情况如何？企业的负债率多少，有无近期、中期付款还债危机等。

（二）分析诊断

在收集资料以后，对这些资料进行归类、汇总，然后可以采用杜邦分析法、评分比重法等方法，进行深入、细致地分析诊断。主要包括：

（1）对营运能力的诊断。营运能力是企业基于外部市场环境的约束，通过内部人力资源和生产的配置组合而对财务目标所产生作用的大小。对经营能力的诊断包括对人力资源营运能力的诊断和生产资料营运能力的诊断。对人力资源营运能力的诊断主要采用劳动效率指标，通过对各时期、同行业不同企业该指标的比较，可诊断出企业劳动力的经营效率及分红制度对职工积极性的影响等。对生产资料营运能力的诊断采用资产周转指标、市场占有率、销售增长率等。同时还应定性、定量分析影响资金周转及市场占有率的相关因素以及各项因素应做出的调整方案，以促进资金周转，提高市场占有率，提高企业经营能力。

（2）对偿债能力进行诊断。偿债能力是企业偿还到期债务的能力。对偿债能力的诊断可分为短期偿债能力诊断和长期偿债能力诊断。短期偿债能力主要采用流动比率、速动比率和现金流动负债率等指标以对比各流动资产对流动负债的抵偿能力以及企业资产变现能力，通过对各指标的分析及影响项目的调整，确认企业短期偿债能力和如何提高企业短期偿债能力。长期偿债能力诊断主要采用的指标为资产负债率、产权比率、已获利息倍数、长期资产适合率以及企业各资产和各负债的构成情况等。通过指标对比，掌握长期债务的偿还能力，便于企业做好资金的安排。

（3）对盈利能力进行诊断。企业投入的资金，都要求得到保值和增值。结合企业的行业特征和经济周期等因素，综合分析企业利润增长率、销售利润率、净资产收益率及其变动情况，与同行业各企业做出比较，掌握企业在同行业中的盈利状况，提高盈利能力的方向。

（4）对企业发展能力进行诊断。企业的发展能力是指企业在较长时期内、在激烈的市场竞争中所产生的综合经营能力、筹资能力、投资能力等。这主要分析企业的人才结构和科研费用的多少,分析企业专利、新技术的应用和新产品开发情况,分析是否开拓了新的销售网络和销售方式,分析目前企业主要的在建工程和已建成的主要项目运营情况等,通过这些分析,可以掌握企业未来发展的趋势和前景。在结合国内外宏观经济形势和企业具体经营状况、财务状况进行综合的分析基础上,诊断出企业长期、短期面临的局势和经营情况、财务收支情况及其风险问题的症结所在,并针对找到的症结,开出治理的"处方",并形成财务诊断书。以利决策者正确进行财务决策,提高企业决策的准确性,规避风险,促进企业良好发展。

(三) 诊断重点

在资产占用方面:重点检查现金、银行存款、应收款项、应收票据、存货等资产的实际情况,资产减值准备计提情况及可能的潜在损失,各种资产变动及其构成情况;

在负债方面:重点检查各种借款、应付债券、长期应付款的实有状况和偿还能力状况,或有负债的风险状况;

在经营成果方面:企业盈利或亏损形成及主要原因,利润分配情况;

在资产运行方面:各种资产的运行是否正常,使用上是否有效率及效益。

四、财务诊断与其他概念解析

(一) 财务诊断与财务咨询

财务咨询是我国法律规定的注册会计师业务之一。人们一般认为,财务诊断与财务咨询在含义上并无明显差别,都包含对企业财务的评价和建议,只是词语不同,其实两者是有区别的。首先,在我国财务咨询显然包含"财务"与"会计"两部分内容,而财务诊断的侧重点在财务状况方面。其次,财务诊断大多数情况下用于诊断者亲临企业现场收集资料,提出诊断结论、措施和方案,所用资料既有直接资料,又有间接资料,而财务咨询大都为接受企业资料,提出改善的建议、措施,所用资料大都是间接的。再次,财务诊断既可由企业自我进行,也可聘请外来诊断人员进行,而财务咨询往往局限于企业外来人员。最后,财务诊断必须经过深入调查研究和分析推理,将诊断结论和措施形成书面诊断报告,并指导企业实施。而财务咨询的咨询建议可以是书面报告,也可以是口头咨询。因此,应统一使用财务诊断而不用财务咨询这个提法。

(二) 财务诊断与财务分析

财务诊断离不开财务分析,没有财务分析便会使财务诊断工作寸步难行。但财务诊断与财务分析是两个不同的概念。首先,财务分析只是财务诊断的工具,且不是唯一的工具。财务诊断除使用财务分析方法之外,还要使用财务诊断特有的方法。其次,财务分析的目的一般是为了查明企业财务存在风险问题的原因,而财务诊断必须在财务分析的基础上提出解决问题的措施和方案,并指导企业实施改善方案。最后,财务分析的内容一般包括企业财务活动,即资金筹集、资金运用、资金消耗、资金收回和资金分配,而财务诊断的内容不仅包括财务活动,还包括财务目标、财务体制等各个方面。

(三)财务诊断与财务检查

财务检查是指在了解企业财务状况的基础上对企业财务的评价,它包括调查和检验两重含义;财务诊断则是在调查和评价的基础上提出改善意见,两者不完全相同。首先,财务检查是由企业外部的经济监督机构进行的,而财务诊断是由财务诊断人员进行的,不包含财务监督的含义。其次,财务检查的主要任务是评价企业计划完成情况,财经纪律执行情况和企业经营的合法性,而财务诊断一般不涉及财经纪律和合法性问题。再次,财务检查运用的方法与财务诊断方法也有所不同,财务诊断不使用详查法、顺查法或逆查法等。最后,财务检查的结果是对企业财务状况和经营活动进行客观公正的评价,具有一定的公证作用,而财务诊断的结果是提出诊断结论和改善的措施方案,其结论无法律的约束力。

第二节 财务战略管理

财务战略是主要涉及财务性质的战略,因此是属于财务管理范畴的战略。财务战略主要考虑资金使用和管理的问题,并着眼于全局的、长期发展方向的财务领域的战略。本节主要阐述基于生命周期观的财务战略管理内容。首先阐述产品生命周期各阶段——导入期、成长期、成熟期与衰退期的企业财务问题与特征;在此基础上分析经济活动中的两类风险——经营风险与财务风险,并研究其存在状况与影响程度,最后提出符合我国国情的企业融资、投资、营运与分配的财务风险管理战略。

一、企业生命周期各阶段面临的财务问题

由于内、外部环境的变化,处于不同生命周期阶段的企业,将面临不同的风险和机遇,相应地,也会出现各种不同的财务问题,下面将分别介绍企业在持续经营过程中的不同阶段所要面临的财务问题。

(一)导入期的财务问题

当企业进入导入期阶段,组织系统虽不完善,但具有充足的活力、创造性和冒险精神,企业凝聚力强,但资本实力弱,产品品种少,生产规模小,盈利水平低,企业形象尚未树立。此时,由于企业的行业经验和管理经验还有待积累,企业还

尚未建立完整的信用体系,企业总体的价值较低。然而在资本市场中的投资者总是青睐高价值的企业,对低价值的企业会采用非常严厉的歧视政策。因此,导入期的企业缺乏通畅的融资渠道。具体表现在,此时的企业仅有少量的经营现金流入,而需要大量的投入和经营现金流出。又由于对企业发展前景的担忧以及导入期巨大的投入,投资者不愿意追加投资。另外,除了抵押贷款之外,企业很难从银行取得其他形式的贷款。

在导入期,企业现金流入量远远低于现金流出量,经营风险非常高,具体包括:新产品能否试制成功;如果试制成功,它能否被潜在的客户接受;如果被接受,市场能否扩大到一定规模,以给予该产品充分的发展空间和补偿投入的成本;如果这些问题都能妥善解决的话,企业还会面临能否获得足够的市场份额而立足于该行业等新问题。

(二)成长期的财务问题

在成长期阶段,企业开始由小到大,实力逐步增强,企业的经营增长使创业者看到了希望,因而企业的组织活力、创造性和凝聚力不减,创业者也愿意为企业的未来发展冒一定的风险;企业注意重点发展有前途的产品,虽然盈利不多但增长速度较快。此时的企业由于市场的扩张,所要求的生产能力也相应提高,企业的生产投资急剧增加,因此,企业出现了严重的"资金饥渴症"。此时,尽管创业者已经具备一定的行业经验和管理经验,但由于企业的迅速扩张,创业者可能发现企业管理中出现的问题越来越多。融资成为这一阶段的主要问题。由于急剧扩张,此时的企业始终保持较高的资产负债率,但是,由于企业往往存在高速增长的良好预期,因而对高债务比率的风险往往不太敏感。总之,此时的企业尽管盈利能力很高,但是企业的利润都用于扩大生产规模,因而企业的资金始终处于短缺状况。

在这一阶段,企业销售量快速增长,同时需要追加固定资产和流动资产的投资,现金流入量与现金流出量趋于平衡或者前者稍小于后者。与导入期阶段相比较,成长期所蕴含的经营风险会有所降低,但在绝对值上仍然会很高,这时期的经营风险主要与产品的最大市场份额以及企业持续增长的时间长短有关。

(三)成熟期的财务问题

当销售增长最终处于平缓趋势时,企业便进入了成熟期。进入成熟期的切入点往往是几种重点产品成功地占据了市场甚至获取了优势地位。这时企业的形象得以树立,生产规模得以扩大,盈利水平达到高峰,但增长速度放缓;企业逐步设立各种部门,组织体系趋于完备。但组织系统内的创业者之间开始产生矛盾,组织系统凝聚力被削弱,保守思想开始出现,企业创造力和冒险精神有所减退,因而组织活力显得不足。进入成熟期的企业是以核心业务发展到顶峰为标志的。此时,企业原有产品的市场已经趋于饱和,企业的业务还在增长,但增长率已大大下降。由于不需要对原有产品进行大量的资本投资,使得企业出现大量富余闲置的资金。

由此可见,进入成熟期的企业由于缺乏新的利润增长点,导致资金利用效率和资产负债率都较低,尽管企业融资渠道通畅,但企业不愿意过多地负债。此时的企业财务状况良好,但缺乏长期的盈利能力。

(四)衰退期的财务问题

企业在成熟期之后,可能出现三种情况:其一,企业不思进取,没有及时调整业务、增加新产品或新业务,使得原有的核心业务孤立无援,企业业务量逐渐递减。其二,企业为了寻找新的利润增长点,盲目进行投资,仓促进入自己不熟悉的行业或者领域,由于缺乏行业经验和该行业的管理知识,最终导致企业资金链的断裂,将企业逐步推向破产的危险境地。上述两种情况都会使企业过早地夭折。其三,企业在清晰的战略指导下,盘点自己的核心能力,通过合理的资本运作,获取企业利润增长的核心资源,将企业导入新的成长曲线,企业将进入更加辉煌的青年和壮年时期。因此,有学者将衰退期称为分化期,根据以上的三种情况,成为分化期似乎更为合理。这一时期,随着企业原有市场竞争的日趋激烈,现金流入量和现金流出量都减少,企业的市场份额逐渐下降。如果此时的企业不及时调整原有核心业务,其盈利能力及自我资金积累的能力将逐渐降低,偿还债务的能力也将面临问题。如果此时的企业为了寻找新的利润增长点,盲目进行投资,也将最终导致企业资金供给不足,把企业推向破产。

综上所述,企业在生命周期不同阶段的财务问题,如表 10-1 所示。

表 10-1

企业在生命周期不同阶段的财务问题

财务问题	导入期	成长期	成熟期	衰退期
筹资	困难且需求大	稍有改进,需求较大	资本结构的调整	困难
资金流	流出大于流入	流入增加	净流量达到最大	减少
投资	单一生产性	生产经营性	多元化	战略性
成本	高	下降	低	升高
销售额	低	迅速上升	达到最高	下降
利润	负	上升	达到最高	下滑
利润分配	无	激励的主要手段	关键性问题	调整
目标	筹措维系生存的大量资金	持续的财务成长	持续的财务获利	企业价值重新增加

二、企业生命周期各阶段经营风险与财务风险的影响

经营风险是由于生产经营的不确定性带来的风险;财务风险是由于企业负债经营而给资本收益的不确定性带来的风险,即企业为取得财务杠杆利益而利用负债资金所面临的风险;经营风险的大小是由特定的经营政策决定的,财务风险的大小是由资本结构决定的,它们共同决定了企业的总风险。事实上,经营风险与财务风险的正向搭配(即高经营风险、高财务风险组合;或者低经营风险、低财务风险组合),不太符合企业财务活动的现实状况。而两者的反向搭配(即高经营风险、低财务风险组合;或者低经营风险、高财务风险组合),则是制定最佳资本结构的一项战略性原则。

(一)导入期的经营风险与财务风险

导入期的风险特征是:企业将面临非常高的经营风险,但伴随着非常低的财务风险。企业在导入期阶段,因试验性营销则面临着较高的营销风险,这意味着企业无法依靠增加销售额来降低经营风险。同时,企业既不能通过提高生产能力来降低约束性固定成本,也不能通过削减广告费等来降低酌量性固定成本,所以企业的息税前利润较低。但由于导入期的资金来源大多数为权益性资金,除资产抵押外很少获得银行贷款,相应的固定性财务费用也较低。因此,在这一阶段,企业的财务风险也比较低。导入期对企业的主要挑战是:如何在一个具有不确定性和存在潜在风险的环境中,运用紧缺的现金流资源来保障新产品顺利进入市场环节,并迅速占据市场份额以确立行业地位。

(二)成长期的经营风险与财务风险

成长期的风险特征是:企业仍将面临较高的经营风险与较低的财务风险。在这一时期,企业的新产品一旦成功地推上市场,销售规模将开始快速增长,产品的市场渗透程度也会大大提高,这意味着与产品相关的经营风险会比导入期略有降低。并且,随着产量的增加、技术的完善,企业也能通过提高生产能力来降低部分约束性固定成本。但在这一阶段随着销售规模的扩大企业也需要追加固定资产。这又将造成折旧、租金等约束性固定成本的提高。综合而言,这一阶段仍然维持较高的经营风险,然而随着产量的增加,这一阶段企业的息税前利润会有所增加,所能筹集到的债务资金也会有所增加,这会导致固定性财务费用升高。因此,较上一阶段企业的财务风险会有所上升,但还是能够通过增加的息税前利润将该风险控制在相对较低的水平上。成长期对企业的主要挑战是:在这一时期企业为获得相当的市场份额以及为构建其所在领域的进入屏障而抢先完成规模经营、降低成本、创建品牌形象,企业会产生大量的营销费用以及高额的固定资产投入。

(三) 成熟期的经营风险与财务风险

成熟期的风险特征是：企业将面临中等程度的经营风险，进而也伴随着中等程度的财务风险。企业进入成熟期以后，如果在成长期已经成功地实施了营销战略的话，企业将会带着较高的市场份额步入成熟期，利润也会比较稳定。由于市场份额相对较高且稳定，利润丰厚，加之在此期间企业的战略重点往往是一方面保持现在市场份额，另一方面开始关注提高生产效率、降低成本，这就使得企业的经营风险较前两个阶段有所回落。从财务风险的角度来看，这一阶段企业销售稳定、盈余增加、现金周期缩短对资金的需求及对债务资金的依赖不如前两个阶段迫切，固定性财务费用适当。因此，本阶段企业的财务风险一般都处于适中水平。

(四) 衰退期的经营风险与财务风险

衰退期的风险特征是：企业将面临较低的经营风险，但伴随着较高的财务风险。企业处于衰退期时，由于消费者偏好转移及科技的推动，新一代产品将进入市场，原产品市场份额逐渐降低、产品竞争力减弱，通常会面临供大于求的市场压力，最终会导致企业的盈利能力下降。此时的产品销售额开始急剧下降，市场萎缩，产品接近淘汰。企业往往会通过降低变动成本及固定成本来维持运营。此时经营风险会随之下降到一个较低的水平，随着衰退期的向前迈进，企业的负债会逐步增加。固定性财务费用也随之增加，与此同时企业又不能获得足够的销售额来维持经营活动的现金的流量。因此，企业在衰退期面临着较高的财务风险。

企业在不同发展阶段的风险特征如表 10-2 所示。

表 10-2

企业发展各阶段的特征

项目	企业的发展阶段			
	导入期	成长期	成熟期	衰退期
经营风险	非常高	高	中等	低
财务风险	非常低	低	中等	高
资本结构	权益融资	主要是权益融资	权益＋债务融资	权益＋债务融资
资金来源	风险资本	权益投资增加	保留盈余＋债务	债务
股利	不分配	分配率很低	分配率高	全部分配

三、基于生命周期观的财务管理战略

(一) 导入期的财务管理

1. 权益资本型的融资策略

在融资方式的选择上不宜选择使用债务融资，而应选择使用权益融资。因为大量的负债将会提高企业的财务风险,在原本的高经营风险的情况下势必会加大企业的总风险。而且由于在这一阶段企业的利润很低甚至为负值,企业从负债经营上是无法获得任何税收上的"税盾"利益。因此这一阶段企业应主要运用资本利得的优势来吸引风险资本注资。

2. 集权化的外延发展型投资策略

在导入期,企业应当实施前向一体化和后向一体化的投资策略,以强化企业的经济链条,从投入与产出两个方向延伸势力范围。投资决策权应全部集中在集团总部,而子公司不应具有投资决策权,由母公司提出投资方向,并按项目资本预算的要求,给予子公司在选择投资项目时提供指导,且由母公司负责预算的审批与资本的拨付。

3. 稳健型的现金流策略

在产品的导入期,大量资金被投入到产品的研发中,潜在客户对产品的接受程度不高,对产品的市场发展潜力缺乏深刻的认识,企业的核心竞争力还没有完全形成,产品销量很低,而研发和登陆市场的成本却相当高,企业有大量的现金流出,现金流入量却很小,企业的现金净流量则表现为绝对负数。这样,一方面表现为资金匮乏的需求缺口突出;另一方面由于企业为了开拓销售市场,不得不放宽信用政策,资金面"捉襟见肘"的趋紧现象要求企业采取稳健型策略。

4. 零股利分配策略

通常情况下,所有的期望回报都应该建立在资本增值的基础上。然而在此阶段由于企业现金净流量为负数、净利润也很低,从而导致资本回报率极低,根本无力支付股利,所以这一阶段企业的股利支付率可能为零。

(二)成长期的财务风险管理

1. 权益资本为主的融资策略

在融资活动中,企业经过发展壮大,信用能力不断增强,但由于高速成长中仍然需要大量资金投入,所以财务风险也略有增加。若融资不恰当,会影响正常的生产经营活动,甚至破产。在这一阶段的主要资金源是企业内部的留存收益,应减少股利的支付;通过股票上市吸收股权资本,但其资本成本也是最高的;企业也可通过适当发行债券或从银行贷款融资,充分发挥财务杠杆的作用,增加净利润。

2. 适度分权化的外延发展型投资策略

企业采取此投资策略的要点是:对重大项目采取企业集团集权决策、严格控制中小项目的审批程序,投资所需资本采取集中供应与自主融通相结合;合理测定集团增长速度,防范过度经营;强化立项审批制度,合理做好投资规划、严格执行项目责任人负责制。该阶段的资本预算决策主要依赖于传统的折现现金流量法,如净现值法或内含报酬率法。

3. 防御型的现金流策略

为了发挥经营杠杆的优势,生产方式采用资本密集型。企业应该考虑是否建设分权化的生产车间;严格监控生产成本和质量标准,加强成本分析机制;为了提高生产效率,还要建立激励机制。对于大量的存货必须给予严格的控制,加强存货批量与定价的管理。

4. 低股利分配策略

成长期中的企业面临巨大的资金需求:一是由于新增项目的需要,投资于营运资本的现金需求猛增;二是由于企业实施营销也伴随着大量赊销款,形成巨大的资金缺口;三是技术开发与资本投入也需要大量的资金的支持。若将利润全部作为股利分配,要实现企业的快速发展就显得"力不从心"。所以在这一阶段,企业股利支付率往往维持在一个较低的水平,一般采取低股利分配策略,如剩余股利政策等。

(三)成熟期的财务风险管理

1. 权益与债务结合型融资策略

这一阶段,企业依靠大量地获取利润,资金需求则较为稳定。企业选择从传统融资渠道来融通资金,此时,证券市场、留存收益、银行贷款已构成企业的主要融资来源,而风险资本已选择套现退出。这时,企业在选择最佳融资结构时,可加大债务资本的比例,因企业此时已有足够的实力对外借款,而且能充分利用负债杠杆达到节税的目的,并提高自有资本报酬率。

2. 内含发展型投资策略

在投资方面,主要关注市场的外延式扩张或市场份额的增加,这一阶段市场方面的开支主要集中在保持现有的市场份额上,而获利能力的改进成为这一阶段企业投资的重点。企业应采取的措施有:一要实行资源开发型投资;①对供应原材料、配套件的生产经营单位进行投资,以对供应的数量、质量、成本进行更有效的控制与管理为目的;②对人才开发的投资;③对企业文化建设的投资;④感情开发的投资。二要实行技术开发型投资。包括引进技术、自行研制新技术、对海外投资等。三要实行销售开发型投资,一方面是对原产品市场的深度和广度的开发;另一方面是对新产品市场的开发。

3. 激进型的现金流策略

企业销售收入增加会带来大量的现金流入,现金流入量在抵减本阶段减少了的现金流出量之后,仍能使现金净流量保持非常高的正值,从而弥补前期的投资费用。很明显,这一阶段企业的经营风险已经大大降低。在保持总风险水平不变的情况下,企业财务风险的适度增加不会对企业的经营带来不利的影响。

同时,由于净现金流量处于正值状态,企业抵御财务风险的能力有所提高,完全有能力运用正现金流量来偿还债务本金和利息,企业拥有更多的市场融资机会与融资渠道,也具有一定的实力进行债务融资。

4. 高股利分配策略

此阶段若将留存收益用于再投资的话,其增加值会很低;若没有合理运用权益资本,又会导致企业整体回报率的下降。所以应该提高股利的支付率,吸引偏好股利的投资者,从而提高企业的股价,增加企业的价值。

(四) 衰退期的财务风险管理

1. 权益与债务结合型融资结策略

这一阶段,对于权益投资人来说,经营风险低,意味着投资资本的回报率也低,如果不提高财务风险,自有资本的报酬率也会很低。权益投资人则希望充分利用财务杠杆效用,提高负债权益的比例。

2. 退却型的投资策略

这一阶段,企业应当考虑以合适的价格将部分非关键产品或技术出售,或者委托别人管理,紧缩经营规模,逐步退出这一行业,并集中财务资源,投资要进入的新领域与行业。

3. 收缩型的现金流策略

这一阶段,市场对产品的需求逐渐降低,企业现金流入量相应减少,但同时现金流出量也随之减少,因为面对衰退的市场需求,再投入大量的资金是很不明智的。企业对原产品的投资将继续降低,应尽力维持现金流的正常周转,至少保持其流入和流出的动态平衡。

4. 股利全部支付的分配策略

衰退期,企业应提高股利支付率,既可以采用高股利分配策略,也可以采用股利全部支付的分配策略。这一阶段,企业支付的股利可能会超过税后利润,股利也可能等于利润加上折旧。在衰退的情况下,支付的股利实际上体现了资本的回报。

练习测试题

一、单项选择题

1. (　　)是指针对企业的财务经营状况进行全面的调查分析,通过一系列的方法,找出企业在财务管理方面的问题,并提出相应的改进措施,指导改善企业财务管理的过程。

　　A. 财务咨询　　　　B. 财务检查　　　　C. 财务诊断　　　　D. 财务分析

2. 财务诊断机构的人员,与企业财务部门处于平等地位,行政上不受企业的制约和干预,以保证财务诊断结论客观公正。这一特征是(　　)。
   A. 自主性与自愿性　　　　　　　　B. 相对独立性
   C. 客观性和科学性　　　　　　　　D. 重要性和艰巨性
3. 下列各项中,属于处于导入期阶段的企业可以选择的财务风险管理战略是(　　)。
   A. 采用高股利政策以吸引投资者
   B. 通过债务筹资筹集企业发展所需要的资金
   C. 采用权益融资筹集企业发展所需要的资金
   D. 通过不断进行债务重组增加资金安排的灵活
4. 在企业的成长阶段,一般采取的股利分配政策是(　　)。
   A. 固定股利政策　　　　　　　　　B. 固定股利支付率政策
   C. 固定增长股利政策　　　　　　　D. 剩余股利政策
5. 企业在成熟期财务战略中不具备的特点是(　　)。
   A. 大规模追加投资　　　　　　　　B. 增加股利支付
   C. 增加负债比重　　　　　　　　　D. 适当并购

二、多项选择题

1. 成熟期企业的风险特征是(　　)。
   A. 财务风险中等程度　　　　　　　B. 经营风险中等程度
   C. 经营风险高　　　　　　　　　　D. 财务风险高
2. 在企业的成长阶段,应采取的财务战略包括(　　)。
   A. 采用低股利政策
   B. 借债并回购股票
   C. 扩大负债融资的比例
   D. 可以通过私募、公募以及股票公开上市来筹集权益资金
3. 处于成熟期的财务战略要点有(　　)。
   A. 提高股利支付率　　　　　　　　B. 借债并回购股票
   C. 扩大负债融资的比例　　　　　　D. 首次公开发行股票(IPO)
4. 下列经营风险与财务风险的搭配中,(　　)属于非现实型搭配。
   A. 高经营风险于低财务风险　　　　B. 低经营风险于高财务风险
   C. 高经营风险于高财务风险　　　　D. 低经营风险于低财务风险
5. 企业属于成熟阶段,应采取的财务战略包括(　　)。
   A. 筹集权益资本时,应寻找高风险投资、要求高回报的投资人
   B. 采用低股利政策
   C. 扩大负债融资的比例
   D. 用多余现金回购股票

三、判断题

1. 经营风险与财务风险的正向搭配是制定资本结构的一项战略性原则。　　(　　)

2. 财务诊断既可由企业自我进行,也可聘请外来诊断人员进行,而财务咨询往往局限于企业外来人员。(   )

3. 成长期的资本结构主要采用权益融资。(   )

4. 财务战略是属于经营管理范畴的战略。(   )

5. 导入期企业有大量的现金流入,现金流出量却很小,企业的现金净流量一般表现为正数。(   )

四、简答题

1. 请阐述财务诊断的概念,它与财务咨询、财务检查有何区别?

2. 请应用产品生命周期理论阐述企业各个阶段经营风险与财务风险的特征。

3. 企业应如何运用产品生命周期理论,从风险管理的视角来规划各个阶段的财务战略?

附表一

复利终值

计算公式 $=(1+i)^n$

期数	1%	2%	3%	4%	5%	6%	7%	8%	9%	10%
1	1.0100	1.0200	1.0300	1.0400	1.0500	1.0600	1.0700	1.0800	1.0900	1.1000
2	1.0201	1.0404	1.0609	1.0816	1.1025	1.1236	1.1449	1.1664	1.1881	1.2100
3	1.0303	1.0612	1.0927	1.1249	1.1576	1.1910	1.2250	1.2597	1.2950	1.3310
4	1.0406	1.0824	1.1255	1.1699	1.2155	1.2625	1.3108	1.3605	1.4116	1.4641
5	1.0510	1.1041	1.1593	1.2167	1.2763	1.3382	1.4026	1.4693	1.5386	1.6105
6	1.0615	1.1262	1.1941	1.2653	1.3401	1.4185	1.5007	1.5869	1.6771	1.7716
7	1.0721	1.1487	1.2299	1.3159	1.4071	1.5036	1.6058	1.7138	1.8280	1.9487
8	1.0829	1.1717	1.2668	1.3686	1.4775	1.5938	1.7182	1.8509	1.9926	2.1436
9	1.0937	1.1951	1.3048	1.4233	1.5513	1.6895	1.8385	1.9990	2.1719	2.3579
10	1.1046	1.2190	1.3439	1.4802	1.6289	1.7908	1.9672	2.1589	2.3674	2.5937
11	1.1157	1.2434	1.3842	1.5395	1.7103	1.8983	2.1049	2.3316	2.5804	2.8531
12	1.1268	1.2682	1.4258	1.6010	1.7959	2.0122	2.2522	2.5182	2.8127	3.1384
13	1.1381	1.2936	1.4685	1.6651	1.8856	2.1329	2.4098	2.7196	3.0658	3.4523
14	1.1495	1.3195	1.5126	1.7317	1.9799	2.2609	2.5785	2.9372	3.3417	3.7975
15	1.1610	1.3459	1.5580	1.8009	2.0789	2.3966	2.7590	3.1722	3.6425	4.1772
16	1.1726	1.3728	1.6047	1.8730	2.1829	2.5404	2.9522	3.4259	3.9703	4.5950
17	1.1843	1.4002	1.6528	1.9479	2.2920	2.6928	3.1588	3.7000	4.3276	5.0545
18	1.1961	1.4282	1.7024	2.0258	2.4066	2.8543	3.3799	3.9960	4.7171	5.5599
19	1.2081	1.4568	1.7535	2.1068	2.5270	3.0256	3.6165	4.3157	5.1417	6.1159
20	1.2202	1.4859	1.8061	2.1911	2.6533	3.2071	3.8697	4.6610	5.6044	6.7275
21	1.2324	1.5157	1.8603	2.2788	2.7860	3.3996	4.1406	5.0338	6.1088	7.4002
22	1.2447	1.5460	1.9161	2.3699	2.9253	3.6035	4.4304	5.4365	6.6586	8.1403
23	1.2572	1.5769	1.9736	2.4647	3.0715	3.8197	4.7405	5.8715	7.2579	8.9543
24	1.2697	1.6084	2.0328	2.5633	3.2251	4.0489	5.0724	6.3412	7.9111	9.8497
25	1.2824	1.6406	2.0938	2.6658	3.3864	4.2919	5.4274	6.8485	8.6231	10.8347
26	1.2953	1.6734	2.1566	2.7725	3.5555	4.5494	5.8074	7.3964	9.3992	11.9182
27	1.3082	1.7069	2.2213	2.8834	3.7335	4.8223	6.2139	7.9881	10.2451	13.1100
28	1.3213	1.7410	2.2879	2.9987	3.9201	5.1117	6.6488	8.6271	11.1671	14.4210
29	1.3345	1.7758	2.3566	3.1187	4.1161	5.4184	7.1143	9.3173	12.1722	15.8630
30	1.3478	1.8114	2.4273	3.2434	4.3219	5.7435	7.6123	10.0627	13.2677	17.4494

附表一 复利终值系数表

系数表

$(F/P, i, n)$

11%	12%	13%	14%	15%	16%	17%	18%	19%	20%
1.110 0	1.120 0	1.130 0	1.140 0	1.150 0	1.160 0	1.170 0	1.180 0	1.190 0	1.200 0
1.232 1	1.254 4	1.276 9	1.299 6	1.322 5	1.345 6	1.368 9	1.392 4	1.416 1	1.440 0
1.367 6	1.404 9	1.442 9	1.481 5	1.520 9	1.560 9	1.601 6	1.643 0	1.685 2	1.728 0
1.518 1	1.573 5	1.630 5	1.689 0	1.749 0	1.810 6	1.873 9	1.938 8	2.005 3	2.073 6
1.685 1	1.762 3	1.842 4	1.925 4	2.011 4	2.100 3	2.192 4	2.287 8	2.386 4	2.488 3
1.870 4	1.973 8	2.082 0	2.195 0	2.313 1	2.436 4	2.565 2	2.699 6	2.839 8	2.986 0
2.076 2	2.210 7	2.352 6	2.502 3	2.660 0	2.826 2	3.001 2	3.185 5	3.379 3	3.583 2
2.304 5	2.476 0	2.658 4	2.852 6	3.059 0	3.278 4	3.511 5	3.758 9	4.021 4	4.299 8
2.558 0	2.773 1	3.004 0	3.251 9	3.517 9	3.803 0	4.108 4	4.435 5	4.785 4	5.159 8
2.839 4	3.105 8	3.394 6	3.707 2	4.045 6	4.411 4	4.806 8	5.233 8	5.694 7	6.191 7
3.151 8	3.478 6	3.835 9	4.226 2	4.652 4	5.117 3	5.624 0	6.175 9	6.776 7	7.430 1
3.498 5	3.896 0	4.334 5	4.817 9	5.350 3	5.936 0	6.580 1	7.287 6	8.064 2	8.916 1
3.883 3	4.363 5	4.898 0	5.492 4	6.152 8	6.885 8	7.698 7	8.599 4	9.596 4	10.699 3
4.310 4	4.887 1	5.534 8	6.261 3	7.075 7	7.987 5	9.007 5	10.147 2	11.419 8	12.839 2
4.784 6	5.473 6	6.254 3	7.137 9	8.137 1	9.265 5	10.538 7	11.973 7	13.589 5	15.407 0
5.310 9	6.130 4	7.067 3	8.137 2	9.357 6	10.748 0	12.330 3	14.129 0	16.171 5	18.488 4
5.895 1	6.866 0	7.986 1	9.276 5	10.761 3	12.467 7	14.426 5	16.672 2	19.244 1	22.186 1
6.543 6	7.690 0	9.024 3	10.575 2	12.375 5	14.462 5	16.879 0	19.673 3	22.900 5	26.623 3
7.263 3	8.612 8	10.197 4	12.055 7	14.231 8	16.776 5	19.748 4	23.214 4	27.251 6	31.948 0
8.062 3	9.646 3	11.523 1	13.743 5	16.366 5	19.460 8	23.105 6	27.393 0	32.429 4	38.337 6
8.949 2	10.803 8	13.021 1	15.667 6	18.821 5	22.574 5	27.033 6	32.323 8	38.591 0	46.005 1
9.933 6	12.100 3	14.713 8	17.861 0	21.644 7	26.186 4	31.629 3	38.142 1	45.923 9	55.206 1
11.026 3	13.552 3	16.626 6	20.361 6	24.891 5	30.376 2	37.006 2	45.007 6	54.648 7	66.247 4
12.239 2	15.178 6	18.788 1	23.212 2	28.625 2	35.236 4	43.297 3	53.109 0	65.032 0	79.496 8
13.585 5	17.000 1	21.230 5	26.461 9	32.919 0	40.874 2	50.657 8	62.668 6	77.388 1	95.396 2
15.079 9	19.040 1	23.990 5	30.166 6	37.856 8	47.414 1	59.269 7	73.949 0	92.091 8	114.475 5
16.738 7	21.324 9	27.109 3	34.389 9	43.535 3	55.000 4	69.345 5	87.259 8	109.589 3	137.370 6
18.579 9	23.883 9	30.633 5	39.204 9	50.065 6	63.800 4	81.134 2	102.966 6	130.411 2	164.844 7
20.623 7	26.749 9	34.615 8	44.693 1	57.575 5	74.008 5	94.927 1	121.500 5	155.189 3	197.813 6
22.892 3	29.959 9	39.115 9	50.950 2	66.211 8	85.849 9	111.064 7	143.370 6	184.675 3	237.376 3

(续表)

期数	21%	22%	23%	24%	25%	26%	27%	28%	29%	30%
1	1.210 0	1.220 0	1.230 0	1.240 0	1.250 0	1.260 0	1.270 0	1.280 0	1.290 0	1.300 0
2	1.464 1	1.488 4	1.512 9	1.537 6	1.562 5	1.587 6	1.612 9	1.638 4	1.664 1	1.690 0
3	1.771 6	1.815 8	1.860 9	1.906 6	1.953 1	2.000 4	2.048 4	2.097 2	2.146 7	2.197 0
4	2.143 6	2.215 3	2.288 9	2.364 2	2.441 4	2.520 5	2.601 4	2.684 4	2.769 2	2.856 1
5	2.593 7	2.702 7	2.815 3	2.931 6	3.051 8	3.175 8	3.303 8	3.436 0	3.572 3	3.712 9
6	3.138 4	3.297 3	3.462 8	3.635 2	3.814 7	4.001 5	4.195 9	4.398 0	4.608 3	4.826 8
7	3.797 5	4.022 7	4.259 3	4.507 7	4.768 4	5.041 9	5.328 8	5.629 5	5.944 7	6.274 9
8	4.595 0	4.907 7	5.238 9	5.589 5	5.960 5	6.352 8	6.767 5	7.205 8	7.668 6	8.157 3
9	5.559 9	5.987 4	6.443 9	6.931 0	7.450 6	8.004 5	8.594 8	9.223 4	9.892 5	10.604 5
10	6.727 5	7.304 6	7.925 9	8.594 4	9.313 2	10.085 7	10.915 3	11.805 9	12.761 4	13.785 8
11	8.140 3	8.911 7	9.748 9	10.657 1	11.641 5	12.708 0	13.862 5	15.111 6	16.462 2	17.921 6
12	9.849 7	10.872 2	11.991 2	13.214 8	14.551 9	16.012 0	17.605 3	19.342 8	21.236 2	23.298 1
13	11.918 2	13.264 1	14.749 1	16.386 3	18.189 2	20.175 2	22.358 8	24.758 8	27.394 7	30.287 5
14	14.421 0	16.182 2	18.141 4	20.319 1	22.737 4	25.420 7	28.395 7	31.691 3	35.339 1	39.373 8
15	17.449 4	19.742 3	22.314 0	25.195 6	28.421 7	32.030 1	36.062 5	40.564 8	45.587 5	51.185 9
16	21.113 8	24.085 6	27.446 2	31.242 6	35.527 1	40.357 9	45.799 4	51.923 0	58.807 9	66.541 7
17	25.547 7	29.384 4	33.758 8	38.740 8	44.408 9	50.851 0	58.165 2	66.461 4	75.862 1	86.504 2
18	30.912 7	35.849 0	41.523 3	48.038 6	55.511 2	64.072 2	73.869 8	85.070 6	97.862 2	112.455 4
19	37.404 3	43.735 8	51.073 7	59.567 9	69.388 9	80.731 0	93.814 7	108.890 4	126.242 2	146.192 0
20	45.259 3	53.357 6	62.820 6	73.864 1	86.736 2	101.721 1	119.144 6	139.379 7	162.852 4	190.049 6
21	54.763 7	65.096 3	77.269 4	91.591 5	108.420 2	128.168 5	151.313 7	178.406 0	210.079 6	247.064 5
22	66.264 1	79.417 5	95.041 3	113.573 5	135.525 3	161.492 4	192.168 3	228.359 6	271.002 7	321.183 9
23	80.179 5	96.889 4	116.900 8	140.831 2	169.406 6	203.480 4	244.053 8	292.300 3	349.593 5	417.539 1
24	97.017 2	118.205 0	143.788 0	174.630 6	211.758 2	256.385 3	309.948 3	374.144 4	450.975 6	542.800 8
25	117.390 9	144.210 1	176.859 3	216.542 0	264.697 8	323.045 4	393.634 4	478.904 9	581.758 5	705.641 0
26	142.042 9	175.936 4	217.536 9	268.512 1	330.872 2	407.037 3	499.915 7	612.998 2	750.468 5	917.333 3
27	171.871 9	214.642 4	267.570 4	332.955 0	413.590 3	512.867 0	634.892 9	784.637 7	968.104 4	1 192.533 3
28	207.965 1	261.863 7	329.111 5	412.864 2	516.987 9	646.212 4	806.314 0	1 004.336 3	1 248.854 6	1 550.293 3
29	251.637 7	319.473 7	404.807 2	511.951 6	646.234 9	814.227 6	1 024.018 7	1 285.550 4	1 611.022 5	2 015.381 3
30	304.481 6	389.757 9	497.912 9	634.819 9	807.793 6	1 025.926 7	1 300.503 8	1 645.504 6	2 078.219 0	2 619.995 6

附表二

复利现值系数表

计算公式 $=(1+i)^{-n}$ $(P/F, i, n)$

期数	1%	2%	3%	4%	5%	6%	7%	8%	9%	10%
1	0.990 1	0.980 4	0.970 9	0.961 5	0.952 4	0.943 4	0.934 6	0.925 9	0.917 4	0.909 1
2	0.980 3	0.961 2	0.942 6	0.924 6	0.907	0.89	0.873 4	0.857 3	0.841 7	0.826 4
3	0.970 6	0.942 3	0.915 1	0.889	0.863 8	0.839 6	0.816 3	0.793 8	0.772 2	0.751 3
4	0.961	0.923 8	0.888 5	0.854 8	0.822 7	0.792 1	0.762 9	0.735	0.708 4	0.683
5	0.951 5	0.905 7	0.862 6	0.821 9	0.783 5	0.747 3	0.713	0.680 6	0.649 9	0.620 9
6	0.942	0.888	0.837 5	0.790 3	0.746 2	0.705	0.666 3	0.630 2	0.596 3	0.564 5
7	0.932 7	0.870 6	0.813 1	0.759 9	0.710 7	0.665 1	0.622 7	0.583 5	0.547	0.513 2
8	0.923 5	0.853 5	0.789 4	0.730 7	0.676 8	0.627 4	0.582	0.540 3	0.501 9	0.466 5
9	0.914 3	0.836 8	0.766 4	0.702 6	0.644 6	0.591 9	0.543 9	0.500 2	0.460 4	0.424 1
10	0.905 3	0.820 3	0.744 1	0.675 6	0.613 9	0.558 4	0.508 3	0.463 2	0.422 4	0.385 5
11	0.896 3	0.804 3	0.722 4	0.649 6	0.584 7	0.526 8	0.475 1	0.428 9	0.387 5	0.350 5
12	0.887 4	0.788 5	0.701 4	0.624 6	0.556 8	0.497	0.444	0.397 1	0.355 5	0.318 6
13	0.878 7	0.773	0.681	0.600 6	0.530 3	0.468 8	0.415	0.367 7	0.326 2	0.289 7
14	0.87	0.757 9	0.661 1	0.577 5	0.505 1	0.442 3	0.387 8	0.340 5	0.299 2	0.263 3
15	0.861 3	0.743	0.641 9	0.555 3	0.481	0.417 3	0.362 4	0.315 2	0.274 5	0.239 4
16	0.852 8	0.728 4	0.623 2	0.533 9	0.458 1	0.393 6	0.338 7	0.291 9	0.251 9	0.217 6
17	0.844 4	0.714 2	0.605	0.513 4	0.436 3	0.371 4	0.316 6	0.270 3	0.231 1	0.197 8
18	0.836	0.700 2	0.587 4	0.493 6	0.415 5	0.350 3	0.295 9	0.250 2	0.212	0.179 9
19	0.827 7	0.686 4	0.570 3	0.474 6	0.395 7	0.330 5	0.276 5	0.231 7	0.194 5	0.163 5
20	0.819 5	0.673	0.553 7	0.456 4	0.376 9	0.311 8	0.258 4	0.214 5	0.178 4	0.148 6
21	0.811 4	0.659 8	0.537 5	0.438 8	0.358 9	0.294 2	0.241 5	0.198 7	0.163 7	0.135 1
22	0.803 4	0.646 8	0.521 9	0.422	0.341 8	0.277 5	0.225 7	0.183 9	0.150 2	0.122 8
23	0.795 4	0.634 2	0.506 7	0.405 7	0.325 6	0.261 8	0.210 9	0.170 3	0.137 8	0.111 7
24	0.787 6	0.621 7	0.491 9	0.390 1	0.310 1	0.247	0.197 1	0.157 7	0.126 4	0.101 5
25	0.779 8	0.609 5	0.477 6	0.375 1	0.295 3	0.233	0.184 2	0.146	0.116	0.092 3
26	0.772	0.597 6	0.463 7	0.360 7	0.281 2	0.219 8	0.172 2	0.135 2	0.106 4	0.083 9
27	0.764 4	0.585 9	0.450 2	0.346 8	0.267 8	0.207 4	0.160 9	0.125 2	0.097 6	0.076 3
28	0.756 8	0.574 4	0.437 1	0.333 5	0.255 1	0.195 6	0.150 4	0.115 9	0.089 5	0.069 3
29	0.749 3	0.563 1	0.424 3	0.320 7	0.242 9	0.184 6	0.140 6	0.107 3	0.082 2	0.063
30	0.741 9	0.552 1	0.412	0.308 3	0.231 4	0.174 1	0.131 4	0.099 4	0.075 4	0.057 3

期数	11%	12%	13%	14%	15%	16%	17%	18%	19%	20%
1	0.9009	0.8929	0.885	0.8772	0.8696	0.8621	0.8547	0.8475	0.8403	0.8333
2	0.8116	0.7972	0.7831	0.7695	0.7561	0.7432	0.7305	0.7182	0.7062	0.6944
3	0.7312	0.7118	0.6931	0.675	0.6575	0.6407	0.6244	0.6086	0.5934	0.5787
4	0.6587	0.6355	0.6133	0.5921	0.5718	0.5523	0.5337	0.5158	0.4987	0.4823
5	0.5935	0.5674	0.5428	0.5194	0.4972	0.4761	0.4561	0.4371	0.419	0.4019
6	0.5346	0.5066	0.4803	0.4556	0.4323	0.4104	0.3898	0.3704	0.3521	0.3349
7	0.4817	0.4523	0.4251	0.3996	0.3759	0.3538	0.3332	0.3139	0.2959	0.2791
8	0.4339	0.4039	0.3762	0.3506	0.3269	0.305	0.2848	0.266	0.2487	0.2326
9	0.3909	0.3606	0.3329	0.3075	0.2843	0.263	0.2434	0.2255	0.209	0.1938
10	0.3522	0.322	0.2946	0.2697	0.2472	0.2267	0.208	0.1911	0.1756	0.1615
11	0.3173	0.2875	0.2607	0.2366	0.2149	0.1954	0.1778	0.1619	0.1476	0.1346
12	0.2858	0.2567	0.2307	0.2076	0.1869	0.1685	0.152	0.1372	0.124	0.1122
13	0.2575	0.2292	0.2042	0.1821	0.1625	0.1452	0.1299	0.1163	0.1042	0.0935
14	0.232	0.2046	0.1807	0.1597	0.1413	0.1252	0.111	0.0985	0.0876	0.0779
15	0.209	0.1827	0.1599	0.1401	0.1229	0.1079	0.0949	0.0835	0.0736	0.0649
16	0.1883	0.1631	0.1415	0.1229	0.1069	0.093	0.0811	0.0708	0.0618	0.0541
17	0.1696	0.1456	0.1252	0.1078	0.0929	0.0802	0.0693	0.06	0.052	0.0451
18	0.1528	0.13	0.1108	0.0946	0.0808	0.0691	0.0592	0.0508	0.0437	0.0376
19	0.1377	0.1161	0.0981	0.0829	0.0703	0.0596	0.0506	0.0431	0.0367	0.0313
20	0.124	0.1037	0.0868	0.0728	0.0611	0.0514	0.0433	0.0365	0.0308	0.0261
21	0.1117	0.0926	0.0768	0.0638	0.0531	0.0443	0.037	0.0309	0.0259	0.0217
22	0.1007	0.0826	0.068	0.056	0.0462	0.0382	0.0316	0.0262	0.0218	0.0181
23	0.0907	0.0738	0.0601	0.0491	0.0402	0.0329	0.027	0.0222	0.0183	0.0151
24	0.0817	0.0659	0.0532	0.0431	0.0349	0.0284	0.0231	0.0188	0.0154	0.0126
25	0.0736	0.0588	0.0471	0.0378	0.0304	0.0245	0.0197	0.016	0.0129	0.0105
26	0.0663	0.0525	0.0417	0.0331	0.0264	0.0211	0.0169	0.0135	0.0109	0.0087
27	0.0597	0.0469	0.0369	0.0291	0.023	0.0182	0.0144	0.0115	0.0091	0.0073
28	0.0538	0.0419	0.0326	0.0255	0.02	0.0157	0.0123	0.0097	0.0077	0.0061
29	0.0485	0.0374	0.0289	0.0224	0.0174	0.0135	0.0105	0.0082	0.0064	0.0051
30	0.0437	0.0334	0.0256	0.0196	0.0151	0.0116	0.009	0.007	0.0054	0.0042

附表二 复利现值系数表

(续表)

21%	22%	23%	24%	25%	26%	27%	28%	29%	30%
0.826 4	0.819 7	0.813	0.806 5	0.8	0.793 7	0.787 4	0.781 3	0.775 2	0.769 2
0.683	0.671 9	0.661	0.650 4	0.64	0.629 9	0.62	0.610 4	0.600 9	0.591 7
0.564 5	0.550 7	0.537 4	0.524 5	0.512	0.499 9	0.488 2	0.476 8	0.465 8	0.455 2
0.466 5	0.451 4	0.436 9	0.423	0.409 6	0.396 8	0.384 4	0.372 5	0.361 1	0.350 1
0.385 5	0.37	0.355 2	0.341 1	0.327 7	0.314 9	0.302 7	0.291	0.279 9	0.269 3
0.318 6	0.303 3	0.288 8	0.275 1	0.262 1	0.249 9	0.238 3	0.227 4	0.217	0.207 2
0.263 3	0.248 6	0.234 8	0.221 8	0.209 7	0.198 3	0.187 7	0.177 6	0.168 2	0.159 4
0.217 6	0.203 8	0.190 9	0.178 9	0.167 8	0.157 4	0.147 8	0.138 8	0.130 4	0.122 6
0.179 9	0.167	0.155 2	0.144 3	0.134 2	0.124 9	0.116 4	0.108 4	0.101 1	0.094 3
0.148 6	0.136 9	0.126 2	0.116 4	0.107 4	0.099 2	0.091 6	0.084 7	0.078 4	0.072 5
0.122 8	0.112 2	0.102 6	0.093 8	0.085 9	0.078 7	0.072 1	0.066 2	0.060 7	0.055 8
0.101 5	0.092	0.083 4	0.075 7	0.068 7	0.062 5	0.056 8	0.051 7	0.047 1	0.042 9
0.083 9	0.075 4	0.067 8	0.061	0.055	0.049 6	0.044 7	0.040 4	0.036 5	0.033
0.069 3	0.061 8	0.055 1	0.049 2	0.044	0.039 3	0.035 2	0.031 6	0.028 3	0.025 4
0.057 3	0.050 7	0.044 8	0.039 7	0.035 2	0.031 2	0.027 7	0.024 7	0.021 9	0.019 5
0.047 4	0.041 5	0.036 4	0.032	0.028 1	0.024 8	0.021 8	0.019 3	0.017	0.015
0.039 1	0.034	0.029 6	0.025 8	0.022 5	0.019 7	0.017 2	0.015	0.013 2	0.011 6
0.032 3	0.027 9	0.024 1	0.020 8	0.018	0.015 6	0.013 5	0.011 8	0.010 2	0.008 9
0.026 7	0.022 9	0.019 6	0.016 8	0.014 4	0.012 4	0.010 7	0.009 2	0.007 9	0.006 8
0.022 1	0.018 7	0.015 9	0.013 5	0.011 5	0.009 8	0.008 4	0.007 2	0.006 1	0.005 3
0.018 3	0.015 4	0.012 9	0.010 9	0.009 2	0.007 8	0.006 6	0.005 6	0.004 8	0.004
0.015 1	0.012 6	0.010 5	0.008 8	0.007 4	0.006 2	0.005 2	0.004 4	0.003 7	0.003 1
0.012 5	0.010 3	0.008 6	0.007 1	0.005 9	0.004 9	0.004 1	0.003 4	0.002 9	0.002 4
0.010 3	0.008 5	0.007	0.005 7	0.004 7	0.003 9	0.003 2	0.002 7	0.002 2	0.001 8
0.008 5	0.006 9	0.005 7	0.004 6	0.003 8	0.003 1	0.002 5	0.002 1	0.001 7	0.001 4
0.007	0.005 7	0.004 6	0.003 7	0.003	0.002 5	0.002	0.001 6	0.001 3	0.001 1
0.005 8	0.004 7	0.003 7	0.003	0.002 4	0.001 9	0.001 6	0.001 3	0.001	0.000 8
0.004 8	0.003 8	0.003	0.002 4	0.001 9	0.001 5	0.001 2	0.001	0.000 8	0.000 6
0.004	0.003 1	0.002 5	0.002	0.001 5	0.001 2	0.001	0.000 8	0.000 6	0.000 5
0.003 3	0.002 6	0.002	0.001 6	0.001 2	0.001	0.000 8	0.000 6	0.000 5	0.000 4

附表三

普通年金终

计算公式 $=[(1/i)^n-1]/i$

期数	1%	2%	3%	4%	5%	6%	7%	8%	9%	10%
1	1.000 0	1.000 0	1.000 0	1.000 0	1.000 0	1.000 0	1.000 0	1.000 0	1.000 0	1.000 0
2	2.010 0	2.020 0	2.030 0	2.040 0	2.050 0	2.060 0	2.070 0	2.080 0	2.090 0	2.100 0
3	3.030 1	3.060 4	3.090 9	3.121 6	3.152 5	3.183 6	3.214 9	3.246 4	3.278 1	3.310 0
4	4.060 4	4.121 6	4.183 6	4.246 5	4.310 1	4.374 6	4.439 9	4.506 1	4.573 1	4.641 0
5	5.101 0	5.204 0	5.309 1	5.416 3	5.525 6	5.637 1	5.750 7	5.866 6	5.984 7	6.105 1
6	6.152 0	6.308 1	6.468 4	6.633 0	6.801 9	6.975 3	7.153 3	7.335 9	7.523 3	7.715 6
7	7.213 5	7.434 3	7.662 5	7.898 3	8.142 0	8.393 8	8.654 0	8.922 8	9.200 4	9.487 2
8	8.285 7	8.583 0	8.892 3	9.214 2	9.549 1	9.897 5	10.259 8	10.636 6	11.028 5	11.435 9
9	9.368 5	9.754 6	10.159 1	10.582 8	11.026 6	11.491 3	11.978 0	12.487 6	13.021 0	13.579 5
10	10.462 2	10.949 7	11.463 9	12.006 1	12.577 9	13.180 8	13.816 4	14.486 6	15.192 9	15.937 4
11	11.566 8	12.168 7	12.807 8	13.486 4	14.206 8	14.971 6	15.783 6	16.645 5	17.560 3	18.531 2
12	12.682 5	13.412 1	14.192 0	15.025 8	15.917 1	16.869 9	17.888 5	18.977 1	20.140 7	21.384 3
13	13.809 3	14.680 3	15.617 8	16.626 8	17.713 0	18.882 1	20.140 6	21.495 3	22.953 4	24.522 7
14	14.947 4	15.973 9	17.086 3	18.291 9	19.598 6	21.015 1	22.550 5	24.214 9	26.019 2	27.975 0
15	16.096 9	17.293 4	18.598 9	20.023 6	21.578 6	23.276 0	25.129 0	27.152 1	29.360 9	31.772 5
16	17.257 9	18.639 3	20.156 9	21.824 5	23.657 5	25.672 5	27.888 1	30.324 3	33.003 4	35.949 7
17	18.430 4	20.012 1	21.761 6	23.697 5	25.840 4	28.212 9	30.840 2	33.750 2	36.973 7	40.544 7
18	19.614 7	21.412 3	23.414 4	25.645 4	28.132 4	30.905 7	33.999 0	37.450 2	41.301 3	45.599 2
19	20.810 9	22.840 6	25.116 9	27.671 2	30.539 0	33.760 0	37.379 0	41.446 3	46.018 5	51.159 1
20	22.019 0	24.297 4	26.870 4	29.778 1	33.066 0	36.785 6	40.995 5	45.762 0	51.160 1	57.275 0
21	23.239 2	25.783 3	28.676 5	31.969 2	35.719 3	39.992 7	44.865 2	50.422 9	56.764 5	64.002 5
22	24.471 6	27.299 0	30.536 8	34.248 0	38.505 2	43.392 3	49.005 7	55.456 8	62.873 3	71.402 7
23	25.716 3	28.845 0	32.452 9	36.617 9	41.430 5	46.995 8	53.436 1	60.893 3	69.531 9	79.543 0
24	26.973 5	30.421 9	34.426 5	39.082 6	44.502 0	50.815 6	58.176 7	66.764 8	76.789 8	88.497 3
25	28.243 2	32.030 3	36.459 3	41.645 9	47.727 1	54.864 5	63.249 0	73.105 9	84.700 9	98.347 1
26	29.525 6	33.670 9	38.553 0	44.311 7	51.113 5	59.156 4	68.676 5	79.954 4	93.324 0	109.181 8
27	30.820 9	35.344 3	40.709 6	47.084 2	54.669 1	63.705 8	74.483 8	87.350 8	102.723 1	121.099 9
28	32.129 1	37.051 2	42.930 9	49.967 6	58.402 6	68.528 1	80.697 7	95.338 8	112.968 2	134.209 9
29	33.450 4	38.792 2	45.218 9	52.966 3	62.322 7	73.639 8	87.346 5	103.965 9	124.135 4	148.630 9
30	34.784 9	40.568 1	47.575 4	56.084 9	66.438 8	79.058 2	94.460 8	113.283 2	136.307 5	164.494 0

附表三 普通年金终值系数表

$(F/A, i, n)$

11%	12%	13%	14%	15%	16%	17%	18%	19%	20%
1.0000	1.0000	1.0000	1.0000	1.0000	1.0000	1.0000	1.0000	1.0000	1.0000
2.1100	2.1200	2.1300	2.1400	2.1500	2.1600	2.1700	2.1800	2.1900	2.2000
3.3421	3.3744	3.4069	3.4396	3.4725	3.5056	3.5389	3.5724	3.6061	3.6400
4.7097	4.7793	4.8498	4.9211	4.9934	5.0665	5.1405	5.2154	5.2913	5.3680
6.2278	6.3528	6.4803	6.6101	6.7424	6.8771	7.0144	7.1542	7.2966	7.4416
7.9129	8.1152	8.3227	8.5355	8.7537	8.9775	9.2068	9.4420	9.6830	9.9299
9.7833	10.0890	10.4047	10.7305	11.0668	11.4139	11.7720	12.1415	12.5227	12.9159
11.8594	12.2997	12.7573	13.2328	13.7268	14.2401	14.7733	15.3270	15.9020	16.4991
14.1640	14.7757	15.4157	16.0853	16.7858	17.5185	18.2847	19.0859	19.9234	20.7989
16.7220	17.5487	18.4197	19.3373	20.3037	21.3215	22.3931	23.5213	24.7089	25.9587
19.5614	20.6546	21.8143	23.0445	24.3493	25.7329	27.1999	28.7551	30.4035	32.1504
22.7132	24.1331	25.6502	27.2707	29.0017	30.8502	32.8239	34.9311	37.1802	39.5805
26.2116	28.0291	29.9847	32.0887	34.3519	36.7862	39.4040	42.2187	45.2445	48.4966
30.0949	32.3926	34.8827	37.5811	40.5047	43.6720	47.1027	50.8180	54.8409	59.1959
34.4054	37.2797	40.4175	43.8424	47.5804	51.6595	56.1101	60.9653	66.2607	72.0351
39.1899	42.7533	46.6717	50.9804	55.7175	60.9250	66.6488	72.9390	79.8502	87.4421
44.5008	48.8837	53.7391	59.1176	65.0751	71.6730	78.9792	87.0680	96.0218	105.9306
50.3959	55.7497	61.7251	68.3941	75.8364	84.1407	93.4056	103.7403	115.2659	128.1167
56.9395	63.4397	70.7494	78.9692	88.2118	98.6032	110.2846	123.4135	138.1664	154.7400
64.2028	72.0524	80.9468	91.0249	102.4436	115.3797	130.0329	146.6280	165.4180	186.6880
72.2651	81.6987	92.4699	104.7684	118.8101	134.8405	153.1385	174.0210	197.8474	225.0256
81.2143	92.5026	105.4910	120.4360	137.6316	157.4150	180.1721	206.3448	236.4385	271.0307
91.1479	104.6029	120.2048	138.2970	159.2764	183.6014	211.8013	244.4868	282.3618	326.2369
102.1742	118.1552	136.8315	158.6586	184.1678	213.9776	248.8076	289.4945	337.0105	392.4842
114.4133	133.3339	155.6196	181.8708	212.7930	249.2140	292.1049	342.6035	402.0425	471.9811
127.9988	150.3339	176.8501	208.3327	245.7120	290.0883	342.7627	405.2721	479.4306	567.3773
143.0786	169.3740	200.8406	238.4993	283.5688	337.5024	402.0325	479.2211	571.5224	681.8528
159.8173	190.6989	227.9493	272.8893	327.1041	392.5028	471.3778	566.4809	681.1116	819.2233
178.3972	214.5828	258.5834	312.0937	377.1697	456.3032	552.5121	669.4475	811.5228	984.0680
199.0209	241.3327	293.1992	356.7868	434.7451	530.3117	647.4391	790.9480	966.7122	1181.8816

(续表)

期数	21%	22%	23%	24%	25%	26%	27%	28%	29%	30%
1	1.000 0	1.000 0	1.000 0	1.000 0	1.000 0	1.000 0	1.000 0	1.000 0	1.000 0	1.000 0
2	2.210 0	2.220 0	2.230 0	2.240 0	2.250 0	2.260 0	2.270 0	2.280 0	2.290 0	2.300 0
3	3.674 1	3.708 4	3.742 9	3.777 6	3.812 5	3.847 6	3.882 9	3.918 4	3.954 1	3.990 0
4	5.445 7	5.524 2	5.603 8	5.684 2	5.765 6	5.848 0	5.931 3	6.015 6	6.100 8	6.187 0
5	7.589 2	7.739 6	7.892 6	8.048 4	8.207 0	8.368 4	8.532 7	8.699 9	8.870 0	9.043 1
6	10.183 0	10.442 3	10.707 9	10.980 1	11.258 8	11.544 2	11.836 6	12.135 9	12.442 3	12.756 0
7	13.321 4	13.739 6	14.170 8	14.615 3	15.073 5	15.545 8	16.032 4	16.533 9	17.050 6	17.582 8
8	17.118 9	17.762 2	18.430 0	19.122 9	19.841 9	20.587 6	21.361 2	22.163 4	22.995 3	23.857 7
9	21.713 9	22.670 0	23.669 0	24.712 5	25.802 3	26.940 4	28.128 7	29.369 2	30.663 9	32.015 0
10	27.273 8	28.657 4	30.112 7	31.643 4	33.252 9	34.944 9	36.723 5	38.592 6	40.556 4	42.619 5
11	34.001 3	35.962 0	38.038 8	40.237 9	42.566 1	45.030 6	47.638 8	50.398 5	53.317 8	56.405 3
12	42.141 6	44.873 7	47.787 7	50.895 0	54.207 7	57.738 6	61.501 3	65.510 0	69.780 0	74.327 0
13	51.991 3	55.745 9	59.778 8	64.109 7	68.759 6	73.750 6	79.106 6	84.852 9	91.016 1	97.625 0
14	63.909 5	69.010 0	74.528 0	80.496 1	86.949 5	93.925 8	101.465 4	109.611 7	118.410 8	127.912 5
15	78.330 5	85.192 2	92.669 4	100.815 1	109.686 8	119.346 5	129.861 1	141.302 9	153.750 0	167.286 3
16	95.779 9	104.934 5	114.983 4	126.010 8	138.108 5	151.376 6	165.923 6	181.867 7	199.337 4	218.472 2
17	116.893 7	129.020 1	142.429 5	157.253 4	173.635 7	191.734 5	211.723 0	233.790 7	258.145 3	285.013 9
18	142.441 3	158.404 5	176.188 3	195.994 2	218.044 6	242.585 5	269.888 2	300.252 1	334.007 4	371.518 0
19	173.354 0	194.253 5	217.711 6	244.032 8	273.555 8	306.657 7	343.758 0	385.322 7	431.869 6	483.973 4
20	210.758 4	237.989 3	268.785 3	303.600 6	342.944 7	387.388 7	437.572 6	494.213 1	558.111 8	630.165 5
21	256.017 6	291.346 9	331.605 9	377.464 8	429.680 9	489.109 8	556.717 3	633.592 7	720.964 2	820.215 1
22	310.781 3	356.443 2	408.875 3	469.056 3	538.101 1	617.278 3	708.030 9	811.998 7	931.043 8	1 067.279 6
23	377.045 4	435.860 7	503.916 6	582.629 8	673.626 4	778.770 7	900.199 3	1 040.358 3	1 202.046 5	1 388.463 5
24	457.224 9	532.750 1	620.817 4	723.461 0	843.032 9	982.251 1	1 144.253 1	1 332.658 6	1 551.640 0	1 806.002 6
25	554.242 2	650.955 1	764.605 4	898.091 6	1 054.791 2	1 238.636 3	1 454.201 4	1 706.803 1	2 002.615 6	2 348.803 3
26	671.633 0	795.165 3	941.464 7	1 114.633 6	1 319.489 0	1 561.681 8	1 847.835 8	2 185.707 9	2 584.374 1	3 054.444 3
27	813.675 9	971.101 6	1 159.001 6	1 383.145 7	1 650.361 2	1 968.719 1	2 347.751 5	2 798.706 1	3 334.842 6	3 971.777 6
28	985.547 9	1 185.744 0	1 426.571 9	1 716.100 7	2 063.951 5	2 481.586 0	2 982.644 3	3 583.343 8	4 302.947 0	5 164.310 9
29	1 193.512 9	1 447.607 1	1 755.683 5	2 128.964 8	2 580.939 4	3 127.798 4	3 788.958 3	4 587.680 1	5 551.801 6	6 714.604 2
30	1 445.150 7	1 767.081 3	2 160.490 7	2 640.916 4	3 227.174 3	3 942.026 0	4 812.977 1	5 873.230 6	7 162.824 1	8 729.985 5

附表四

普通年金现值系数表

计算公式 $=[1-(1+i)^{-n}]/i$ ($P/A, i, n$)

期数	1%	2%	3%	4%	5%	6%	7%	8%	9%	10%
1	0.990 1	0.980 4	0.970 9	0.961 5	0.952 4	0.943 4	0.934 6	0.925 9	0.917 4	0.909 1
2	1.970 4	1.941 6	1.913 5	1.886 1	1.859 4	1.833 4	1.808	1.783 3	1.759 1	1.735 5
3	2.941	2.883 9	2.828 6	2.775 1	2.723 2	2.673	2.624 3	2.577 1	2.531 3	2.486 9
4	3.902	3.807 7	3.717 1	3.629 9	3.546	3.465 1	3.387 2	3.312 1	3.239 7	3.169 9
5	4.853 4	4.713 5	4.579 7	4.451 8	4.329 5	4.212 4	4.100 2	3.992 7	3.889 7	3.790 8
6	5.795 5	5.601 4	5.417 2	5.242 1	5.075 7	4.917 3	4.766 5	4.622 9	4.485 9	4.355 3
7	6.728 2	6.472	6.230 3	6.002 1	5.786 4	5.582 4	5.389 3	5.206 4	5.033	4.868 4
8	7.651 7	7.325 5	7.019 7	6.732 7	6.463 2	6.209 8	5.971 3	5.746 6	5.534 8	5.334 9
9	8.566	8.162 2	7.786 1	7.435 3	7.107 8	6.801 7	6.515 2	6.246 9	5.995 2	5.759
10	9.471 3	8.982 6	8.530 2	8.110 9	7.721 7	7.360 1	7.023 6	6.710 1	6.417 7	6.144 6
11	10.367 6	9.786 8	9.252 6	8.760 5	8.306 4	7.886 9	7.498 7	7.139	6.805 2	6.495 1
12	11.255 1	10.575 3	9.954	9.385 1	8.863 3	8.383 8	7.942 7	7.536 1	7.160 7	6.813 7
13	12.133 7	11.348 4	10.635	9.985 6	9.393 6	8.852 7	8.357 7	7.903 8	7.486 9	7.103 4
14	13.003 7	12.106 2	11.296 1	10.563 1	9.898 6	9.295	8.745 5	8.244 2	7.786 2	7.366 7
15	13.865 1	12.849 3	11.937 9	11.118 4	10.379 7	9.712 2	9.107 9	8.559 5	8.060 7	7.606 1
16	14.717 9	13.577 7	12.561 1	11.652 3	10.837 8	10.105 9	9.446 6	8.851 4	8.312 6	7.823 7
17	15.562 3	14.291 9	13.166 1	12.165 7	11.274 1	10.477 3	9.763 2	9.121 6	8.543 6	8.021 6
18	16.398 3	14.992	13.753 5	12.659 3	11.689 6	10.827 6	10.059 1	9.371 9	8.755 6	8.201 4
19	17.226	15.678 5	14.323 8	13.133 9	12.085 3	11.158 1	10.335 6	9.603 6	8.950 1	8.364 9
20	18.045 6	16.351 4	14.877 5	13.590 3	12.462 2	11.469 9	10.594	9.818 1	9.128 5	8.513 6
21	18.857	17.011 2	15.415	14.029 2	12.821 2	11.764 1	10.835 5	10.016 8	9.292 2	8.648 7
22	19.660 4	17.658	15.936 9	14.451 1	13.163	12.041 6	11.061 2	10.200 7	9.442 4	8.771 5
23	20.455 8	18.292 2	16.443 6	14.856 8	13.488 6	12.303 4	11.272 2	10.371 1	9.580 2	8.883 2
24	21.243 4	18.913 9	16.935 5	15.247	13.798 6	12.550 4	11.469 3	10.528 8	9.706 6	8.984 7
25	22.023 2	19.523 5	17.413 1	15.622 6	14.093 9	12.783 4	11.653 6	10.674 8	9.822 6	9.077
26	22.795 2	20.121	17.876 8	15.982 8	14.375 2	13.003 2	11.825 8	10.81	9.929	9.160 9
27	23.559 6	20.706 9	18.327	16.329 6	14.643	13.210 5	11.986 7	10.935 2	10.026 6	9.237 2
28	24.316 4	21.281 3	18.764 1	16.663 1	14.898 1	13.406 2	12.137 1	11.051 1	10.116 1	9.306 6
29	25.065 8	21.844 4	19.188 5	16.983 7	15.141 1	13.590 7	12.277 7	11.158 4	10.198 3	9.369 6
30	25.807 7	22.396 5	19.600 4	17.292	15.372 5	13.764 8	12.40 9	11.257 8	10.273 7	9.426 9

期数	11%	12%	13%	14%	15%	16%	17%	18%	19%	20%
1	0.9009	0.8929	0.885	0.8772	0.8696	0.8621	0.8547	0.8475	0.8403	0.8333
2	1.7125	1.6901	1.6681	1.6467	1.6257	1.6052	1.5852	1.5656	1.5465	1.5278
3	2.4437	2.4018	2.3612	2.3216	2.2832	2.2459	2.2096	2.1743	2.1399	2.1065
4	3.1024	3.0373	2.9745	2.9137	2.855	2.7982	2.7432	2.6901	2.6386	2.5887
5	3.6959	3.6048	3.5172	3.4331	3.3522	3.2743	3.1993	3.1272	3.0576	2.9906
6	4.2305	4.1114	3.9975	3.8887	3.7845	3.6847	3.5892	3.4976	3.4098	3.3255
7	4.7122	4.5638	4.4226	4.2883	4.1604	4.0386	3.9224	3.8115	3.7057	3.6046
8	5.1461	4.9676	4.7988	4.6389	4.4873	4.3436	4.2072	4.0776	3.9544	3.8372
9	5.537	5.3282	5.1317	4.9464	4.7716	4.6065	4.4506	4.303	4.1633	4.031
10	5.8892	5.6502	5.4262	5.2161	5.0188	4.8332	4.6586	4.4941	4.3389	4.1925
11	6.2065	5.9377	5.6869	5.4527	5.2337	5.0286	4.8364	4.656	4.4865	4.3271
12	6.4924	6.1944	5.9176	5.6603	5.4206	5.1971	4.9884	4.7932	4.6105	4.4392
13	6.7499	6.4235	6.1218	5.8424	5.5831	5.3423	5.1183	4.9095	4.7147	4.5327
14	6.9819	6.6282	6.3025	6.0021	5.7245	5.4675	5.2293	5.0081	4.8023	4.6106
15	7.1909	6.8109	6.4624	6.1422	5.8474	5.5755	5.3242	5.0916	4.8759	4.6755
16	7.3792	6.974	6.6039	6.2651	5.9542	5.6685	5.4053	5.1624	4.9377	4.7296
17	7.5488	7.1196	6.7291	6.3729	6.0472	5.7487	5.4746	5.2223	4.9897	4.7746
18	7.7016	7.2497	6.8399	6.4674	6.128	5.8178	5.5339	5.2732	5.0333	4.8122
19	7.8393	7.3658	6.938	6.5504	6.1982	5.8775	5.5845	5.3162	5.07	4.8435
20	7.9633	7.4694	7.0248	6.6231	6.2593	5.9288	5.6278	5.3527	5.1009	4.8696
21	8.0751	7.562	7.1016	6.687	6.3125	5.9731	5.6648	5.3837	5.1268	4.8913
22	8.1757	7.6446	7.1695	6.7429	6.3587	6.0113	5.6964	5.4099	5.1486	4.9094
23	8.2664	7.7184	7.2297	6.7921	6.3988	6.0442	5.7234	5.4321	5.1668	4.9245
24	8.3481	7.7843	7.2829	6.8351	6.4338	6.0726	5.7465	5.4509	5.1822	4.9371
25	8.4217	7.8431	7.33	6.8729	6.4641	6.0971	5.7662	5.4669	5.1951	4.9476
26	8.4881	7.8957	7.3717	6.9061	6.4906	6.1182	5.7831	5.4804	5.206	4.9563
27	8.5478	7.9426	7.4086	6.9352	6.5135	6.1364	5.7975	5.4919	5.2151	4.9636
28	8.6016	7.9844	7.4412	6.9607	6.5335	6.152	5.8099	5.5016	5.2228	4.9697
29	8.6501	8.0218	7.4701	6.983	6.5509	6.1656	5.8204	5.5098	5.2292	4.9747
30	8.6938	8.0552	7.4957	7.0027	6.566	6.1772	5.8294	5.5168	5.2347	4.9789

附表四 普通年金现值系数表

(续表)

21%	22%	23%	24%	25%	26%	27%	28%	29%	30%
0.826 4	0.819 7	0.813	0.806 5	0.8	0.793 7	0.787 4	0.781 3	0.775 2	0.769 2
1.509 5	1.491 5	1.474	1.456 8	1.44	1.423 5	1.407 4	1.391 6	1.376 1	1.360 9
2.073 9	2.042 2	2.011 4	1.981 3	1.952	1.923 4	1.895 6	1.868 4	1.842	1.816 1
2.540 4	2.493 6	2.448 3	2.404 3	2.361 6	2.320 2	2.28	2.241	2.203 1	2.166 2
2.926	2.863 6	2.803 5	2.745 4	2.689 3	2.635 1	2.582 7	2.532	2.483	2.435 6
3.244 6	3.166 9	3.092 3	3.020 5	2.951 4	2.885	2.821	2.759 4	2.7	2.642 7
3.507 9	3.415 5	3.327	3.242 3	3.161 1	3.083 3	3.008 7	2.937	2.868 2	2.802 1
3.725 6	3.619 3	3.517 9	3.421 2	3.328 9	3.240 7	3.156 4	3.075 8	2.998 6	2.924 7
3.905 4	3.786 3	3.673 1	3.565 5	3.463 1	3.365 7	3.272 8	3.184 2	3.099 7	3.019
4.054 1	3.923 2	3.799 3	3.681 9	3.570 5	3.464 8	3.364 4	3.268 9	3.178 1	3.091 5
4.176 9	4.035 4	3.901 8	3.775 7	3.656 4	3.543 5	3.436 5	3.335 1	3.238 8	3.147 3
4.278 4	4.127 4	3.985 2	3.851 4	3.725 1	3.605 9	3.493 3	3.386 8	3.285 9	3.190 3
4.362 4	4.202 8	4.053	3.912 4	3.780 1	3.655 5	3.538 1	3.427 2	3.322 4	3.223 3
4.431 7	4.264 6	4.108 2	3.961 6	3.824 1	3.694 9	3.573 3	3.458 7	3.350 7	3.248 7
4.489	4.315 2	4.153	4.001 3	3.859 3	3.726 1	3.601	3.483 4	3.372 6	3.268 2
4.536 4	4.356 7	4.189 4	4.033 3	3.887 4	3.750 9	3.622 8	3.502 6	3.389 6	3.283 2
4.575 5	4.390 8	4.219	4.059 1	3.909 9	3.770 5	3.64	3.517 7	3.402 8	3.294 8
4.607 9	4.418 7	4.243 1	4.079 9	3.927 9	3.786 1	3.653 6	3.529 4	3.413	3.303 7
4.634 6	4.441 5	4.262 7	4.096 7	3.942 4	3.798 5	3.664 2	3.538 6	3.421	3.310 5
4.656 7	4.460 3	4.278 6	4.110 2	3.953 9	3.808 3	3.672 6	3.545 8	3.427 1	3.315 8
4.675	4.475 6	4.291 6	4.121 2	3.963 1	3.816 1	3.679 2	3.551 4	3.431 9	3.319 8
4.69	4.488 2	4.302 1	4.13	3.970 5	3.822 3	3.684 4	3.555 8	3.435 6	3.323
4.702 5	4.498 5	4.310 6	4.137 1	3.976 4	3.827 3	3.688 5	3.559 2	3.438 4	3.325 4
4.712 8	4.507	4.317 6	4.142 8	3.981 1	3.831 2	3.691 8	3.561 9	3.440 6	3.327 2
4.721 3	4.513 9	4.323 2	4.147 4	3.984 9	3.834 2	3.694 3	3.564	3.442 3	3.328 6
4.728 4	4.519 6	4.327 8	4.151 1	3.987 9	3.836 7	3.696 3	3.565 6	3.443 7	3.329 7
4.734 2	4.524 3	4.331 6	4.154 2	3.990 3	3.838 7	3.697 9	3.566 9	3.444 7	3.330 5
4.739	4.528 1	4.334 6	4.156 6	3.992 3	3.840 2	3.699 1	3.567 9	3.445 5	3.331 2
4.743	4.531 2	4.337 1	4.158 5	3.993 8	3.841 4	3.700 1	3.568 7	3.446 1	3.331 7
4.746 3	4.533 8	4.339 1	4.160 1	3.995	3.842 4	3.700 9	3.569 3	3.446 6	3.332 1

练习测试题参考答案

第一章　财务风险管理概述

一、单项选择题

1. D　2. D　3. B　4. B　5. A　6. C　7. A

二、多项选择题

1. AC　2. BCD　3. ACD　4. ABCD　5. ABC　6. BC

三、判断题

1. √　2. ×　3. √　4. ×　5. ×

四、简答题（略）

第二章　货币的时间价值

一、单项选择题

1. C　2. B　3. B　4. B　5. C　6. C　7. A　8. D　9. A　10. C

二、多项选择题

1. AD　2. BCD　3. ABCD　4. ABD　5. CD　6. ACD　7. ABCD　8. ACD

三、判断题

1. ×　2. ×　3. √　4. √　5. ×

四、简答题（略）

五、计算与分析题

习　题　一

四个方案的现值均为 80 000 元,企业可以从资金调度的便利起见,任选一个方案执行。

习　题　二

甲银行的实际利率为：$(1+i_甲) = \left(1+\dfrac{4\%}{4}\right)^4$

$i_甲 = 4.06\%$

乙银行的实际利率为：$(1+i_乙) = \left(1+\dfrac{3.9\%}{12}\right)^{12}$

$i_乙 = 3.97\%$

甲银行的实际利率高,所以应该选择甲银行。

习 题 三

(1) $500 = A \times (P/A, 6\%, 8)$
    $A = 80.52(万元)$

(2) $500 = A \times [(P/A, 6\%, 7) + 1]$
    $A = 74.82(万元)$

习 题 四

$P = 40\,000 \times [(P/A, 10\%, 2) + 1] + 50\,000 \times [(P/A, 10\%, 8) - (P/A, 10\%, 2)]$
$\quad + 10\,000 \times [(P/A, 10\%, 8) - (P/A, 10\%, 5)] = 304\,790(元)$

第三章 风险与报酬

一、单项选择题
1. C 2. B 3. A 4. D 5. D

二、多项选择题
1. ABCD 2. BD 3. ABC 4. ABCD 5. ABD 6. AD

三、判断题
1. × 2. × 3. × 4. √ 5. √

四、简答题（略）

五、计算与分析题

习 题 一

(1) 甲方案收益率的期望值 $= 30\% \times 0.4 + 17\% \times 0.4 + (-3\%) \times 0.2 = 18\%$
    乙方案收益率的期望值 $= 40\% \times 0.4 + 10\% \times 0.4 + (-10\%) \times 0.2 = 18\%$

(2) 预期收益率的标准差分别为：

$\sigma_甲 = \sqrt{(30\% - 18\%)^2 \times 0.4 + (17\% - 18\%)^2 \times 0.4 + (-3\% - 18\%)^2 \times 0.2}$
$\quad = 12.09\%$

$\sigma_乙 = \sqrt{(40\% - 18\%)^2 \times 0.4 + (10\% - 18\%)^2 \times 0.4 + (-10\% - 18\%)^2 \times 0.2}$
$\quad = 19.39\%$

所以，乙方案的风险大于甲方案的风险。

习 题 二

A方案：

$E_1 = 9\,750(万元)$；$E_2 = 12\,600(万元)$；$E_3 = 9\,900(万元)$

$\sigma_A = 4\,388(万元)$

变化系数 $Q = \sigma \div EPV$

$EPV = 9\,750 \div 1.06 + 12\,600 \div 1.06^2 + 9\,900 \div 1.06^3 = 27\,690(万元)$

$Q_A = 4\,388 \div 27\,690 = 0.16$

$K_A = 8\% + 0.1 \times 0.16 = 9.6\%$

B方案：

$E_B = 15\,600(万元)$；$K_B = 10.4\%$

C方案

$E_C = 16\,500(万元)$；$K_C = 5.1\%$

习 题 三

(1) 线性回归法

表 3-11

回归直线法计算 β 值的数据

年 度	证券B的收益率%(Y_i)	市场收益率%(X_i)	X_i^2(%)	X_iY_i(%)
1	26	13	1.69	3.38
2	11	21	4.41	2.31
3	15	27	7.29	4.05
4	27	41	16.81	11.07
5	21	22	4.84	4.62
6	32	32	10.24	10.24
合计	132	156	45.28	35.67

$a = 0.145\,6$；$b = 0.29$；

$y = 0.145\,6 + 0.29x$；

0.29 即为 β 值。

(2) 定义法

表 3-12

定义法计算 β 值的数据

年度	证券B的收益率%(Y_i)	市场收益率%(X_i)	$X_i - \overline{X}$(%)	$Y_i - \overline{Y}$(%)	$(X_i - \overline{X}) \times (Y_i - \overline{Y})$(%)	$(X_i - \overline{X})^2$(%)	$(Y_i - \overline{Y})^2$(%)
1	26	13	−13	4	−0.52	1.69	0.16
2	11	21	−5	−11	0.55	0.25	1.21
3	15	27	1	−7	−0.07	0.01	0.49
4	27	41	15	5	0.75	2.25	0.25
5	21	22	−4	−1	0.04	0.16	0.01
6	32	32	6	10	0.60	0.36	1
合计	132	156			1.35	4.72	3.12
平均数	22	26					
标准差(%)	10.27	2.84					

$$r_{JM} = \frac{\sum_{i=1}^{n}[(X_i - \overline{X}) \times (Y_i - \overline{Y})]}{\sqrt{\sum_{i=1}^{n}(X_i - \overline{X})^2} \times \sqrt{\sum_{i=1}^{n}(Y_i - \overline{Y})^2}} = \frac{1.35\%}{\sqrt{3.12\%} \times \sqrt{4.72\%}} = 0.3518$$

标准差的计算:

$$\sigma_M = \sqrt{\frac{\sum_{i=1}^{n}(X_i - \overline{X})^2}{n-1}} = \sqrt{\frac{4.72\%}{5}} = 9.7160\%$$

$$\sigma_J = \sqrt{\frac{\sum_{i=1}^{n}(Y_i - \overline{Y})^2}{n-1}} = \sqrt{\frac{3.12\%}{5}} = 7.8994\%$$

β系数的计算:

$$\beta_J = r_{JM}\left(\frac{\sigma_J}{\sigma_M}\right) = 0.3518 \times \left(\frac{7.8994\%}{9.7160\%}\right) = 0.29$$

第四章 财务报表分析

一、单项选择题

1. C 2. D 3. D 4. C 5. C 6. D 7. B 8. D 9. A 10. B

二、多项选择题

1. BCD 2. CD 3. AB 4. ABC 5. AC 6. ABCD 7. ACD 8. ABC 9. AB 10. ABD

三、判断题

1. √ 2. × 3. × 4. √ 5. √ 6. ×

四、简答题(略)

五、计算与分析题

习 题 一

根据表中资料,材料费用总额实际数较计划数增加2 040元,这是分析对象。运用连环替代法,可以计算各因素变动对材料费用总额的影响程度,具体如下:

计划指标:110×9×4 = 3 960(元)	①
第一次替代:120×9×4 = 4 320(元)	②
第二次替代:120×10×4 = 4 800(元)	③
第三次替代:120×10×5 = 6 000(元)	④

各因素变动的影响程度分析:

②-① = 4 320 - 3 960 = 360(元)	产量增加的影响
③-② = 4 800 - 4 320 = 480(元)	材料耗费增加的影响
④-③ = 6 000 - 4 800 = 1 200(元)	材料价格提高的影响
360 + 480 + 1 200 = 2 040(元)	全部因素的影响

习 题 二

计划流动资金周转次数 $= 5\,000\,000 \div 100\,000 = 50$（次/年）

计划周转天数 $= 360 \div 50 = 7.2$（天）

实际流动资金周转天数 $= 4\,500\,000 \div 120\,000 = 37.5$（次/年）

实际周转天数 $= 360 \div 37.5 = 9.6$（天）

则实际周转天数比计划周转天数多了 $9.6 - 7.2 = 2.4$（天）

用替代法具体分析可知：

由于流动资金超额占用而影响资金周转 $360 \times (120\,000 - 100\,000) \div 5\,000\,000 = 1.44$（天）

由于销售收入未完成而影响资金周转缓慢

$$\frac{360 \times 120\,000}{4\,500\,000} - \frac{360 \times 120\,000}{5\,000\,000} = 0.96\text{(天)}$$

这两个因素综合影响流动资金周转缓慢 $0.96 + 1.44 = 2.4$（天）

习 题 三

(1) 因为产权比率 $=$ 负债总额 $\div$ 所有者权益总额 $= 80\%$

所以，所有者权益总额 $=$ 负债总额 $\div 80\% = 48\,000 \div 80\% = 60\,000$（万元）

(2) 流动资产占总资产的比率 $=$ 流动资产 $\div$ 总资产 $= 40\%$

所以，流动资产 $=$ 总资产 $\times 40\% = (48\,000 + 60\,000) \times 40\% = 43\,200$（万元）

流动比率 $=$ 流动资产 $\div$ 流动负债 $\times 100\% = 43\,200 \div 16\,000 \times 100\% = 270\%$

(3) 资产负债率 $=$ 负债总额 $\div$ 资产总额 $= 48\,000 \div (48\,000 + 60\,000) \times 100\% = 44.44\%$

习 题 四

(1) 流动负债年末余额 $= 270 \div 3 = 90$（万元）

(2) 存货年末余额 $= 270 - 90 \times 1.5 = 135$（万元）

存货平均余额 $= (135 + 145) \div 2 = 140$（万元）

(3) 本年销货成本 $= 140 \times 4 = 560$（万元）

(4) 应收账款年末金额 $= 270 - 135 = 135$（万元）

应收账款平均余额 $= (135 + 125) \div 2 = 130$（万元）

应收账款周转期 $= (130 \times 360) \div 960 = 48.75$（天）

习 题 五

(1) 2010 年财务比率

总资产息税前利润率 $= (117\,000 + 0) \div 492\,000 \times 100\% = 23.78\%$

速动比率 $= (16\,000 + 51\,000) \div 114\,000 = 0.587\,7$

应收账款周转率 $= 590\,000 \div 51\,000 = 11.6$（次）

毛利率 $= 250\,000 \div 590\,000 \times 100\% = 42.4\%$

存货周转率 $= 340\,000 \div 74\,000 = 4.6$（次）

流动比率 $= 141\,000 \div 114\,000 = 1.2$

资产负债率 = 114 000 ÷ 492 000 = 0.231 7

2011 年财务比率

总资产息税前利润率 = (79 500 + 4 000) ÷ 541 500 = 15.42%

速动比率 = (2 000 + 78 000) ÷ 119 000 = 0.672 3

应收账款周转率 = 600 000 ÷ 78 000 = 7.7(次)

毛利率 = 225 000 ÷ 600 000 × 100% = 37.5%

存货周转率 = 375 000 ÷ 118 000 = 3.2(次)

流动比率 = 198 000 ÷ 119 000 = 1.66

资产负债率 = (119 000 + 25 000) ÷ 541 500 = 0.265 9

(2) 运用各项财务比率,就该公司的盈利能力、偿债能力及流动资金管理效果进行对比分析并作出评价。

首先,该公司总资产息税前利润率、毛利率都明显下降,说明该公司盈利能力在减弱。

其次,该公司流动比率、速动比率有所上升,说明短期偿债能力有一定增强,但是随着资产负债率的上升该公司的长期偿债风险加大。

该公司两个周转率指标都在下降,说明资产运营能力下降,使得流动资产沉淀较多,同时也引起流动性比率的升高。该公司应进一步开拓市场,加快销售步伐,从而引起各方面指标的好转。

习 题 六

表 4-33

资 产 负 债 表

编制单位:华丰公司　　　　2011 年 12 月 31 日　　　　　　　　　单位:元

资　　产	金　　额	负债和所有者权益	金额
流动资产		流动负债	31 000
现金	10 000	长期负债	59 000
应收账款	21 000	负债合计	90 000
存货	31 000		
流动资产合计	62 000		
固定资产净值	88 000	所有者权益	60 000
资产总计	150 000	负债和所有者权益总计	150 000

习 题 七

(1) 2009 年净资产收益率 = 12% × 0.6 × 1.8 = 12.96%

(2) 差异 = 12.96% − 4.8% = 8.16%

(3) 销售净利率的影响 = (8% − 12%) × 0.6 × 1.8 = − 4.32%

总资产周转率的影响 = 8% × (0.3 − 0.6) × 1.8 = − 4.32%

权益乘数的影响 = 8% × 0.3 × (2 − 1.8) = 0.48%

习 题 八

(1) 编制的管理用资产负债表，如表 4-34 所示。

表 4-34

管理用资产负债表

单位：万元

项 目	期 初 额	期 末 额
经营现金	250	400
其他经营流动资产	5 000	5 600
经营流动负债	500	550
经营营运资本	4 750	5 450
经营长期资产总计	8 250	9 200
其中经营长期负债	1 000	2 000
净经营长期资产	7 250	7 200
净经营资产	12 000	12 650
金融负债	5 000	5 025
金融资产	0	0
净负债	5 000	5 025
股本	7 000	7 000
留存收益	0	625
净负债和股东权益总计	12 000	12 650

(2) 编制的管理用现金流量表，如表 4-35 所示。

表 4-35

管理用现金流量表

单位：万元

项 目	本 年 金 额
经营活动现金流量	
税后经营净利润	=净利润+税后利息=1 125+(110-10)×(1-25%) =1 200
加：折旧与摊销	400
=营业现金毛流量	1 600
减：经营营运资本增加	700
=经营现金净流量	900
减：(净经营性长期资产增加+折旧摊销)	-50+400=350
=实体现金流量	550

(续表)

项目	本年金额
金融活动现金流量:	
税后利息费用	100×(1-25%)=75
减:净金融负债增加	25
=债务现金流量	=50
股权自由现金流量:	
股利分配	500
减:股权资本净增加	0
=股权现金流量	500
融资现金流量合计	550

习 题 九

连环替代法的计算过程如表4-36所示。

表4-36

连环替代法的计算过程

影响因素	上年权益净利率	净经营资产净利率变动	税后利息率变动	净财务杠杆变动
净经营资产净利率(%)	13.049	9.602	9.602	9.602
税后利息率(%)	11.335 5	11.335 5	8.118	8.118
经营差异率(%)	1.713 5	-1.733 5	1.484 0	1.484 0
净财务杠杆(%)	0.530 82	0.530 82	0.530 82	0.735
杠杆贡献率(%)	0.910	-0.920	0.788	1.091
权益净利率(%)	13.959	8.682	10.390	10.693
变动影响(%)		-5.277	1.708	0.303

根据上述计算结果可知,权益净利率比上年下降3.266 7%,其主要影响因素是:①净经营资产净利率下降,使得权益净利率减少5.277%;②税后利息率下降,使得权益净利率增加1.708%;③净财务杠杆上升,使得权益净利率增加0.303%。

根据上述影响因素分析,我们可以判断出,企业权益净利率的下降是由于企业盈利能力出现问题造成的。

习 题 十

(1) 经营资产 = 515 - (10 + 5) = 500(万元)

经营负债 = 315 - (30 + 105 + 80 + 5) = 95(万元)

净经营资产 = 500 - 95 = 405(万元)

净金融负债 = 净经营资产 - 股东权益 = 405 - 200 = 205(万元)

平均所得税税率 = 17.14 ÷ 57.14 × 100% = 30%

净利息费用 = 22.86 × (1 − 30%) = 16(万元)

经营利润 = 净利润 + 净利息费用 = 40 + 16 = 56(万元)

(2) 净经营资产利润率 = 经营利润 ÷ 净经营资产 = 56 ÷ 405 × 100% = 13.83%

净利息率 = 净利息 ÷ 净金融负债 = 16 ÷ 205 × 100% = 7.81%

净财务杠杆 = 净金融负债 ÷ 股东权益 = 205 ÷ 200 = 1.025

杠杆贡献率 = (净经营资产利润率 − 净利息率) × 净财务杠杆
  = (13.83% − 7.81%) × 1.025 = 6.17%

权益净利率 = 净经营资产利润率 + 杠杆贡献率 = 13.83% + 6.17% = 20%

(3) 2010 年权益净利率 − 2009 年权益净利率 = 20% − 21% = −1%

2009 年权益净利率 = 17% + (17% − 9%) × 50% = 21%

替代净经营资产利润率 = 13.83% + (13.83% − 9%) × 50% = 16.25%

替代净利息率 = 13.83% + (13.83% − 7.81%) × 50% = 16.84%

替代净财务杠杆 = 13.83% + (13.83% − 7.81%) × 1.025 = 20%

净经营资产利润率变动影响 = 16.25% − 21% = −4.75%

净利息率变动影响 = 16.84% − 16.25% = 0.59%

净财务杠杆变动影响 = 20% − 16.84% = 3.16%

由于净经营资产利润率降低,使权益净利率下降 4.75%;由于净利息率下降,使权益净利率上升 0.59%;由于净财务杠杆上升,使权益净利率上升 3.16%。三者共同作用使权益净利率下降 1%,其中净经营资产利润率下降是主要影响因素。

(4) 令 2011 年净经营资产利润率为 x,则 $x + (x − 7.81\%) × 1.025 = 21\%$

解得,$x = 14.33\%$

第五章 企业价值评估

一、单项选择题

1. C 2. A 3. C 4. D 5. D 6. B 7. C 8. B 9. B 10. B

二、多项选择题

1. ABCD 2. ABCD 3. ACD 4. AB 5. ABCD 6. BCD 7. BC 8. ACD

9. BCD 10. AB

三、判断题

1. × 2. × 3. × 4. √ 5. √ 6. √

四、简答题(略)

五、计算与分析题

习 题 一

本题需将现金流量分为二阶段计算

第一阶段:第 1~3 年,使用复利现值系数计算:

$P_1 = 200 \times (P/F, 10\%, 1) + 220 \times (P/F, 10\%, 2) + 230 \times (P/F, 10\%, 3)$
$= 200 \times 0.9091 + 220 \times 0.8264 + 230 \times 0.7513$
$= 536.427(万元)$

第二阶段:第 4～10 年,使用普通年金现值系数计算,然后使用复利现值系数将其折现到第 1 年年初:

$P_{21} = 230 \times (P/A, 10\%, 7) \times (P/F, 10\%, 3)$
$= 230 \times 4.8684 \times 0.7513 = 841.25(万元)$

同时,将第 10 年末的预计变现值 300 万元,使用复利现值系数将其折现到第 1 年年初:

$P_{22} = 300 \times (P/F, 10\%, 10) = 300 \times 0.3855 = 115.65(万元)$

评估值 $= P_1 + P_{21} + P_{22} = 536.427 + 841.25 + 115.65 = 1493.327(万元)$

习 题 二

(1) 折现率 $= 4\% + 6\% = 10\%$

(2) 未来前 3 年股票收益现值之和

收益现值 $= 1 \times 200 \times 5\% \times (P/F, 10\%, 1) + 1 \times 200 \times 8\% \times (P/F, 10\%, 2) + 1 \times 200 \times 10\% \times (P/F, 10\%, 3) = 37.43(万元)$

(3) 未来第 4 年、第 5 年股票收益现值之和

收益现值 $= 1 \times 200 \times 12\% \times (P/F, 10\%, 4) + 1 \times 200 \times 12\% \times (P/F, 10\%, 5)$
$= 31.29(万元)$

(4) 第 6 年起的股利增长率 $= 20\% \times 15\% = 3\%$

(5) 未来第 6 年起的股票收益现值之和

收益现值 $= \dfrac{1 \times 200 \times 12\%}{10\% - 3\%} \times (P/F, 10\%, 5) = 212.89(万元)$

股票评估价值 $= 37.43 + 31.29 + 212.89 = 281.61(万元)$

习 题 三

(1) 可比企业平均市盈率 $= (8 + 25 + 27) \div 3 = 20(倍)$

可比企业平均预期增长率 $= (5\% + 10\% + 18\%) \div 3 = 11\%$

修正平均市盈率 $= 20 \div (11\% \times 100) = 1.818(倍)$

A 公司每股价值 $= 1.818 \times 12\% \times 100 \times 1 = 21.82(元/股)$

(2) 股价平均法:

根据 B 公司修正市盈率计算 A 公司股价 $=$ 修正平均市盈率 × 目标企业预期增长率 × $100 \times$ 目标企业每股收益 $= 8 \div 5\% \times 12\% \times 100 \times 1 = 19.20(元)$

根据 C 公司修正市盈率计算 A 公司股价 $= 25 \div 10 \times 12\% \times 100 \times 1 = 30(元)$

根据 D 公司修正市盈率计算 A 公司股价 $= 27 \div 18 \times 12\% \times 100 \times 1 = 18(元)$

平均股价 $= (19.2 + 30 + 18) \div 3 = 22.4(元)$

习 题 四

(1) 选用目标企业最近一年的税后利润作为估价收益指标,B 公司的价值为:

$80.4 \times 20 = 1608(万元)$

(2) 选用目标企业近三年税后利润的平均值作为估价收益指标,B 公司的价值为:

$60 \times 20 = 1\,200(万元)$

对于经营有明显周期性的目标公司的估价一般采用这种方法。

(3) 假设目标企业被并购后能获得与并购企业同样的资本收益率,以此计算出的目标企业在并购后的利润,作为估价收益指标。

B公司的资本额为长期负债+股东权益:

$200 + 550 = 750(万元)$

并购后的B公司的资本收益为 $750 \times 17.19\% = 128.925(万元)$

利息为 $200 \times 8\% = 16(万元)$

税前利润为128.925,扣除所得税的税后利润 $128.925 \times (1 - 40\%) = 77.355(万元)$

B公司的价值为 $77.355 \times 20 = 1\,547.1(万元)$

习 题 五

可持续增长率的计算:

销售净利率 = 税后利润÷销售收入 = $100 \div 1\,000 = 10\%$

资产周转率 = 销售收入÷总资产 = $1\,000 \div 2\,000 = 0.5(次)$

总资产÷期末股东权益 = $2\,000 \div 1\,000 = 2$

留存收益率 = 留存收益÷税收利润 = $60 \div 100 = 60\%$

可持续增长率 = 销售净利润×资产周转率×权益乘数×留存收益率÷(1−销售净利率
×资产周转率×权益乘数×留存收益率)
$= 10\% \times 0.5 \times 2 \times 60\% \div (1 - 10\% \times 0.5 \times 2 \times 60\%) = 6.38\%$

习 题 六

(1) 经营现金净流量 = $61.6 + 23 \times (1 - 20\%) + 30 - [(293 - 222) - (267 - 210)]$
$= 96(万元)$

购置固定资产支出 = $(281 - 265) + 30 = 46(万元)$

实体现金流量 = 经营现金净流量 − 购置固定资产支出 = $96 - 46 = 50(万元)$

(2) 实体价值 = $50 \div (12\% - 6\%) = 833.33(万元)$

股权价值 = $833.33 - 164 = 669.33(万元)$

(3) 实体价值 = $700 + 164 = 864(万元)$

$864 = $ 实体现金流量 $\div (12\% - 6\%)$

实体现金流量 = $51.84(万元)$

第六章 内部控制

一、单项选择题

1. B 2. A 3. C 4. D 5. A 6. D 7. B 8. B 9. A 10. D

二、多项选择题

1. ABCD 2. ABCD 3. ABCD 4. ABCD 5. BD 6. ABD 7. ABC 8. ACD
9. AD   10. AC

三、判断题

1. √ 2. × 3. √ 4. √ 5. × 6. √ 7. × 8. √

四、简答题（略）

五、计算与分析题

习 题 一

1. 控制环境

控制环境是指对建立或实施某项政策发生影响的各种因素，是企业实施内部控制的基础，主要反映企业管理者和其他人员对控制的态度、认识和行动。

ST 南方高管对解决有损公司业绩的历史遗留问题的态度极为消极，且方案错误，体现的能力和效果难以与薪金挂钩。2008 年虽然公司亏损，但他们不但没有降薪，反而都获得了 30 万到 40 万元的薪金。

这种不诚实和能力低下的管理者，会导致企业的控制程序无法发挥作用。与胜任能力和诚实性相关联的误读指令、判断错误、粗心大意或其他的人事因素，都可能导致错误执行控制程序。因此，管理层应当充分重视有关聘用、评价、薪酬、晋升、培训等公司政策和程序是否有益于聘用有能力的和诚实的经营者和员工。在薪酬制定方面，不仅要关注企业的短期盈利能力，还要关注可持续发展、市场占有率、技术创新、质量与服务等内容，改善评价角度表现单一化，真正提高薪资与绩效的相关性。

2. 风险评估

之所以要对风险进行评估，是因为风险影响企业实现其目标或危害其经营。根据以上资料可以看出南方控股面临的风险主要有：消费者对食品安全的信任度降低，使得公司的食品销售受到不同程度的影响；食品行业竞争进一步激烈；2011 年上半年，食品原材料采购价格持续攀升，导致公司的产品成本进一步提高，产品的毛利率进一步降低，公司面临巨大的经营压力；新饮料产品能否被市场接受是公司未来发展的关键因素。

针对以上问题需要做到：转产原材料价格低的产品，避开涨价的锋芒；实行低库存，以降低风险。库存越多，成本越高；增加短期交易，作适当的价格预期。稳定期货交易的价格，将原材料价格上涨尽量快速地转移和处理；开发新的市场、赢得更多的消费者。

3. 控制活动

控制活动主要是指制定政策和程序并将其付诸实施。ST 南方的执行者同时担任监管者，这对控制活动极为不利。

如果 ST 南方可以严格按照计划执行，真正做到为保障各项工作有序高效开展，使内控工作达到预期目标，制订总体目标，确定 2011 年 10 月至 2013 年 4 月的分阶段性工作计划，相信会极大地改善过去控制力度不够的状况，而不只是形式上建立董事会、监事会、聘任了总经理班子，实质上却是控股股东管理决定公司的日常事务。

由于上述内部控制要素并没有真正实施，公司应自觉地接受内部控制监督，避免因为缺乏监督管理，而让企业管理者打着严格控制管理的幌子实现其背后的企图。

4. 信息沟通

COSO 报告认为，一个良好的信息与沟通系统有助于提高内部控制的效率和效果。企业须按某种形式在某个时间之内,辨别、取得适当的信息,并加以沟通,使员工顺利履行其职责。

在 ST 南方公布的报告中可以看出,几乎没有出现过独立董事对董事会议案提出否定意见或是异议,也没有独立董事对表决事项提出改进,有的都只是标准格式的肯定套话,也没有涉及实质内容,只是一个结论性的同意意见,也没有详细分析。连高层人员都不能有效地交流、沟通,很难相信公司中、下层的广大员工能真正了解决策意图并予以执行。

因此,高级管理层应主动的参与经营活动,与供应商和客户保持直接的联系,并且经常性地检查财务和管理报告。同时,高级管理层和审计委员会要审核内部和外部审计师的建议,并针对建议采取适当的行动。委托第三方评价内部控制系统以确定是否存在经营活动的重大变化,是否存在获取和报告的缺陷。对确定的缺陷的跟踪处理活动进行监控,并报告给适当的高级管理层。

5. 监督

COSO 报告认为,企业内部控制是一个过程,这个过程通过纳入管理过程的大量制度及活动实现。要确保内部控制制度切实执行且执行的效果良好、内部控制能够随时适应新情况等,内部控制必须被监督。

从以上案例中可以看出,ST 南方多次更换会计师事务所进行审计,同时拒绝配合审计、抵制监督,这是 ST 南方涉嫌财务舞弊的一个强烈征兆。尽管深圳鹏城退出之时特别告知没有应告知而未告知的事项。但屡屡变更会计师事务所的背后让人不能不怀疑,公司在试图隐藏一些不为人所知的财务风险。

对于以上事项,公司内部应加强监督,会计师事务所也要做好充分审计,防止高级管理层利用职务之便做出损害公司利益的行为。

习 题 二

1. 控制环境

控制环境是所有其他内部控制组成要素的基础,管理层的态度和治理结构更是定下了内部控制的基调。釜山公司案的发生,昭示着中海集团管理层在内部控制问题上的严重失责。从治理结构看,中海集团所有驻海外的财务体制,是控股公司掌控下属企业的全部财务和资金结算,这就为资金失控埋下了巨大隐患。为了改善控制环境,事发后集团正式成立风险控制和管理委员会(2008 年 4 月),内部控制受到管理层的重视,并被提到公司治理的高度。

2. 风险评估

风险评估意味着分析和辨认实现目标可能发生的风险,是有效内部控制的前提。把风险看作是负面的因素,有利于关注风险带来的负面效应。航运公司的主营业务收入主要是运费收入,而行业内的收费标准各有不同,现金流的出入大是行业特点之一。分公司贪污公款,主要是通过提高费用;或者把产品低价售(运货价)给客户,然后从客户处收取好处。如果分一百多次转移,而又缺少仔细审查,的确很容易被忽略。为了改善风险评估方法,由集团企管部作为集团风险控制和管理的牵头和职能部门,集团风险控制和管理委员会下设工作小组,主要职责是根据集团风险控制和管理委员会确定的方针、政策和任务,具体协调、处理企业经营发展日和日常管理中的有关涉及风险控制和管理事项,组织落实风险控制和管理有关事项。

3. 控制活动

控制活动是旨在确保管理层的指令得以执行的政策及程序,为内部控制的核心。以最典型的控制活动——不相容职务分离为例,要求授权、批准、业务经办、会计记录、财产保管、稽核检查"六权"分离,实现职责分工牵制。而釜山公司案的焦点人物李克江,既为中海集团韩国控股的财务部负责人,又身兼审计之职,实行自我复核和检查,从这里可以看出中海集团对海外分公司资金结算体制上的风险控制不足。为了改善控制活动,现中海集团着手建设风险控制和管理体系,重点抓好对重大风险、重大事件的管理和重要流程的控制,加强安全管理、资金风险防控、应收账款催收、商务风险防范、企业法律制度建设、信息化建设、人才建设和企业稳定等八项工作。

4. 信息与沟通

信息与沟通旨在取得及时、确切的信息,并进行有效的沟通,为内部控制提供条件。中海集团全面介入自查,是在釜山公司涉案人一百多次转移大量资金得逞之后才开始的,但此时巨额损失已经酿成。在2006年6月将所获得的银行短期贷款近25亿元人民币,违规进行股票投资时,中海集团就应培养出在最短时间内针对事件的起因、可能趋向及影响作出预测,并迅速作出反应的能力。但从此事件看出,中海集团没能在此方面做出实质性的改进。为了改善信息与沟通,现中海集团强调风险控制和管理信息系统的建设,做好编报企业风险控制和管理报告的准备。

5. 监督

监督着眼于确保企业内部控制的持续有效运作。监督可以促使各层次的职员自觉地遵守企业的各项内部控制要求,从而促成企业目标的实现。像中海这样的大集团在海外设立的公司,如果是全资子公司,通常都采取独立核算制度,只需要报年账或者大账,不需要报明细账,有些公司甚至连现金流都不用向总部汇报。如果没有涉及上市公司,一般也没有实施总部对海外分公司进行定期内部审计,这就导致了海外公司存在做假账的可能性,比如虚报费用、发票开大、和供应商内外勾结。中海集团的内部控制之所以偏离了正确的轨道,与其缺乏常规性的、相对独立的财务审计和监管制度是密不可分的。为了改善监督,按照业务分管原则,集团风险控制和管理委员会下设工作小组,实施对集团下属单位风险控制和管理事项的监督指导。同时,开展对集团近百家海外分公司和代理办事处的大检查,主要针对资金往来,尤其是应收账款是否及时到账等日常运营资金流状况,显著增强了检查监督的力度。

习 题 三

(1) 不存在内控缺陷

因为仓库负责对列入清单的货物填写请购单,同时如果没有列入存货清单的话可以由其他部门根据需要填写。但是每张请购单要经过该类支付预算责任的主管人员签字批准。

(2) 存在内部控制缺陷

因为询价和确定供应商属于不相容的两个岗位,由一人担任是不恰当的。

建议由另外一个职员负责确定供应商。

习 题 四

从案例中可发现,A公司违规担保的成因主要有几个方面:一是公司董事、高管私自以公司名义对外做出担保,没有履行担保的审批和决策程序。未经董事会或股东大会批准,程序不规范;二是公司内部控制不健全,担保业务没有做到职责的适当分离,存在不正当的授权和审批。担保原则、担保标准和条件不明确,凭证和记录不够充分,内部核查制度不存在或流于形式等。三是对被担保企业监控缺位,盲区多。对担保没有制定专项管理办法,未建立担保项目的监测和报告制度,未明确专职管理部门。四是违反信息披露规则,隐瞒违规行为,这是担保风险日益累积并最终爆发的重要原因。

习 题 五

从以上案例可以看出,德国西门子公司一开始是典型的家族控制型治理模式。但自1897年西门子公司由家族公司转变为股份制公司以来,一直规定其家族的股票按"一股六票"行使表决权。但是1981年彼德·冯·西门子退休,伯恩哈德·普莱特纳接班,这是西门子家族在掌管公司近140年来第一次将管理权交给非家族成员。此后德国西门子的治理模式就变成了日德模式,即内部控制型治理模式。

第七章 企业融资风险控制

一、单项选择题

1. A 2. D 3. B 4. D 5. B 6. B 7. D 8. B 9. A 10. D

二、多项选择题

1. ABC 2. CD 3. ABD 4. ABD 5. ABD 6. BD 7. ABC 8. AB
9. BCD 10. ACD 11. AC

三、判断题

1. √ 2. × 3. √ 4. √ 5. × 6. √

四、简答题(略)

五、计算与分析题

习 题 一

(1) 用税前加权平均资本成本和自由现金流量,计算出该公司的无负债价值。

税前加权平均资本成本

$$K_w = \frac{E}{E+D}K_e^L + \frac{D}{E+D}K_d = \frac{1}{1+0.5} \times 20\% + \frac{0.5}{1+0.5} \times 10\% = 16.7\%$$

$$V_U = \frac{500}{16.7\% - 2\%} = 3\,401.36(万元)$$

(2) 计算有负债企业税后加权平均资本成本和价值

$$K_w^T = \frac{E}{E+D}K_e^L + \frac{D}{E+D}K_d \times (1-T)$$

$$= \frac{1}{1+0.5} \times 20\% + \frac{0.5}{1+0.5} \times 10\% \times (1-25\%)$$

$$= 15.83\%$$

$$V_L = \frac{500}{15.83\% - 2\%} = 3\,615.33(万元)$$

∴ 利息抵税价值 = $V_L - V_U$ = 3 615.33 - 3 401.36
   = 213.97(万元)

习 题 二

(1) $DFL = \dfrac{EBIT}{EBIT - I}$

$EBIT - I = \dfrac{6\,000\,000}{1 - 40\%} = 10\,000\,000$

$DFL = 1.5$

则 $EBIT = 15\,000\,000$ $I = 5\,000\,000$

(2) $DOL = 1 + 15\,000\,000 \div 15\,000\,000 = 2$

$DTL = 2 \times 1.5 = 3$

习 题 三

经营杠杆系数：$DOL = \dfrac{5\,600 \times 1 - 5\,600 \times 1 \times 60\%}{5\,600 \times 1 - 5\,600 \times 1 \times 60\% - 640} = 1.4$

财务杠杆系数：$DFL = \dfrac{1\,600}{1\,600 - 4\,000 \times 45\% \times 12\%} = 1.16$

复合杠杆系数：$DTL = DOL \times DFL = 1.4 \times 1.16 = 1.624$

习 题 四

长期借款的比重 = $\dfrac{500}{2\,000} \times 100\% = 25\%$

长期债券的比重 = $\dfrac{600}{2\,000} \times 100\% = 30\%$

普通股的比重 = $\dfrac{800}{2\,000} \times 100\% = 40\%$

留存收益的比重 = $\dfrac{100}{2\,000} \times 100\% = 5\%$

$K_W = 25\% \times 5\% + 30\% \times 6\% + 40\% \times 7\% + 5\% \times 8\% = 6.25\%$

习 题 五

筹资总额分界点(1) $\dfrac{400}{1\,000 \div 4\,000} = 1\,600$(万元)

筹资总额分界点(2) $\dfrac{600}{3\,000 \div 4\,000} = 800$(万元)

0~800万元：

边际资本成本 = $\dfrac{1\,000}{4\,000} \times 4\% + \dfrac{3\,000}{4\,000} \times 10\% = 8.5\%$

800万~1 600万元：

边际资本成本 = $\dfrac{1\,000}{4\,000} \times 4\% + \dfrac{3\,000}{4\,000} \times 12\% = 10\%$

1 600万元以上：

边际资本成本 = $\dfrac{1\,000}{4\,000} \times 6\% + \dfrac{3\,000}{4\,000} \times 12\% = 10.5\%$

习 题 六

(1) 计算息税前利润平衡点

$$\frac{(EBIT-20)\times(1-25\%)}{300+100}=\frac{(EBIT-20-30)\times(1-25\%)}{300}$$

解之得：$EBIT=140(万元)$

(2) 计算筹资后的息税前利润

$$EBIT=1\,000\times(1-60\%)-100=300(万元)$$

(3) 决策：由于筹资后的息税前利润大于平衡点，因此应该选择财务风险较大的乙方案。

习 题 七

(1) 年初综合资金成本率 $=8\%\times(1-25\%)\times\dfrac{400}{2\,000}+10\%\times\dfrac{200}{2\,000}+\left(\dfrac{2.5}{20}+5\%\right)\times\dfrac{1\,400}{2\,000}$

$\qquad\qquad\qquad\qquad\ =14.45\%$

(2) 甲方案综合资金成本率 $=10\%\times(1-25\%)\times\dfrac{300}{2\,500}+8\%\times(1-25\%)\times\dfrac{400}{2\,500}$

$\qquad\qquad\qquad\qquad\quad+10\%\times\dfrac{200}{2\,500}+\left(\dfrac{3}{18}+6\%\right)\times\dfrac{1\,400+200}{2\,500}$

$\qquad\qquad\qquad\qquad\ =17\%$

乙方案综合资金成本率 $=8\%\times(1-25\%)\times\dfrac{400}{2\,500}+10\%\times(1-25\%)\times\dfrac{200}{2\,500}+10\%$

$\qquad\qquad\qquad\qquad\times\dfrac{200}{2\,500}+\left(\dfrac{3}{24}+6\%\right)\times\dfrac{1\,400+300}{2\,500}$

$\qquad\qquad\qquad\qquad=14.94\%$

由以上计算可知，甲方案综合资金成本率高于乙方案，故应选乙方案。

习 题 八

(1) 债务成本 $=8\%\times(1-25\%)=6\%$

权益成本 $=4\%+2\times6\%=16\%$

加权平均资本成本 $=6\%\times30\%+16\%\times70\%=13\%$

(2) 由原资产负债率 $=30\%$ 可知，原产权比率 $=3/7$

无负债的 $\beta_{资产}=2\div[1+3\div7\times(1-25\%)]=1.51$

由调整后的资产负债率 $=50\%$ 可知，调整后的产权比率 $=100\%$

资本结构调整后的 $\beta_{权益}=1.51\times[1+100\%\times(1-25\%)]=2.64$

权益资本成本 $=4\%+2.64\times6\%=19.84\%$

加权平均资本成本 $=6\%\times50\%+19.84\%\times50\%=12.92\%$

习 题 九

(1) 方案一的边际贡献 $=4.5\times(250-200)=225(万元)$

方案一的息税前利润 $=225-100=125(万元)$

方案一的税前利润 $=125-400\times5\%=105(万元)$

方案一的税后利润 $=105\times(1-25\%)=78.75(万元)$

方案一的每股收益 $=78.75\div20=3.94(元/股)$

方案一的经营杠杆 = $225 \div 125 = 1.8$

方案一的财务杠杆 = $125 \div 105 = 1.19$

方案一的总杠杆 = $1.8 \times 1.19 = 2.14$

方案二的边际贡献 = $4.5 \times (250 - 150) = 450$(万元)

方案二的息税前利润 = $450 - 200 = 250$(万元)

方案二的税前利润 = $250 - 400 \times 5\% - 200 \times 6.25\% = 217.5$(万元)

方案二的税后利润 = $217.5 \times (1 - 25\%) = 163.13$(万元)

方案二的每股收益 = $163.13 \div 20 = 8.16$(元/股)

方案二的经营杠杆 = $450 \div 250 = 1.8$

方案二的财务杠杆 = $250 \div 217.5 = 1.15$

方案二的总杠杆 = $1.8 \times 1.15 = 2.07$

方案三的边际贡献 = $4.5 \times (250 - 150) = 450$(万元)

方案三的息税前利润 = $450 - 200 = 250$(万元)

方案三的税前利润 = $250 - 400 \times 5\% = 230$(万元)

方案三的税后利润 = $230 \times (1 - 25\%) = 172.5$(万元)

方案三的每股收益 = $172.5 \div (20 + 20) = 4.31$(元/股)

方案三的经营杠杆 = $450 \div 250 = 1.8$

方案三的财务杠杆 = $250 \div 230 = 1.09$

方案三的总杠杆 = $1.8 \times 1.09 = 1.96$

(2) 将第二方案和第三方案每股收益相等的销售量设为 x,则有:

$$\frac{(x \times 100 - 200 - 400 \times 5\% - 200 \times 6.25\%) \times (1 - 25\%)}{20}$$
$$= \frac{(x \times 100 - 200 - 400 \times 5\%) \times (1 - 25\%)}{40}$$

解得:$x = 2.45$(万件)

(3) 方案一的盈亏平衡点 = $(100 + 20) \div (250 - 200) = 2.4$

方案二的盈亏平衡点 = $(200 + 32.5) \div (250 - 150) = 2.33$

方案三的盈亏平衡点 = $(200 + 20) \div (250 - 150) = 2.2$

(4) 三个方案中,方案一的财务杠杆和总杠杆均为最高,即风险最大;方案二的每股收益最高,即报酬最大。如果销售量为 2 万件,小于每股收益无差别点 2.45 万元,则第三方案(即权益筹资)更好。

习 题 十

(1) 外部融资销售增长比 = $66.67\% - 6.17\% - 4.5\% \times [(1 + 33.33\%) \div 33.33\% \times (1 - 30\%)] = 0.479$

外部融资额 = $1\,000 \times 0.479 = 479$(万元)

(2) 外部融资销售增长比 = $66.67\% - 6.17\% - 4.5\% \times [(1 + 16.7\%) \div 16.7\%] \times (1 - 30\%) = 0.384\,9$

外部融资额 = $500 \times 0.384\,9 = 192.45$(万元)

(3) 调整股利政策

如果计算出来的外部融资销售增长比为负值,说明企业有剩余资金,根据剩余资金情况,企业可用以调整股利政策。

如果销售增长 5%,则:

外部融资销售增长比 = 66.67% − 6.17% − 4.5% × [(1+5%) ÷ 5%] × (1−30%)

$\qquad$ = −5.65%

外部融资额 = 3 000 × 5% × (−5.65%) = −8.475(万元)

这说明企业资金有剩余,可以用于增加股利或者进行短期投资。由本题可以看出,销售增长不一定导致外部融资的增加。

第八章 企业投资风险管理

一、单项选择题

1. B 2. C 3. C 4. B 5. B 6. A 7. B 8. D 9. B 10. A 11. C 12. C

二、多项选择题

1. BC 2. BC 3. ACD 4. BC 5. AD 6. ABD 7. BCD 8. BCD 9. ACD 10. ABD 11. ABCD

三、判断题

1. √ 2. √ 3. × 4. × 5. √ 6. √

四、简答题(略)

五、计算与分析题

习 题 一

项目计算期 = 1 + 10 = 11(年)

固定资产原值 = 120 000 + 12 000 = 132 000(元)

年折旧 = $\dfrac{132\,000 - 6\,000}{10}$ = 12 600(元)

每年净利润 = 20 000 × (1−25%) = 15 000(元)

则每期净现金流量为:

NCF_0 = −120 000(元)

NCF_1 = −10 000(元)

NCF_{2-10} = 15 000 + 12 600 = 27 600(元)

NCF_{11} = 15 000 + 12 600 + 6 000 + 10 000 = 43 600(元)

习 题 二

(1) 年折旧额 = $\dfrac{540 - 40}{10}$ = 50(万元)

年营业净现金流量 = 52 + 50 = 102(万元)

表 8-24

净现金流量计算表

年 次	0	1	2	3	4	5	6	7	8	9	10
年净现金流量	−540	102	102	102	102	102	102	102	102	102	102+40

(2) $NPV(12\%) = 49.20(万元)$

所以该投资方案可行。

(3) 设：$-540 + 102 \times \dfrac{(1+i)^{10} - 1}{i(1+i)^{10}} + \dfrac{40}{(1+i)^{10}} = 0$

$NPV(17\%) = -56.50(万元)$

$NPV(14\%) = 2.83(万元)$

$IRR = 14\% + \dfrac{2.83}{2.83 + 56.50} \times (17\% - 14\%) = 14.14\%$

因为内含报酬率大于基准贴现率,所以该投资方案可行。

习 题 三

(1) $A = -900 + 500 = -400$

$B = 100 - (-400) = 500$

设折现率为 r,则：$180 = 200 \times (1+r)^{-1}$

即 $(1+r)^{-2} = 0.81$

所以, $C = 100 \times 0.81 = 81$

(2) ① 净现值 $= -800 - 180 + 81 + 430 + 260 + 600 = 391(万元)$

② 包括初始期的动态投资回收期 $= 4 + (600 - 391) \div 600 = 4.35(年)$

③ 原始投资 $= 800 + 200 = 1\,000(万元)$

原始投资现值 $= 800 + 180 = 980(万元)$

④ 获利指数 $= (81 + 430 + 260 + 600) \div 980 = 1.4$

习 题 四

A 设备：购置成本 $= 5\,000(元)$

每年折旧抵税(前 3 年) $= [5\,000 \times (1-0.1) \div 3] \times 25\% = 375(元)$

折旧抵税现值 $= 375 \times (P/A, 10\%, 3) = 375 \times 2.4869 = 932.59(元)$

残值损失减税现值 $= 500 \times 25\% \times (P/F, 10\%, 4) = 85.38(元)$

每台平均年成本 $= (5\,000 - 932.59 - 85.38) \div (P/A, 10\%, 4) = 1\,256.2(元)$

8 台设备的年成本 $= 1\,256.2 \times 8 = 10\,049.6(元)$

B 设备：购置成本 $= 3\,000(元)$

每年折旧抵税 $= [3\,000 \times (1-0.1) \div 3] \times 25\% = 225(元)$

每年折旧抵税现值 $= 225 \times (P/A, 10\%, 3) = 225 \times 2.4869 = 559.55(元)$

残值流入现值 $= 300 \times (P/F, 10\%, 3) = 300 \times 0.7513 = 225.39(元)$

每台平均年成本 $= (3\,000 - 559.55 - 225.39) \div 2.4869 = 890.69(元)$

10 台设备的平均年成本 $= 890.69 \times 10 = 8\,906.9(元)$

B设备的平均年成本较低,应当购置B设备。

习 题 五

(1) 旧设备目前的账面价值 $= 700 - 3 \times 50 = 550$(万元)

继续使用旧设备的投资额 $= 400 + (550 - 400) \times 25\% = 437.5$(元)

每年的营业现金流量 $= (3\,700 - 3\,000 - 50) \times (1 - 25\%) + 50 = 537.5$(万元)

继续使用10年后报废时的收入为20万元,报废时的账面价值 $= 700 - 13 \times 50$
$= 50$(万元)

变现净损失 $= 50 - 20 = 30$(万元)

抵税 $30 \times 25\% = 7.5$(万元)

继续使用旧设备的净现值 $= 537.5 \times (P/A, 8\%, 10) + (20 + 7.5) \times (P/F, 8\%,$
$10) - 437.5 = 3\,181.92$(万元)

(2) 使用新设备前6年每年的营业现金流量 $= (4\,800 - 3\,500 - 120) \times (1 - 25\%) + 120$
$= 1\,005$(万元)

第7~10年不再计提折旧,因此每年的营业现金流量 $= (4\,800 - 3\,500) \times (1 - 25\%)$
$= 975$(万元)

第10年年末报废时的相关现金流量 $= 50 + (80 - 50) \times 25\% = 57.5$(万元)

净现值 $= 1\,005 \times (P/A, 8\%, 6) + 975 \times (P/A, 8\%, 4) \times (P/F, 8\%, 6) + 57.5$
$\times (P/F, 8\%, 10) - 800 = 5\,907.75$(万元)

(3) 由于使用新设备的净现值大于继续使用旧设备,所以,此项技术改造方案有利。

习 题 六

将实际现金流量用实际资本成本进行折现。此时需要将名义资本成本换算实际资本成本,然后再计算净现值。

实际资本成本 $= (1 + 10\%) \div (1 + 6\%) - 1 = 3.8\%$

表8-25

项目的净现值

时 间	第0年	第1年	第2年	第3年
实际现金流量	−100	40	60	40
现值(按3.8%折现)	−100	$40 \div 1.038 = 38.54$	$60 \div 1.038^2 = 55.69$	$40 \div 1.038^3 = 35.77$
净现值		$NPV = -100 + 38.54 + 55.69 + 35.77 = 30$		

习 题 七

方法一:风险调整折现率法

A方案第1年的现金流量的期望值和方差为:

$\overline{E}_{A1} = 0.4 \times 5\,000 + 0.4 \times 4\,000 + 0.2 \times 2\,000 = 4\,000$(元)

$\sigma_{A1} = \sqrt{0.4 \times (5\,000 - 4\,000)^2 + 0.4 \times (4\,000 - 4\,000)^2 + 0.2 \times (2\,000 - 4\,000)^2}$
$= 1\,095.45$

A方案第2年的现金流量的期望值和方差为:

$\overline{E}_{A2} = 0.3 \times 4\,000 + 0.5 \times 6\,000 + 0.2 \times 3\,000 = 4\,800(元)$

$\sigma_{A2} = \sqrt{0.3 \times (4\,000 - 4\,800)^2 + 0.5 \times (6\,000 - 4\,800)^2 + 0.2 \times (3\,000 - 4\,800)^2}$
$= 1\,249$

A方案第3年的现金流量的期望值和方差为：

$\overline{E}_{A3} = 0.25 \times 3\,000 + 0.6 \times 2\,000 + 0.15 \times 1\,500 = 2\,175(元)$

$\sigma_{A3} = \sqrt{0.25 \times (3\,000 - 2\,175)^2 + 0.6 \times (2\,000 - 2\,175)^2 + 0.15 \times (1\,500 - 2\,175)^2}$
$= 506.83$

$\therefore \overline{E}_{A0} = \dfrac{4\,000}{1.1} + \dfrac{4\,800}{1.1^2} + \dfrac{2\,175}{1.1^3} = 9\,237.42(元)$

$\sigma_{A0} = \sqrt{\dfrac{1\,095.45^2}{1.1^2} + \dfrac{1\,249^2}{1.1^4} + \dfrac{506.83^2}{1.1^6}} = 1\,483.99$

$\therefore Q_A = \dfrac{1\,483.99}{9\,237.42} = 0.16$

所以，A方案要求的必要收益率 r_A 为：

$K_A = 10\% + 0.1 \times 0.16 = 11.6\%$

B方案第2年的现金流量的期望值和方差为：

$\overline{E}_{B2} = 0.3 \times 2\,000 + 0.4 \times 2\,200 + 0.3 \times 1\,500 = 1\,930(元)$

$\sigma_{B2} = \sqrt{0.3 \times (2\,000 - 1\,930)^2 + 0.4 \times (2\,200 - 1\,930)^2 + 0.3 \times (1\,500 - 1\,930)^2}$
$= 293.43$

B方案第3年的现金流量的期望值和方差为：

$\overline{E}_{B3} = 0.2 \times 3\,000 + 0.5 \times 5\,000 + 0.3 \times 4\,000 = 4\,300(元)$

$\sigma_{B3} = \sqrt{0.2 \times (3\,000 - 4\,300)^2 + 0.5 \times (5\,000 - 4\,300)^2 + 0.3 \times (4\,000 - 4\,300)^2}$
$= 781.02$

$\therefore \overline{E}_{B0} = \dfrac{1\,930}{1.1^2} + \dfrac{4\,300}{1.1^3} = 4\,825.69(元)$

$\sigma_{B0} = \sqrt{\dfrac{293.43^2}{1.1^4} + \dfrac{781.02^2}{1.1^6}} = 634.93$

$\therefore Q_B = \dfrac{634.93}{4\,825.19} = 0.13$

所以，B方案要求的必要收益率 r_B 为：

$K_B = 10\% + 0.1 \times 0.13 = 11.3\%$

C方案的现金流量的期望值和方差为：

$\overline{E}_C = 0.15 \times 4\,000 + 0.7 \times 5\,000 + 0.15 \times 8\,000 = 5\,300(元)$

$\sigma_C = \sqrt{0.15 \times (4\,000 - 5\,300)^2 + 0.7 \times (5\,000 - 5\,300)^2 + 0.15 \times (8\,000 - 5\,300)^2}$
$= 1\,187.43$

$\therefore Q_C = \dfrac{1\,187.43}{5\,300} = 0.22$

所以，C方案要求的必要收益率 r_C 为：

$K_C = 10\% + 0.1 \times 0.22 = 12.2\%$

根据不同的风险调整贴现率计算净现值：

$$NPV_A = \frac{4\,000}{1.116} + \frac{4\,800}{1.116^2} + \frac{2\,175}{1.116^3} - 8\,000 = 1\,003.07(元)$$

$$NPV_B = \frac{1\,930}{1.113^2} + \frac{4\,300}{1.113^3} - 4\,000 = 676.77(元)$$

$$NPV_C = \frac{5\,300}{1.122^3} - 2\,000 = 1\,752.3(元)$$

根据计算结果，三个方案的优先次序为 C>A>B，应选 C 方案。

方法二：调整现金流量法

∵ A 方案各年现金流入的变化系数：

$$Q_1 = \frac{\sigma_1}{E_1} = \frac{1\,095.45}{4\,000} = 0.273\,9$$

$$Q_2 = \frac{\sigma_2}{E_2} = \frac{1\,249}{4\,800} = 0.260\,2$$

$$Q_3 = \frac{\sigma_3}{E_3} = \frac{506.83}{2\,175} = 0.233$$

∴ 查表可知，各年肯定当量系数：$\alpha_1 = 0.7, \alpha_2 = 0.7, \alpha_3 = 0.8$

∴ 项目的净现值 $NPV_A = \frac{0.7 \times 4\,000}{1.1} + \frac{0.7 \times 4\,800}{1.1^2} + \frac{0.8 \times 2\,175}{1.1^3} - 8\,000 = -1\,370.4$

∵ B 方案各年现金流入的变化系数：

$$Q_2 = \frac{\sigma_2}{E_2} = \frac{293.43}{1\,930} = 0.152$$

$$Q_3 = \frac{\sigma_3}{E_3} = \frac{781.02}{4\,300} = 0.181\,6$$

∴ 查表可知，各年肯定当量系数：$\alpha_2 = 0.9, \alpha_3 = 0.8$

∴ 项目的净现值 $NPV_B = \frac{0.9 \times 1\,930}{1.1^2} + \frac{0.8 \times 4\,300}{1.1^3} - 4\,000 = 20.06$

∵ C 方案年现金流入的变化系数 $Q_3 = \frac{\sigma_3}{E_3} = \frac{1\,187.43}{5\,300} = 0.224$

∴ 查表可知，肯定当量系数 $\alpha_3 = 0.8$

∴ 项目的净现值 $NPV_C = \frac{0.8 \times 5\,300}{1.1^3} - 2\,000 = 1\,185.57$

∴ 应该选择 C 方案。

习 题 八

(1) 更新方案的零时点现金流量：

继续使用旧设备：

旧设备已经使用 5 年，而折旧年限为 5 年，期末残值为零。所以，目前旧设备的账面价值为零，如果变现则产生收益 = 1 200 - 0 = 1 200(元)，收益纳税 = 1 200 × 25% = 300(元)。

因此，继续使用旧设备零时点的现金流量 = -(1 200 - 300) = -900(元)

更换新设备：
职工培训支出计入管理费用,抵减当期所得税。
所以,税后现金流出 = 5 000 × (1 − 25%) = 3 750(元)
更换新设备零时点的现金流量 = − 60 000 − 3 750 = − 63 750(元)
差量净现金流量 = − 63 750 − (− 900) = − 62 850(元)

(2) 第 1 年折旧额 = 60 000 × (2 ÷ 5) = 24 000(元)

第 2 年折旧额 = (60 000 − 24 000) × (2 ÷ 5) = 14 400(元)

第 3 年折旧额 = (60 000 − 24 000 − 14 400) × (2 ÷ 5) = 8 640(元)

第 4 年折旧额 = (60 000 − 24 000 − 14 400 − 8 640) ÷ 2 = 6 480(元)

第 5 年折旧额 = (60 000 − 24 000 − 14 400 − 8 640) ÷ 2 = 6 480(元)

折旧抵税的现值 = 24 000 × 25% × (P/F, 10%, 1) + 14 400 × 25% × (P/F, 10%, 2) + 8 640 × 25% × (P/F, 10%, 3) + 6 480 × 25% × (P/F, 10%, 4) + 6 480 × 25% × (P/F, 10%, 5)

= 6 000 × 0.909 1 + 3 600 × 0.826 4 + 2 160 × 0.751 3 + 1 620 × 0.683 + 1 620 × 0.620 9

= 12 164.77(元)

(3)

表 8-26

项目的净现值

项　　目	现 金 流 量	时 间	系 数	现 值
继续使用旧设备：				
旧设备变现价值	− 1 200	0	1.000 0	− 120 0
旧设备变现收益纳税	300	0	1.000 0	300
系统升级付现成本	− 3 000 × (1 − 25%) = − 2 250	2	0.826 4	− 1 859.4
现值合计				− 2 759.4
更换新设备：				
新系统购置成本	− 60 000	0	1.000 0	− 60 000
税后培训付现支出	− 3 750	0	1.000 0	− 3 750
税后收入	40 000 × (1 − 25%) = 30 000	1~6	4.355 3	130 659
税后付现成本	(− 30 000 + 15 000 − 4 500) × (1 − 25%) = − 14 625	1~6	4.355 3	− 63 696.26
税后更新软件成本	− 4 000 × (1 − 25%) = − 3 000	3	0.751 3	− 2 253.9
折旧抵税				12 164.77
残值收入	1 000	6	0.564 5	564.5
残值净收益纳税	− 1 000 × 25% = − 250	6	0.564 5	− 141.13
现值合计				13 546.98

由于购置新设备的净现值高于继续使用旧设备的净现值,所以应该选择购置新设备。

习 题 九

公司汽车制造项目的税后债务资本成本 $K_b = 10\% \times (1-25\%) = 7.5\%$

$\beta_{甲资产} = 1.1 \div [1+(1-25\%) \times 2 \div 3] = 0.73$

$\beta_{乙资产} = 1.2 \div [1+(1-25\%) \times 1] = 0.69$

$\beta_{丙资产} = 1.3 \div [1+(1-25\%) \times 3 \div 2] = 0.61$

$\beta_{资产平均值} = (0.73+0.69+0.61) \div 3 = 0.68$

$\beta_{权益} = 0.68 \times [1+(1-25\%) \times 2 \div 3] = 1.02$

公司的权益资本成本 $K_s = 6\% + 1.02 \times (10\%-6\%) = 10.08\%$

公司的必要收益率 $K_w = 7.5\% \times 40\% + 10.08\% \times 60\% = 9.05\%$

习 题 十

甲修理厂承包维修业务预计需付的修理费 $= 14\,000 \times 1 = 14\,000(元)$

委托乙修理厂承包维修业务预计需付的修理费 $= 10\,000 \times 0.4 + (10\,000+300 \times 5) \times 0.3 + (10\,000+500 \times 5) \times 0.2 + (10\,000+1\,000 \times 5) \times 0.1 = 11\,450(元)$

委托丙修理厂承包维修业务预计需付的修理费 $= 12\,000 \times 0.9 + (12\,000+500 \times 6) \times 0.1 = 12\,300(元)$

所以,委托乙修理厂承包维修业务预计需付的修理费最低,因此该工厂应与乙机器修理厂签订包修合同。

习 题 十一

根据资本资产定价模型,该股票投资者在市场均衡条件下的必要收益率为:

$K = 3\% + 1.2 \times 6\% = 10.2\%$

按照市场的交易价格,投资者按照市场价格持有该股票的预期收益率根据戈登模型为:

$r = \dfrac{1 \times (1+6\%)}{30} + 6\% = 9.53\%$

由于投资者持有该股票的必要收益率为 10.2%,而现在通过市场价格持有股票的预期收益率仅有 9.53%,这一价格显然过高,因此,市场投资者的理性行为会减少对该股票的持有,致使股票价格下降,直至股票的价格为 25.24 元时,市场达到均衡。股票价格计算过程如下:

$$P_0 = \dfrac{D_1}{r-g} = \dfrac{1 \times (1+6\%)}{10.2\%-6\%} = 25.24$$

第九章 企业营运风险管理

一、单项选择题

1. B 2. C 3. A 4. B 5. C 6. C 7. A 8. D 9. B 10. A

二、多项选择题

1. BC 2. ABD 3. CD 4. BC 5. AB 6. ABCD 7. ACD 8. ABCD 9. AD 10. BCD

三、判断题
1. × 2. √ 3. × 4. √ 5. √ 6. ×

四、简答题（略）
五、计算与分析题

习 题 一

(1) 最佳现金持有量：$C^* = \sqrt{\dfrac{2 \times T \times F}{K}} = \sqrt{\dfrac{2 \times 360\,000 \times 600}{12\%}} = 60\,000(元)$

(2) 全年现金转换成本 $= (T \div C) \times F = (360\,000 \div 60\,000) \times 600 = 3\,600(元)$

全年现金持有机会成本 $= (C \div 2) \times K = (60\,000 \div 2) \times 12\% = 3\,600(元)$

最小相关总成本：$TC = \sqrt{2 \times T \times F \times K} = \sqrt{2 \times 360\,000 \times 600 \times 12\%} = 7\,200(元)$

(3) 转换次数 $= 360\,000 \div 60\,000 = 6(次)$

有价证券交易间隔期 $= 360 \div 6 = 60(天)$

(4) 财务主任的建议不合理。

习 题 二

根据因素分析法的计算公式，该公司 2012 年的最佳现金持有量为：

最佳现金持有量 $= (30 - 2) \times (1 + 30\%) = 36.4(万元)$

习 题 三

(1) ① 若不享受折扣：

$Q^* = \sqrt{\dfrac{2KD}{K_C}} = \sqrt{\dfrac{2 \times 4\,500 \times 200}{2}} = 948.68(件)$

相关总成本 $= 4\,500 \times 15 + \sqrt{2 \times 4\,500 \times 200 \times 2} = 69\,397.37(元)$

② 若享受折扣：

订货量为 2 500 件时

相关总成本 $= 4\,500 \times 15 \times (1 - 2.5\%) + 4\,500 \div 2\,500 \times 200 + 2\,500 \div 2 \times 2$
$= 68\,672.5(元)$

订货量为 4 000 件时

相关总成本 $= 4\,500 \times 15 \times (1 - 6\%) + 4\,500 \div 4\,000 \times 200 + 4\,000 \div 2 \times 2$
$= 67\,675(元)$

所以经济订货批量为 4 000 件。

(2) 存货平均每日需要量 $= 4\,500 \div (50 \times 5) = 18(件/天)$

$1\,040 = L \times 18 + 500$

$L = 30(天)$

(3) $\left(\dfrac{4\,000}{2} + 500\right) \times 15 \times 94\% = 35\,250(元)$

习 题 四

(1) A公司

营运资本 $=$ 流动资产 $-$ 流动负债 $= 3\,000 - 1\,500 = 1\,500(万元)$

营运资产＝(营运资本＋净资产)÷2＝(1 500＋3 000)÷2＝2 250(万元)

流动比率＝流动资产÷流动负债＝3 000÷1 500＝2

速动比率＝(流动资产－存货)÷流动负债＝(3 000－200)÷1 500＝1.87

短期债务净资产比率＝流动负债÷净资产＝1 500÷3 000＝0.5

债务净资产比率＝负债总额÷净资产＝2 000÷3 000＝0.67

评估值＝2＋1.87－0.5－0.67＝2.7

(2) B公司

营运资本＝流动资产－流动负债＝800－700＝100(万元)

营运资产＝(营运资本＋净资产)÷2＝(100＋1 000)÷2＝550(万元)

流动比率＝流动资产÷流动负债＝800÷700＝1.14

速动比率＝(流动资产－存货)÷流动负债＝(800－300)÷700＝0.71

短期债务净资产比率＝流动负债÷净资产＝700÷1 000＝0.7

债务净资产比率＝负债总额÷净资产＝900÷1 000＝0.9

评估值＝1.14＋0.71－0.7－0.9＝0.25

如表9-16所示。

表9-16

公司的具体计算过程

财务指标/比率	A公司	B公司
营运资本(万元)	1 500	100
营运资产(万元)	2 250	550
流动资产/流动负债	2	1.14
速动资产/流动负债	1.87	0.71
流动负债/所有者权益	0.5	0.7
负债总额/所有者权益	0.67	0.9
评估值	2.7	0.25
风险	低	有限
对应比率(%)	25	17.50
计算信用额度(万元)	562.5	96.25

由以上计算可知，A公司的风险低，B公司的风险有限。A公司的计算所得的信用额度为562.5万元人民币。B公司的计算所得的信用额度为96.25万元。

习 题 五

(1) 原方案：

变动成本＝1 500×70%＝1 050(万元)

信用成本前收益＝1 500－1 050＝450(万元)

应收账款周转率 $= 360 \div 30 = 12$(次)

应收账款平均余额 $= 1\,500 \div 12 = 125$(万元)

维持赊销业务所需的资金 $= 125 \times 70\% = 87.5$(万元)

应收账款机会成本 $= 87.5 \times 15\% = 13.125$(万元)

坏账损失 $= 40$(万元)

收账费用 $= 25$(万元)

信用成本后收益 $= 450 - (13.125 + 40 + 25) = 371.875$(万元)

(2) 新方案：

年赊销额 $= 1\,500 \times (1 + 20\%) = 1\,800$(万元)

变动成本 $= 1\,800 \times 70\% = 1\,260$(万元)

信用成本前收益 $= 1\,800 - 1\,260 = 540$ 万元

应收账款周转期 $= 60\% \times 15 + 20\% \times 25 + 20\% \times 60 = 26$(天)

应收账款周转率 $= 360 \div 26 = 13.85$(天)

应收账款平均余额 $= 1\,800 \div 13.85 = 129.96$(万元)

维持赊销业务所需的资金 $= 129.96 \times 70\% = 90.97$(万元)

应收账款机会成本 $= 90.97 \times 15\% = 13.65$(万元)

坏账损失 $= 50$(万元)

现金折扣 $= 1\,800 \times (2\% \times 60\% + 1\% \times 20\%) = 25.2$(万元)

收账费用 $= 20$(万元)

信用成本后收益 $= 540 - 25.2 - (13.65 + 50 + 20) = 431.15$(万元)

结论：应选择改变信用条件的方案。

习 题 六

(1) 现应收账款周转天数为 50 天

现应收账款率 $= 360 \div 50 = 7.2$(次)

现赊销收入 $=$ 应收账款周转率 $\times$ 应收账款余额 $= 7.2 \times 500 = 3\,600$(万元)

现信用政策年销售收入 $=$ 赊销收入 $\div$ 赊销百分比 $= 3\,600 \div 80\% = 4\,500$(万元)

改变信用政策后年销售收入 $= 4\,500 \times (1 + 25\%) = 5\,625$(万元)

现信用政策毛利 $= 4\,500 \times (1 - 60\%) = 1\,800$(万元)

改变信用政策后毛利 $= 5\,625 \times (1 - 60\%) = 2\,250$(万元)

毛利增加 $= 2\,250 - 1\,800 = 450$(万元)

(2) 固定成本增加 $= 300 - 250 = 50$(万元)

(3) 利润增加 $= 450 - 50 = 400$(万元)

(4) 新应收账款余额 $=$ 日赊销额 $\times$ 平均收现期 $= 5\,625 \times 85\% \div 360 \times 65 = 863.28$(万元)

　　应收账款余额增加 $= 863.28 - 500 = 363.28$(万元)

(5) 应收账款占用资金增加 $= 363.28 \times 60\% = 217.97$(万元)

(6) 存货周转率 $=$ 销售成本 $\div$ 存货 $= 4\,500 \times 60\% \div 550 = 4.91$(次)

新存货 $=$ 新销售成本 $\div$ 新存货周转率 $= 5\,625 \times 60\% \div 4.91 = 687.37$(万元)

存货增加 = 687.37 - 550 = 137.37(万元)

(7) 应计利息增加 = (217.97 + 137.37) × 8% = 28.43(万元)

(8) 净损益 = 400 - 28.43 = 371.57(万元)

表 9-17

方案变更前后的具体数据

项 目	目前	变更后	差额
利润变动			
收入	4 500	5 625	1 125
销售成本率(%)	60	60	
销货成本	2 700	3 375	675
毛利	1 800	2 250	450
固定费用	250	300	50
利润	1 550	1 950	400
应计利息			
应收账款余额	500	863.28	363.28
销售成本率(%)	60	60	
应收账款占用资金	300	517.97	217.97
存货金额	550	687.37	137.37
应收账款与存货占用资金	850	1 205.34	355.34
利息率(%)	8	8	
应计利息	68	96.43	28.43
净损益	1 482	1 853.57	317.57

第十章 财务诊断与财务战略管理

一、单项选择题

1. C 2. B 3. C 4. D 5. A

二、多项选择题

1. AB 2. AD 3. ABC 4. CD 5. CD

三、判断题

1. × 2. √ 3. √ 4. × 5. ×

四、简答题(略)

参 考 文 献

[1] 樊行健.财务分析[M].北京:清华大学出版社,2007.
[2] 中国注册会计师协会.财务成本管理[M].北京:中国财政经济出版社,2011.
[3] 中国注册会计师协会.公司战略与风险管理[M].北京:经济科学出版社,2011.
[4] 王淑萍.财务报告分析[M].北京:清华大学出版社,2011.
[5] 汤谷良.高级财务管理学[M].北京:清华大学出版社,2010.
[6] 张继德.企业内部控制配套指引实施与操作[M].北京:经济科学出版社,2011.
[7] 财政部会计司.企业内部控制规范讲解[M].北京:经济科学出版社,2010.
[8] 李冠众.财务管理[M].北京:机械工业出版社,2006.
[9] 周炜.企业价值分析[M].北京:中国人民大学出版社,2008.
[10] 陈珠明.企业并购:成本收益与价值评估[M].北京:经济管理出版社,2003.
[11] 王文华.财务管理学[M].上海:立信会计出版社,2008.
[12] 姚文韵.公司财务战略:基于企业价值可持续增长视角[M].南京:南京大学出版社,2011.
[13] 郭复初.经济可持续发展财务论[M].北京:中国经济出版社,2006.
[14] 中国资产评估协会.资产评估[M].北京:经济科学出版社,2011.
[15] 史佳卉.企业并购的财务风险控制[M].北京:人民出版社,2006.
[16] 李东.企业价值战略:现代公司的绩效解析与兴衰奥秘[M].南京:东南大学出版社,2005.
[17] 甘华鸣.向哈佛学习MBA课程——理财:资金筹措与使用[M].北京:中国国际广播出版社,2003.
[18] 项有志.企业并购会计[M].上海:立信会计出版社,2000.
[19] 哥利斯(Golis C. C.).企业与风险投资[M].天津:天津大学出版社,2004.
[20] 孔淑红.风险投资与融资[M].北京:对外经济贸易大学出版社,2010.
[21] 曾鸿志.资产风险信息不对称与公司融资政策[M].北京:经济管理出版

社,2011.

[22] 王化成.企业财务学[M].北京:中国人民大学出版社,2008.

[23] 冯彬.风险投资导论[M].上海:上海财经大学出版社,2007.

[24] 谢科范.风险投资管理[M].北京:中央编译出版社,2004.

[25] 安庆钊.财务管理教程[M].上海:立信会计出版社,2005.

[26] 许谨良.风险管理[M].北京:中国金融出版社,2011.

[27] 孙永尧.内部控制案例分析[M].北京:中国时代经济出版社,2006.

[28] 中国内部审计协会.内部审计在治理、风险和控制中的作用[M].北京:西苑出版社,2008.

[29] 张立辉,张嚣,皮飞峰.内部控制与公司治理:战略的观点[M].北京:中国税务出版社,2006.

[30] 胡为民.内部控制企业风险管理——实务操作指南[M].北京:电子工业出版社,2009.

[31] 戴书松.财务管理[M].北京:经济管理出版社,2006.

[32] 王粤.企业经营管理[M].北京:清华大学出版社,2006.

[33] 高立法,虞旭清.企业经营风险管理实务[M].北京:经济管理出版社,2009.

[34] 杨小舟.中国企业的财务风险管理[M].北京:经济科学出版社,2010.

[35] 刘玉廷,王宏.提升企业内部控制有效性的重要制度安排——关于实施企业内部控制注册会计师审计的有关问题[J].会计研究,2010(7):3-10.

[36] 万圣峰,张朋柱.企业短期投融资风险交互式多目标决策分析[J].系统工程理论与实践,2001(3).

[37] 屈哲.项目融资风险评估——引入动态分析的定量评估[J].辽宁师范大学学报(自然科学版),2003(1).

[38] 罗荣华.杜邦财务分析法及应用实例[J].中国科技信息,2005(12).

[39] 朱华锦.基于风险控制的产品生命周期财务策略探析[J].财会通讯,2010(5).

[40] 吴新华.浅析企业内部控制制度[J].财经界,2011(5):190-191.

[41] 张晓玲.基于财务风险管理的企业集团全面风险管理体系研究[J].财会通讯,2009(6):147-149.

[42] 曾军.中小企业财务风险的控制策略[J].财会研究,2011(21):43-45.

[43] 岳虹.延期收款会计规范的价值管理研究[J].财会通讯,2010(24):62-64.

[44] 马小莉.中小企业财务战略问题研究[J].会计之友,2011(32):30-32.

[45] 王战勤.企业筹资风险管理分析[J].会计之友,2011(32):54-55.

[46] 傅志方. 项目融资中的金融风险研究[J]. 科教文汇,2006(8).

[47] 董美霞. 我国企业内部控制评价研究[D]. 大连:东北财经大学,2009.

[48] 王志文. 管理层收购融资的理论与实证研究[D]. 武汉:武汉理工大学,2007.

[49] Jayanthi Krishnan. Audit Committee Quality and Internal Control: An Empirical Analysis[J]. The Accounting Review, 2005,80(2):649-675.

[50] K. A. H. Kobbacy, S. Vadera, M. H. Rasmy. AI and OR in Management of Operations: History and Trends [J]. The Journal of the Operational Research Society, 2007,58(1):10-28.

[51] Lisa Koonce, Marlys Gascho Lipe, Mary Lea McAnally. Judging the Risk of Financial Instruments: Problems and Potential Remedies[J]. The Accounting Review, 2005(7):871-895.

[52] Joao F. Gomes. Financing Investment Financing Investment[J]. The American Economic Review, 2001(12):1263-1285.